正道务法 善行求是

U0457167

发展历程

江苏金荣恒顺律师事务所(原)

江苏顺辰律师事务所

律所团队

正道务法 善行求是

党建引领

集中学习二十大报告　　　　支部活动（长沙）　　　　支部活动（长沙）
　　　　　　　　　　　　　　　　　　　　　　　（新四军四县抗敌总会纪念馆）

支部组织红色教育活动　　　支部活动（南湖革命纪念馆）　　支部活动（南湖红船）

江苏法顺律师事务所

正道务法 善行求是

专业团队

建工与房地产专业化律师部

商事事业部

金融、保险、证券部

刑事辩护部

知识产权与涉外事业部

公司法与企业破产重组业务部

婚姻家庭与侵权纠纷部

劳动法与行政争议、仲裁部

江苏派顺律师事务所

正道务法 善行求是

收获荣誉

正道务法 善行求是

收获荣誉

辛学慧获市"优秀女律师"称号

江蘇滿順律師事務所

正道务法 善行求是

社会公益

"《中华人民共和国民法典》宣传进社区"活动（一）

"《中华人民共和国民法典》宣传进社区"
活动（二）

王新磊律师、鞠文月实习律师参加"党建联盟在行动
雷锋精神耀金山"学雷锋志愿服务活动

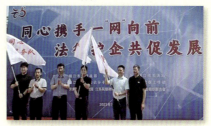

助力承办"同心携手一'网'向前
法律护企共促发展"活动

普法宣传社区行

李永燕律师在京口区千秋桥社区
开展妇女权益保护公益讲座

李瑜律师为句容城上社区居民
开展和谐邻里关系公益宣讲

江苏法顺律师事务所

正道务法 善行求是

律所 文化

文体旅游

协办国学讲堂

王俊杰、王新磊、夏志颖律师顺利完赛"2023年扬州鉴真半程马拉松"

分批安排、组织律师参加培训

旅游（2023年长沙）（一）

旅游（2023年长沙）（二）

旅游（2023年张家界）

旅游（2021年贵州）

旅游（2019年日本冲绳）

旅游（2017年越南芽庄）

Jiangsu Chenshun Law Office

江苏辰顺

星辰大海
律程 20

法律研究与经典案例

主编 金荣

副主编 洪奎 辛学慧 韩阳 曹建国

江苏大学出版社
JIANGSU UNIVERSITY PRESS

镇江

图书在版编目（CIP）数据

星辰大海　律程 20：法律研究与经典案例／金荣主编. -- 镇江：江苏大学出版社，2023.12
ISBN 978-7-5684-2173-7

Ⅰ.①星… Ⅱ.①金… Ⅲ.①律师事务所—概况—江苏 Ⅳ.①D926.5

中国国家版本馆 CIP 数据核字（2023）第 255942 号

星辰大海　律程 20——法律研究与经典案例
Xingchen Dahai　Lücheng 20——Falü Yanjiu yu Jingdian Anli

主　　编／金　荣
责任编辑／梁宏宇
出版发行／江苏大学出版社
地　　址／江苏省镇江市京口区学府路 301 号（邮编：212013）
电　　话／0511-84446464（传真）
网　　址／http：//press. ujs. edu. cn
排　　版／镇江文苑制版印刷有限责任公司
印　　刷／南京玉河印刷厂
开　　本／710 mm×1000 mm　1/16
印　　张／25.25　插页 8 面
字　　数／469 千字
版　　次／2023 年 12 月第 1 版
印　　次／2023 年 12 月第 1 次印刷
书　　号／ISBN 978-7-5684-2173-7
定　　价／88.80 元

如有印装质量问题请与本社营销部联系（电话：0511-84440882）

灿若星辰　顺从其美

——写在江苏辰顺律师事务所成立二十周年

暨《星辰大海　律程20——法律研究与经典案例》付梓之际

这是一段梦想激昂的奋斗岁月，在栉风沐雨的钻研与实践之中，他们携手编织着恢宏璀璨的行业新篇。回首后望，我们看到一个个笃行者勇毅深耕、奋力逐梦。这是一段劈波斩浪的探索征程，在铭刻与涤荡之间，他们并肩绘就出熠熠生辉的不凡画卷。我们真心称颂，赞一群群辰顺人无畏跋涉、步履铿锵！

岁月匆匆，芳华如歌。转瞬间，我们迎来辰顺律师事务所二十岁生日。风霜不改，春华秋实。欣喜中，我们又闻《星辰大海　律程20——法律研究与经典案例》即将付梓。可以说，这一篇篇论文和案例不仅仅是辰顺律师事务所聚焦理论研究、注重知识与实务相结合的累累硕果，更是一批批辰顺人在二十年间砥砺实践、躬身力行的昭昭印记，如一颗颗星辰在法治的苍穹里灼灼闪耀！

却顾所来径，苍苍横翠微。二十年风雨兼程，二十年铸就精彩。二十年，给我们积累了宝贵的财富；二十年，给我们留下了厚重的责任；二十年，见证着往昔的挑战与机遇；二十年，求索着明日的革故与鼎新。从零到壹，从起航到行稳，从2003年到2023年，从"江苏省优秀律师事务所"到"江苏省集体二等功"，辰顺人秉持着"正道务法、善行求是"的文化精神，以"办高质量案件"为目标，以"创精品律所"为愿景，勠力同心，昂扬拼搏，不断奋进在专业化建设、高质量发展之路上。

面对法律服务市场的不断变化，辰顺人笃行不怠，迎难而上，不断探索业务领域，持续拓展创新模式。面对行业的激烈竞争，辰顺人脚踏实地，精于服务，用心挖掘客户需求，高效提供解决方案。面对社会公益事业的方兴未艾，辰顺人率先履责，热心公益，传播法治理念，弘扬法治精神，用法治信仰映照大爱情怀，以枝叶关情彰显拳拳之心。二十年的努力、二十年的磨炼、二十年的拼搏，汇聚成一首自强不息、挺膺担当的奋发之歌。二十岁的辰顺所，已然灿若星辰！

潮平岸阔帆正劲，乘势开拓谱新篇。心有目标，行有方向！当深厚的年轮悄然转动，当历史的演奏交汇今夕，我们相信：辰顺律师事务所定能恪守和传承锐意创新的发展理念、敬畏精诚的职业精神、厚德载物的特色文化，深入学习理解习近平法治思想的丰富内涵，不忘初心，勇担使命，一路弦歌不辍，一路赓续前行，努力做"党和人民满意的好律师"，为在法治轨道上推进中国式现代化镇江新实践贡献辰顺力量。迈入 2.0 时代的辰顺所，必能顺从其美！

前路漫漫，继往开来！

二十岁的辰顺所，青春是你，蓬勃是你！

（镇江市司法局原副局长，一级调研员）

目　录

下编/案例合集

上编

论文合集

洪　奎　江苏辰顺律师事务所副主任

执业证号：13211200110173181

执业经历：2001 年正式执业，擅长公司治理、房产、合同纠纷，具有深厚的专业基础和丰富的实务经验

业务专长：公司业务纠纷
　　　　　合同纠纷

社会职务：江苏省公司法委员会委员
　　　　　镇江市律师协会副监事长
　　　　　镇江仲裁委员会仲裁员

获奖情况：2017 年"江苏省优秀青年律师"
　　　　　2019 年"江苏省律师行业高质量发展引领奖"

破产程序中待履行合同解除权规制研究　　　　洪　奎

我国企业破产法律规定，在人民法院受理破产申请后，破产管理人有权对企业在破产申请受理前成立而企业债务人和对方当事人均未履行完毕的合同决定解除或者继续履行，但要通知对方当事人。[1] 此规定赋予破产管理人任意选择权、解除权，针对的合同是"均未履行完毕的合同"，也称待履行合同。破产管理人在此情形下的合同解除权行使可以是主动作为方式，也可以是消极不作为方式，且与破产企业是否违约不相关。我国企业破产法律赋予破产管理人对待履行合同的解除权是为了保障破产企业债务人财产利益最大化，但因相关规定过于简单，实践中对于此法定解除权的行使存在诸多争议。

一、破产程序中待履行合同解除权规定的现状

我国基于对破产企业及全体债权人利益的优先考量规定了破产管理人对待履行合同的解除权，但没有明确待履行合同的认定标准，也未明确规定解除权行使的法律后果等。

（一）未平衡保护合同相对人的利益

待履行合同解除权的行使对合同相对人、破产企业、破产企业全体债权人的利益影响都比较大。法律授予破产管理人相应的选择权、法定解除权，重要的考量因素之一是破产企业财产保值增值原则。[2] 此解除权的规定是为了公平地保护债权人的一般利益，一定程度上"牺牲"了个别债权人的利益。

---

[1]　《中华人民共和国企业破产法》（以下简称《企业破产法》）第十八条规定，人民法院受理破产申请后，管理人对破产申请受理前成立而债务人和对方当事人均未履行完毕的合同有权决定解除或者继续履行，并通知对方当事人。管理人自破产申请受理之日起二个月内未通知对方当事人，或者自收到对方当事人催告之日起三十日内未答复的，视为解除合同。管理人决定继续履行合同的，对方当事人应当履行；但是，对方当事人有权要求管理人提供担保。管理人不提供担保的，视为解除合同。

[2]　王刚：《房地产企业破产中待履行商品房买卖合同的解除权研究》，《河北法学》2019 年第 2 期。

破产管理人可以行使选择权，选择合同继续履行或者解除，考量个人利益的最大化，不过实践中破产管理人行使此选择权时很难真正做到利益平衡。[1]

破产管理人选择不同，后果不同。如果决定继续履行合同，对方当事人可要求管理人提供担保。继续履行合同的债权作为共益债权，可以优先受偿。破产管理人在某些情形下选择解除权，会严重损害合同相对人的利益。

（二）双方均未履行完毕的合同的认定标准不明晰

我国法律规定待履行合同是债务人和对方当事人均未履行完毕的合同。从字面上看，此合同是双务合同，双方均未履行完毕，但合同义务有主给付义务、从给付义务、附随义务等，"双方均未履行完毕"是指履行到什么程度呢？这在实践中容易引发争议。是否只要是义务未履行的合同，管理人均可选择解除？破产管理人的这项解除权涉及多方利益，但相关法规对双方均未履行完毕的合同没有明确的认定标准。

如果一方当事人已经履行合同的主给付义务，但破产管理人仍行使解除权，可能会造成法律适用的冲突。例如，买受人已经支付的房屋价款超过合同约定总价款的50%，可以对登记在被执行的房地产开发企业名下的商品房提出异议，有权排除执行。如果此情形下破产管理人仍可以行使合同解除权，则产生权利冲突。

学界和实务界对待履行合同的界定也存在不同的看法，尤其是"实质违约"标准和"结果导向"标准。[2] 出现争论的一个很重要的原因是法律对双方均未履行完毕的合同没有明确的界定标准或考量因素。

（三）待履行合同解除后的法律后果不明确

根据《中华人民共和国民法典》（以下简称《民法典》），合同被解除后，未履行的不再履行，已履行部分可以要求恢复原状、采取其他补救措施，并有权要求赔偿损失。对待履行合同解除权是否适用同样的法律后果，《民法典》没有明确规定，且未明确破产企业违约与非违约情形下赔偿损失的范围。

合同解除后，是否所有的请求权涉及的都是普通债权？是否要区别对待已履行的返还金、违约金、赔偿金？合同解除后，合同相对人恢复原状的请求权是破产普通债权还是具有优先性的共益债权？对合同相对人已经履行的部分，向破产企业请求返还时是实行破产普通债权还是取回权？合同相对方因待履行合同被破

---

1 余冬生：《论破产法中待履行合同的解除权》，《北方法学》2023年第1期。

2 袁一格：《论破产法中待履行合同的解除》，《企业合规论丛》2019年第1期。

产管理人解除而享有的损害赔偿请求权，除了包括实际损失，是否还应包含履行利益或信赖利益？破产法律对待履行合同被管理人解除后的法律后果未作明确规定，学界和实务界存在不同认识，这也影响到合同相对人权益的维护。

（四）未区别对待不同类型合同之解除权的行使

我国破产法律关于待履行合同的解除权的规定没有区分不同合同的差异性，易被理解为任何类型合同均可无条件解除。[1] 但破产管理人无条件地解除某些合同可能严重损害合同相对人利益甚至涉及社会公共利益。例如，所有权保留合同涉及取回权和解除后的请求权适用的冲突；劳动合同、居住型商品房买卖合同等涉及合同相对人的生存权等基本权益或社会公共利益。

破产法律赋予了破产管理人单方的任意合同解除权，但有些合同被解除后会严重损害合同相对人的利益。2013 年"三井住友公司诉南京恒建公司融资租赁合同案"中，在承租人破产清算程序启动后，破产管理人对待履行合同行使解除权之前，合同相对人主张合同解除，法院对此予以认可。[2] 法院并没有机械地认定只有破产管理人才能单方行使合同解除权。

二、对破产管理人行使待履行合同解除权规制的重要性

针对我国破产管理人解除权规定简单的问题，学界和实务界都主张对破产管理人行使此解除权进行较具体的规定，细化规制的规范，以避免实际适用中法律规范之间的冲突，更好地权衡不同主体间的利益保护。

（一）避免破产法律规范和合同等其他民商法律规范间的价值冲突

合同法律规范会对合同解除是否违约进行区分，也注重根据法律后果对违约方要求赔偿责任，从而维护诚信原则，稳定交易秩序。破产法律规定的待履行合同的解除权不区分破产企业是否违约情形，一概考量有利于破产企业整体利益的更大化。待履行合同解除权的行使更侧重合同外部全体债权人的利益。[3] 但有些合同（如消费型购房合同），待履行合同解除权的行使可能导致合同相对人的基本生存权受到影响，此时依然单一坚守破产企业整体利益更大化与公平原则、比例原则不相符。

1　余冬生：《论破产法中待履行合同的解除权》，《北方法学》2023 年第 1 期。
2　曲天明、谭润泽：《论承租人破产时融资租赁合同的解除权》，《学术交流》2022 年第 5 期。
3　王刚：《房地产企业破产中待履行商品房买卖合同的解除权研究》，《河北法学》2019 年第 2 期。

由于待履行合同解除权规定简单，如果机械理解"未履行完毕"，就可能忽视解除权对合同当事人实质利益的重大影响，在具体案件中造成合同相对人丧失应有的期待利益。[1] 以房屋买卖合同为例，买受人与房产开发企业在合同履行过程中已经办理了"预告登记"，此登记具有对抗第三人的物权效力，也可以对抗出卖人。在此情形下，如果房产开发企业进入破产程序，破产管理人行使解除权，则会与其他法律规定出现明显的冲突。破产管理人是否可以在任何情况下都不考虑相对方的利益而行使合同解除权？有学者指出，在任何时候都不应忘记衡平始终是私法的灵魂。[2] 破产管理人行使解除权也应注意破产法律规范与其他法律规范之间的协调，注意不同主体之间利益的平衡。

（二）注重对社会公共利益、生存权等权益的维护

如前所述，有些合同涉及合同相对人的生存权，如个人居住型房屋买卖合同，在买方已经付款，卖方已实际交付但未办理产权登记，且此房屋被法律规定不属于破产房产开发商企业的破产财产的情形下，若破产管理人仍可以行使解除权，则会损害买方生存权等基本权益。

合同的解除不应违反法律的强制性规定，也不应对社会公共利益、交易秩序稳定造成重大不利影响。破产法律规定的待履行合同的解除也应遵循这一原则。如果僵化地适用待履行合同解除权，将破产企业利益作为唯一考量因素，对合同相对方就极为不利，甚至会侵害相对人的基本财产权益。在决定合同是否解除时，不应只单一考量破产企业利益更大化，还应一定程度上注意保障破产企业财产利益，但也不宜过于偏向破产企业利益，而应在破产企业利益和相对方的合同权利之间取得妥当的平衡。某些涉及社会公共利益、生存权等权益的特殊类型的合同应注重对特别利益的考量，对管理人的解除权进行相应的限制。

三、对破产管理人行使待履行合同解除权规制的规范建构

对破产法律待履行合同的解除权可适用的合同范围、待履行合同的认定标准、解除权行使的条件等进行规范，有可能造成实践中社会公共利益受损或合同相对人基本利益受损，且可能与我国其他民事法律规范的适用产生冲突。

1　曲天明、谭润泽：《论承租人破产时融资租赁合同的解除权》，《学术交流》2022 年第 5 期。

2　李永军：《论破产管理人合同解除权的限制》，《中国政法大学学报》2012 年第 6 期。

（一）明确双方均未履行完毕的合同的认定标准和解除后的法律后果

对于怎样的义务未履行才能构成破产法意义上的待履行合同，目前尚未形成统一标准，法律也没有明确规定。"待履行"，即双方均未履行完毕。有学者认为，以解除权是否受到限制为标准可将待履行合同划分为解除权不受限制的完全待履行合同和解除权受限制的不完全待履行合同。[1]

应区分合同的主给付义务、从给付义务的履行状态。破产案件受理后，可能存在主给付义务都未履行、一方未履行、一方未全部履行、双方都已履行等情形。如果出现双方都已经全部履行、合同相对人全部履行、主给付义务大部分履行等情形，破产管理人合同解除权的行使应受到一定的限制。如在房屋买卖合同中，买房消费者已付清购房款或支付大部分购房款，其主要给付义务已全部或大部分履行完毕，商品房未交付或已经交付但未办理物权登记，在此情形下应限制管理人合同解除权的行使。因此，"双方均未履行完毕"应指合同中当事人双方的主要义务都未履行或未能大部分履行，且可能造成当事人依据合同期望实现的实质性目的无法实现。

针对合同相对人主要义务已经履行或大部分履行，破产企业未履行或未大部分履行主要义务的情形，破产管理人的解除权也应受到限制。可以规定相应的考量因素，明确考量解除合同后破产企业财产增值与合同相对人利益受损相比，是否会对合同相对人显失公平。有学者认为，破产管理人仅仅证明债务人财产将从解除待履行合同中获益是不够的，而应当在解除合同之前对各方利益进行平衡考量。如果解除合同使得合同相对人面临严重的竞争劣势，那么法院就不应支持解除。[2] 应以公平原则为指导原则，以是否会严重损害合同相对人利益或造成相对人基本权利受到损害为认定标准。

双方均未履行完毕的合同的认定应以未履行完毕合同会构成实质性违约为主要认定依据，同时考量解除权的行使是否损害合同相对人对待给付的期待利益的"结果导向"。不仅要明晰待履行合同的认定标准，还应明确合同被解除的法律后果，且避免与其他民商事法律规定产生重大冲突。例如，《北京市高级人民法院审理民商事案件若干问题的解答之五（试行）》规定，解除合同更有利于财产变现的，应解除合同；且解除合同的补偿属于共益债权，应向合同相对人优先支付。在实践个案中，有破产管理人作出解除某商业地产公司与商铺投资人签订的

1　兰晓为：《破产法上的待履行合同研究》，人民法院出版社，2012，第31页。

2　余冬生：《论破产法中待履行合同的解除权》，《北方法学》2023年第1期。

合作合同，将商铺投资的本金列为共益债务优先清偿，租金部分按照普通债权处理的意见。[1]

（二）区别对待不同类型合同之解除权的行使

合同种类的纷繁复杂决定了合同的异质性，这也意味着并非所有类型的待履行合同均可无差别地解除。破产管理人在行使解除权时应当更加关注合同的个性，要探寻某些特殊类型合同的设计本意，在破产程序中更好地平衡相关者的利益。

除了一般性地规定并非所有的待履行合同管理人都可以行使任意解除权，对待履行合同的认定作出规定，有学者建议还应把合同类型化，对一些特殊类型的合同限制破产管理人的解除权。例如，规定涉所有权保留的合同、劳动合同、居住型商品房买卖合同，须排除管理人解除权的使用，以保护合同相对人的权益。[2] 应限制或排除解除权行使的合同，目前主要是涉及公共利益，或者涉及合同相对人诸如生存权等基本权益的合同。除了前述列举的一些合同，还有学者建议涉及公共利益的不动产租赁合同、公共事业服务合同、融资租赁合同和已预告登记的合同也应限制破产管理人的合同解除权，以维护社会公共利益，平衡合同各方当事人的利益。[3]

（三）构建配套的限制制度

破产管理人行使解除权会对破产企业及其全体债权人、合同相对人等财产利益产生较大影响，因此应受到监督。例如，规定报告制度，要求破产管理人在一定期限内将决定报告给债权人委员会或人民法院，或在某些情形下由债权人委员会或人民法院许可，从而更好地督促破产管理人依法履行职责。

还可以借鉴担保制度，破产管理人解除合同的，赋予合同相对人在一定条件下要求破产企业担保的权利，从而督促破产管理人谨慎行使解除权。另外，如果影响到交易秩序，为平衡合同当事人之间的利益，还应规定合同相对人的催告权及解除权行使的期限限制。在破产案件受理后，管理人应在破产申请受理之日起一定的期限内明确选择待履行合同，并书面通知合同相对人，赋予相对人一定期限的催告权。要对管理人的沉默状态进行明确的推定。

---

[1] 张爱岩：《出租人进入破产程序管理人对未到期不动产租赁合同解除权的限制》，《现代物流报》2021年12月15日。

[2] 余冬生：《论破产法中待履行合同的解除权》，《北方法学》2023年第1期。

[3] 陈本寒、陈超然：《破产管理人合同解除权限制问题研究》，《烟台大学学报（哲学社会科学版）》2018年第3期。

破产管理人行使解除权，合同相对人严重受损、明显不公平的，应赋予相对人提出异议之诉的救济权利。相对人可以主张请求确认解除行为无效，要求继续履行合同。法院根据公平原则，结合个案具体情形进行判定。

四、结语

我国破产法律允许破产管理人对待履行合同行使解除权。但由于规定不具体，学界和实务界对解除权的行使存在不同看法。为了实现破产制度的效用，督促管理人妥善行使破产解除权，平衡破产案件中各方的利益，应对管理人解除权的行使进行更具体细致的规定。要明确双方均未履行完毕合同的认定标准，明确解除的法律后果，通过一般规定和列举的方式明确管理人待履行合同解除权行使的标准、解除权行使的例外情形，避免破产法律规范和其他民商法律规范适用的冲突。

员工违反竞业限制协议不一定构成侵犯商业秘密罪　　洪奎

一、案例简介

甲与 A 公司签订了竞业限制协议和保密协议，规定：甲有义务保守 A 公司的商业秘密，离开 A 公司起二年内不再从事本行业工作及到有竞争关系的行业工作。后甲从 A 公司离职，到 B 公司（与 A 公司同行业）兼职。甲与 A 公司产生竞业限制纠纷，人民法院作出终审判决，判决甲继续履行双方签订的竞业限制协议和保密协议至约定期限，同时向 A 公司支付违反竞业限制约定的违约金。A 公司又以 B 公司部分客户与自己签订过销售合同，甲违反竞业限制协议和保密协议向 B 公司泄露客户信息，甲和 B 公司侵犯自己商业秘密为由提起诉讼。一审法院认为，B 公司作为市场经营主体享有自主选择交易对象的权利和机会，A 公司对商业秘密构成要件负有初步举证责任。其主张的客户相关信息不构成商业秘密，也未能证明甲向 B 公司透露了 A 公司的涉密信息。法院判决驳回原告 A 公司诉讼请求。A 公司上诉，后撤回上诉，法院依法裁定撤回上诉。

实践中，用人单位与有的劳动者在签订劳动合同时也会签订竞业限制协议和保密协议，或者在签订的劳动合同中设有竞业限制条款和保密条款。

二、我国关于竞业限制及商业秘密保护的规定

《中华人民共和国劳动合同法》（以下简称《劳动合同法》）对竞业限制进行了比较明确的规定。《中华人民共和国反不正当竞争法》（以下简称《反不正当竞争法》）规定，侵犯商业秘密是不正当竞争行为。

（一）竞业限制有关规定

竞业限制协议是用人单位与高级管理人员、高级技术人员和其他负有保密义务的人员签订的禁止这些人员在本单位任职期间、解除或终止劳动合同后一定期

限内到与本单位生产或者经营同类产品、从事同类业务的有竞争关系的其他用人单位，或者自己开业生产或者经营同类产品、从事同类业务的协议。

《劳动合同法》第二十三条、第二十四条对竞业限制进行了规定，明确了劳动者解除或终止劳动合同后竞业限制期限不得超过二年，劳动者违反竞业限制约定的应当按照约定向用人单位支付违约金，用人单位在竞业限制期限内要按月给予劳动者经济补偿。[1]

《最高人民法院关于审理劳动争议案件适用法律若干问题的解释（四）》第六条至第十条就竞业限制对劳动者的经济补偿标准、劳动者或用人单位解除竞业限制约定的情形等进行了细致规定。[2]

（二）商业秘密保护有关规定

商业秘密，是指不为公众所知悉、具有商业价值并经权利人采取相应保密措施的技术信息、经营信息等。商业秘密对经营者而言具有非常重要的价值，可以

1　《劳动合同法》第二十三条规定，用人单位与劳动者可以在劳动合同中约定保守用人单位的商业秘密和与知识产权相关的保密事项。对负有保密义务的劳动者，用人单位可以在劳动合同或者保密协议中与劳动者约定竞业限制条款，并约定在解除或者终止劳动合同后，在竞业限制期限内按月给予劳动者经济补偿。劳动者违反竞业限制约定的，应当按照约定向用人单位支付违约金。

第二十四条规定，竞业限制的人员限于用人单位的高级管理人员、高级技术人员和其他负有保密义务的人员。竞业限制的范围、地域、期限由用人单位与劳动者约定，竞业限制的约定不得违反法律、法规的规定。在解除或者终止劳动合同后，前款规定的人员到与本单位生产或者经营同类产品、从事同类业务的有竞争关系的其他用人单位，或者自己开业生产或者经营同类产品、从事同类业务的竞业限制期限，不得超过二年。

2　《最高人民法院关于审理劳动争议案件适用法律若干问题的解释（四）》第六条规定，当事人在劳动合同或者保密协议中约定了竞业限制，但未约定解除或者终止劳动合同后给予劳动者经济补偿，劳动者履行了竞业限制义务，要求用人单位按照劳动者在劳动合同解除或者终止前十二个月平均工资的30%按月支付经济补偿的，人民法院应予支持。前款规定的月平均工资的30%低于劳动合同履行地最低工资标准的，按照劳动合同履行地最低工资标准支付。

第七条规定，当事人在劳动合同或者保密协议中约定了竞业限制和经济补偿，当事人解除劳动合同时，除另有约定外，用人单位要求劳动者履行竞业限制义务，或者劳动者履行了竞业限制义务后要求用人单位支付经济补偿的，人民法院应予支持。

第八条规定，当事人在劳动合同或者保密协议中约定了竞业限制和经济补偿，劳动合同解除或者终止后，因用人单位的原因导致三个月未支付经济补偿，劳动者请求解除竞业限制约定的，人民法院应予支持。

第九条规定，在竞业限制期限内，用人单位请求解除竞业限制协议时，人民法院应予支持。在解除竞业限制协议时，劳动者请求用人单位额外支付劳动者三个月的竞业限制经济补偿的，人民法院应予支持。

第十条规定，劳动者违反竞业限制约定，向用人单位支付违约金后，用人单位要求劳动者按照约定继续履行竞业限制义务的，人民法院应予支持。

使经营者获取竞争优势。经营者加强商业秘密保护有利于获取更多经济效益。经营者可以采用签订保密协议等方式进行保密。

《反不正当竞争法》第九条对商业秘密的概念及侵犯商业秘密的行为进行了规定。[1]《最高人民法院关于审理侵犯商业秘密民事案件适用法律若干问题的规定》对技术信息、经营信息进行了规定，对秘密性、保密措施等认定因素进行了规定，对侵犯商业秘密的证据等问题进行了细化。

我国法律规定，对负有保密义务的劳动者，用人单位可以在劳动合同或者保密协议中与劳动者约定竞业限制条款，在实践中经常出现用人单位与劳动者既签订了竞业限制协议也签订了保密协议的情形。

三、违反竞业限制协议与侵犯商业秘密的关系

由于用人单位与劳动者既约定竞业限制也约定商业秘密保密，实践中竞业限制协议引起的劳动争议纠纷也往往涉及商业秘密。[2] 越来越多的用人单位选择以签订竞业限制协议的形式来保护自身商业秘密。虽然"保密义务"与"竞业限制义务"均旨在保护用人单位的商业秘密，但二者属于不同的法律概念。[3]

根据目前我国劳动法律规范，用人单位和劳动者签订竞业限制协议的目的是多重的，其中之一涉及保护商业秘密。要想保护商业秘密，用人单位和劳动者不一定非要签订竞业限制协议，也可以单独约定保守商业秘密。可见，竞业限制协议可以成为商业秘密权利人采取保密措施的一种形式，但保密措施可以有多种形式。

---

1 《反不正当竞争法》第九条规定，经营者不得实施下列侵犯商业秘密的行为：（一）以盗窃、贿赂、欺诈、胁迫、电子侵入或者其他不正当手段获取权利人的商业秘密；（二）披露、使用或者允许他人使用以前项手段获取的权利人的商业秘密；（三）违反保密义务或者违反权利人有关保守商业秘密的要求，披露、使用或者允许他人使用其所掌握的商业秘密；（四）教唆、引诱、帮助他人违反保密义务或者违反权利人有关保守商业秘密的要求，获取、披露、使用或者允许他人使用权利人的商业秘密。经营者以外的其他自然人、法人和非法人组织实施前款所列违法行为的，视为侵犯商业秘密。第三人明知或者应知商业秘密权利人的员工、前员工或者其他单位、个人实施本条第一款所列违法行为，仍获取、披露、使用或者允许他人使用该商业秘密的，视为侵犯商业秘密。本法所称的商业秘密，是指不为公众所知悉、具有商业价值并经权利人采取相应保密措施的技术信息、经营信息等商业信息。

2 颜峰、黄立群：《试论竞业限制协议与商业秘密在审判实务中的关系》，《山东审判》2013 年第 6 期。

3 蔡笑：《签了竞业限制协议，企业因何败诉？》，《人民法院报》2020 年 8 月 17 日。

对于签订竞业限制协议的，用人单位有义务按照约定向劳动者支付经济补偿，而劳动者对于用人单位商业秘密的保密义务的履行是没有经济补偿的。

商业秘密是符合一定条件的商业信息。不是任何信息都构成商业秘密，也不是用人单位所有的秘密都是商业秘密。用人单位主张员工违反竞业限制协议的，需要证明员工与自己解除或者终止劳动合同后，到与本单位生产或者经营同类产品、从事同类业务的有竞争关系的用人单位工作，或者自己开业生产或者经营同类产品、从事同类业务。

用人单位如果主张员工或后来的用人单位侵犯其商业秘密，要提供初步证据证明其主张的信息是商业秘密，且已采取必要保密措施，员工、后来的用人单位实施了侵犯商业秘密的行为，如获取、披露、使用等。这与普通的、其他侵犯商业秘密的证明要求是一样的。在某些情况下，竞业限制协议可以成为判断员工接触商业秘密的证据材料。

违反竞业限制协议构成违约，侵犯商业秘密构成侵权，二者触犯的是不同的法律客体。我国关于这两种情形下的法律责任承担和法律后果各有规定。可见，违反竞业限制协议与侵犯商业秘密既存在交叉又各自独立，二者在目的、法理基础上存在一定的联系，但也存在很多区别，不能对两者的关系作简单的推定。违反竞业限制协议，不能直接推定侵犯商业秘密，仍需要根据侵犯商业秘密的构成要件由相关主体承担举证责任。

四、案例评析

上述案例中，劳动者甲与用人单位 A 公司既约定了竞业限制，也约定了商业秘密保密。甲在竞业限制期限内离开 A 公司，有证据证明其到与 A 公司有同行竞争关系的 B 公司兼职。甲违反了竞业限制协议的约定，应承担相应的违约责任。法院判决甲继续履行竞业限制协议并向 A 公司支付违约金是符合法律规定的。但由甲违反竞业限制协议不能直接推定其违反了商业秘密保密的义务，向 B 公司泄露了 A 公司的商业秘密。

根据《反不正当竞争法》第三十二条，商业秘密权利人主张他人侵犯商业秘密，要提供初步证据证明其已经对所主张的商业秘密采取了保密措施，且要提供初步证据合理证明涉嫌侵权人侵犯其商业秘密。此外，商业秘密权利人还应提供证据证明其要求保护的信息是商业秘密。本案涉及的商业秘密是客户信息，根据《最高人民法院关于审理侵犯商业秘密民事案件适用法律若干问题的规定》，客户信息不是简单的客户名称、地址、联系方式。现在互联网技术发展非常快，很多企业都有自己的网站，通过简单的网络搜索就可以获得潜在客户的名称、地址、联系方式。且司法解释明确表示，仅以与特定客户保持长期稳定交易关系为由就主张该特定客户的信息属于商业秘密，法院不予支持。

A 公司未能提供初步证据证明其主张的客户信息属于商业秘密，也未能提供初步证据证明甲向 B 公司泄露了该信息。因此，A 公司主张商业秘密受到侵犯难以获得法院的支持，法院驳回原告 A 公司诉讼请求是依法作出的判决。

辛学慧

中级律师，江苏辰顺律师事务所副主任，金融、保险、证券部负责人和知识产权与涉外事业部负责人

执业证号：13211200411872508

执业经历：2004 年正式执业，承办过众多民事、刑事、行政诉讼案件，积累了丰富的经验。擅长办理各类民商事、经济合同纠纷案件。办案思路清晰，敬业认真，耐心细致，不畏疑难，以最大化维护当事人合法权益为服务宗旨。成功代理多起疑难案件，妥善化解纠纷矛盾，发表多篇法务文章，颇受当事人、顾问单位的信任和好评

业务专长：普通民事及商事纠纷
　　　　　金融类案件
　　　　　知识产权类纠纷

社会职务：镇江市人大常委会地方立法工作专家库成员
　　　　　镇江市党外知识分子联谊会理事
　　　　　镇江市法学会法治镇江建设研究会理事会理事
　　　　　镇江仲裁委员会仲裁员
　　　　　镇江市妇联特聘调解员
　　　　　江苏省律师协会文化建设与宣传工作委员会理事
　　　　　镇江八姑娘公益律师联盟成员

获奖情况：2015 年"镇江市优秀女律师"
　　　　　2016 年度"招商银行南京分行最佳诉讼代理律师"
　　　　　2018 年度带领团队获评"招商银行南京分行优秀合作律所"
　　　　　2020 年起担任镇江市律师协会文化建设与文体宣传委员会主任
　　　　　后两次被镇江市律师协会评为"优秀工作委员会主任"

夫妻一方借款，另一方在借条的担保人处签字，如何认定债务关系

辛学慧

张某和李某系夫妻关系。在婚姻关系存续期间，张某向赵某借款 300 万元用于投资公司，赵某要求李某提供担保。2020 年 8 月 1 日，张某向赵某出具借条，载明"张某因投资公司所用，向赵某借款 300 万元，双方约定张某应于 2021 年 1 月 1 日前偿还借款。李某对前述借款提供连带责任担保"。张某在借款人处签字，李某在担保人处签字。后张某未按期偿还借款，赵某于 2022 年 3 月 10 日向法院起诉张某和李某两被告，以借款为夫妻共同债务为由，诉请两被告共同归还借款本息。在诉讼过程中，赵某提供了借条和转账凭证。

对于该案，有以下争议焦点需要我们思考。

第一，案涉 300 万元借款是否为夫妻共同债务？

夫妻一方借款，另一方以担保人名义签字，此借款是否属于夫妻共同债务？在实务中，大家观点不一。一种观点认为，在夫妻关系存续期间，一方在担保人处签名，即表明该方知晓另一方的借款行为，夫妻二人共同参与了借款行为，具有共同借款并承担还款责任的意思表示，应认定该项债务为夫妻共同债务，二者应共同承担还款责任。另一种观点认为，出具借条时，从夫妻各自的真实意思表示出发，一方以担保人名义签字，即明示其不作为债务人，只是愿意为配偶之债务承担担保责任，债权人对此知明。担保人与债务人的法律概念不同，应承担的责任义务有明显差别。债权人、债务人、担保人在借条中各有角色，三方达成借款担保关系的合意。因此，案涉债务不应被认定为夫妻共同债务。

笔者认为，案涉 300 万元借款不应被认定为夫妻共同债务。根据《民法典》的规定，夫妻双方共同签名或者夫妻一方事后追认等共同意思表示所负的债务，以及夫妻一方在婚姻关系存续期间以个人名义为家庭日常生活需要所负的债务，属于夫妻共同债务。夫妻一方在婚姻关系存续期间以个人名义超出家庭日常生活需要所负的债务，不属于夫妻共同债务；但是，债权人能够证明该债务用于夫妻共同生活、共同生产经营或者基于夫妻双方共同意思表示的除外。本案中，李某在借条的担保人处签名的行为，即表明其不同意作为债务人。虽然她当时知晓配

偶的借款行为，但知情并不代表同意共同举债。借条的内容说明张某、李某和赵某都认为李某只是担保人，而非债务人。借条上张某、李某各自的签名不属于夫妻"共债共签"情形。案涉债务数额巨大，超过家庭日常生活所需，赵某未提供任何证据证明该债务用于家庭共同生活、生产经营或者夫妻双方共同意思表示，且李某事后也未予以追认，赵某应当承担举证不能的后果。因此，本案债务应属于张某个人债务。

第二，李某对该笔借款是否需要承担担保责任？

《民法典》第六百九十二条规定："债权人与保证人可以约定保证期间，但是约定的保证期间早于主债务履行期限或者与主债务履行期限同时届满的，视为没有约定；没有约定或者约定不明确的，保证期间为主债务履行期限届满之日起六个月。"本案中，未约定保证期间，保证期间依法应确定为主债务履行期限届满之日起六个月。主债务于2021年1月1日到期，债权人至2022年3月才向法院提起诉讼，因此保证期间已过，李某不应再承担担保责任。

撤销合同之诉：向欺诈行为说不

辛学慧
夏志颖

一、案情介绍

2021 年 2 月 7 日，某房产中介向当事人张某介绍买方李某实地看房，称李某为了让孩子进入本市知名小学想购买张某的学区房。在中介和李某的反复劝说下，张某当日与李某、房产中介签订了房屋买卖合同。回家后，张某发现合同售价明显低于市场价值，受到家人责怪，且经了解得知李某系房产中介工作人员。张某对其被人哄骗而轻易签约卖房的行为深感难过，多次找房产中介联系买方李某协商解除合同事宜。中介公司拒绝协商解约，仍催促张某卖房。继而，李某将张某诉至法院，要求履行卖房合同办理过户。张某年逾七旬，以前从未接触过通过中介买卖房产的事务，全无经验。此次遭人欺哄签约，低价卖房，还被告到法院，令张某十分懊恼，他一时不知如何是好。最终，张某来到律师事务所求助。

二、案件处理

辛学慧、夏志颖律师接受张某委托代理案件。两律师通过研究案情、深入调查，取得了房产中介与买方在签约过程中存在欺诈行为的若干证据。代理当事人张某作为原告，在时效期内向法院起诉撤销房屋买卖合同，并依法申请张某作为被告的关于要求履约过户的案件中止审理，两案应以撤销买卖合同之诉讼先行审理。庭审中，律师就被告存在欺诈情况充分举证、详细阐释事实和法律法规。法院逐渐查明：李某与某房产中介负责人的妻子系亲姐妹，李某曾从事中介工作，系某房产中介的工作人员。另外，李某的孩子已二十岁，并无购买学区房的急切需求。两被告向卖方隐瞒买方的特殊身份关系等重要信息，并且压低房价（明显低于该中介发布的同期同地段房屋售价），违反多项法律法规。原告与被告从初次接触到合同签订仅用了一天时间，有理由认为原告张某是基于两被告的共同欺诈陷入错误认识而签约的。最终，法院认定两被告在与原告的签约过程中具有欺诈行为，判决撤销原、被告之间签订的房屋买卖合同。李某原起诉要求张某履行该合同的另一起案件随后撤诉。

至此，张某两案皆胜，无须再履行因受欺诈而订立、最终被法院判决撤销的房屋买卖合同。

附：案件代理词

审判长、陪审员：

江苏辰顺律师事务所接受原告张某的委托，指派辛学慧、夏志颖律师作为委托代理人代理原告张某与某房产中介服务部（以下简称"某中介"）、李某撤销合同之诉一案，参加诉讼。代理人现结合本案的事实及庭审情况，依法发表代理意见如下。

一、关于本案事实，可以确认，本案所涉合同（房屋买卖合同关系、居间合同）系原告在受到两被告的串通欺诈、陷于错误认识而订立的。两被告对原告实施了以下欺诈行为。

1. 隐瞒了被告二买方实际为被告一的工作人员，隐瞒了两被告之间的近亲属关系、密切的经济利益关系。

经法庭审理查明，被告二李某与被告一某中介负责人赵某之妻是亲姐妹。两被告甚至庭审时都在刻意隐瞒该项重要事实，不断陈述谎言，到了几乎"谎话连篇、六亲不认"的程度（李某开始自述为普通买房客户；从朋友圈先认识某中介负责人赵某，后认识其妻李某某；面对户籍档案证据，回避亲属关系，不承认其与李某某之父的父女关系，把亲姐妹伪称为表姐妹关系），并且多方面证据表明（如电话录音中自认某中介员工、李某父亲名下两个电话号码都用于某中介业务经营），某中介长期就是由赵某及其家庭成员、近亲属共同经营的，李某也是参与房产中介经营的人员之一。

2. 被告一隐瞒了涉案房屋市场价格的信息。

被告一以一万五千多元的单价让原告出售房屋，同时段、同路段被告一网上所发布的售房信息达到一万八千多元。后一售价被告一从未向原告提及，即被告一没有向原告披露真实的房屋市场行情价格及合理的价格。3000元/平方米的高额差价，恰恰证明被告一有低买高卖的行为，就是在炒房。这无疑是扰乱正常房地产交易的行为。在2021年3月原告与被告一的微信聊天记录中，被告一向原告谎称同楼的401室房产只卖了八十三万元，且要交十多万元的遗产税，以此来压低原告的售价，反复劝说原告卖房。这更证明原告卖房是受被告欺骗的。

3. 被告二虚构购买房屋的动机，明明没有为小孩上学而购买学区房的真实需求，却谎称要买学区房给孩子上学。

原告房屋系本市优质学校中山路小学之学区房。经调查，被告二李某只有一子，年已二十，根本无上小学之需求。被告二对此却给出了"为孙辈上学储备学区房资源所以要购买"的荒唐解释。众所周知，学区房只能由学童及直系父母购买。结合被告二李某在录音中承认自己为中介工作人员并称"我们家（中介）房子多啊"，庭审中又称买房为"储备学区房资源"，可知：第一，被告自己所在的中介有大量房源，并无购房需要。被告不缺学区房。第二，被告"储备学区房资源"，显然是为了先屯后"炒"卖。两被告串通虚构买方为孩子上学之需要的理由哄劝原告卖房，使原告陷入错误认识。两被告压价购房，原告没有卖房经验，出于对中介的信任，误以为自己的学区房是作为稀缺资源卖给家长买主的，且合同房价已经达到了较高的市场价格水平。

民事实体法律规范中的欺诈，是指行为人故意实施的，以引起、强化或维持他人的错误认识并使其基于此错误认识而作出意思表示为目的的欺骗行为。欺诈的目的是使他人陷于错误的理解，并基于该错误理解作出意思表示。根据上述事实和理由可看出，两被告的行为已经构成欺诈。

二、本案情形，原告属于受两被告欺诈而签订合同，案涉合同亦属于可撤销合同。原告作为受欺诈一方，依法有权主张撤销合同。

本案经法庭审理调查，有诸多证据表明，两被告存在串通欺诈之事实（如本文第一条所述存在虚构事实、隐瞒真相等情况）。另外，在交易中，李某有身份披露的义务。房产中介从事房地产经纪活动应当遵循自愿、平等、公平、诚实、信用的职业规范，恪守职业道德。《民法典》第九百六十二条规定了中介人的如实报告义务：中介人应当就有关订立合同的事项向委托人如实报告。为保护房地产交易当事人的合法权益，《房地产经纪管理办法》第二十五条规定，房地产经纪机构和房地产经纪人员不得对交易当事人隐瞒真实的房屋交易信息，低价收进高价卖（租）出房屋赚取差价；不得以隐瞒、欺诈、胁迫、贿赂等不正当手段招揽业务，诱骗消费者交易或者强制交易；不得承购、承租自己提供经纪服务的房屋。显然，两被告已经违背了上述规定。在本案中，李某作为某中介工作人员（且为某中介负责人的近亲属），购买了本公司提供经纪服务的房屋。如果原告卖方当时知晓这一点，那么对于某中介在交易中能否保持客观中立地位产生怀疑是不可避免的，对于李某是不是真实买家客户、是否真实给付购房定金、是否会支付中介费是无法确定的。尤其是本案中，鉴于两被告的特殊利害关系，购房定金并没有实际交付给原告。所谓"买方已交付定金给中介保管"这一事实，谁能相信呢？正常人在知道买方身份的情况下，对于这样的房产交易，显然会产生疑虑。故李某的特殊身份属于可能影响交易的重要信息，中介方应在交易前如实告知卖方并取得同意。本案中，两被告未将李某的特殊身份如实告知，不仅未尽如实告知义务，而且刻意隐瞒、营造双方互不相识、仅为客户与中介关系的假象，致使原告陷于错误认识而交易。该行为显然属于欺诈。后来原告发现买方李某的身份，认为受到欺诈，继而拒绝交易，符合常理。故原告起诉撤销房屋买卖合同及居间合同，理据充分。

三、关于本案的其他违法问题。

鉴于本案两被告的行为涉及多重违法，违反有关禁止性规定，存在扰乱正常交易秩序的社会危害性，违反国家房地产宏观调控政策，违背公序良俗，从被告行为的行业违法性角度来看，合同应归于无效。

如前文所述，两被告之行为已经违反了《房地产经纪管理办法》第二十五条的禁止性规定。此外，被告还违反了《中华人民共和国价格法》（以下简称《价格法》）的禁止性规定。《价格法》第十四条规定，经营者不得相互串通，操纵市场价格，损害其他经营者或者消费者的合法权益；不得利用虚假的或者使人误解的价格手段，诱骗消费者或者其他经营者与其进行交易。

《房地产经纪管理办法》属部门规章。最高人民法院公布的《全国法院民商事审判工作会议纪要》第31条规定，违反规章一般情况下不影响合同效力，但该规章的内容涉及金融安全、市场秩序、国家宏观政策等公序良俗的，应当认定合同无效。2020年发布的《最高人民法院　国家发展和改革委员会关于为新时代加快完善社会主义市场经济体制提供司法服务和保障的意见》第24条也规定，依法促进房地产市场平稳健康发展。要坚持"房子是用来住的，不是用来炒的"的定位，依法妥善审理涉房地产相关纠纷案件，引导房产交易回归居住属性；积极运用司法手段支持政府严控房价，防范炒地炒房投机行为，保障房地产市场平稳健康发展。

由上，应认定，被告违背《房地产经纪管理办法》第二十五条禁止性规定的内容，涉及扰乱房地产交易市场秩序，违反国家宏观政策，违背公序良俗。基于上述法律法规的适用依据及规则，从被告违法行为的行业管理角度来看，案涉合同应归于无效。

上述代理意见，恳请法庭综合考虑、审慎详查，依法支持原告之诉请。

江苏辰顺律师事务所：辛学慧、夏志颖

×年×月×日

韩 阳　　高级律师，江苏辰顺律师事务所副主任，刑事辩护部负责人

执业证号：13211200910307736

执业经历：2009 年正式执业，在刑事辩护及公司、企业合规领域深耕十余年，曾代理公安部挂牌督办扫黑除恶管某某涉黑系列案件等多个重大疑难复杂案件，在刑事辩护领域有独到的办案能力和深厚的辩护经验，深得业内好评及委托人的认可

业务专长：刑事辩护

　　　　　个人和企业刑事风险防控

　　　　　公司类民商事业务纠纷处理及企业合规

　　　　　企业法律顾问

社会职务：镇江仲裁委员会仲裁员

　　　　　民建江苏省委法律服务中心委员

　　　　　民建镇江市委监督委员会委员

　　　　　民建镇江市委法制委员会副主任

　　　　　镇江市律师协会公司法专业委员会副主任

　　　　　镇江市律师协会刑事专业委员会委员

　　　　　镇江市律师协会汽车及零部件（新能源汽车）"产业链+法律服务"联盟委员

　　　　　镇江市个人信息保护公益律师

　　　　　镇江市建筑工程消防技术专家库成员

获奖情况：2018 年"镇江市优秀青年律师"

　　　　　2022 年、2023 年民建"镇江市优秀会员"

　　　　　2023 年民建"江苏省优秀会员"

城镇居民农村买房的法律保护问题研究
韩　阳

农村地区房屋交易对象不仅包括在农村土地上建造的房屋，还包括农村房屋建造时所使用的宅基地。但是宅基地属于农村集体所有，这种特殊性质决定了其在交易过程中必然会引发一系列纠纷。《中华人民共和国土地管理法》（以下简称《土地管理法》）及《中华人民共和国担保法》均提到了农村宅基地的使用与交易问题，规定不得将农村宅基地转让给农村集体组织之外的人群，即作为农村集体组织之外的城镇居民不得在农村地区购房，同时其购房行为不受到法律保护。

一、城镇居民购买农村房屋的法律制度变革

新中国成立后，我国开始进行土地改革，此时的法律制度并未对城镇居民在农村买房作出限制。1960 年通过并实施的《中华人民共和国土地改革法》确立了农民享有土地的权利。在 1963 年提出 "宅基地使用权" 这一概念之前，法律规定农村地区的房屋和土地均为农民私有，同时赋予农民流转房屋的权利。到农业生产合作建设阶段，农村土地属于集体，农民在宅基地方面的权利也由所有权转变为使用权。1963 年《中共中央关于各地对社员宅基地问题作一些补充规定的通知》提出，农村人员可以转让农村房屋，且宅基地会连同房屋一起转让给购房人员。"房随地走，地随房走" 的原则由此诞生。从制度规定来看，此时我国并没有限制农村房屋和宅基地的转让行为。1986 年我国颁布了《土地管理法》，规定城镇居民在向政府部门提出申请以后，可以在农村土地上建设房屋，且这一规范一直沿用至 1999 年，即在 1999 年之前我国并未规定城镇人口不能在农村地区购置房屋。

我国一度允许农村地区的房屋买卖，同时针对房屋流转、宅基地及城镇居民在农村买房等行为作出了很多政策上的调控。1998 年修订的《土地管理法》在 "城镇非农业户口居民使用集体建设用地" 方面作出了修改，规定无论是城镇户

口还是农村户口，在土地使用前均需要向政府提出申请，同时规定只有农村居民身份的人员才有权利申请宅基地使用。此时，虽然国家对农村土地与宅基地问题作出了更为严格的限制，但是并没有提到城镇人口不能到农村买房，自此以后这一问题开始模糊。此外，一些政策性文件开始禁止城镇居民到农村购买房屋，如《国务院办公厅关于加强土地转让管理严禁炒卖的通知》、国土资源部《关于加强农村宅基地管理的意见》、《国务院关于深化改革严格土地管理的决定》。

二、城镇居民在农村地区买房制度改革上的思考

通过对制度变迁改革的研究可知，无论是农村地区房屋的流转，还是农村房屋使用权的流转，政策与法律发挥着同样的作用。土地改革完成后，农村农民房屋与宅基地已经完全纳入集体经济组织。1999 年以后的法律文件并没有严格规定农村房屋和宅基地的流转问题，但是各类政策却对这些问题作出了严格限制。之所以产生这种现象，是由于追求社会的稳定。从属性来看，农村房屋和农村宅基地的固有属性为经济属性，但是比经济属性更为重要的是其社会属性。在"农村房屋宅基地使用权"设立初期，房屋与宅基地的社会保障属性就被放在了最高位置。

目前，农村地区习惯借助机械开展农业作业。机械化的推广与应用一方面提升了农业生产效率，另一方面也使得农村出现了大量的剩余劳动力。过于严格地限制农村宅基地的流通，可能会对农村剩余劳动力的转移造成阻碍。严禁城镇人口在农村买房，这多体现在政策性文件中。政策具有显著的时代性，需随着时代的发展而调整。现阶段农村地区的实际发展情况，包括农村户籍制度改革、农村人口社会保障体系的建立与完善、经济发展保持良好态势等，成为农村房屋流转的基础条件。农村地区剩余劳动人口向城镇转移的趋势非常明显。在这种背景下，农村地区很多房屋处于闲置状态，而城镇人口为了应对购房压力、养老、追求宁静生活等，也非常热衷于在农村地区买房，由此出现了各种形式的房屋交易行为。从这一点看，准许农村地区宅基地使用流转是有其合理性的。我国很多地区正在开展宅基地制度改革工作，在尊重农民意愿的基本前提下加速土地流转，发挥农村土地与宅基地的作用，进而提升农村闲置土地的利用效率。

三、城镇居民购买农村房屋的现状与问题

（一）城镇居民对于农村房屋的购买需求较大

目前，城镇与农村地区在经济发展水平与基础设施建设方面仍然存在差距，且受到城镇化建设的影响，城镇与农村之间的人口流动非常频繁，城镇居民到农村买房这一现象较为常见。虽然我国幅员辽阔，但是可供利用的土地面积相对不足，加上人口基数大，因此土地与住房仍然是我国所面临的重要问题。我国法律虽然规定城市土地可以流转交易，但是必须建立在严格的制度审批之上。很多地区的城市土地资源利用已经趋于饱和，而土地又与地方经济发展存在密切联系。相对于城市土地价格的居高不下，农村地区的土地价格则比较平稳。城市房屋建设造价成本要高于农村地区，而这种住房造价、购买方面的价格差异就成为城镇居民在农村买房的动力。我国农民工的数量大约有3亿，其中近一半选择进城务工。从近些年相关课题组的统计数据来看，进城农民工数量仍在增长。这些务工人员由于长期在城市居住，已经对城市产生归属感。统计表明，我国40%农村房屋所有人出售过或者曾有意向出售农村房屋。受到农村人口流动的影响，未来势必出现大量农村房屋空闲，而城镇的高房价、人口老龄化等问题也会促使更多城镇居民在农村买房。

（二）农村房屋、宅基地的产权问题

目前，城镇地区已经形成比较完备的房屋买卖体系，但是农村地区的房屋、宅基地产权问题仍然比较模糊。《民法典》虽然涉及房屋买卖，但是并没有提到农村地区的房屋、宅基地产权流转问题，相关条文不仅模糊甚至矛盾。《土地管理法》明确提到了农村房屋的流转问题，即农村居民将住房出租后无法继续申请宅基地。此条文赋予了农村人员出租房屋住宅的权利，但是也对其作出了限制。《土地管理法》第六十三条又规定，农村集体所有的土地不能出让、转让、出租或者用于非农业建设。而农村房屋与宅基地显然属于农村集体所有，适用关于"农村集体所有的土地"的法律条文。因此，就这一点看，农村房屋、宅基地的产权问题非常模糊。

（三）农村房屋、宅基地交易存在纠纷

由于法律规定模糊，城镇人口在购买农村房屋的前、中、后阶段必然伴随着纠纷。对这些纠纷的研究，有助于我们探究房屋、宅基地流转中存在的问题，对政策、法律的完善也能够起到推动作用。首先，在买卖关系上，农村房屋的购买者多为城镇人口，出售者多为农村房屋所有人。不过，一些城镇户口的人也有农村住宅。其次，从纠纷产生的时间看，很多纠纷是在交易完成后产生的，尤其是在买方购买房屋居住后；从诉讼的原因看，很多诉讼源自经济原因，且诉讼的主体多为房屋、宅基地出售方，房屋宅基地增值、拆迁高额赔款等均是诱发诉讼的重要原因。售卖方在房屋售卖后也会提起诉讼，但是此种诉讼事件的出现概率极低。

四、城镇居民购买农村房屋的法律完善举措

（一）立法层面

法律有时很难解释城镇居民购买农村房屋的问题，这些问题的解决往往依赖于政策。政策与法律、行政法规的权威性有着本质上的区别，在司法实践过程中将政策作为裁判依据显然不够规范。"农村宅基地制度"改革在有些城市已经取得了显著成果，因此在立法层面可以考虑吸纳一些政策手段。农民拥有在宅基地上建造房屋的基本权利，享有所建房屋的所有权。城镇居民在农村地区买房是公民合法处置财产的体现，集中表现了双方当事人的主观意思。此外，法律并没有规定城镇人口不能在农村买房。在此基础上，从立法层面保障房屋出售人员与购买人员的交易行为具有非常强的可操作性。正如上文所提到的，很多城镇人口希望在农村买房，而很多农村人口也有意愿出售农村房屋。在法律规范模糊和制度规范缺失等情况下，买卖双方只能够依托不规范的房屋流转市场，无论是购买者还是出售者，一旦出现问题和纠纷，其基本权益很难得到保障。

（二）行政层面

在行政层面，应当从完善农村社会保障体系入手。有学者在关于"土地社会保障"概念的解释当中提到，该保障形式就是农村人口在具备土地使用权的前提下以适当的价格在土地上建设房屋并供自己使用。这一制度与现代社会保障制度相契合。农村人口同样属于公民范畴，应当享有与城市人口一致的权利与待遇。就农村人口而言，农村住房一方面是农民的重要财产，另一方面涉及多种利益。由于我国农村社会保障体系建设还比较薄弱，针对这种情况，应当继续以城镇居民社会保险制度为基础，强化农村社会保障力度，使农村人员即便是在将房屋流通后，仍然负担得起基本生活。这样还能够推动农村人口外流，促进城镇化的发展。

（三）司法层面

在农村房屋流转过程中会出现很多问题，其中合同效力最为关键。这些问题大多需要通过司法途径解决，所以在司法解决过程中首先要考虑双方利益的衡量方式。在司法裁判规则方面，同一类型案件的审判结果可能截然不同。这不仅严重影响司法公正，也会扰乱该行业的正常秩序。作为司法部门，法院需要从实际情况出发分析审判工作，制定符合实际的司法解释，有效规避同案不同判现象。

五、结语

综上所述，本文主要对城镇人口在农村买房这一问题展开分析，首先对城镇人口农村买房的制度变迁、现状及问题展开分析，又在制度变迁研究过程中论述了前、后时期所应用的制度。目前，城镇人口在农村地区买房存在法律模糊的问题。笔者在结合实际问题的基础上提出了一些看法和建议，希望有助于规范农村房屋买卖，达到激发农村市场与实现乡村振兴的效果。

参考资料

[1] 王继光. 城镇居民购买农村房屋合同效力辨析及法律完善 [D]. 河北科技大学，2019.

[2] 戴孟勇. 城镇居民购买农村房屋纠纷的司法规制 [J]. 清华法学，2009（5）：53-74.

[3] 刘娜，蔡笑. 明知限购仍强购　自食其果赔卖方 [J]. 北京支部生活，2012（15）：69.

[4] 不能任意以"配偶不同意卖房"为由毁约 [J]. 共产党员，2011（6）：38.

房地产交易中存在的法律问题及风险防范研讨 韩　阳

房地产交易的本质在于签订交易买卖合同，即通过房屋不动产买卖双方的平等协商来确认房产交易价格、交易时间与其他相关事宜，进而达成房产买卖交易的合同协议。近些年，房屋买卖交易市场的发展有力地带动了房地产交易的经济效益增长。但不应当忽视的是，在房地产交易的全面实施过程中存在转移所有权的风险、合同归于无效的风险、合同欺诈的风险、定金交付的风险、房屋买卖贷款的风险等。房屋买卖交易的市场参与主体只有理性认识上述多个层面的交易风险，才能有效保障房屋买卖中的正当经济利益，妥善规避房地产交易中的安全隐患。

一、房地产交易中的常见法律问题

（一）转移房屋所有权的风险

转移房屋不动产的所有权归属会伴随相应的法律风险，并且有可能造成不动产权利人与房屋出卖人预期利益的减损。[1] 房屋不动产一旦经过法定的登记过户流程，就会对参与房屋买卖的民事主体形成约束效力，能避免房屋原有的产权人随意进行房屋交易。在买卖不动产的实践过程中，某些已经实际交付的不动产并未完成正式的房屋变更登记，这就意味着已经支付买卖合同定金并且实际占有房屋的合同交易当事人未能获得法律层面上的房屋所有权。

在此种情况下，对于房屋所有权实施转移的买卖房屋交易环节就会导致潜在的交易风险，从而不利于合同当事人的预期利益获得妥善的保护。转移房屋所有权的实施过程除了可能导致以上风险因素发生之外，还可能伴有房屋不动产的灭失或者损毁情况。作为善意第三人的交易相关主体会享有善意取得房屋的权利，这导致已经支付买卖交易款额的房屋购买方遭受利益损失，同时增加合同交易中的不确定因素。

1　陈烨：《房地产交易中的风险及其防范措施》，《中华建设》2022年第4期。

（二）房屋买卖合同无效的风险

房屋不动产买卖的原始合同如果归于无效，那么房屋买卖的产权转移及交付定金等各项协定就会陷入法律上的无效状态，进而导致财产返还、不动产权变更等后果。按照现行法律法规，房屋买卖合同如果存在一方民事主体恶意欺诈、违背诚信交易规则、虚假交付房屋不动产等行为，那么房屋买卖双方签订的协议就会被依法判定为无效。合同归于无效将会对买卖交易的民事主体造成预期利益的严重损害，并且导致房地产的交易参与方对买卖交易失去信赖，阻碍房地产市场诚信氛围的营造。

现阶段法律法规侧重采取列举的方式来明确限定买卖合同归于无效的各种场景，某些买卖交易合同虽然没有被直接归入无效合同范畴，但是由于合同签订的环节存在某些瑕疵交易行为，也会被判定为合同无法实现全面的履行。[1] 此外，预售商品房的某些合同条款也可能导致合同无效，阻碍双方正当权益的实现。房屋买卖的交易当事人如果忽视对现有买卖合同内容的审查，就会看不到其可能存在的明显的缺陷。

（三）交付房屋买卖定金的风险

交付房屋买卖定金构成了买卖合同得以顺利履行的前提，而在交付定金的实践过程中，很难避免合同履约方面的法律风险。具体而言，交付房屋买卖定金必须严格遵循足额交付及准时交付的基本要求。某些买卖合同的签订方可能并未履行自身交付定金的义务，或者房屋原有的产权归属在交付定金的环节结束以后又发生了某些变更。[2]

房屋买卖中的定金交付过程如果存在违约嫌疑，那么购买不动产房屋的合同就会呈现出法律效力的瑕疵。交付房屋买卖的定金数目如果没有按照法定比例进行设定，会导致过高或者过低设定房屋定金的交付合同条款。房屋购买方在交付房屋定金的情况下，通常还需要经历烦琐冗杂的不动产过户和物业交接流程，无法杜绝房屋买卖后续环节中的产权变化风险。因此，对于交付买卖房屋的定金风险应当能够及时察觉。[3]

勘察房屋不动产的基本要点包含房屋建筑结构、建筑所在的区域位置、建筑

---

[1] 张玲悦：《房地产纠纷中的法律风险及其防范分析》，《法制与社会》2020年第24期。

[2] 黄晓红：《房地产估价机构防范风险策略探讨》，《纳税》2019年第10期。

[3] 王冠中：《美国房地产交易中第三方服务机构的法律地位及对我国的启示》，《湖南科技学院学报》2019年第2期。

内部装饰等，要确保对以上各个层面要素实施准确的记录。银行融资机构在正式发放抵押房屋不动产的贷款额度以前，通常需要针对房屋所在的现场环境进行实地考察。[1] 如果从事不动产现场勘察作业的技术人员未准确了解房屋所在场地的环境特征，或者对抵押物的真实价值进行了错误的估计，且审批抵押贷款额度的具体负责机构未能针对抵押人的资产收入状况、信用等级进行客观确认，会导致贷款审批的额度确定风险。房产价值在经过额度审批以后，可能还会出现显著的价格波动。评估房地产的抵押物的真实价值往往存在过高或者过低评估的实践缺陷，这导致评估无法准确反映房地产的市场交易价值。专业评估机构针对房地产的抵押物进行全面价值评估时，还会受到房屋权属、告知义务履行、评估时间点选择等多个层面因素的影响。房地产是重要的不动产形式，其真实价值的确认必须经过专业化的评估程序。

二、防范房地产交易风险的必要性

（一）保障房屋产权人的合法权益

房屋产权人的正当交易利益只有获得了妥善的维护，房地产市场才会获得更加快速与稳定的转型。防范法律风险的重要实践举措会提醒房地产的买卖参与方针对买卖合同给予严格审核，并且依法按照操作流程来审查房屋不动产现有的权属关系。由此可见，只有深入落实防范交易过程风险的各项措施，才能避免房屋产权人遭受较大数目的经济利益减损，切实维护房屋产权人的合法权利。在目前的状况下，房屋上市交易的实施规模逐步扩大，充分体现了防范交易过程安全隐患的必要性。

（二）促进房地产市场的平稳健康发展

交易安全因素构成了房产市场稳步转型中的核心影响因素。房地产的买卖交易固然能够带动整个市场的发展，但是缺少交易安全保障的房屋买卖过程会阻碍房屋产权人正当利益的实现，并且有损于房地产市场的诚信环境氛围。在某些情况下，房地产交易的当事人没有遵守诚信合同约定，造成房屋买卖的合同约定归于无效，或者参与买卖交易的当事人无法收取预期的合同定金等。为了保障房地产市场的交易安全目标的实现，现阶段的思路就是落实交易风险的预测防范

1　马敬华：《浅谈房产委托公证的风险防范》，《全国商情》2016 年第 19 期。

工作。[1]

（三）节约房地产交易的管理实践资源

只有对房地产的买卖交易资源实现科学的优化分配，房地产交易的总体实施效率才会获得明显的提高。[2] 房屋买卖的双方可以通过提前识别并且防控法律风险，降低房屋买卖交易成本，客观上达到维护房地产交易正常开展的目的。通过以上分析，我们能够确定房地产交易的实践成本资源节约必须依赖于风险防范举措，房屋买卖的市场交易参与方应当共同维护诚信公正的买卖交易实施环境。

三、房地产交易中法律风险防范的措施要点

房产市场的平稳发展依赖于完善健全的立法规范，同时离不开充分的防范风险的法律意识。虽然房产市场整体具备诚信交易的实践氛围，但是仍然无法避免市场交易的潜在隐患。房屋上市交易的开展过程应当依靠立法规范的监督约束，交易当事人也要切实维护自身与他人的正当权益。具体而言，防范法律风险应当侧重如下举措。

（一）健全房地产交易的法律法规保障体系

截至目前，约束房地产的不动产上市交易立法规定呈现出全面、完善的基本特征。但是总体上来讲，现行法律法规对违规进行房地产欺诈交易或者从事其他合同违约行为未给予严格惩罚，导致存在放任违法欺诈交易的风险。[3] 房地产交易的现行立法规范应尽快完善，要注重运用立法手段保障房地产市场的交易平稳发展。立法部门需要重点针对《民法典》及房屋买卖的相关条例给予合理修正，妥善弥补房地产上市交易领域的立法漏洞与空白。房地产交易的各个环节应当置于规范化的法律保障监督范围，旨在全面推动房地产市场的稳定转型，降低房屋买卖的交易双方的经济损失。

（二）营造房地产市场的诚信交易环境

房地产交易的实现建立在预付房屋买卖的合同定金、房屋不动产验收、产权归属审核验证等措施保障的基础上，因此需要买卖交易双方共同致力于诚信市场

1　刘华容：《浅析房地产买卖交易的风险防范管理》，《建材与装饰》2016 年第 17 期。

2　王琳琳：《房地产交易中存在的法律问题及风险防范》，《长春师范大学学报（人文社会科学版）》2014 年第 5 期。

3　廖红梅：《关于房地产交易中的风险及其防范探讨》，《江西建材》2014 年第 7 期。

环境的维护。买卖交易的参与主体如果违背了诚信交易的基本规则，会显著影响与破坏房地产交易的正常开展。为了构建诚信与透明的交易实施氛围，现阶段的重要完善路径应当落实在房屋买卖合同的严格审查，进而有效预防房屋买卖的不动产交易合同存在的欺诈隐患。购买房屋不动产的合同签约主体应当全面履行房屋产权审查的职责义务，增强权益保障意识，避免购买不具备合法产权归属的房屋。房地产的抵押贷款协议构成了依法履行贷款偿还义务的基本前提，决定了房地产的抵押合同签订双方主体都要遵守协议的义务和权利条款，避免存在抵押合同履行过程中的潜在违约风险。抵押借贷合同往往包含较为复杂的合同条款，协议签订双方都要恪守抵押合同的基本义务规定。在目前房地产融资市场转型的前提下，合理规避协议违约风险的重要举措就是落实规范法律义务的履行流程，通过实施流程化及规范化的法律保障手段来平衡协议签订双方的权益。

（三）严格审查房地产买卖的交易合同条款

买卖不动产房屋的合同条款直接牵涉买卖双方的经济利益，房屋买卖的各方参与人员都要致力于合同条款的审查监督工作。目前，出现房屋买卖欺诈交易与违规交易的重要原因是房屋购买者忽视了不动产权归属的审核工作，未能准确识别买卖房屋合同中的细节信息。签订买卖不动产合同的双方当事人作为民事主体都要恪守诚信交易原则，自觉避免房产买卖欺诈行为。在正式签订涉及房地产贷款与不动产抵押的融资合同前，双方主体都要强化法定告知义务的履行。银行融资机构应当掌握抵押人提供的不动产真实权属信息，避免恶意隐瞒或者欺诈。全面履行法定的告知义务责任有助于银行发放信贷资金的融资机构保护自身正当权益，同时有助于维护房地产市场整体秩序的稳定。银行融资机构对抵押人隐瞒或者擅自更改房屋产权信息的行为应当给予严格的排查，做到准确察觉不动产抵押人从事的违规违法行为。

四、结语

经过分析可见，针对房地产的交易实施过程，必须重视防范各类法律风险，通过深入探索房地产交易涉及的法律问题来推进风险防范方案的制定与完善。目前，房地产买卖过程的常见法律风险集中表现在合同定金交付和合同签订履行环节。房屋买卖双方一旦忽视履行法定的交易流程，就非常容易形成利益损失后果。因此，房屋买卖的签约交易主体应当注重审查买卖合同的关键条款内容，相关部门也要健全房地产交易的法律法规保障体系，营造房地产市场的诚信交易环境。

独立董事为何既不"独"也不"懂"

—— 爱迪尔事件引发的公司治理思考   韩　阳

一、引言

2021 年 5 月 31 日，一篇关于爱迪尔公司 72 岁独立董事遭董事会秘书怒怼的报道引起关注，深圳证券交易所随即对爱迪尔公司下发了年报问询函。在爱迪尔公司回函公告中，独立董事王某某表示他在之前的股东大会上想要发言却受到董事会秘书质问，甚至被拍桌怒怼。董事会秘书认为他"作为旁听人员，只有旁听权，没有发言权"。该董事会秘书的行为给独立董事正常履职造成了严重的障碍。管中窥豹，独立董事的职责权限、独立作用、公司地位引人深思。

在此之前，深圳证券交易所上市委田轩曾指出，我国上市公司治理的主要矛盾在于控股股东与小股东的利益冲突、监管制度不完善、独立董事不"独立"不"懂事"。控股股东与小股东之间的利益冲突是国内市场公司治理的主要矛盾。在中国，许多独立董事都是由人情关系邀请的，缺少第三方独立董事市场。国内监事会也没有实权，只是一个职能，这导致监督机制有效性的下降。

从历史发展的角度来看，公司制度存在已久。根据传统产权理论，公司的本质是追求股东利益的最大化。在企业所有权与经营权分离的趋势下，维护股东利益最直接的方法就是将股东利益置于他人利益之上。然而，这种股东权益优先于其他利益相关者权益的结论并不符合时代的潮流和社会对公司的期望。因此，有学者认为，公司的本质不应该是追求股东的最大利益，而应该是追求"公司本身"的最大利益。除了股东的利益外，公司还应该考虑到社会的利益，这是企业社会责任的起源。从企业可持续发展的角度来看，这一理论似乎更符合大多数人的利益。然而，企业社会责任本身是相对抽象的道德概念，如果没有具体的规范，必然会成为空洞的口号。这种实施方法应该从公司治理领域入手。

2001 年"安然事件"后，怎样通过各种机制加强公司治理、降低公司经营者道德危险的问题再次成为投资人关注讨论的焦点。在相关改革提议中，完善独立董事制度以健全公司经营和保障股东权益，并追求公司最大利益，系最被重视的关键。独立董事制度是否具备足够的诱因、能力及相关配套措施来发挥其"监督及制衡"的力量，更是成为各界关注之焦点。自我国探索引入独立董事制度以来，支持声与反对声不断，甚至有学者指出独立董事是"花瓶"一样的存在，而监事连"花瓶"都不如。[1] 我国公司经营机关的制度设计在形式上与美国所采用的一元制及德国所采用的二元制不同，而与日本所采用的并列制相类似。但是，不论是一元制、二元制，抑或是二元并列制，在实际运作上，公司业务执行机关与监督机关皆已分离，在实质上并无重大差异。也就是说，我国的董事会制度与其他国家的董事会制度并无重大差别。值得注意的是，在我国政治、社会、经济、文化等背景下，就立法政策而言，须充分考虑国情，结合人性、人情加以考量。

二、独立董事制度设计的理论依据

（一）外部监督与内部监督

公司的监督原则上可分为三大类，由国家行政机关或司法机关所为者，为公权监督；由公司内部组织自发而为者，为自治监督；此外尚存有市场监督。[2] 依据世界银行所揭示的公司治理架构，公司之监督机制则包含内部监督机制与外部监督机制两部分。内部监督机制属自治监督，主要是由公司内部机关（如董事会、股东会、监事会）或独立董事就公司营运及业务进行自主性监督，以实现公司既定的策略目标及预期获利。公权监督与市场监督均属外部监督机制，即经由行政、司法及经济市场的制度运作，对公司产生约束与管控作用，使公司得以循正轨经营，进而达到保护投资人与利害关系人利益的目的。

公司外部监督机制与内部监督机制彼此互具消长关系。当公司内部监督机制确实发挥监督作用时，外部监督机制对公司所产生的制约作用便降低；若公司内部监督机制无法自主发挥监督功能，则仅能仰赖外部监督机制对公司产生制约效果。由于外部人并不参与公司业务经营，其可对公司产生的监督效果自不若内部监督机制来得及时与有效，尤其是司法监督，通常仅能进行事后责任追究或损害

1　施天涛：《让监事会的腰杆硬起来——关于强化我国监事会制度功能的随想》，《中国法律评论》2020 年第 3 期。

2　盛进：《股份有限公司法律监督问题的由来》，《中国司法》2001 年第 3 期。

赔偿，无法做事前防范，防弊效果自然有限。

此外，囿于国内证券市场持有者多数为自然人，法人投资者比例不高，且常以短期获利为目标，一旦获利便出清持股，无心长期参与公司经营，加之国内企业家族性深厚，专业经理人不易产生，因此对公司经营者难以产生监督作用。就我国现制企业运作而言，仍应以内部监督机制为主，辅以外部监督机制。唯有公司内部及外部监督机制配合得宜、相辅相成，公司治理绩效才能得以显现，公司经营者也才能为所有者谋取最大利益，创造双赢局面。

（二）单轨制与双轨制

公司内部常设监督机关是公司最重要的监督机制，也是遏制不当经营或不法行为的第一道防线。公司在讲求经营权与所有权分离的同时，亦应重视内部监督功能的提升。一旦缺少监督机关制衡，经营者将如脱缰野马般不受限制，很可能影响公司治理及经营，甚至损及股东与利害关系人权益。公司内部常设监督机关大致可分为单轨制与双轨制两类。

单轨制公司内部仅设单一董事会，承担经营与监督两项职责，不另设监事会。此为单轨制的特色，因其仅有单一机关设计，所以又称一元制。英国、美国为单轨制公司的国家代表，特点是通过股东选举董事会，由董事会代表股东的利益经营公司。在《美国示范商业公司法》的规范下，股东选出董事并组成董事会，再由董事会选出执行长与经理人。[1] 董事会成员分为兼任行政经营职务的内部董事与负责监督职务的外部董事。外部董事如果与公司间不具利害关系，即独立于经营团队，则为独立董事。故独立董事乃单轨制的产物，主要职责为监督公司业务经营。

双轨制是指公司内部除设有执行业务机关董事会外，另设有监督业务执行的监事会，以德国、日本的公司为代表，分为垂直式与并立式两种。

德国要求雇用五百名员工以上的公司，监事会须有三分之一以上为劳工代表；公司员工达到二千人以上的，监事会须有半数以上为劳工代表。监事会系由股东与员工代表，即资方与劳方代表共同组成。监事会选任董事，董事组成董事会代表公司执行业务。监事会可以解任董事，与董事会不具上下隶属垂直关系。此种经营与监督彻底分离的设计为德国法制的特征，不足之处在于容易造成资讯传达不良与沟通困难。

1　唐跃军、肖国忠：《独立董事制度的移植及其本土化——基于对 500 家中国上市公司的问卷调查》，《财经研究》2004 年第 2 期。

日本采用的是并立式设计。并立式虽与垂直式同有董事会与监事会设置，但董事会与监事会处于平行地位，均由股东会选举产生。董事会负责业务执行与经营，监事会监督董事会业务进行，但对董事并无任免权限。我国即采取此制。[1]

三、独立董事的困境与完善

（一）独立董事的任命

独立董事要基于经验、道德、专业、能力和其他方面来管理公司的财产，负责公司日常运作的重大决策，并对股东大会负责，从而避免或减少公司与股东之间的代理问题。根据 2001 年中国证监会发布的指导意见，董事会、监事会和单独或合计持有公司 1% 以上股份的股东有权提名独立董事。

在实践中，多数小股东并不关心公司事务的管理，更谈不上参与独立董事的提名。独立董事的选择和任命通常是由大股东决定的。强制招聘独立董事又带来了另一个问题。一些公司聘请的独立董事确实有监督的责任，然而，也有一些独立董事仅仅是"橡皮图章"。

此外，我国对独立董事的限制规定仅限于独立董事的雇佣关系、亲戚关系，以及作为独立董事的金钱业务关系，忽视了现实中许多独立董事与大股东或高级经理人均存在相当友好的社交关系。

社会关系是复杂的，很难用亲密的私交来决定，所以在大多数情况下，无论是"私人友好关系""商业关系"，还是"外部俱乐部或学校关系"，都不能事先明确界定什么情况下独立董事有独立性，什么情况下独立董事已经失去了独立判断的能力。

根据纳斯达克证券交易所的规范，董事会有义务确认"独立性"。这似乎意味着独立董事应该受到董事会的监督，但这种设计明显不恰当。独立董事在薪酬委员会中设立，为的是解决董事决定自己支付薪酬可能引起的矛盾问题。因此，在薪酬问题上，独立董事是"监事"，总干事是"监督"。如果中期由董事会判断独立董事独立性之有无，就会形成总经理和独立董事相互监督的情况。这不仅违反了监督和制衡的基本原则，也可能导致独立董事和总经理互为庇佑，以至于使独立董事失去意义。

1　季奎明：《中国式公司内部监督机制的重构》，《西南民族大学学报（人文社会科学版）》2020 年第 4 期。

我国应尽快完善独立董事的信义义务规范，明确独立董事的权利，建立适当的司法审查机制。

（二）信息不对称与赛局理论

赛局是指两者以上追求自身极大利益的理性决策者，在给定的条件下，借由互相判断对方决策以决定自身决策，并因此得出最终可能结果的过程。赛局可简单划分为合作赛局和非合作赛局。合作赛局意指参与者之间达成具有约束力的协议，重点是考虑参与者之间所有可能联盟的合纵连横关系。在合作赛局下，参与者之间皆没有违背协议的动机，因为合作能为每个参与者带来最大程度的效益。

赛局按行动顺序可分为静态赛局和动态赛局。静态赛局是一种参与者在同一时间行动，或在一个序列中每个人都不知道其他人的行动，互动一次即告胜负，如猜拳；动态赛局中参赛者的行动有先后顺序，后行动的一方能观察到先行动一方的决策，并且能在观察到对方的动作后再决定自己的行动，如下象棋或围棋。事实上，动态赛局也是非合作赛局，只要对方先行动，后行动的一方就可以作出最有利于自己的反应。独立董事与董事会之间的合作关系即可被归类为动态赛局。

在对独立董事与董事会的合作关系进行分类时，还需要了解信息对独立董事和董事会战略决策的影响。按照信息要素，赛局可以分为完全信息赛局和不完全信息赛局。顾名思义，完全信息赛局的参与者可以掌握其他参与者的策略、效用和行动，而不完全信息赛局的参与者往往不能全面了解信息。

独立董事是董事会的外部成员，他们大多是学者、会计师或其他金融和法律方面的专业人士，可能很少接触董事会成员。由于信息获取上的差异，独立董事与董事会之间形成了不完全信息赛局。在这种动态赛局下，董事会成员和独立董事会为了获取信息或参与公司经营争来争去。独立董事往往只是在其他成员行动后才在会议上有所察觉。只有在董事会和独立董事决定自己的行为时，才会形成董事会和独立董事之间的动态互动。

在独立董事的战略理解中，董事会成员可能因为决策上的参与和相互倾听而先后展开陈述，但由于不是公司的常驻人员或管理人员，因此独立董事所获得的信息很可能不足，必须依靠自己的判断来做决策。当参加董事会投票表决时，独立董事往往承担着误判、名誉损害、法律责任等风险。

（三）独立董事的薪酬

除了在获取信息方面不对称，独立董事的薪酬也是影响独立董事的行为模式的主要因素。独立董事的独立性使其需要承担更高的道德风险，报酬过低或过高时会面临大量的独立董事任期政策；独立董事可能会被其他董事会成员或经理贿赂，以使决策获得通过；独立董事的声誉会影响他们是否接受贿赂。

如果独立董事不再考虑未来公司整体运营和股东利益，只关心他们是否独立，或者为了提高工资而开始就董事会的一票进行谈判，会不会影响整个公司的运营？如果独立董事领取固定工资，那在某些情况下可以免除责任时，他们真的能够为了公司运营的美好未来对董事会进行制衡吗？

独立董事制度的问题之一在于如何使公司的独立董事尽心尽力地为公司效力。当然，若独立董事受领报酬，往往会形成"拿人钱财，替人办事"的形象或处处迁就公司经营者，进而影响其独立性。独立董事的设置贵在其独立性。在认为应支付独立董事报酬时，需讨论的是采取何种形态的报酬结构、由何种机关决定、如何设立监控机制等。设置独立董事的主要目的在于制衡上市公司大股东，维护中小股东利益。与公司无利害关系的第三人能够以较客观之角度进行决策与监督公司运作，进而强化公司治理，但独立董事由公司发工资的确是制度本身存在的潜在矛盾。

欲使独立董事善尽职责，除了予其一定程度的义务与责任外，也需要采取一套激励机制，使其有动力为公司效力。

（四）独立董事的地位与各方博弈

依据《中华人民共和国公司法》（以下简称《公司法》）及相关法律，独立董事的任职资格决定了其尴尬的"独立"地位：独立董事必须具备独立性，不能持有过多份额的公司股票，导致其在实体利益上过分割裂于公司法人；在利益关系上，独立董事独立于控股股东甚至其他董事会成员，因此其对董事会投票显得无足轻重；独立董事往往具有深厚的法律或者会计行业从业经验，而对公司管理缺乏实践经验。这些固有的矛盾，使得独立董事往往成为独立于公司法人、股东会、公司日常管理的"局外之人"。更有甚者，独立董事与控股股东的"商业关系"使得他们成为控股股东的"傀儡"。

四、现行独立董事制度下的省思与建议

目前，资本市场在我国已经有了很大的规模。为了提升自身价值，吸引更多的投资者，许多大中型企业都在履行企业社会责任（CSR）。一方面，它们想证明自己的价值；另一方面，它们希望增强投资者的信心，使企业实现长远发展。企业社会责任最重要的部分是企业治理，包括建立风险管理的理念和机制。这样

可以使企业得到有效监督，增强竞争力。

除了独立性之外，还应考虑独立董事的职权范围、职责界定及薪酬。这是因为独立董事制度并不仅仅是名义上的独立。企业治理要设置独立董事机制，因此有必要综合考虑企业可能面临的风险类型和独立董事可以发挥的功能。完善独立董事制度，可以从以下方面入手。

（一）明确独立董事的职责

每个企业所面临的风险不同，其管理规范也不同。例如，食品企业需要关注食品卫生技术、食品供应安全和消费者管理风险。电子技术行业最常面临的风险是知识产权跨国诉讼、购销管理、技术商业秘密等。化学工业需要关注应用材料和与消费者保护相关的风险。因此，独立董事的专业能力和监督的参照点也有所不同。

独立董事的角色之一是监督企业的管理者，控制企业管理决策的每一个关键节点。如果独立董事不能真正发挥作用，也许管理层不会考虑某个决定是否有利于企业或者股东和投资者，而是一意孤行，一条路走到黑。

设立独立董事的目的是加强公司治理，但现在大多数公司都没有按照要求对自身进行风险管理和规定独立董事的职责与范围。这显然不利于独立董事发挥专业能力和起到监督作用。

（二）明确独立董事的选任方式

随着独立董事制度的逐步建立，拥有独立董事的上市公司数量逐年增加，这似乎使得公司治理体系因为独立董事的介入而变得更加透明和公平。然而，无论是否按照客观标准行使其投票权，独立董事都很难得到公正的判断。如果必须由具备一定专业资格的人员任独立董事，如会计师或律师，并让完全中立的政府建立独立董事名单，同时从名录上委任独立董事，那上市公司应当定期向独立董事支付年费。

这样，一方面独立董事不会因为是政府委派而具有官方色彩，另一方面也有专门的机构对独立董事进行监督。同时，上市公司董事长不能自行决定候选人，但可以提供建议。另外，站在"谁使用谁付费"的立场上，报酬主要来自需要独立董事的上市公司，如此也不会增加政府的财政负担。独立董事的薪酬可由专门机构进行评估和发放，董事长不能把独立董事之职作为对亲朋好友的奖励。

（三）建立独立董事对等报酬制度

为平衡独立董事对公司的忠诚度、独立性与连带责任，宜确定独立董事的合理报酬，建立独立董事适度报酬制度。[1]

《中华人民共和国证券法》将独立董事与监事会视为同一公司机构。当公司同时实行独立董事制度和监事会制度时，会使其中一项制度失效，但同样需要支付补偿成本。如果独立董事在履行其注意和忠诚义务后可以免除责任，一方面会更加公平，另一方面会使独立董事更愿意参与公司治理。

另外，根据实证研究，股票激励与现金薪酬相结合，甚至仅以股票薪酬激励的合约设计，有助于增强独立董事履职积极性。[2]

（四）完善董事及高级管理人员责任保险制度

董事及高级管理人员责任保险（D&O 保险）指公司董事及高级管理人员在行使职权时有过错，导致第三人经济损失时，应依法进行经济赔偿，而这种赔偿责任风险由保险公司按约定来承担。[3]

各国法律对董事及高级管理人员的注意义务都作了不同程度的规定，虽然细节表述可能不同，但一般都包括忠于公司与股东、谨慎经营、及时如实披露重要信息、对雇员负责等。在企业的经营管理过程中，很多活动具有一定的复杂性，董事及高级管理人员常常会因为经验不足或者自身能力问题等出现或多或少的过失，如越权代理、信息披露不当、谈判理解有误等。这些行为可能导致公司遭受经济损失，如丧失应有的投资机会、赔偿第三人损失、股票市值降低等。随着投资者、企业和投资者之间的诉讼越来越多，企业有时需要支付巨额赔偿，董事及高级管理人员责任保险便应运而生。

董事及高级管理人员责任保险源于美国，在美国也应用、发展得最完善。目前，美国有世界上最大最专业的董事及高级管理人员责任保险机构。许多国家和地区都在开拓董事及高级管理人员责任保险业务。经过近百年的发展，董事及高级管理人员责任保险已经发展为一个内容复杂、体系庞大的险种，其保障、应用范围不断扩大，越来越多大型企业、中小企业甚至非营利机构都为其董事和高级管理人员购买该保险。

公司投保后，当董事会代董事承担股东或第三人的赔偿责任时，保险公司会作为保险人替代公司和董事承担赔偿责任。这样一来，公司会避免因承担过多的

---

1 李剑文：《完善上市公司独立董事制度探析》，《学术探索》2003 年第 6 期。

2 邓博夫、董雅浩：《独立董事持股与履职积极性——基于独立意见的经验证据》，《当代财经》2021 年第 1 期。

3 王学士：《比较法视域下公司董事赔偿责任保险立法问题研究——基于日本第二次〈公司法〉修改的比较考察》，《证券市场导报》2021 年第 3 期。

赔偿责任或法律费用而使股东利益受损，同时，独立董事也不会因公司的错误决策而致声誉或财产受损。

（五）借助市场力量进行监督

通过前文讨论可见，独立董事制度本身有其局限性，因此在完善公司内部治理之外，市场力量本身也是落实企业社会责任的有效机制。以美国为例，1974年只有少数机构投资人公开声明其社会责任的衡量标准，且大部分是社会责任共同基金，如 Dreyfus Third Century Funds、Pax World Fund、Social Dimension Funds。20 世纪末，大型机构投资人开始将企业社会责任纳入考量，慎选投资对象并注重加以监督。根据专业统计，1997 年有 144 个注重社会与环境责任的共同基金，且有 960 亿美元的资金在其营运下，实为一庞大市场力量。

姑且不论为何将共同基金与退休基金纳入企业社会责任的考量范畴，也许基于被投资公司的声誉，然而根据统计资料，共同基金在选择投资对象时，将企业社会责任纳入考量并加以监控者，通常其成长率都较高。此外，在专业投资人的经营下，其所采取的方式为对产品加以检验，或就该被投资对象是否有值得鼓励的行为加以考量（如环境管理绩效）。

五、结论

爱迪尔事件暴露出我国公司独立董事制度的一些问题。独立董事应当具有独立性、专业性，但目前并未能发挥其应具备的监督功能，在法制面向与职权责任上仍有进一步讨论和改进的空间。若只是为移植而移植地与国际"接轨"，而非切实"以股东利益为核心"进行监督，那么独立董事必然会沦为"花瓶董事"。

虽然独立董事具有不同于普通董事的监督权利和责任，但在不参与公司经营的情况下，独立董事对公司信息的获取远远不足。此外，公司的经营决策要由董事会最终作出。在实践中，公司的经营和决策变化迅速。经理或董事会先达成内部共识，再召集利益相关者进行董事会决议。这个过程不是所有独立董事都能参与的。另外，独立董事大多为兼职，不能保证在决策过程中掌握第一手信息。在诉讼中，独立董事往往比一般董事承担更多的责任。换句话说，独立董事既要承担一般董事的责任，又要因其独立性承担专门的责任。当董事或控股股东故意隐瞒重大信息时，独立董事在现行制度下是不可能知道的，即使知道，也可能只是发表些无关痛痒的意见。这种制度怎能积极作用于对董事会或控股股东的监督呢？

在爱迪尔事件中，如果独立董事不站出来强烈要求发言，而只是扮演消极不作为的角色，没有声音、没有质疑也没有任何实际的作为，恐怕其他投资人还不知道公司的真实状况。如果任凭公司主事者如何操作都无所作为，与其说是独立董事故意配合，倒不如说是独立董事根本不知道自己有哪些职权与该如何监督。

公司治理结构必须保证公司战略的正确导向、监督机构的有效监督和管理层对公司及股东的合理问责。换言之，管理层必须以完全的信息获取为基础，本着诚信、程序正当和注意义务，维护公司及股东的最大利益。此外，要考虑利益相关者的利益，公平对待所有股东，客观独立地判断公司的事务。监察机关必须准确、及时地掌握企业的信息，以审查公司的制度管理，审计事务所的经营状况、高级管理人员的选拔，控制经营者的薪酬等。公司还应确保其会计和财务报告制度的完整性（包括独立审计、控制和执行），并进一步实施信息披露管理。

一个制度的好坏不是绝对的。但不可否认的是，如果独立董事和监事都能保持其独立性和专业性，将有利于公司治理机制的完善。就目前中国公司的治理结构而言，独立董事与监事的角色定位、权利责任及职能定位都是必须进行调和的。只有这样，才能建立完善的法律框架，保障企业的长远利益。

曹建国 　中级律师，江苏辰顺律师事务所党支部书记

执业证号：13211201510276440

执业经历：2015 年起正式执业，从业以来，立足岗位实践，带头自觉遵守党章党规、法律法规和行业规范，严守政治纪律和政治规矩，恪守职业道德和执业纪律，担任多个政府机关、企事业单位的法律顾问。热心公益事业，积极参与公益法律服务，代理法律援助案件

业务专长：刑事辩护

公司业务纠纷

民商事诉讼代理

社会职务：江苏省律师协会教育培训工作委员会委员

镇江市律师协会副秘书长

镇江市律师协会理事

镇江市律师协会党建工作委员会委员

镇江市律师协会房地产与建设工程业务委员会委员

镇江市律师行业党委纪委委员

获奖情况：2016 年"镇江市优秀党务工作者"

2018 年"镇江市优秀公益律师"

2018 年"镇江市律师行业优秀共产党员"

2021 年"江苏省律师行业优秀共产党员"

商标侵权中通用名称的认定

——兼评沈某诉贺某"烟锅巴"商标侵权案

曹建国

在商标侵权案中，被告经常提出抗辩，称其使用的标识是通用名称，根据商标法律法规不构成侵权。在商标侵权案件中，清晰认定通用名称可以有效明确商标权利的边界，既能有效保护商标权利，也能保障通用名称的正常使用。

在上海万翠堂餐饮管理有限公司与温江五阿婆青花椒鱼火锅店侵害商标权纠纷案[1]中，二审人民法院认为，温江五阿婆青花椒鱼火锅店没有单独突出使用"青花椒"，"青花椒"是鱼火锅的重要调味料，其标识中包含的"青花椒"是对其提供的特色菜品鱼火锅中含有青花椒调味料的客观描述，并非商标性使用；将特色菜品名称标注在店招上是餐饮行业的惯常做法，特别是川渝地区以川菜为特色的众多餐馆，无论是在店招还是在菜单上使用"青花椒"字样，相关公众都习惯将其含义理解为含有青花椒调味料的特色菜品。"青花椒"指代一种特定的调味料，被告使用"青花椒"是对通用名称的使用，不构成商标侵权。

在沈某诉贺某"烟锅巴"商标侵权案[2]中，虽然"烟锅巴"是四川方言中烟头的常用词，但被告提出的通用名称抗辩未能获得法院采纳。本文通过分析沈某诉贺某"烟锅巴"商标侵权案，对商标侵权案中通用名称的认定进行探讨，期望为实践中通用名称的认定提供参考。

一、沈某诉贺某"烟锅巴"商标侵权案

（一）案例简介

2021年8月14日，原告沈某申请注册并取得第51291627号"烟锅巴"商标，核定使用服务项目为：第43类，备办宴席，饭店，快餐馆，流动饮食供应

1　《"青花椒"商标案》，https://www.chinacourt.org/article/detail/2022/03/id/6563675.shtml，访问日期：2023年11月2日。

2　《店招用"烟锅巴"被判侵权 这和"青花椒"案有何不同？》，https://www.sichuanpeace.gov.cn/fzsc/20231026/2800942.html，访问日期：2023年11月6日。

等。"烟锅巴"注册商标现用于串串香餐饮连锁店经营，截至 2023 年 7 月，"烟锅巴串串香餐饮连锁店"在全国有十余家门店，具有一定的知名度。2023 年 7 月 13 日，被告贺某经平昌县市场监督管理局核准，将其经营的"平昌县巴尖鲍鱼串串"店铺更名为"平昌县烟锅巴自助串串店"，并以"烟锅巴自助串串"作为店面招牌。沈某将在店招上使用"烟锅巴"三字的串串店老板贺某起诉至巴中市巴州区人民法院。2023 年 9 月 19 日，贺某将"平昌县烟锅巴自助串串店"注销，并于 2023 年 10 月 12 日将"烟锅巴自助串串"招牌拆除。原告请求判令被告立即停止侵犯其第 51291627 号"烟锅巴"注册商标专用权及不正当竞争的行为，请求判令被告赔偿经济损失 76625 元及其他合理费用 9000 元。

法院判决：被告立即停止侵害原告沈某第 51291627 号"烟锅巴"注册商标专有权的行为；被告贺某在本判决生效之日起 10 日内，赔偿原告沈某经济损失及合理维权费用共计 15000 元；驳回原告沈某的其他诉讼请求。

（二）主要争议焦点

贺某的"平昌县烟锅巴自助串串店"将"烟锅巴自助串串"作为其店面招牌使用的行为是否构成对沈某第 51291627 号"烟锅巴"注册商标的侵权？

原告认为，被告办理工商登记时的名称为"平昌县巴尖鲍鱼串串"，却长时间将"烟锅巴"作为招牌使用，后将其名称变更为"平昌县烟锅巴自助串串店"，且在经营活动和网络平台中大量突出使用"烟锅巴"文字标识并进行宣传、推广，侵犯了原告的注册商标专用权。被告诉辩称，被告以"烟锅巴"为招牌，是由本地俗语"好大一个烟锅巴踩不息（灭）"产生的灵感，且其注册登记的"平昌县烟锅巴自助串串店"营业执照是经市场监管部门审查办理的，被告并不知道"烟锅巴"系注册商标，"并非主观恶意侵权"。此外，被告认为，被告使用的店招为"烟锅巴自助串串"，与原告注册的商标相对比，字数、字体、颜色、大小均不一样，并不与其混淆，故不构成侵权。

（三）裁判要点

1. 类似服务上突出使用与原告商标高度近似的标志容易造成混淆

人民法院经审理认为，根据沈某举示的多家门店信息及宣传视频等证据，"烟锅巴"商标已在多家餐饮店中使用，并进行了网络推广，具有一定的知名度。同时，被告店招上的"烟锅巴"跟原告持有的商标构成高度近似，且"烟锅巴"三个字被突出使用。贺某在店招上使用"烟锅巴"的行为，使相关公众对其服务的来源产生误认，构成商标近似。

2. "烟锅巴" 不构成餐饮服务的通用名称

"烟锅巴" 是四川方言。在四川，人们常把烟头叫作 "烟锅巴"。人民法院认为，被告使用的宣传标识如果仅仅体现了商品、服务的特征，如主要原料或者本身特征等，并且没有突出使用，那么即使跟该商标有近似的情况，也是不构成商标侵权的。本案中的 "烟锅巴" 三个字，并无证据证明其是通用名称，或体现被告提供服务的特点、原料，且 "烟锅巴" 三个字被突出使用，容易导致消费者误认，所以法院认定被告的行为构成商标侵权。

二、商标侵权中通用名称的认定规则

我国有关司法解释对商标中通用名称的认定有所规定，但在具体的个案中还应注重相关因素的考量，从而准确界定通用名称，明晰商标权的权利边界，保障对通用名称等特定语词的正当使用。

（一）目前我国关于通用名称认定的法律规定

《中华人民共和国商标法》（以下简称《商标法》）规定，注册商标中含有的本商品的通用名称或者直接表示商品的主要原料等，注册商标专用权人无权禁止他人正当使用。

《最高人民法院关于审理商标授权确权行政案件若干问题的规定》对通用名称的认定作了具体的规定，明确法定的商品名称、约定俗成的商品名称应被认定为通用名称。[1]

法定商品名称的认定依据一是法律规定的商品通用名称，二是国家标准规定的商品通用名称，三是行业标准规定的商品通用名称。相关公众普遍认为某一名称能够指代一类商品的，应当认定为约定俗成的通用名称。根据《最高人民法院

1　《最高人民法院关于审理商标授权确权行政案件若干问题的规定》第十条："诉争商标属于法定的商品名称或者约定俗成的商品名称的，人民法院应当认定其属于商标法第十一条第一款第（一）项所指的通用名称。依据法律规定或者国家标准、行业标准属于商品通用名称的，应当认定为通用名称。相关公众普遍认为某一名称能够指代一类商品的，应当认定为约定俗成的通用名称。被专业工具书、辞典等列为商品名称的，可以作为认定约定俗成的通用名称的参考。约定俗成的通用名称一般以全国范围内相关公众的通常认识为判断标准。对于由于历史传统、风土人情、地理环境等原因形成的相关市场固定的商品，在该相关市场内通用的称谓，人民法院可以认定为通用名称。诉争商标申请人明知或者应知其申请注册的商标为部分区域内约定俗成的商品名称的，人民法院可以视其申请注册的商标为通用名称。人民法院审查判断诉争商标是否属于通用名称，一般以商标申请日时的事实状态为准。核准注册时事实状态发生变化的，以核准注册时的事实状态判断其是否属于通用名称。"

关于审理商标授权确权行政案件若干问题的规定》，约定俗成的通用名称可以指代、对应某一类商品，一般以全国范围内相关公众的通常认识为判断标准。由于历史传统、风土人情、地理环境等原因形成的相关市场固定的商品，在该相关市场内通用的称谓可以被视作约定俗成的通用名称。被专业工具书、辞典列为商品名称的，可以作为认定约定俗成的通用名称的参考。

可见，目前我国商品通用名称主要分成法定和约定俗成两类。法定的依据司法解释已经明确，约定俗成的则需要考量相关要素进行综合判断。

（二）通用名称认定应考虑的因素

通用名称，是指以一定范围内普遍使用的名称，其本身不具有识别特定商品来源即商品提供者的功能。对于约定俗成的通用名称，根据我国法律规定，需要考量时间节点、地域范围、相关公众的通常认识等要素。

1. 时间节点要素

根据《最高人民法院关于审理商标授权确权行政案件若干问题的规定》，一般以商标申请日时的事实状态为准。同时，核准注册时事实状态发生变化的，以核准注册时的事实状态判断其是否属于通用名称。可见，人民法院审查判断诉争商标是否属于通用名称，应以客观事实状态为准。

客观事实状态是一个动态发展的过程，商标是否构成商品通用名称也并不是一成不变的，因为商标在被核准注册后可能会变为通用名称，也可能原来是通用名称而后续经过使用再次获得显著性。

可见，个案中法院在审理过程中应关注事实状态发生的变化，以审理时的事实状态判断商标是否成为通用名称。如前述沈某诉贺某"烟锅巴"商标侵权案，应确认案件审理时"烟锅巴"是否构成餐饮业服务通用名称。

2. 地域范围要素

根据《最高人民法院关于审理商标授权确权行政案件若干问题的规定》，约定俗成的通用名称一般以全国范围为地域范围，但特殊情形下因某些原因形成了固定相关市场的，就以该相关市场为地域范围。诉争商标申请人明知或者应知其申请注册的商标为部分区域内约定俗成的商品名称的，人民法院可以视其申请注册的商标为通用名称。由此可知，在判断是否构成约定俗成的通用名称时，应以全国范围内的相关公众的通常认识为原则，以相关市场或者部分区域的相关公众的认识为例外。[1]

---

[1] 李美燕、易诗语：《认定商标是否构成通用名称时的时间标准和地域标准》，《中华商标杂志》2023年第8期。

如果以相关市场或者部分区域的相关公众的认识作为地域范围来考量是否构成通用名称，当事人应提出并举证证明，且能证明诉争商标涉及的商品或服务因生产经营及消费活动地域特征明显等原因形成了较为固定的相关市场。如果诉争商标涉及的名称在此特定地域长期普遍使用并已经约定俗成，此名称所指代的是商品生产原料，此生产原料在此特定地域普遍生产等，就应将此特定地域作为地域范围；如果当事人不能举证证明已经形成相关市场，则应在全国范围内进行考量。

前述沈某诉贺某"烟锅巴"商标侵权案，考虑到餐饮服务的地域特性，"烟锅巴"是四川方言，地域范围宜以四川地区为考量地域。

3. 相关公众的通常认识要素

对通用名称的认定不仅要考虑时间因素、地域因素，还应考虑这个时间段、这个地域范围的相关公众的通常认识。判断通用名称所参考的"公众"更接近于一种特定群体的划分，而绝非一般语义上的公众。

这里的相关公众不仅涉及实际消费者、潜在消费者，还涉及生产者和工作人员，与营销密切相关的经营者和工作人员，商品或服务具体的使用者、实际操作者，与此类商品相关的研究、开发人员等。

明确相关公众后，在认定争议标志是否为通用名称时，应结合相关公众的通常认识，即以相关公众正常的、一般的认知水平作判断，不应仅从专业的、行业的角度来理解。

在个案中，当事人可以提供对这些主体的调查问卷，关于诉争商标及涉及商品的评论、媒体报道，生产者和经营者发布的信息，此类商品行业协会发布的文件，此类商品研究、开发人员发布的专业文献等材料作为证据，来证明相关公众的认知情况。法院应审查问卷调查内容、调查对象、调查方法与程序的可靠性，问卷调查活动应当遵循客观、真实与科学的基本原则，以增强消费者调查结果作为证据被采纳的合理性和可能性。[1] 法院认定时应考量证明材料的权威性、科学性、客观性、收录时间等，结合所有证据材料综合判定争议标志是否为通用名称。

沈某诉贺某"烟锅巴"商标侵权案，相关公众应是餐饮服务行业涉及的生产者、服务者、实际消费者、潜在消费者等，但"烟锅巴"作为四川方言常指

1　周园、聂菊：《通用名称司法认定的证据规则研究——以"消费者调查"为视角》，《重庆理工大学学报（社会科学）》2021年第11期。

代烟头，并非餐饮服务行业服务、商品的通用名称，也并非涉及服务内容、商品原材料的通用名称，因此法院认定无证据证明其是通用名称，或体现被告提供服务的特点或原料。

商标是否构成商品通用名称并不是一成不变的，而是一个动态的过程。某一商标的状态可能随着时间和地域的变化而不断发生变化[1]，并且相关公众及其通常认知也会随着时间、地域的变化发生变化。审查判断诉争商标是否构成通用名称，应遵循整体、综合判断的原则。

---

[1] 李美燕、易诗语：《认定商标是否构成通用名称时的时间标准和地域标准》，《中华商标杂志》2023 年第 8 期。

信息化时代背景下律师该何去何从 曹建国

为适应信息化浪潮，律师事务所的管理模式和律师的服务方式都在逐步创新和转型，但总的来说，在实现信息化、技术化律师服务愿景的道路上，我们仍处于"农耕时代"。在信息化时代背景下，律师行业面临多种类型的挑战。

第一，民众法律知识储备增加、法律意识提升及现代科技的运用造成律师职业的贬值。

信息化时代，民众通过网络可以快捷了解相关法律问题，网络上更是出现了大量的免费法律咨询网站。民众面对面向律师咨询法律问题、请求法律帮助的需求正在减少。同时，随着经济水平的提高和法治社会建设的推进，公民的法律意识和法律素养都有了质的提升，普通的法律问题不再需要律师介入帮助解决，这也对律师职业提出了新的挑战。除此以外，民众可以利用现代网络、电子科技等自行处理简易的法律业务，传统的法律顾问服务对作为消费者的客户而言不再产生增值的效果。

第二，信息的透明化使得当事人对律师的要求提高。

律师在一段时期内都是秘密的职业，而在信息化时代，人与人之间并没有绝对的秘密可言。无论是律师信息还是与案情相关的信息，都呈现透明化的趋势，当事人能通过多种途径了解律师对工作的掌握程度和案件的进展情况。因此，在律师提供各种类型的法律服务时，当事人会提出更多更有针对性的合理要求。这给律师的工作质量、工作效率和最终工作效果提高了标准。网络舆论监督也成为监督律师工作的重要途径。面对着更多双眼睛的律师无疑要提高对自身的工作要求。当然，对律师而言，这既是挑战，也是提升自身业务能力和专业能力的机遇。

第三，年轻律师工作困难增加，压力增大，竞争激烈。

首先，律师行业正呈现年轻化的趋势，越来越多青壮年律师成为业界的中流砥柱。而在信息化时代背景下，现实工作对年轻律师特别是新入职的律师提出了更多的要求，挑战也逐步增多。由于资历相对较浅、经验相对不足、与工作相关的法律资源相对欠缺，年轻律师面临更大的压力。其次，越来越多的律师借助计算机和网络技术来减轻工作量和提高工作效率，这可能会使原本从事稍显简单的工作的年轻律师就业压力增加，繁重、困难的工作增多。这样一来，优胜劣汰更加显现。只有尽快适应新形势下律师工作特点和环境的年轻律师才能存活下来，继而成长为优秀律师。

第四，老律师对于技术适应较慢，逐渐被时代淘汰。

信息化对从业多年的老律师的挑战在于能否尽快适应时代发展的浪潮。在越来越多律师能灵活运用科技手段进行工作的情况下，老一代律师在网络技术面前的"笨手笨脚"会加速其被市场淘汰的进程。他们对电脑和网络等事物不够了解，利用信息化技术为当事人提供法律服务的能力较弱，对因网络而产生的新型法律问题，如电子商务类法律问题不够熟悉。所以，在经验丰富的老律师中也存在优胜劣汰的现象。适者生存，只有学习能力强、适应时代变化、结合信息技术对工作方法加以调整改进的老律师，才能继续凭借多年的经验提供优质的法律服务。

第五，法律业务资源进一步向高端律师转移。

信息化时代，信息流通速度加快，对于法律业务的信息获取速率逐步呈现不平衡的现象。专业性强、业务水平高的律师往往更受当事人青睐，而专业性不足的律师会越来越缺少案源。网络会使更多的法律资源转向业务较多、涉及方面更广的律师及律所。这是因为业务资源的有效流通往往会形成良性循环。这也是充分利用时代特色，根据网络时代的特点加以改进和创新而实现的律师工作新特点。

信息化在律师行业不断升级，律师针对网络成为社会必需品的现状必须作出调整、改进和创新。

第一，增强法律知识的储备及运用能力。

网络时代的律师应该具备高超的法律知识与素养，应该是法律专家型人才。虽然如前所述，在信息化时代，简单的法律案件不需要律师过多参与，但市场经济体制的现状和法律的性质决定了具有专业化法律知识和丰富律师执业经验的专家型律师仍然大有用处。专家化的律师能够在掌握深厚的法律理论知识的基础上，结合案件实际，运用高超的律师工作技巧和独到的眼光去敏锐地发现存在的法律问题。

实际上，网络信息良莠不齐。在涉及复杂的法律问题时，网络解答往往过于片面化、简单化。此外，利用网络解决法律问题往往还会受到社会舆论的干扰。

律师在这个时候要显现出应有的作用，运用法律理论和法律思维，考虑多方面因素来帮助当事人解决问题。电脑永远代替不了人脑，即使是在人工智能、网络科技比较发达的今天，律师这一职业也无法被任何一种技术手段代替。但是，律师必须保证自身的专家化、专业化。只有加强自身的法律理论学习，增加实务经验，增强律师执业能力，方能达到新时代律师的标准。

第二，发展高端化业务路线。

在法律服务这样一个逐渐做大的产业链中，低端化的法律服务路线必然会被淘汰，只有高端化的法律服务才能保持生命力。律师业务实现高端化路线必须经过三个标准的验证。

首先，是复杂。对于一些复杂的法律事务，网络、计算机技术无法给出标准答案，也很难为当事人提供行之有效的帮助。复杂的案件并不是某些单一的法律问题的叠加。如果没有经过系统化的法律思维训练、法律理论学习，缺乏必要的实务经验，往往很难处理这些法律问题。

其次，是创新。创新是律师在信息化时代的必要素养。律师在工作中必须根据网络社会的特点对工作方法加以创新，而不能故步自封，否则很容易跟不上时代，被其他利用创新方法进行法律服务的律师超越。创新需要律师具有充分的想象力和深厚的经验知识，这些都需要律师在工作生活中注意学习和积累，而终身学习正是律师面对当今环境所能做的最直接有效的努力。

最后，是高附加值。律师的价值在于其利用自己的智慧、法律素养和经验解决某一法律问题，保护当事人的合法权益，因此律师所从事的业务必然带有高附加值：一方面给客户带来实质的收益，另一方面给自己带来不菲的收入。

高端化的法律服务往往与新兴业务相关联。比如说，近年来知识产权和电子商务等新兴法律服务的市场日渐扩大，必然成为律师行业中提供高端服务的热门领域。

第三，改进工作方法。

随着信息技术的进步，利用信息化方式进行工作在律师行业已经逐渐普及开来。新技术大幅提升了律师的工作效率，在很大程度上节约了律师的工作成本。对于平常的法律咨询、服务工作而言，很多时候依靠电子邮件或者即时通信工具就可卓有成效地解决。与当事人的交流、证据的收集等已不再仅仅停留在面对面这一简单的层面上，还可采用电子媒介。在这样的背景下，律师已经品尝到信息化办公带来的快捷与便利。若仍沿用旧的工作方法，势必会增加工作量，对律师工作的开展产生阻碍。

第四，提升国际化视野。

我国社会主义市场经济体制已逐步建立完善，经济全球化的浪潮也走向一个新的高度。随着互联网时代的到来，世界被无限拉近。在律师业务中，国际化因素越来越多。很多律师所接触的道德法律问题已经越出本国，更多地与世界相联系，不同国家之间律师的合作与联系日趋紧密。因此，新时代的律师应当具备国际化视野和国际化眼光，力争成为国际化、高端化、专家化的律师。

第五，规范律师执业行为，注重律师礼仪形象。

律师以法律为工具，积极维护当事人的合法权益，是高尚的职业。网络让信息透明起来，律师的不当言论与行为在网络的曝光下无处藏身。能够在网络时代成功的律师，必然是行为高度规范化、注意律师执业言辞与礼仪的律师。即使是很微小的行为，都有可能被网络无限放大，执业规范才能在如今的大环境下求得生存与发展。

总的来说，信息化时代背景下的技术发展对律师行业构成了极大的挑战，但只要能够适应、调整、改进与创新，就可以化挑战为机遇。信息化虽不能代替律师行业自身，但却可以为律师行业的发展插上翅膀，改变律师行业的商业模式和组织架构。相信律师行业能够顺应时代大环境，实现"用技术完善法律"的愿景。

李永燕 高级律师，江苏辰顺律师事务所建工与房地产专业化律师部负责人

执业证号：13211200911324014

执业经历：2009 年正式执业，担任镇江大型建筑施工企业法律顾问。非讼服务主要体现在起草和审查工程建设领域所涉及的各类合同、修改公司章程、股权变动等；诉讼服务主要包括应诉和起诉，案件类型涉及建设工程施工合同、工伤、租赁、买卖、借贷等。在最高人民法院审理的部分案件中的代理观点被地方法院援引。为顾问单位规避了风险，避免了损失，索回了工程款，获得了顾问单位的认可和信任

业务专长：民商事业务，尤其是房地产和建设工程领域非诉和诉讼业务的代理
企业法律顾问

社会职务：镇江市信访局公益律师
镇江市检察院涉法涉诉部门的信访公益律师
镇江仲裁委员会仲裁员
镇江市律师协会民事业务委员会副主任
镇江市律师协会房地产和建设工程业务委员会副主任
江苏大学全日制研究生校外实践指导教师
江苏省军人军属法律援助服务团成员

获奖情况：2016 年"镇江市律师行业优秀共产党员"
2019 年"镇江市法律援助名优律师库"成员
2022 年"江苏省公共法律服务先进个人"
2024 年"全国公共法律服务先进个人"

施工班组或"包工头"对工程质量问题的
责任承担法律分析　　　　　　　　　　李永燕

一、案例简介

甲某作为施工班组组长与劳务公司签订"钢筋工班组劳务分承包合同"。由于建设单位欠付工程款,劳务公司作为实际施工人向总包单位和建设单位主张支付工程款。在诉讼过程中,建设单位反诉劳务公司,要求劳务公司承担工程质量责任。最终,法院判决建设单位支付工程款,劳务公司承担部分工程质量责任。劳务公司现起诉要求甲某承担工程质量责任。已知在施工过程中,钢筋工是甲某招募的,工资以劳务工资的形式直接发放给工人本人,施工现场管理人员和技术指导人员是劳务公司指派的,劳务工程款的结算是甲某与劳务公司结算的。

二、需要对工程质量问题承担责任的主体范围

《中华人民共和国建筑法》(以下简称《建筑法》)第五十五条规定,建筑工程实行总承包的,工程质量由工程总承包单位负责。总承包单位将建筑工程分包给其他单位的,应当对分包工程的质量与分包单位承担连带责任。分包单位应当接受总承包单位的质量管理。

《最高人民法院关于审理建设工程施工合同纠纷案件适用法律问题的解释(一)》第十五条规定,因建设工程质量发生争议的,发包人可以以总承包人、分包人和实际施工人为共同被告提起诉讼。

《建设工程质量管理条例》第二十七条规定,总承包单位依法将建设工程分包给其他单位的,分包单位应当按照分包合同的约定对其分包工程的质量向总承包单位负责,总承包单位与分包单位对分包工程的质量承担连带责任。

根据《建筑法》和《建设工程质量管理条例》可知,需要对建设工程质量问题承担责任的包括施工总承包单位,以及与总承包单位存在分包关系的分包单

位。从文义上看，上述法律规定未区分合法分包和违法分包，但在违法分包的情况下，分包人和分承包人应当对分包工程质量承担责任；在转包的情况下，转包人与转承包人应当对建设工程质量承担连带责任。《最高人民法院关于审理建设工程施工合同纠纷案件适用法律问题的解释（一）》第十五条将对建设工程质量承担责任的主体扩充至实际施工人，并且该处的"实际施工人"与总承包单位和分包人是并列关系，即该处的"实际施工人"不仅包括与总承包单位存在违法分包关系和非法转包关系的实际施工人，还包括多层转包或违法分包的实际施工人。

三、施工班组或"包工头"是否属于实际施工人

（一）实际施工人的含义及认定原则

2004 年，《最高人民法院关于审理建设工程施工合同纠纷案件适用法律问题的解释》突破合同相对性原则，为区别合法承包人、施工人而创设了"实际施工人"概念，旨在切实保护主要由广大农民工组成的实际施工人群体，实现实质意义上的社会公平。2018 年，《最高人民法院关于审理建设工程施工合同纠纷案件适用法律问题的解释（二）》再次巩固了实际施工人的权利。2020 年，《最高人民法院关于审理建设工程施工合同纠纷案件适用法律问题的解释（一）》第四十三条沿用了实际施工人的原有条文。

上述法律条文只是引出了实际施工人的概念及其享有的权利，但均没有明确"实际施工人"的含义和认定规则，这导致司法实践中对实际施工人的内涵和外延理解不一，判决也不甚一致。

2021 年，《河南省高级人民法院关于实际施工人相关问题的会议纪要》明确了"实际施工人"的含义：建设工程施工合同无效情形下实际完成建设工程施工、实际投入资金、材料和劳动力违法承包的单位和个人，具体包括违法的专业工程分包和劳务作业分包合同的承包人、转承包人、借用资质的承包人（挂靠承包人）及多次转（分）包的承包人。该纪要还制定了五条审查认定实际施工人的原则：一是审查是否参与合同签订，如是否直接以被挂靠人名义与发包人签订合同，是否为转包、违法分包合同签约主体；二是审查是否存在组织工程管理、购买材料、租赁机具、支付水电费等实际施工行为；三是审查是否享有施工支配权，如对项目部人财物的独立支配权，对工程结算、工程款是否直接支付给第三人（材料供应商、机具出租人、农民工等）的决定权等；四是审查是否存在投

资或收款行为；五是审查与转包人、违法分包人或出借资质的建筑施工企业之间是否存在劳动关系。

实践中，除非处理案件的法院有特殊规定，一般情况下，可按照该意见所述实际施工人标准进行具体判断。

（二）施工班组或"包工头"与实际施工人

实务中，关于施工班组和施工队能否认定为实际施工人存在两种截然不同的观点。

第一种观点认为，施工班组、施工队不能认定为实际施工人。理由如下：施工班组或施工队由工程承包人雇佣的劳务人员组成，与工程承包人之间是劳务合同关系，且属于违法劳务分包。例如，《山东高院民一庭关于审理建设工程施工合同纠纷案件若干问题的解答》认为："建设工程承包人与其雇佣的施工班组之间是劳务合同法律关系，施工班组不属于法律意义上的实际施工人。"再如，最高法民一庭法官肖峰和安徽高院法官严慧勇、徐宽宝合作撰写的《〈关于审理建设工程施工合同纠纷案件适用法律问题的解释（二）〉解读与探索》一文认为，农民工个人、施工班组长、劳务分包企业不是实际施工人。

第二种观点认为，在满足一定条件的情况下，从保护农民工的权益出发，施工班组或施工队可以认定为实际施工人。施工班组或施工队是否属于实际施工人，要根据具体情况判断。如果施工班组完全具备实际施工人的特点，是最终投入资金、人工、材料、机械设备等实际进行施工的施工人，可以认定为实际施工人。《河南省高级人民法院关于实际施工人相关问题的会议纪要》认为："建筑行业俗称的'包工头'（施工队、施工班组）是否为实际施工人要区分情况：如'包工头'既向转包人、违法分包人承担施工合同义务，又负责招工，对招来的农民工承担支付工资义务，应认定为实际施工人。"

笔者认为，第二种观点较为合理。实际施工人制度创设之初心就包括"保障农民工获取相应劳动报酬"。施工班组、施工队大多是由农民工组成的集体，并非严格意义上的法律概念，其内涵和外延根据个案的不同也往往有很大差别，而且施工班组、施工队、"包工头"、施工班组组长等概念也常常混用。所以，不立足于个案，不宜一刀切式地认定施工班组、施工队的性质。

四、案例评析

本案劳务公司起诉施工班组组长甲某，要求其承担工程质量责任。笔者认为，甲某是否承担工程质量责任，关键在于甲某是否属于实际施工人。根据《河南省高级人民法院关于实际施工人相关问题的会议纪要》的理论指导和本案的事实情况，可以认定本案甲某只负责招工和管理。甲某根据劳务公司的工作安排负责劳务施工，与农民工一样直接从劳务公司处领取工资，不存在组织工程管理、购买材料、租赁机具、支付水电费等实际施工行为。此外，甲某只与劳务公司进行劳务工程款结算，不存在与建设单位或者总包方进行工程结算行为。因此，不应认定甲某为实际施工人，甲某也不应当对工程质量承担责任。

伪造、私刻公章后实施的行为是否构成表见代理　　　　李永燕

先来看一则案例。2013 年，甲挂靠乙公司承揽工程，乙公司出具一份给建设单位的委托书，内容是：甲为我公司所承揽工程项目事宜的代理人，我公司承认代理人签署的本事项文件的内容。在工程施工过程中，甲私刻了乙公司公章，向丙借款 4978 万元。由于甲没有还款，丙起诉至法院并要求乙公司对甲的借款承担共同还款责任。一审法院审理后认为，虽然甲在向丙借款时出示了乙公司的授权委托书，但该授权委托书的给付对象是建设单位，并且授权范围是建设工程事宜。对外借款不同于购买建筑材料、租赁机械设备，与建设项目无必然联系。本案中，甲的行为不构成表见代理，理由是丙与甲在借款之前就认识，对甲的身份、职业及其与乙公司的关系，丙应当是明知的。虽然甲出具了授权委托书，但授权对象和范围是明确的。对丙而言，在借款时，甲的行为不具有代理权的权利外观。再者，所有的借款均没有打入公司账户。丙经常从事商事活动，对一些有瑕疵的行为应当有较高的判断力，但丙并未尽到合理的注意义务，其行为不符合善意且无过失的前提。此外，建设工程施工领域存在大量的公示牌、标语等，即使丙在出借款项时掌握了，但甲对外借款并不是在履行乙公司授权的建设工程事宜。综上，一审法院认为，甲的借款行为不构成表见代理。二审维持原判。

一、表见代理的概念及构成要件

（一）表见代理的概念

表见代理，"谓代理人之代理行为，虽无代理权，而有可使第三人信其有代理权之事由，因而使本人对于相对人负授权人责任之无权代理"[1]。

通俗而言，表见代理是指虽然行为人事实上无代理权，但善意相对人有理由相信行为人有代理权，且基于此与其进行法律行为，该代理行为的法律后果由被

---

[1]　史尚宽：《民法总论》，中国政法大学出版社，2000，第 545—546 页。

代理人承受的代理制度。[1]

一般而言，表见代理制度是对民法意思自治这一基本原则的有限突破、例外规定，也是民商法外观主义原则在法律规则层面的体现，即表见代理制度是在缺乏被代理人真实意思表示的情况下，强行将无权代理人与相对人之间建立的法律关系加到被代理人身上。表见代理制度的目的在于维护交易的稳定性，是对意思自治与信赖保护的折中。

表见代理制度肇始于 1900 年的《德国民法典》。在我国，对表见代理制度的规定最早见于 1999 年通过的《中华人民共和国合同法》（以下简称《合同法》，已废止）第四十九条："行为人没有代理权、超越代理权或者代理权终止后以被代理人名义订立合同，相对人有理由相信行为人有代理权的，该代理行为有效。"2017 年通过的《中华人民共和国民法总则》（已废止）和现行《民法典》基本袭承了《合同法》的规定。《民法典》第一百七十二条规定："行为人没有代理权、超越代理权或者代理权终止后，仍然实施代理行为，相对人有理由相信行为人有代理权的，代理行为有效。"

除了上述规定外，关于表见代理比较基础性的法律规范为 2009 年《最高人民法院关于当前形势下审理民商事合同纠纷案件若干问题的指导意见》（以下简称《指导意见》），其中第十二条至第十五条对表见代理的构成要件、举证责任及考量因素等作出了初步规定。此后，一些地方高院也就表见代理出台了一些地方性司法文件，如 2012 年《上海市高级人民法院商事合同案件适用表见代理要件指引（试行）》（以下简称《上海高院表见代理指引》）。

（二）表见代理的构成要件

表见代理的构成要件在司法领域认识较为统一。《指导意见》第十三条规定："合同法第四十九条规定的表见代理制度不仅要求代理人的无权代理行为在客观上形成具有代理权的表象，而且要求相对人在主观上善意且无过失地相信行为人有代理权。"2010 年《江苏省高级人民法院关于买卖合同纠纷案中当事人行为是否构成表见代理认定问题的纪要》认为："根据法律规定，认定行为人与相对人订立合同的行为构成表见代理，应当具备以下条件：一是行为人没有代理权；二是签订合同之时具有使相对人相信行为人具有代理权的事实或理由；三是相对人主观上须为善意且无过失；四是行为人与相对人签订的合同应具备合同有

---

1 史浩明：《论表见代理》，《法律科学》1995 年第 1 期。

效的一般条件，即不具有无效和可撤销的内容。"2012 年《上海高院表见代理指引》规定："表见代理的适用前提是行为人不具备代理权，包括自始无代理权、超越代理权及代理权终止三种情形。有证据证明行为人具备代理权的，不适用表见代理。""根据《中华人民共和国合同法》第四十九条和《最高人民法院关于当前形势下审理民商事合同纠纷案件若干问题的指导意见》的规定，适用表见代理须同时符合两项要件：（一）权利外观要件，即行为人无权代理行为在客观上形成具有代理权的表象；（二）主观因素要件，即合同相对人善意且无过失地相信行为人有代理权。"

可见，表见代理以行为人无代理权为前提，其构成要件包括主客观两方面。

一是客观上形成无权代理人具有代理权的表象（以下简称"权利外观要件"），如被代理人曾对无权代理人授予代理权，在代理权消灭后，存在令相对人相信其代理权延续的假象；或根据交易习惯、行业惯例，无权代理人的无权代理行为具有使相对人产生合理信赖的外观表象；抑或是无权代理人在实施无权代理人行为时具有实施其他民事行为的代理权。

二是相对人主观善意且无过失地相信行为人有代理权（以下简称"主观因素要件"）。"善意且无过失"指相对人不知道行为人没有代理权，且对其"不知道"没有主观上的过失。[1] 在具体案件中，判断相对人是否"善意且无过失"时，应以一般理性人的判断能力或手段为标准，而不能以第三人自身的判断力为标准。[2] 一般而言，权利外观的强度越大，则要求相对人"善意且无过失"的标准越低。

上述要件一方面相互独立，另一方面在证明上又相互影响。从逻辑上来说，权利外观要件越充分，主观因素要件越容易成立。反之，权利外观要件在成立的前提下越不充分，对主观因素要件的证明要求就越高。司法实践对于二要件在证明上此消彼长的关系亦有体现，如《上海高院表见代理指引》指出："一般而言，上述第六条权利外观因素越充分，越能够说明合同相对人主观上善意无过失。"2013 年《绍兴市中级人民法院关于审理建筑领域民商事纠纷案件若干问题的纪要》认为："表见代理构成的客观要件和主观要件，是紧密联系相辅相成的两大要件，合同相对人在证明代理表象充分性的同时，一般也证明了自身善意及无过失的程度。"

---

[1]　杨立新：《民法总则》，人民法院出版社，2009，第 430 页。
[2]　尹田：《〈民法典〉总则之理论与立法研究》，法律出版社，2010，第 753 页。

二、伪造、私刻公章是否构成表见代理

(一) 司法实践认定

在司法实践中，关于伪造、私刻印章对外签订合同是否有效及是否构成表见代理，不同法院的处理不尽相同。在笔者本人代理的本文案例中，法院认为借款人利用伪造、私刻的印章借款不构成表见代理。在（2016）最高法民申733号案件中，最高人民法院认为：行为人本身担任涉案公司的董事，也是涉案公司的股东，且在签订涉案担保合同时持有涉案公司的公章，尽管刑事判决已经认定该公章为行为人私刻，但结合行为人在涉案公司所任特殊职务及股东身份等权利外观，已经足以让交易相对人产生合理信赖。让相对人负有对公章真实性进行实质审查的义务，对相对人要求过于严苛，不利于保护交易安全。因此，最高人民法院认为，行为人的行为已构成表见代理，涉案公司应对行为人的涉案债务承担担保责任。在最高人民法院（2015）民申字第3402号案件中，最高人民法院认为：涉案公司主张租赁合同上涉案公司及其公司项目部的印章均系行为人私刻，不代表其真实意思表示，合同应无效。但因行为人与涉案公司之间存在挂靠关系，足以使相对人相信印章的真实性，以及行为人得到了涉案公司的授权，故行为人的行为构成表见代理，其行为后果应由涉案公司承担。

(二) 伪造、私刻印章构成表见代理的要件

1. 仅具有虚假的印章，没有其他代理权外观

如果相对人仅以假公章主张具有权利外观，是不能构成表见代理的。首先，伪造、私刻的行为属于行为人自身的违法行为，此行为的风险应由行为人自己承担，而不应由公司承担，因为这是公司无法控制的风险。其次，伪造、虚假的公章并不符合表见代理的构成要件，不具备使相对人有理由相信的代理权外观。此时，相对人可以要求由行为人承担相应的责任。

2. 虽然印章是虚假、伪造的，但有其他权利外观

如果相对人不仅持有加盖假公章的文件显示具有权利外观，同时还有其他权利外观，很有可能构成表见代理。《全国法院民商事审判工作会议纪要》对盖章行为的法律效力的规定亦是该思路，规定："司法实践中，有些公司有意刻制两套甚至多套公章，有的法定代表人或者代理人甚至私刻公章，订立合同时恶意加盖非备案的公章或者假公章，发生纠纷后法人以加盖的是假公章为由否定合同效力的情形并不鲜见。人民法院在审理案件时，应当主要审查签约人于盖章之时有

无代表权或者代理权，从而根据代表或者代理的相关规则来确定合同的效力。法定代表人或者法人授权的人在合同上加盖法人公章的行为，表明其是以法人名义签订合同，除《公司法》对其职权有特别规定的情形外，应当由法人承担相应的法律后果。法人以法定代表人事后已无代表权、加盖的是假章、所盖之章与备案公章不一致等为由否定合同效力的，人民法院不予支持。代理人以被代理人名义签订合同，要取得合法授权。代理人取得合法授权后，以被代理人名义签订的合同，应当由被代理人承担责任。被代理人以代理人事后已无代理权、加盖的是假章、所盖之章与备案公章不一致等为由否定合同效力的，人民法院不予支持。"可见，行为人利用假公章实施的代理行为并非不能构成表见代理。

综上，关于私刻、伪造的公章是否可以构成表见代理，一方面要考察合同的签约人是否具有权利外观，即在相对人眼中其是否有代理权或代表权（可以结合行为人的身份、签约地点、先前交易行为等进行考量）；另一方面要考察相对人是否善意且无过失，如果相对人存在过错，不论该种过错是故意还是过失，都不能构成表见代理。也就是说，公章是私刻、伪造的并不必然导致不构成表见代理，还是要结合表见代理的构成要件进行综合的判断。

并存之债视角下的反向选择
——履行期限届满后签订的以物抵债协议的效力

李永燕

以物抵债作为一种较为常见的债的履行方式，在法律实务中容易引起次生纠纷。为统一司法裁判尺度，《全国法院民商事审判工作会议纪要》对以物抵债协议的效力作了规范。其对当事人在债务履行期限届满后达成以物抵债协议，债权人请求债务人交付抵债物的，原则上采取支持态度（履行不能除外）。该规定忽略了在债务履行期限届满后，当事人既签订以物抵债协议，又反向选择履行旧债清偿模式的可能性，给司法裁判与说理释法造成了一定困扰。本文拟通过对典型案例的详细分析，为妥善解决类似争议提供借鉴。

一、案例概况

2018年2月，甲公司与乙公司签订建设工程施工合同，约定由乙公司总包施工甲公司开发的某楼盘工程。同年5月，乙公司施工至合同约定的工程节点。甲公司确认此时应付工程进度款600万元，但无力支付。为解决前述矛盾，甲乙双方于2018年9月签订以房抵债协议，约定甲公司以案涉楼盘101室、102室各作价300万元，用于清偿前期拖欠工程进度款。

该协议签订后，甲公司通知乙公司拟对案涉楼盘101室抵债房产予以销售，乙公司对此明知且未提出异议。销售所得款项，甲公司仍按原施工合同约定陆续支付给乙公司。2021年3月，甲乙双方对案涉工程造价进行了确认。乙公司要求甲公司向其支付工程尾款200万元，甲公司认为扣除代垫费用及违约金后已经不欠乙方工程款，双方由此发生争议。乙公司向法院提起诉讼，要求：确认2018年双方签订的以房抵债协议有效；判令甲公司交付案涉楼盘101室、102室抵债房产；本案诉讼费由甲公司承担。

一审法院经审理认为：（1）甲乙双方于2018年9月签订的以房抵债协议系双方真实意思表示，且不存在合同无效情形，故应确认该以房抵债协议有效。（2）该协议所涉101室房产已经售予他人，并办理了产权过户登记手续。同时，经庭审释明，甲公司在庭审中明确拒绝向乙公司交付所涉 102 室抵债房产，该协议已经不存在继续履行的可能，乙公司应按基础法律关系主张权利，故驳回乙公司的其他诉讼请求。一审判决送达后，甲乙双方均提出上诉。二审法院经审理认为：（1）甲乙双方虽签订了以房抵债协议，但又以共同行为方式选择仍按施工合同约定支付工程进度款，双方选择达成一致时以房抵债协议的效力即应终止，一审裁判时该协议对双方已经不具有约束力。（2）在新旧债务并存的情况下，双方一旦对债的履行方式作出选择即应受其约束，此后乙公司已无权要求甲公司交付抵债房产，一审法院经庭审释明后，判令乙公司按基础法律关系主张权利并无不当。

二、法律分析

第一，甲乙双方签订该协议时，案涉工程进度款债务是否履行期限届满？2018 年 5 月，乙公司已按约施工至预定的工程节点，工程进度款支付条件已经成就。甲公司经结算确认应付工程进度款 600 万元，此时案涉工程进度款债务的履行期限已经届满。双方据此签订的以房抵债协议系双方真实意思表示，且不存在导致合同无效的情节，故该协议已经发生法律效力。

第二，该协议签订后，案涉债权以何种方式存在？双方在以房抵债协议中并未约定原既存于甲乙双方之间的工程进度款债务消灭，所以不构成债的更改。[1] 签订该协议，是为原工程进度款债务另行创设一种履行方式，性质上属于新债清偿。此时新旧债务处于并存状态，在不考虑优先履行次序的前提下，甲公司只要按照其中一种方式完全履行，即可导致该笔债务消灭的法律后果。[2]

第三，并存之债的视角下，甲乙双方是否有权选择债的履行方式？在原工程进度款债务基础上达成的以房抵债协议具有优先履行效力，任何一方均无权单方作出选择。但在并存之债的视角下，法律并未排斥当事人双方共同选择债的清偿方式。本案中，当事人双方以共同行为方式，选择了仍按原施工合同约定履行工程进度款支付义务，是权利处分原则的具体体现。

第四，甲乙双方反向选择后，该协议的效力状态如何认定？在新旧债务并存的情况下，既然允许当事人双方共同行使选择权，那么其"反向选择"旧债的

---

1 施建辉：《以物抵债契约研究》，《南京大学学报（哲学·人文科学·社会科学）》2014 年第 6 期。
2 王洪亮：《债法总论》，北京大学出版社，2016，第 159 页。

履行方式，而毁弃按以房抵债协议约定的方式履行，理当支持。根据合同可预见性原则，当事人双方共同作出选择时，以房抵债协议的效力自当终止，故至一审裁判时，该协议对双方已不具有约束力。

第五，乙公司是否有权要求甲公司交付抵债房产？本案中，以房抵债协议的效力终止后，旧债得以继续履行。债的事实基础已经发生根本改变，以房抵债协议已经不再具备履行条件。如果再允许乙公司按以房抵债协议约定主张权利，将造成当事人之间权利义务的严重失衡。此时，一审法院经庭审释明，判令乙公司按基础法律关系主张权利是正确的。

三、启示与总结

第一，应当对合同效力进行动态评价。合同效力是法律赋予依法成立的合同所产生的约束力。因为这种约束力是放射性的、动态的，而非静止的，所以合同效力的法律概念也应作出狭义与广义的区分。狭义的合同效力仅指合同成立时的初始状态，通常在学理上分为有效、无效、效力待定三种情况。广义的合同效力包含合同在履行过程中的存续状态，即当事人在合同履行过程中行使解除权、撤销权等可能导致的合同非正常终止状态。

第二，合同履行会对其效力产生实质影响。一般来讲，对一份有效合同而言，先合同行为的结果是促成合同成立。合同成立后即产生向后的拘束力，这种拘束力既可能在可预见的法律效果达成前因权利人单方意思表示而提前终止，也可能因当事方的共同选择而提前终止，还可能因履行不能而提前终止。合同在终止后，除结算及清理条款外，对当事方不再具有拘束力。可见，合同效力形态在履行过程中具有阶段性。司法实践中，如果裁判时合同已经终止，则对合同效力已无单独评价的必要。

第三，新债清偿是合同履行过程中的特例。在传统的合同之债法律关系中，尤其是在合同纠纷中，债的标的一般是相对固定的。但是在合同履行过程中，出于新债清偿的现实需求，法律允许以物抵债这种非典型合同的存在，并赋予其相应的法律效力。[1] 其中，对于履行期限届满后签订的以物抵债协议，根据《全国法院民商事审判工作会议纪要》，只要该协议不存在法定的无效情形，法律就应当承认其效力。此时，在同一个合同之债法律关系中，允许两种债的履行方式并

1　崔建远：《合同法（第五版）》，法律出版社，2010，第211页。

存。这在司法实践中比较特殊。

第四，商法在合同履行过程中对合同效力的影响增强。在传统的民商事审判实践中，商法往往处于从属地位，仅针对特定的法律关系发挥调整作用。《民法典》颁布后，在民商交叉领域内，商法的作用极大增强，甚至直接对传统民事合同的效力认定带来冲击。在因对赌协议产生的债权债务关系中，如对赌方为目标公司，对赌债务的履行仍应受到《公司法》强制性规定的限制，其履行不能可能导致诉讼请求被驳回的法律后果。再如，在因债务承担或债务加入产生的债权债务关系中，如债务加入方未能按照《公司法》的规定履行内部决策程序，债权人可能因缺乏善意导致"债务承担或债务加入"合同无效的法律后果。商法在合同履行过程中对合同效力的影响增强的具体表现，也常见于《企业破产法》等司法实务。

第五，应当依据裁判时的合同状态确认其效力。既然合同效力是动态的而不是一成不变的，那么在诉讼实务中，如果当事人一方请求确认合同效力，裁判机关在法庭辩论终结前应充分考虑合同履行对其效力的影响。一旦发现案涉合同在履行中存在非正常终止情形，裁判者就应当依据裁判时的合同状态对其效力加以评判，并在裁判文书说理过程中对其进行论述，进而驳回当事人的该项诉讼请求，跳出当事人预设的"非此即彼"的诉讼陷阱，避免落入法律文书判项与说理冲突对立的尴尬境地。

承认合同履行会对合同效力产生实质性影响，不仅可以强化形成权理论、债的履行理论在市场交易中的运用效能，而且可以为司法实践，尤其是在并存之债的视野下避免机械适用既有裁判规则、科学判断合同效力提供有益借鉴。

周爱春   江苏辰顺律师事务所兼职律师

执业证号：13211201721397628

执业经历：法学博士，2017 年正式执业。代理过多起民商事案件，在知识
产权法、合同法、公司法等领域具有较深的理论功底和丰富的实
践经验

业务专长：民商事纠纷
知识产权类纠纷

社会职务：江苏省法学会知识产权研究会理事
江苏省法学会经济法研究会理事
江苏省知识产权骨干人才
镇江市个人信息公益保护律师

电子商务领域知识产权恶意错误通知的《中华人民共和国反不正当竞争法》规制研究

周爱春

为了便捷地处理电子商务领域知识产权侵权纠纷，《民法典》和《中华人民共和国电子商务法》（以下简称《电子商务法》）规定了电子商务平台的注意义务。知识产权权利人向电商平台发送合格通知，平台要采取必要措施。不过，实践中可能存在的恶意错误通知现象会严重影响电子商务运营的正常秩序。加强对恶意错误通知的规制有利于完善法治化的营商环境。

一、恶意错误通知的界定

对于"恶意错误通知"，《电子商务法》等法律并未给出明确界定。浙江省高级人民法院民事审判第三庭发布的《涉电商平台知识产权案件审理指南》规定：通知人主观上是明知，客观上实施通知行为，给被通知人造成了损害的通知就是"恶意错误通知"。有学者认为，"恶意"应采取"明知+不正当竞争动机"标准，而"错误通知"是对事实的陈述。[1] 由此可见，"恶意错误通知"在文义上包括主客观两方面要件。

（一）客观表现：错误通知

法律规范对知识产权权利人发送的通知有一定的要求。《电子商务法》规定通知内容应包含证明对方构成知识产权侵权的初步证据材料。[2]《民法典》规定通知内容要包含权利人的真实身份。[3]《信息网络传播权保护条例》提出了更具

1　李超光、林秀芹：《〈电子商务法〉下"恶意错误通知"认定标准研究》，《大连理工大学学报（社会科学版）》2020年第3期。

2　《电子商务法》第四十二条第一款规定，知识产权权利人认为其知识产权受到侵害的，有权通知电子商务平台经营者采取删除、屏蔽、断开链接、终止交易和服务等必要措施。通知应当包括构成侵权的初步证据。

3　《民法典》第一千一百九十五条第一款规定，网络用户利用网络服务实施侵权行为的，权利人有权通知网络服务提供者采取删除、屏蔽、断开链接等必要措施。通知应当包括构成侵权的初步证据及权利人的真实身份信息。

体的规定，并要求权利人对通知书的真实性负责。[1]

通知要满足一定的条件才能构成合格通知。合格通知的主体应是知识产权权利人，形式应为书面形式，通知内容至少有侵权事实及客观可行的能够确定侵权来源的信息。欠缺要件的是不合格通知，不合格通知主要表现为通知主体不适格，形式、内容不符合要求。不合格通知是基于通知的要件形式作出的判断，并不是对通知的实质性判断。不合格通知一般被视为未提出通知或者无效通知。在杭州阿里巴巴广告有限公司与肇庆市衡艺实业有限公司等侵害发明专利权纠纷上诉案中，由于缺少原告代理人的授权委托书及被投诉人构成专利侵权的初步证据材料，法院认定该投诉通知是无效的通知。[2]

恶意错误通知客观上应是错误通知，而错误通知不同于不合格通知。浙江省高级人民法院民事审判第三庭发布的《涉电商平台知识产权案件审理指南》规定，错误通知指通知人发送的对被通知人造成损害的有误通知。如果最后被投诉人的行为被人民法院、行政主管部门认定不构成知识产权侵权，投诉人的通知客观上又对被投诉人造成了一定的损失，则投诉人的通知就是错误通知。可见，错误通知是从结果上作出的判断。错误通知已经从实质上对平台内经营者不存在知识产权侵权进行了认定，且通知行为平台采取了删除等措施，造成了平台内经营者的损失。一般情况下，平台内经营者因错误通知可能会同时遭受用户的流失、销售量的下降等经济损失和商誉贬损等非经济损失。[3]

（二）主观表现：恶意

从主观方面来看，过错一般分为故意或过失。恶意首先是一种故意。行为人明知自己的行为会造成危害，仍希望或放任危害结果的发生。电子商务知识产权侵权通知语境下的故意应是一种直接故意，是一种希望发生的状态。《元照英美

---

[1] 《信息网络传播权保护条例》第十四条规定，对提供信息存储空间或者提供搜索、链接服务的网络服务提供者，权利人认为其服务所涉及的作品、表演、录音录像制品，侵犯自己的信息网络传播权或者被删除、改变了自己的权利管理电子信息的，可以向该网络服务提供者提交书面通知，要求网络服务提供者删除该作品、表演、录音录像制品，或者断开与该作品、表演、录音录像制品的链接。通知书应当包含下列内容：（一）权利人的姓名（名称）、联系方式和地址；（二）要求删除或者断开链接的侵权作品、表演、录音录像制品的名称和网络地址；（三）构成侵权的初步证明材料。权利人应当对通知书的真实性负责。

[2] 刘建臣：《"通知—移除"规则适用于专利领域的理论困境及其破解》，《知识产权》2019 年第1 期。

[3] 沈一萍：《错误通知的认定及其赔偿责任研究——以〈电子商务法〉草案送审稿第 54 条第 1 款为中心》，《电子知识产权》2017 年第 3 期。

法词典》认为恶意包含两点：一是明知自己的行为违法，或会对他人的利益造成损害；二是通过诉损害他人的利益，故意违法。[1]

有学者认为，恶意指无正当理由故意从事某种违法行为且具有不正当的动机。[2] 恶意是侵权故意心态中的恶劣者。[3] 通知人违反了诚实信用原则，不符合善良风俗要求，破坏了正当的交易秩序，违背了商业道德。[4]

浙江省高级人民民事审判第三庭发布的《涉电商平台知识产权案件审理指南》第 28 条对通知程序的恶意应考虑的要素进行了列举，包括编造虚假证明材料，明知自己权利有问题、通知错误又不及时撤回等。[5] 可见，通知人在主观上明知自己的通知是无权通知或依据不足，明知平台内经营者不构成对自己知识产权的侵权或自己不是有权通知人，明知自己通知错误不及时撤回，明知自己的通知行为会给平台内经营者造成损失。在电子商务知识产权侵权通知语境下，恶意错误通知的恶意是一种故意，比故意在心态上更恶劣。

二、恶意错误通知受《反不正当竞争法》规制的分析

行为人实施恶意错误通知，给平台内经营者造成损失时，需要承担侵权责任。那么，行为人是承担一般侵权责任还是承担反不正当竞争责任？一般认为，恶意错误通知是知识产权权利人滥用权利的表现，在电子商务知识产权通知的情况下还是违背诚实信用原则的行为。浙江省高级人民法院民事审判第三庭发布的《涉电商平台知识产权案件审理指南》第 29 条规定，受害人可以提起不正当竞争诉讼或者一般民事侵权诉讼。[6] 恶意错误通知是一种民事侵权行为，但并非所有

1　薛波：《元照英美法词典》，法律出版社，2003，第 887 页。

2　张民安：《过错侵权责任制度研究》，中国政法大学出版社，2002，第 234 页。

3　中国民法典立法研究课题组：《中国民法典草案建议稿附理由》，法律出版社，2004，第 54 页。

4　李超光、林秀芹：《〈电子商务法〉下"恶意错误通知"认定标准研究》，《大连理工大学学报（社会科学版）》2020 年第 3 期。

5　浙江省高级人民法院民事审判第三庭发布的《涉电商平台知识产权案件审理指南》第 28 条规定，要确定通知程序是不是恶意的，应考虑以下情况：（一）伪造或者变造权属证书的；（二）明知权利状态不稳定或者有瑕疵的；（三）知道通知错误后未及时撤回的；（四）提供虚假鉴定意见的；（五）前后类似通知原因冲突的。

6　浙江省高级人民法院民事审判第三庭发布的《涉电商平台知识产权案件审理指南》第 29 条规定，被通知人以恶意通知为由要求通知人承担民事责任的，可以提起不正当竞争诉讼或者一般民事侵权诉讼，双方均有权依据《电子商务法》第四十二条第三款要求通知人承担双倍赔偿责任。

的恶意错误通知都是不正当竞争行为。

（一）恶意错误通知构成不正当竞争行为的要件分析

《反不正当竞争法》列举了多种不正当竞争行为，并在第二条给不正当竞争下了定义。不正当竞争行为的一般构成要件包括主体是经营者，主观上存在过错，客观上实施了扰乱市场竞争秩序、损害其他经营者或者消费者合法权益的行为，行为与损害之间存在因果关系。

在陈某诉被告南京德萨商贸有限公司、胡某、浙江淘宝网络有限公司不正当竞争纠纷案[1]中，一审法院认为，知识产权权利人事后发现不恰当投诉行为按照诚实信用原则应积极予以纠正，如果怠于补救，属于以不作为形式滥用权利，违反了诚实信用原则，实质上损害了正当的竞争秩序；未尽注意义务，放任可能发生的损害后果扩大，主观上存在过错。一审法院认定，胡某的不作为有悖诚信原则，主观过错明显，侵害了同行业竞争者陈某的合法权益，其发送通知构成不正当竞争。一审法院认为，主体经营者相互之间存在竞争关系，投诉人明知通知不当并未及时纠正，明知自己的不作为会造成他人损害，仍希望此结果的发生，主观上存在恶意，损害了其他经营者合法权益，违反诚实信用原则等。这些符合不正当竞争的相关要件，构成不正当竞争行为。

在王某诉江某、浙江淘宝网络有限公司不正当竞争纠纷案[2]中，一审法院认为，被告是同行业竞争者，编造虚假材料向平台恶意投诉原告，使原告商品链接被删除、店铺受到降权处罚，造成原告商誉受害和实际经济损失。王某和江某之间存在竞争关系，江某主观上存在明显过错，其捏造虚假材料投诉的行为主观上不仅仅是故意，且更为恶劣，是恶意；江某的被控投诉行为具有不正当性，违反了诚实信用原则和商业道德准则，王某因江某的被控投诉行为遭受了损失。因此，江某的行为构成不正当竞争行为。

平台内经营者如果向通知行为人主张其恶意错误通知构成不正当竞争行为，需要证明通知行为人是经营者，两者之间存在竞争关系，通知人主观上存在恶意，其通知行为扰乱了市场竞争秩序，造成被通知人商誉损害、经济利益受损。

（二）恶意错误通知构成不正当竞争行为的类型化分析

恶意错误通知行为是直接适用《反不正当竞争法》第二条一般条款还是可能构成具体列举的不正当竞争行为？编造虚假材料投诉是否构成虚假宣传？其通

1　参见杭州市余杭区人民法院（2015）杭余知初字第 173 号案件。

2　参见杭州互联网法院（2018）浙 8601 民初 868 号案件。

知造成被通知人商誉受损的，是否构成商业诋毁？

实践中，人民法院适用《反不正当竞争法》第二条一般条款认定恶意错误通知的行为人构成不正当竞争。[1] 有的案件中，法院在适用第二条一般条款前先认定恶意错误通知行为的行为不属于仿冒行为、虚假宣传行为、商业诋毁行为。有的案件中，法院直接适用第二条一般条款。那恶意错误通知构成不正当竞争行为是直接适用《反不正当竞争法》第二条一般条款，还是应先排除列举的不正当竞争，然后认定符合第二条一般条款规定的构成要件适用第二条一般条款？

关于《反不正当竞争法》第二条一般条款适用问题，其作为不正当竞争定义的规定，是一个兜底性条款，个案应先分析通知人行为是否构成列举的不正当竞争行为的构成要件，如虚假宣传、商业诋毁等。若不构成，再分析是否构成第二条一般条款规定的要件。如果构成，适用第二条一般条款进行规制；如果不构成，适用一般民事侵权规范进行规制。

个案中，如果恶意错误通知行为人通过捏造虚伪材料进行错误通知，还通过一定的媒体等方式散布被投诉的平台内经营者知识产权侵权的情形，实施了传播虚假信息的行为，并因此损害了被投诉的平台内经营者的商业信誉、商品声誉的，那么恶意错误通知行为应构成商业诋毁。

如果行为人没有编造虚假材料，而是明知自己不属于有权通知的权利人，如普通被许可人，或者明知自己的通知材料难以满足平台内经营者构成知识产权侵权的初步证据要求等，或者明知自己的通知是错误的不及时撤回的，这些情形不构成商业诋毁。此时行为人违反了诚实信用原则和商业道德，应适用第二条一般条款进行认定。

三、恶意错误通知构成不正当竞争行为的法律责任承担

恶意错误通知构成不正当竞争行为时，根据《反不正当竞争法》的规定，要被追究相应的民事责任和行政责任，但电子商务领域还受到其他法律的调整，其责任追究并不单一地适用《反不正当竞争法》。

---

[1] 如陈某诉南京德萨商贸有限公司、胡某、浙江淘宝网络有限公司不正当竞争纠纷案，王某诉江某、浙江淘宝网络有限公司不正当竞争纠纷案。

（一）民事责任承担：赔偿损失及惩罚性赔偿

《电子商务法》规定，对恶意错误通知，平台内经营者可以主张加倍赔偿。[1]《反不正当竞争法》只规定了恶意实施侵犯商业秘密行为的惩罚性赔偿，对其他不正当竞争行为的惩罚性赔偿并没有作出规定。根据一般法和特别法，电子商务中出现恶意错误通知的不正当竞争行为，可以根据《电子商务法》的规定，要求加倍赔偿。

浙江省高级人民法院民事审判第三庭发布的《涉电商平台知识产权案件审理指南》明确了恶意错误通知加倍赔偿是加一倍[2]，并且详细规定了恶意通知造成损害赔偿金额的计算方法[3]，将《反不正当竞争法》关于赔偿数额的计算方式结合电子商务的特点进行了细化，明确了实际损失范围，包括利润损失、商誉损失、恢复费用等的计算方法。

目前，我国在知识产权、反不正当竞争行为惩罚性赔偿方面的规定，主要是受到损害的经营者的应被赔偿数额一倍以上五倍以下确定赔偿数额。[4] 在尚无其

1　《电子商务法》第四十二条第三款规定，因通知错误造成平台内经营者损害的，依法承担民事责任。恶意发出错误通知，造成平台内经营者损失的，加倍承担赔偿责任。

2　浙江省高级人民法院民事审判第三庭发布的《涉电商平台知识产权案件审理指南》第29条规定，被通知人以恶意通知为由要求通知人承担民事责任的，可以提起不正当竞争诉讼或者一般民事侵权诉讼，双方均有权依据《电子商务法》第四十二条第三款要求通知人承担双倍赔偿责任。

3　浙江省高级人民法院民事审判第三庭发布的《涉电商平台知识产权案件审理指南》第30条规定，错误通知或者恶意通知造成的损害赔偿金额，按照被通知人因通知行为遭受的实际损失计算；实际损失无法确定的，可以按照通知人因侵权获得的利益计算；以上两项不能确定的，由人民法院根据每个案件的具体情况决定。赔偿金额应当包括被通知人为停止侵权行为所发生的合理费用。第31条规定，被通知人因错误通知或恶意通知而遭受的实际损失包括利润损失、商誉损失和追偿成本。第32条规定，利润损失主要是指因相关链接被删除、封锁、断开所导致的通知方销售利润的减少。盈亏的计算可以根据删除链接前的平均月营业额和行业平均利润率结合所用时间来计算。被删除链接的前一次销量越高，就越要考虑因删除该链接而导致的全店收入变化，这可以根据通知前后一定时间段内被通知店铺总销量的变化、行业平均利润率、相关链接所花费的时间等因素来确定。第33条规定，商誉损失是指被通知人或店铺的相关环节因通知行为受到电商平台运营商处罚，导致其店铺信用评分受损而造成的损失。第34条规定，恢复费用是指被通知人为消除通知行为带来的不良影响而支付的推广费、技术服务费等额外费用。恢复成本可以参考先前被通知的人为推广该链接或商店而支付的相应费用来确定。在不确定的情况下，人民法院应根据被通知人要求的日常费用进行裁量，以消除交通经济背景下平台处罚造成的流量损失、用户粘性等不利影响。

4　《反不正当竞争法》第十七条规定，经营者违反本法规定，给他人造成损害的，应当依法承担民事责任。经营者的合法权益受到不正当竞争行为损害的，可以向人民法院提起诉讼。因不正当竞争行为受到损害的经营者的赔偿数额，按照其因被侵权所受到的实际损失确定；实际损失难以计算的，按照侵权人因侵权所获得的利益确定。经营者恶意实施侵犯商业秘密行为，情节严重的，可以在按照上述方法确定数额的一倍以上五倍以下确定赔偿数额。赔偿数额还应当包括经营者为制止侵权行为所支付的合理开支。经营者违反本法第六条、第九条规定，权利人因被侵权所受到的实际损失、侵权人因侵权所获得的利益难以确定的，由人民法院根据侵权行为的情节判决给予权利人五百万元以下的赔偿。

他明确规定的情况下，人民法院在处理个案中应结合恶意的程度、造成的损失情况等综合考虑，在受损害经营者应被赔偿数额一倍到五倍的范围内确定赔偿数额。

（二）行政责任承担

《电子商务法》对于恶意错误通知只规定了民事责任。如果恶意错误通知构成不正当竞争，还应依法承担行政责任。《反不正当竞争法》对商业诋毁行为规定了责令停止违法行为、消除影响、罚款的行政责任。[1] 恶意错误通知如果构成商业诋毁，平台内经营者还可以向有关主管部门举报或投诉，要求追究通知人的行政责任。因实施不正当竞争行为被行政处罚的，还会被记入信用记录。[2] 这对构成商业诋毁的恶意错误通知行为人具有较强的威慑力。

《反不正当竞争法》对恶意错误通知构成的不正当竞争行为，没有明确规定行政责任。建议对《反不正当竞争法》进行修订时对构成第二条规定的不正当竞争也处以一定的行政责任追究。这样能增加恶意错误通知行为人的违法成本，限制其后续营业成本和行为。例如，有些招投标文件要求三年内没有受到过行政处罚的投标人才可以参加投标。行政责任追究能更加有效地遏制恶意错误通知行为，净化电子商务环境。

电子商务领域，知识产权权利人如果滥用通知权利恶意错误通知，会对被通知人造成商誉损害、实际经济损失，还会破坏正常的市场竞争秩序。恶意错误通知行为人主观上不仅是故意的并且存在一定的恶劣性，客观上向被通知人发送了错误通知。应从主客观两方面理解恶意错误通知，即主观上存在恶意，客观上发送的通知从结果上被判断是错误的，被投诉人不构成对权利人知识产权的侵权。明确电子商务领域恶意错误通知民事赔偿具体的倍数，并对一般条款规定的不正当竞争行为的行政责任进行明确规定，能对构成不正当竞争的恶意错误通知行为进行更好的规制。这有利于形成良性的市场竞争环境，促进电子商务领域的和谐发展。

---

1 《反不正当竞争法》第二十三条规定，经营者违反本法第十一条规定损害竞争对手商业信誉、商品声誉的，由监督检查部门责令停止违法行为、消除影响，处十万元以上五十万元以下的罚款；情节严重的，处五十万元以上三百万元以下的罚款。

2 《反不正当竞争法》第二十六条规定，经营者违反本法规定从事不正当竞争，受到行政处罚的，由监督检查部门记入信用记录，并依照有关法律、行政法规的规定予以公示。

符号学视角下地理标志商标地名合理使用的认定

周爱春

地理标志商标在要素组成上一般是地理名称加商品通用名称，或文字加图形等，图形也多为地名所在地的特色地域风景。《商标法》第五十九条规定了地名的正当使用情况。[1] 在地理标志商标侵权案件中，被告经常主张自己使用与地理标志商标相同或近似的文字是一种描述性使用，不是商标法意义上的使用。

地理标志商标中含有地名，而地名属于公共资源，一般不能垄断使用，但是地理标志商标权人对商标具有专有权，这便造成地名的公有性和私有性之间的冲突。合理使用的认定是对其公共资源属性的保障。地理标志商标地名的描述性使用作为合理使用与一般商标的描述性使用存在一些差异，不能完全直接套用普通商标合理使用的认定标准。在认定地名合理使用时，应考量地理标志商标组成要素的特殊性。

目前对于如何理解描述性使用，从哪些角度衡量地理标志商标中地名的使用是合理使用，理论界存在不同的看法，实务中法院的认定标准和考量因素也存在差异。

商标符号是商品社会特有的一种意义表征系统，它是商品品牌拥有者为了在市场上区别于他人商品品牌而采用的一种识别符号，具有某种意指作用。[2] 地理标志商标是商标的一种。商标组成要素本身也是一种符号，承载了作为符号第一性意义上最初传情达意的功能，如地名一般代表产地，商品通用名称代表商品之间的区分。要素在成为商标之后，其符号的意义发生了改变。要素组合成的商标成为商品和服务来源区分、商品和服务品质保障、广告宣传功能的意思表达。[3]

1　《商标法》第五十九条第一款规定，注册商标中含有的本商品的通用名称、图形、型号，或者直接表示商品的质量、主要原料、功能、用途、重量、数量及其他特点，或者含有的地名，注册商标专用权人无权禁止他人正当使用。

2　李道国：《商标符号的意义及其表征》，《江南大学学报（人文社会科学版）》2007年第2期。

3　王迁：《知识产权法教程（第七版）》，中国人民大学出版社，2021，第489—490页。

本文通过实务中对地理标志商标地名合理使用认定案例的分析，探寻目前的争议问题所在，进而从符号学意义上分析地名，更好地判断地理标志商标对地名的使用是描述性使用，还是商标指示功能第二性意义上的使用。

一、实践中地理标志商标地名合理使用认定标准不一

在地理标志商标侵权案件中，地名一般是地理标志商标的主要识别要素。因地名的公有性，被告经常会以地名的使用是描述性使用进行抗辩。对地名合理使用的认定标准，实践中存在不同的认识。

如何理解地理标志商标中地名的"正当使用"？法院的判决各有差异。有的认为被告证明商品来源于地理标志商标的地名要求的地理区域，对地名的使用就是合理、正当使用。有的认为被告不仅要证明商品来源于地理标志商标的地名要求的地理区域，还要证明商品达到了地理标志商标要求的特定品质，并且需要获得权利人的授权。

（一）"商品来自地名特定地域"构成地名合理使用

浙江省农业技术推广中心与杭州河滨乐购生活购物有限公司、常州开古茶叶食品有限公司侵害商标权纠纷案[1]中，再审法院认定，被告销售的茶叶不是来源于龙井茶种植地域范围并具有相应的特定品质，其使用行为不属于单纯地对该茶叶产地进行的描述性说明。杭州荣安堂茶叶有限公司与杭州市西湖区龙井茶产业协会、宿迁市建联贸易商行侵害商标权纠纷案[2]中，二审法院认为荣安堂公司生产的涉案龙井茶不在"西湖龙井"地理标志证明商标的商品的生产地域，其在相同商品上使用与"西湖龙井"商标相近似的"西湖龙井茶"标识不构成合理使用。

上述两件地理标志商标侵权案件中，因被告的茶叶不是来自该商品地理标志要求的地理区域，地名合理使用抗辩未能获得支持。

江苏省盱眙龙虾协会诉南京市江宁区建红土菜馆案[3]中，法院认为被告的龙虾进货来源于盱眙地区，其标识"正宗盱眙龙虾"是正当使用地名。在另一起

1　参见再审（2016）浙民申1589号案件。

2　参见（2020）苏民终399号案件。

3　参见（2016）苏01民终10680号案件。

盱眙龙虾商标侵权案[1]中，法院认为正当使用的前提是涉案店铺提供的龙虾产品来源于江苏省盱眙县这一特定事实，但被告制作、销售的龙虾并非来源于此，认定使用"盱眙龙虾"四个字的行为不构成合理使用。

上述两件地理标志商标案中，法院也将龙虾是否来自盱眙作为地名合理使用认定的标准。

阿克苏地区苹果协会诉西宁城北宋氏水果商行侵害商标权纠纷案[2]中，法院认为原告是"阿克苏苹果"地理标志证明商标权人，但被告所销售的苹果来源于阿克苏地区，因此在外观包装等处标注"阿克苏苹果""阿克苏"等标识属于正当使用。

那么，被诉地理标志商标侵权的商品是否来源于地理标志要求地域是判定地名合理使用的唯一标准？在其他案件中，不同法院有不同的看法。

（二）"商品来自地名特定地域+达到特定品质"构成地名合理使用

郑州航空港经济综合实验区法院审理的千禧果蔬之都超市被诉侵权案[3]中，一审法院认为，库尔勒是地名，香梨是品类，被告使用库尔勒香梨是原告商标中不能垄断的部分内容，不构成商标法意义上的使用。再审法院认为，"库尔勒香梨及孔雀图案"地理标志商标的使用，要同时具备两个条件，一是产地来自库尔勒特定地区（该商标要求的地理区域）且品质要达到要求的质量标准，二是要向注册人申请获许可。在不符合上述条件的情况下使用与地理标志商标相同或近似文字的行为，构成侵权。

在江苏省盱眙龙虾协会诉南京市江宁区建红土菜馆案[4]中，法院对"盱眙龙虾"证明商标说明时，认为商品不仅要求来源于盱眙县境内特定水域，且对龙虾本身及加工制作过程均有特殊要求。

被诉侵权人证明商品来源于地理标志商标地名要求的特定地理区域是抗辩合理使用的关键要素。但对于该要素是不是唯一要素，尚存在争议。如来自盱眙的未做申请的龙虾，是否可以直接使用与"盱眙龙虾"地理标志商标相同或近似的文字，还是可使用一些与地理标志注册商标加以区分的措辞或表达，如"盱眙产的龙虾""龙虾来自盱眙"等？有些地理标志商标特别是其中的地理标志要求

1　参见（2014）园知民初字第 00063 号案件。

2　参见（2020）青知民终 18 号案件。

3　参见（2020）豫 0192 知民再 5 号案件。

4　参见（2016）苏 01 民终 10680 号案件。

产品制作工艺满足特殊需求，或者要求使用的原材料符合规定。如镇江香醋，对原材料和工艺的使用都有标准要求。那是否只要是在镇江生产的香醋，即使没有使用地理标志要求的原材料和工艺，使用"镇江香醋"也属于合理使用范围？

实践中对地理标志商标地名合理使用认定标准存在不同认识，原因之一是未能立足地理标志商标的符号学意义，明晰地理标志商标传达的符号功能。符号学分析可以为商标实践提供操作方法，确保在保护商标权的同时维护社会公共利益。

二、明确地理标志商标及合理使用中地名的符号学意义

商标由文字、图形、字母等要素构成。这些要素是一种符号，其组成的商标也是一种符号。组成商标的文字等要素本身作为符号有其原有的含义，起到普通的传达其原始功能的意义。此意义不是商标上的意义。而由不同要素组成的商标具有语义意义与语用意义，其语义意义和语用意义往往也是多重的。[1] 作为符号，商标可以区分商品、服务，保障品质，甚至有一定的广告宣传功能，发挥着承载、表彰符号意义的功能。[2]

商标是标志和商誉的统一体。在符号学上，商标不是符号的能指部分，而是符号的全部，是能指与所指的统一体。[3] 商标在不同的层次具有不同的意义：一种是商标意义，也被称为该词的第二含义、第二性意义；一种是词语的原始意义，也被称为该词的第一含义、第一性意义。[4]

地理标志商标作为商标的一种，同样具有组成要素语词的原始语义上的普通意义和商标上的语用意义。地理标志商标中的地理标志一般由地名加商品通用名称组成。地名是地理标志商标的组成要素之一，商标权人不能禁止他人正当使用该地名。

1　王太平：《商标符号利益的法律分配：商标法构造与操作的符号学解释》，《法学杂志》2021年第6期。

2　徐聪颖：《略论符号消费背景下商标功能的拓展》，《河北法学》2010年第2期。

3　熊文聪：《商标合理使用：一个概念的检讨与澄清——以美国法的变迁为线索》，《法学家》2013年第5期。

4　程黎明、王桂禄：《叙述性商标合理使用的司法认定》，《人民司法》2017年第25期。

（一）地理标志商标存在不同于普通商标的符号意义

地理标志商标包含地理标志要素，法律对于地理标志的保护是对既有的社会关系的认可而非创制。[1] 有众多商标要素是臆造语词，地理标志则不是随意创设出来的，而是一种客观实然情形的拟炼。地理标志商标包含地理标志，而地理标志的认定是产品源于某地，产品质量和特征因于此地的自然因素或人文因素。地理标志产品的质量、特色是在申请地理标志商标以前就客观存在的。也就是说，其商标的商誉在作为商标使用前已经存在。即使地理标志商标中有申请人自行臆造的其他语词或要素，但"地名加商品通用名称"这个已经客观存在的因素仍是注册商标重要的识别部分。

地理标志商标指示产品的优良品质与该地独有的地理自然环境或者人文环境密切相关。[2] 地理标志商标的特殊功能即区分商品的品质，这是由于客观存在的特定地理区域的自然环境和人文因素赋予商品商誉或竞争优势，且这种独特的地理自然环境或人文因素具有难复制性甚至不可复制性。这是普通商标一般不具备的。

地理标志的形成与特定地理区域独特的自然环境及人文因素密切相关，是这个特定区域的产品或服务经营者经年累月经营的成果，每一个符合资格条件、具备产品质量保障的经营者都有权使用此地理标志及商标，但任何人，包括商标注册人都无权独占使用。不同于普通商标区分商品或服务来源于某经营者，地理标志商标不仅指示了商品来源，而且承载了特定地理区域所蕴含的商品或服务的特定品质保障。

杭州荣安堂茶叶有限公司与杭州市西湖区龙井茶产业协会、宿迁市建联贸易商行侵害商标权纠纷案中，一审法院认为，地理标志商标不同于普通商标，其设置和注册的目的是向社会公众证明某一产品或服务所具有的特定品质，而非用以区分商品或服务的来源。

杭州荣安堂茶叶有限公司与杭州市西湖区龙井茶产业协会、泗洪县朱湖镇金乐福购物中心侵害商标权纠纷案[3]中，法院认为，虽然荣安堂在涉案茶叶包装上使用了"御红堂"商标，能够区分商品来源，但地理标志商标是为了向社会公

---

1 冯术杰：《论地理标志的法律性质、功能与侵权认定》，《知识产权》2017年第8期。

2 佟燕燕：《简析含有地名的普通集体商标与地理标志集体商标的区别》，《中华商标》2022年第3期。

3 参见（2020）苏民终398号案件。

众证明某一产品或服务所具有的特定品质，被告使用"西湖""龙井茶"这样的文字容易使相关公众误认为涉案产品产自"西湖龙井"产区，或者与"西湖龙井"茶存在关联。

可见，地理标志商标既有商标的功能，又蕴含地理标志的功能，具有双重性。地理标志商标具有不同于普通商标的符号意义，其最大的特殊性在于其品质保障功能，并且具有较高的集体性。

（二）地理标志商标中地名符号传达商标指示功能

地理标志商标中含有地名要素。这里的地名作为商标的组成部分，和其他的商标构成要素共同成为商标整体，共同承载商标的指示功能，是商标法意义上的符号。

地理标志商标和普通商标一样，将众多产品的提供者予以区分，但与普通商标不同的是，其区分的提供者不是单一的某个生产者，而是某特定地理区域的一类生产者。其通过特定地理区域（地名）的指示，传达出商品或服务的特定品质、独特之处，对商品或服务的不同地理来源进行区分，从而与商标一样具有区分功能。[1] 地理标志商标传递了商标本应具有的指示功能，只是指示的具体内容有些差异。

地理标志商标中的地名有指示商品具有不同于其他产地品质的功能，是商标组成要素。例如，"镇江香醋"与当地的地理环境、加工工艺等密切相关，对原材料和工艺有特殊要求。再如，"合川桃片"的主料是合川糯米，商品在加工制造过程中有特殊要求。[2] 合川糯米不同于其他地方的糯米，用其制作的糕点具有独特的品质和口味，这也是"合川桃片"与其他糕点的区分所在。

地理标志商标中的地名，作为商标重要的识别部分，使地名和特定商品或服务产生固定的联系，具有商标法意义上商标功能指示的符号含义。例如，在浙江省，龙井产地主要分为西湖产区、钱塘产区和越州产区，而"西湖龙井"是在杭州市西湖景区辖区特定地理范围内生产的龙井。"西湖龙井"地理标志商标与特定的地域性自然因素和长期的地域性人文积累密切相关，与制作工艺等特定品质保障密切相连。使用"西湖龙井"标志，一方面指示茶叶来源于西湖龙井茶

1　冯寿波、陆玲：《我国地理标志法律保护的完善研究——以地名商标可注册性及合理使用为中心》，《湖北社会科学》2014年第9期。

2　佟燕燕：《简析含有地名的普通集体商标与地理标志集体商标的区别》，《中华商标》2022年第3期。

种植地域范围，另一方面指示此茶叶因特定的地理自然环境和人文因素具有相应的特定品质。

地理标志商标中地名承载了商标整体的符号意义。相关公众可以通过含有地名的地理标志商标，将地理标志商品与其他竞争性商品区分开来。地理标志商标中的地名具有特色识别功能、商誉承载功能和品质保障功能。[1]

（三）合理使用中的地名传递第一性意义上的符号功能

地理标志商标中的地名符号虽然具有整体商标传达商标意义上的指示功能，但此地名同时是一种描述性词语，具有产地的原始内涵且在社会中被广泛使用。此时是地名词语第一性意义上的传递功能得到发挥。地名的合理使用，是对地理标志商标中的地名要素的原始含义的使用，只是直接描述商品的地理来源，不是商标意义上的使用，不是第二性意义上的符号功能传递。地理标志商标中虽有地名构成要素，但其作为商标符号功能之一是保证特定产地的特定商品的特殊品质，而并非垄断性地使用该地名。

消费者可根据产地来区分苹果，如阿克苏苹果、烟台苹果、洛川苹果。从产地来源这一地名第一性意义上而言，"某地苹果"是"产自某地的苹果"，而并非某个品牌商标的苹果。商品产地属于商品要标注的信息之一，标注商品产地也成为一种商业经营习惯。这种语境下的使用是一种描述性的使用，是地名原始含义的使用，是表明产地的第一性意义上的使用，而不是商标性使用。如果行为人的商品确实来自地名显示的地理区域，行为人合理克制地正常使用了产地是某地、产自某地的某商品等表述，则是对地名的一种陈述性使用，是向他人宣传自己的商品来自这个地方，属于合理使用。

《美国商标法》规定商标权人注册商标专用权受"说明其产地的"限制。[2]TRIPS协议也规定成员方可以对商标权利规定限制，包括描述性词语的正当使用。地名作为合理使用中的描述性词汇，是一种产地、地理区域描述的公共资源，不能因其成为商标组成要素就禁止他人继续合理使用。他人为了描述自己商品来自某地而使用该地名词汇的原始含义，构成对该地名词汇的合理使用。[3]

---

1 冯术杰：《论地理标志的法律性质、功能与侵权认定》，《知识产权》2017年第8期。

2 《美国商标法》，知识产权出版社，2013，第39页。

3 程黎明、王桂禄：《叙述性商标合理使用的司法认定》，《人民司法》2017年第25期。

巴音郭楞蒙古自治州库尔勒香梨协会与上海市黄浦区爱平水果店商标侵权纠纷案[1]中，法院认为，被告在标价签上以手写的方式，标明"库尔勒香梨"及其价格，是销售商依据商业惯例在标价签上标示商品的简要信息；库尔勒是地名，是具有描述性的词语，被告在第一含义上使用与描述性词语相近似的文字来描述被告所提供商品的基本信息，其本质并未构成在商标意义上使用他人商标，被告的行为是非商标性使用。

三、地理标志商标地名在第一性意义上使用的考量因素

地名在第一性意义上使用时，属于描述产品的地理来源，不是商标意义上的使用。说明产品产地是地名所指的地理区域，是正当使用地名，属于合理使用。如果商品确实来自与地名相应的地理区域，基于"原产地"的意义使用涉案地理名称，就不是对地理区域来源的假冒行为。这需要根据行为人在个案中使用地名时使用的方式、使用的效果，以及这些客观表现显示的使用意图进行综合考量。[2]

行为人商品来源于地理标志商标地名涉及的地理区域，同时其对地名的使用在使用意图上是善意符合诚实信用的，是对地名符号原始含义的正当使用。使用的方式应是正当合理的，不存在对地名的突出使用，即不会被购买者、消费者误认为具有特定品质。

（一）使用意图是善意且正当竞争的

地名的合理使用在确定商品来源于该地后，仍要对个案中使用行为的正当合理性做认定，包括主观上是善意的，客观上是必要限度的。

行为人使用与地理标志商标相同或近似的文字若并非出于不正当竞争的目的，主观上不存在故意混淆、误导的意图，而是纯粹在地名符号第一性意义上使用，则是善意、正当、合理的。若行为人使用地名不是出于攀附权利人地名商标知名度或商誉的意图，而是要表示商品与产地、地理位置等要素之间的联系，则

1　参见（2018）沪 0101 民初 3086 号案件。

2　《北京市高级人民法院关于审理商标民事纠纷案件若干问题的解答》指出，描述性的合理使用应当满足条件为：（1）使用出于善意；（2）不是作为自己商品的商标使用；（3）使用只是为了说明或者描述自己的商品。

主观上是出于善意的。[1]

据世界知识产权组织的报告，商标法模式对地理标志的保护不能阻止第三人善意使用地名。[2] 欧盟法院在案例中确立了描述性合理使用的基准——以商标使用的方式及存在混淆性近似，都不属于排除描述性合理使用的理由；描述性合理使用的正当性基础在于"诚实地使用"。[3] 1991 年修改的《日本商标法》规定他人以正常方式表示该商品或服务或类似商品、服务的产地，是善意的和正当的。[4] 我国关于商标行政执法的意见也明确，如果是善意地使用与注册商标相同或者近似的文字、图形，不属于商标侵权行为。

可见，行为人可以善意地使用与地理标志商标相同或近似的文字，用于叙述该当事人的商品或服务，但同时要符合诚实信用原则，不怀揣不正当竞争的目的，不试图通过合理使用的"护身符"攀附他人的商誉或知名度，劫取商标权人之商标上所附着的利益。[5]

1　《江苏省高级人民法院侵害商标权民事纠纷案件审理指南（修订版）》关于正当使用抗辩的规定如下。6.1.3 作为地名使用：判断被告使用地名的行为是否属于正当使用，需结合地名商标的知名度、被告使用的具体方式和目的、是否会导致相关公众产生混淆误认等因素综合判断。若通过综合分析判断，确定被告的使用行为系出于攀附权利人地名商标知名度或商誉的意图，可能使相关公众产生混淆误认的，则该使用行为超出了正当使用的范畴，构成侵害商标权。若被告的使用行为有正当理由，且不会使相关公众产生混淆误认，则属于法律规定的正当使用，商标权人无权禁止他人在相同或者类似商品上正当使用该地名来表示商品与产地、地理位置等要素之间的联系。6.1.4 地理标志使用：地理标志是标示某商品来源于某地区，并且该商品的特定质量、信誉或其他特征主要由该地区的气候、地质、土壤以及品种等自然因素和与之相适应的生产技术、加工工艺等人为因素所决定的标志。地理标志类商标是将在一定范围内的公用资源纳入商标专用权的范围，故在确定地理标志类商标专用权的保护范围时，应当充分考虑公共利益和商标权利的平衡，将地理标志类商标专用权与禁用权范围限定于"具体地名＋产品通用名称"的组合使用方式。一方面，商标专用权的范围不能扩张到地名或者通用名称的单独使用，另一方面，其禁用权的范围不能不当剥夺他人合理使用地名加产品通用名称的正当权利。地理标志是一项地区性、公有性的财产权，产地内所有符合条件的厂商和个人都有权使用，不允许垄断使用。因此，在地理标志类商标的保护及侵权诉讼中，在考察被告是否属于正当使用时，法院需要重点审查的内容包括被告销售的产品是否来源于该地理标志特定区域内、是否具备特定品质、产品标注的使用方式是否正当以及使用者主观上是否出于善意。如果被告提供的证据能够证明其商品或服务确实来源于地理标志特定区域，具备特定品质，且未使用地理标志中的特有图案，不会导致相关公众对商品的原产地等特定品质产生误认的，则应当认定被告的使用系对特定地名的正当使用，不构成侵害商标权。

2　冯寿波、陆玲：《我国地理标志法律保护的完善研究——以地名商标可注册性及合理使用为中心》，《湖北社会科学》2014 年第 9 期。

3　郑悦迪：《从欧盟经验看地理标志与商标的冲突及解决》，《电子知识产权》2021 年第 1 期。

4　冯晓青：《商标权的限制研究》，《学海》2006 年第 4 期。

5　蔡立猛：《对商标合理使用判断标准的深思——兼评〈商标法实施条例〉第 49 条》，《中华商标》2012 年第 1 期。

善意是使用者的主观心理状态，需结合个案，根据行为人的行为方式等判断其内心真意，还需要结合个案中使用的客观后果，即相关公众一般注意力下的认知来进行判断。[1]

（二）使用方式是正常合理的

在地名的使用方式上应注意不突出直接使用，而是与地理标志商标中地名有区分地进行表达，如只使用地名、商品通用名称，不使用地理标志商标中其他特有的图案、文字等要素。

行为人如果直接使用"盱眙龙虾"，甚至突出、显著性地使用，其使用方式就超越了一般地理区域介绍的范围。行为人如果突出使用与地理标志商标相同或近似的文字，而没有规范使用自己注册的商标，对地名的使用也不是通常的使用方式，法院更倾向认定为不构成合理使用。

如果行为人除使用与地理标志商标相同或近似的文字外，还加注了其他说明性、描述性的文字以表明地名的"说明性质""来源产地性质"，加大了区分度，应更倾向认定是合理使用。如果行为人标识"产地：盱眙"，或者"盱眙产的龙虾""龙虾来自盱眙"等，龙虾又确实来自盱眙地理区域，这种使用方式就属于商业习惯正常的使用方式，应倾向认定是合理使用。

行为人使用地名应符合行业的通常使用方式，如以行业通行的方式表明产地；不能刻意在商品上醒目地使用与地理标志商标相同或相似的文字，而将自己的商标置于不显眼的地方。[2] 例如，突出使用地名，包括但不限于字体较大、颜色显目、容易被注意到，而其他标志字体较小、颜色平淡、容易被忽视。行为人使用地名时要按照本行业通常的习惯以适当的方式显示，不超出描述、说明需要的正常的使用范围。个案中行为人在使用地名时不具有不正当竞争或"搭便车"的企图，客观上还同时使用自己的商标、自己的其他标识，且根据本行业的商业习惯和实践通常做法进行显示和标注，应倾向认定是合理使用。

需要注意的是，标识使用大小特别是标识本身的突出使用并不当然地等同于商标侵权行为意义上的突出使用。这种简单化的认定与我国商标权保护的基本法理相违背。行为人虽然使用了地理标志商标的地名，但是和行为人其他的文字、图形等符号要素一起使用的，尽管这些要素标识都比较大，颜色都比较显目，但

1　朱文玉、于惠冰：《商标合理使用界定标准探析》，《齐齐哈尔大学学报（哲学社会科学版）》2018 年第 2 期。

2　程黎明、王桂禄：《叙述性商标合理使用的司法认定》，《人民司法》2017 年第 25 期。

因为是行为人标识所有要素的共同行为，不是对地名的单独突出使用，所以这种标识的放大或显目显示行为不应等同于商标侵权意义上的突出使用行为。

（三）使用效果是非商标性意义上的

对于标识符号文字的使用如果为非发挥识别功能之使用，可以一律纳入非商标性使用的范畴；对于商标符号的使用如果本质上并非发挥商标识别功能之使用，即为非商标性使用。[1] 合理使用不得损害商标的必要功能：识别商品或者服务的商业来源，也就是生产经营者。[2]

对于行为人使用与地理标志商标相同或近似文字的行为，需要从购买者、消费者等相关公众认知的角度做判断。相关公众看到行为人使用地名的标识和地理标志商标以后会产生怎样的认知？如果相关公众一般注意力下，认为此种使用行为会产生攀附地理标志商标的认识，则倾向认定是商标意义上的使用；如果看起来只是地名本身含义的使用，且与行为人其他标识一起，不存在对地理标志商标的攀附认知，则倾向认定是地名第一性意义上的使用。要立足于日常生活经验法则，引入现实中相关公众的一般注意力，综合评判使用行为是不是商标意义上的使用。地名的使用不应让相关公众在一般注意力下产生地理标志商标的商誉承载功能和质量担保功能的认知。

地理标志商标侵权中的"混淆"指消费者对商品具有地理标志商标所表示的特定品质（特定质量、信誉或其他特征）产生混淆。如有的地理标志商标侵权案件中，涉案侵权人有自己的注册商标并标注，但因同时突出使用了地名，消费者仍可能会误认该商品属于某种地理标志产品，具有地理标志商标指示的特定品质。

四、结语

第一性意义合理使用在本质上并非对他人商标的使用，而是对他人商标标志中含有的公有领域内的描述性信息的利用。[3] 地理标志商标由于其特殊性，会涉及地名，而地名属于公有领域内的信息，不能因为其成为商标的构成要素就完全

1　李春芳、邱翠：《产品系列名称中商标符号的正当性使用》，《知识产权》2015 年第 9 期。

2　郑悦迪：《从欧盟经验看地理标志与商标的冲突及解决》，《电子知识产权》2021 年第 1 期。

3　周俊强、王曙光：《商标合理使用的概念内涵与运行机理》，《云南大学学报（法学版）》2012 年第 5 期。

私有化，被绝对独占，地名的公有性不应因此丧失。行为人在第一性意义层面对商标其中要素的利用，属于对公有信息的使用，不应受商标权人的限制。地理标志商标含有地名要素，地名具有公有性，在充分有效保护注册商标专用权的基础之上，也要捍卫公有领域。因此，行为人即使使用了与地理标志商标相同或近似的文字，可能会造成相关公众混淆，但一些混淆的可能性与地名的合理使用也是可以并存的。不过，这里的并存应有一定的限度。地名的合理使用应是在第一性意义上的使用，应当是善意的，符合诚实信用原则的，正当合理的，在使用的方式上是符合行业习惯或通常做法的，客观上不会造成相关公众在一般注意力下得出商标上使用的认知。

地理标志商标的注册人应当允许他人正当使用商标中的地名。行为人可以在地名原始含义上使用地名描述自己的产品，正常发挥商标、地名原始含义下符号承载的不同功能。应注意在商标权人利益与公众利益之间作出平衡，从使用意图、使用方式、使用效果等方面考量行为人的使用确实是在第一性意义上对地名的使用，并没有进入第二性意义。我们既要保障地名合理使用这一商标侵权中的抗辩事由，又要防止出现地名的滥用。

李 瑜 　中级律师，江苏辰顺律师事务所婚姻家庭与侵权纠纷部负责人

执业证号：13211201311622545

执业经历：中共党员，南京师范大学法学学士。2013 年正式执业以来，代
　　　　　理过多家银行的金融借款合同纠纷案件，涉案标的超过十亿。处
　　　　　理道路交通事故人身损害赔偿案件三百余件，有丰富的办案经
　　　　　验。勤勉努力，恪守律师职业道德和纪律，切实维护当事人的合
　　　　　法权益，深获当事人赞誉

业务专长：金融借款合同纠纷
　　　　　信用卡纠纷
　　　　　机动车交通事故责任纠纷及其他人身损害赔偿纠纷
　　　　　婚姻家庭继承纠纷

社会职务：镇江市律师协会民事业务委员会委员
　　　　　镇江市律师协会金融证券与保险业务委员会委员
　　　　　镇江市中级人民法院公益值班律师

获奖情况：2019 年"镇江市优秀女律师"
　　　　　2021 年"镇江市律师行业优秀共产党员"
　　　　　2022 年"镇江市律师行业优秀共产党员"

代书遗嘱形式要件的重要性

——朱某丽诉朱某生、许某艳继承纠纷一案   李 瑜

一、案例简介

朱某成与许某珍于 1962 年结婚，婚后共生育三个子女，分别是许某艳、朱某丽、朱某生。1976 年朱某成与许某珍离婚，许某艳由许某珍抚养并随母姓，朱某丽、朱某生由朱某成抚养。2004 年 6 月，朱某成自书遗嘱一份，言明其私有房产在其去世后由朱某丽、朱某生各半平分，如遇拆迁，除留两万自用外，其余给朱某丽、朱某生各半平分。2018 年 3 月 18 日，朱某成因病去世。2019 年 10 月，朱某成名下北固山下 60 号房产被通知拆迁。2020 年 1 月，拆迁部门与朱某丽、朱某生、许某艳共同签订拆迁补偿协议，补偿金额 2589204 元。因朱某丽与朱某生无法单独领取拆迁补偿款，朱某丽于 2020 年 4 月以朱某生、许某艳为被告向江苏省镇江市京口区人民法院提起诉讼，要求继承 1294602 元征收补偿款。在案件审理过程中，被告许某艳出示了一份落款时间为 2018 年 3 月 2 日的代书遗嘱，内容为朱某成名下房产 50% 由朱某生继承，朱某丽、许某艳各继承 25%。代书遗嘱上有朱某成的签名及手印、代书人签字，以及见证人三人签名。同时许某艳还提供视频一份，证明代书遗嘱形成的过程，要求继承征收补偿款中的 647301 元。

二、案情分析

本案中，朱某丽告知委托律师，被告许某艳手上可能还有一份朱某成的遗嘱，因此拆迁补偿协议上才会出现许某艳的名字，但朱某丽对该遗嘱真实性存疑。毕竟许某艳一直随母亲生活，从未对朱某成履行过赡养义务。同时朱某丽还提供朱某成与许某艳于 2017 年 12 月 16 日签订的协议一份，内容为朱某成补偿许某艳 29700元，今后房屋拆迁，许某艳不再与弟弟、妹妹提出异议。短期内，朱某成不可能变更遗嘱内容。代理律师认为，朱某丽所持自书遗嘱与许某艳所持代书遗嘱形成时间

不同，应当以后一份遗嘱为准。但对于代书遗嘱的形式要件，法律规定严苛，故应当从代书遗嘱的内容及形式入手，检验是否存在瑕疵。许某艳提交的代书遗嘱，表面上确有朱某成的签字，并且也有代书人郑某签名，以及见证人何某、刘某、张某三人签字，符合一般代书遗嘱的形式要件。但结合许某艳提交的视频，代理律师发现视频中出现的人物与代书人及见证人并不一致，遂申请法院要求代书人郑某和见证人何某、刘某、张某出庭做证，法院同意原告的申请。

在庭审过程中，代理律师围绕着代书遗嘱本身，对代书人及见证人分别发问。代书人郑某陈述其按照许某艳告知的意思拟定遗嘱，并读给朱某成听。郑某陈述现场共有五人，但并不能确定是否包含在遗嘱上签字的三位见证人。三位见证人在陈述各自见证过程时，均前后矛盾，且在陈述遗嘱订立时的在场人员时说法不一，有较大出入。四人均陈述与许某艳相熟，受其邀请参与见证过程。许某艳提供的现场视频中并未出现女性身影，而见证人何某、刘某均为女性。因此，代理律师对于四位证人的证言发表意见，认为四位证人在身份上均与被告许某艳存在利害关系，不符合代书人、见证人的法定条件。综合上述四证人的证言，无法形成如下基本事实：（1）落款时间为 2018 年 3 月 2 日的财产分配遗嘱系由立遗嘱人朱某成亲口称述，代书人郑某如实记录。（2）见证人何某、刘某、张某在订立遗嘱之时均在现场，且为同一时间同一空间签字。故该代书遗嘱形式上存在重大瑕疵，无法认定为朱某成本人真实意思表示。

为进一步证明朱某成的自书遗嘱才是其真实意思表示，李瑜律师向法庭出示了 2017 年 12 月 31 日朱某成与包括许某艳在内的所有子女签订的协议书。结合上述事实，可见朱某成将房产分配给朱某丽和朱某生是其十三年（2004 年自书遗嘱即同此）来一贯且坚定的决定，在两个月内突然改变想法的可能性极低。

经过多次开庭审理，2020 年 11 月 10 日，京口区人民法院作出一审判决，认为许某艳提交的财产分配遗嘱作为代书遗嘱应符合以下基本要求：（1）立遗嘱人应为完全民事行为人；（2）立遗嘱人意思表示真实；（3）遗嘱处分的财产为立遗嘱人合法财产。意思表示是否真实在代书遗嘱上表现为：遗嘱应当由立遗嘱人当场口述内容，其他人不得代为传达；代书人负责对口述内容进行记录，记录内容必须全面、完整地反映遗嘱人的真实意思表示，不得加入代书人自己或他人的意见。同时，代书遗嘱还应当有两个以上见证人在场见证，由其中一人代书，注明年月日，并由代书人、其他见证人和遗嘱人签名。继承人不能作为遗嘱见证人。经审理，见证人陈述其是许某艳找来见证的，代书人也陈述其是见证人找来代笔的。许某艳在现场，遗嘱内容也是许某艳和其父沟通后告知代书人的。视频为许某艳男性朋友拍摄，不排除相关在场人员与许某艳存在利害关系。结合视频中朱某成的状态，无法确定其真实意思表示。同时财产分配遗嘱上朱某成的签名无法辨认，不符合我国继承法对代书遗嘱的形式要件，虽有一枚指印，但视频未能完整反映立遗嘱的全过程，无法证明朱某成系在意识清醒、意思表示自治的情形下捺印。综上，法院认为 2018 年 3 月 2 日以代书形式作出的财产分配遗嘱不具备充分有效的证明力，不足以否定 2004 年 6 月 3 日自书遗嘱和 2017 年 12 月 31 日的协议书。故判决北固山下 60 号房产系朱某成的遗产，该房屋的征收补偿款 2589204 元由朱某丽和朱某生各半继承，分得 1294602 元。

附：代理词

尊敬的审判长、人民陪审员：

江苏金荣恒顺律师事务所[1]依法接受本案原告朱某丽的委托，指派李瑜律师担任其诉讼委托代理人，参与本案诉讼活动。现依据本案事实和有关法律规定，并结合庭审情况，发表如下代理意见。

第一，被告许某艳无权继承北固山下 60 号房产的拆迁利益。

依据朱某成 2004 年 6 月 3 日的自书遗嘱，北固山下 60 号房产的拆迁利益应当由原告朱某丽和被告二朱某生平分。许某艳提供的 2018 年 3 月 2 日的财产分配遗嘱，虽然表面形式接近代书遗嘱，且发生在自书遗嘱之后，但形式存在重大瑕疵。首先，遗嘱代书人及见证人均与许某艳存在利害关系，不能作为代书人及见证人。代书人及见证人均非由立遗嘱人朱某成找来的，而是由许某艳找来的。根据各证人自己的陈述，可以明确他们的身份为许某艳的邻居、朋友、同学等。这样的关系虽然不是近亲属关系，但在身份、情感、利益上存在着影响证言公正性的可能。其次，该遗嘱并非由立遗嘱人口述，代书人记录形成的，而是通过代书人发问，立遗嘱人以简单语言作意思表达的方式形成的，且存在意思表达含糊不清的片段。代书人在发问过程中加入了代书人自己或非立遗嘱人的意思，代书内容并未完整客观地反映立遗嘱人本人真实的意思表示。对于代书遗嘱的内容，代书人当庭陈述系询问的许某艳，也并非立遗嘱人。同时，因立遗嘱人口齿不清，代书人承认存在由其发问，立遗嘱人作答的情况。再次，该财产分配遗嘱上见证人的签名，也并非形成于同一时间同一空间。根据视频和证人出具的证言，

1　即现在的江苏辰顺律师事务所。

无法得出三位见证人同时在现场，并见证遗嘱订立全过程的事实。四位证人及被告许某艳在陈述签订代书遗嘱当日在场人员、订立过程等情况时存在多处矛盾，并且视频中也并未出现两位女性见证人，不排除仅是事后在遗嘱上签字以凑齐法定人数等情形。上述三项均违反继承法对代书遗嘱的要求，无法认定该财产分配遗嘱为立遗嘱人的真实意思表示，不应认定该遗嘱为有效遗嘱。

遗嘱是立遗嘱人对其财产的终意处分，为保证其真实性和严肃性，必须对遗嘱设以严格的要式性要求。代书遗嘱由他人书写，立遗嘱人虽有签名，但意思表示要通过他人的代写来表达，其表达个人意愿的自由度有所降低，易发生立遗嘱人在他人胁迫或诱导下签名或他人伪造遗嘱的情形。如果代书遗嘱形式未达到法定的条件，那就很难确定该遗嘱能否反映立遗嘱人的真实意图，遗嘱的真实性和客观性不易得到保证，遗嘱自由原则也会落空。在中国裁判文书网上检索与代书遗嘱相关的生效判决，可知代书遗嘱并不是只要立遗嘱人和见证人在上面签字就能直接推定有效的。[具体参见北京市高级人民法院（2019）京民申 2648 号判决书、南通市中级人民法院（2017）苏 06 民终 3549 号判决书、北京市通州区人民法院（2016）京 0112 民初 44586 号判决书等。]

第二，北固山下 60 号房产的拆迁利益应当由原告朱某丽和被告二朱某生共同继承。

朱某成 2004 年 6 月 3 日的自书遗嘱从形式到内容上均符合法定要求。首先该遗嘱全文由立遗嘱人亲笔书写，书写时字迹清晰，遗产房屋坐落权属、分配方案明确，末尾亲笔签名，注明年月日，虽然有增加"立遗嘱人"四个字，但这四个字并非继承法中的"篡改"，对于遗嘱的内容未产生任何影响，没有使朱某成处置财产的意思发生一丝改变，应当为合法有效遗嘱。对于该遗嘱的内容，朱某成也邀请了家中的亲戚予以见证。虽然对于自书遗嘱并不要求有见证人，但这也足见朱某成对该遗嘱的重视。2017 年 12 月 31 日，立遗嘱人又与所有子女签订协议书一份，进一步明确前述遗嘱的内容。两个多月后，朱某成病逝。该协议书末尾也留下"亲戚鉴证"字样，这表明在 2017 年，朱某成还是希望这一次他对房产的分配家中亲戚也能够见证。2004 年订立自书遗嘱时在场的亲戚中，有些已离世。上述情形一方面说明立遗嘱人对于遗产的分配方案一直是坚定的，各子女也是知晓并同意的（尤其许某艳是明确同意的），该遗产处分方案是立遗嘱人真实的意思表示，另一方面说明朱某成一直是让家中亲戚来见证其对房产的分配方案的，并且一直坚持自书的形式。为何在此后进行重大变更时，他直接找了完全不熟悉的人来代书和见证？

遗嘱中确定的分配方案也是有客观事实基础的。朱某成的赡养义务由朱某丽和朱某生履行，并且北固山下 60 号房产在 2014 年加盖，加盖部分由二人出资。而许某艳既未对案涉拆迁房屋出资，更未对朱某成尽赡养义务。朱某成在 2017 年 12 月 31 日至 2018 年 3 月 2 日短短两个月便对原来坚持了十三年的遗嘱分配方案进行重大变更，缺乏合理的事由。被告许某艳主张原告朱某丽与被告朱某生未尽到赡养义务，朱某成才对财产分配方案进行变更，然而该主张并未有相应证据证明，也与客观事实不符。根据庭审过程中原被告三人的共同陈述，可以确认的事实是，晚年朱某成先随被告朱某生共同生活在北固山下 60 号房中，约在 2013 年朱某生才搬走。此后，朱某成在 2017 年 10 月查出肺癌之前，因生活能自理，会隔天去朱某丽处吃饭和走动。2017 年 10 月朱某成住院治疗后，主要是朱某丽每日在医院照料。2018 年 1 月，因朱某成身体状况不佳，许某艳主动提出接至她家照顾，但一个多月后又将朱某成送回老宅。在这期间，朱某丽多次前往许某艳处看望父亲。朱某成去世后的丧葬事宜也由朱某丽和朱某生共同操办，二人完成了对朱某成的养老送终。朱某丽与朱某生同意让许某艳将父亲接走照顾，是考虑到许某艳自幼与父亲分离，为避免造成遗憾，在父亲临终之时给她一个表示心意的机会。但这并不是说许某艳照顾了，朱某丽和朱某生就不管了。若朱某丽和朱某生存在所谓"不孝"，未能尽到对父亲的赡养义务，2017 年 12 月 31 日订立四方协议时，朱某成是完全可以改变原自书遗嘱的，没有必要进一步去确认。恰恰是朱某成在去世前，考虑到许某艳也系自己女儿，虽未能在身边尽到赡养义务，但还是在 2017 年 12 月 16 日和 12 月 31 日通过协议，将案涉拆迁房屋的一部分折现加上此前的借款一次性补偿给了许某艳。作为父亲，他已经尽量公平地对待各子女。

第三，被告许某艳认为，若 2004 年自书遗嘱和 2018 年代书遗嘱均无法确认有效，本案应当按照法定继承来分割遗产。对此，代理人持不同意见。

2017 年 12 月 31 日，朱某成与三子女共同签订了协议书，该协议的真实性得到原被告的共同确认。在被继承人生前，子女签订了协议。部分子女因承担了赡养父母的主要义务可多继承遗产，部分子女则自愿放弃继承遗产。该协议是法定继承人对个人期待利益的合法处分，虽然签订协议时遗产继承尚未发生，但法定继承人对遗产继承存在期待利益，该种期待性利益也属于财产性权利，可以通过协议的方式自主处分，且上述协议约定的遗产继承与赡养义务相关联，也符合法律规定和公序良俗。被继承人死亡时，遗产范围并未变化。在本案不存在有效遗嘱的情况下，按照该协议分割遗产的主张应当得到支持。

综上所述，代理人认为本案应当由朱某丽与朱某生平分北固山下 60 号房产的拆迁利益。以上意见供合议庭参考。

机动车与非机动车交通事故中的保险人代位求偿权　　李　瑜

《中华人民共和国保险法》（以下简称《保险法》）第六十条规定："因第三者对保险标的的损害而造成保险事故的，保险人自向被保险人赔偿保险金之日起，在赔偿金额范围内代位行使被保险人对第三者请求赔偿的权利。"此条款规定内容即为保险人代位求偿权。《最高人民法院关于适用〈中华人民共和国保险法〉若干问题的解释（二）》第十六条规定："保险人应以自己的名义行使保险代位求偿权。根据保险法第六十条第一款的规定，保险人代位求偿权的诉讼时效期间应自其取得代位求偿权之日起算。"《最高人民法院关于适用〈中华人民共和国保险法〉若干问题的解释（四）》第七条规定："保险人依照保险法第六十条的规定，主张代位行使被保险人因第三者侵权或者违约等享有的请求赔偿的权利的，人民法院应予支持。"可见，保险人的代位追偿权依法取得，无须约定。保险公司向被保险人赔偿保险金之后，依法取得被保险人对第三者请求赔偿的权利。但在中国裁判文书网检索关于保险人代位求偿权纠纷的案例时，笔者发现不同法院对于是否支持保险公司对非机动车的追偿请求意见并不统一。

一、保险人追偿所依据的法律关系及法律依据

在道路交通事故案件中，引起被保险人与第三者之间赔偿的法律关系基于的事实是第三者对被保险人的人身和财产造成损害，也就是说第三者与被保险人之间发生道路交通事故并承担事故责任，因此二者之间是侵权法律关系。第三者对被保险人实施侵权行为，致使被保险人受到损害；保险人根据被保险人请求，依据双方之间订立的保险合同，在向被保险人承担保险理赔责任之后，依法取得对第三者的追偿权利。毫无疑问，保险人向被保险人追偿所依据的法律关系应是侵权责任法律关系。

因此，要解决此类纠纷，必然要依据《民法典》侵权责任编的有关规定。《民法典》第一千一百六十五条第一款规定："行为人因过错侵害他人民事权益

造成损害的，应当承担侵权责任。"第一千二百零八条规定："机动车发生交通事故造成损害的，依照道路交通安全法律和本法的有关规定承担赔偿责任。"《中华人民共和国道路交通安全法》（以下简称《道路交通安全法》）是规范机动车交通事故的特别法，根据特别法优先的法律适用原则，道路交通事故案件优先适用《道路交通安全法》。《道路交通安全法》第七十六条规定："机动车发生交通事故造成人身伤亡、财产损失的，由保险公司在机动车第三者责任强制保险责任限额范围内予以赔偿；不足的部分，按照下列规定承担赔偿责任：（一）机动车之间发生交通事故的，由有过错的一方承担赔偿责任；双方都有过错的，按照各自过错的比例分担责任。（二）机动车与非机动车驾驶人、行人之间发生交通事故，非机动车驾驶人、行人没有过错的，由机动车一方承担赔偿责任；有证据证明非机动车驾驶人、行人有过错的，根据过错程度适当减轻机动车一方的赔偿责任；机动车一方没有过错的，承担不超过百分之十的赔偿责任。交通事故的损失是由非机动车驾驶人、行人故意碰撞机动车造成的，机动车一方不承担赔偿责任。"

二、不支持保险公司对非机动车的追偿请求的法院的主要观点

第一，机动车与非机动车之间的交通事故应适用特别法。相对于《民法典》，《道路交通安全法》是特别法。根据特别法优先适用的原则，机动车与非机动车之间发生交通事故时，应适用《道路交通安全法》。结合《道路交通安全法》第七十六条，绝大多数法院认为机动车与机动车之间发生交通事故的，按照各自的过错比例承担赔偿责任，而机动车与非机动车、行人之间发生交通事故，机动车一方具有法定赔偿义务，非机动车和行人不具有法定赔偿义务。换句话说，该条未规定对机动车方的损失，非机动车方应当进行赔偿。这一条文的出发点是促使机动车所有人、驾驶人尽到高度谨慎的驾驶注意义务，让机动车这种危险的高速运输工具得到有效的控制，预防和减少事故发生，避免给相对弱势的非机动车、行人一方造成严重的损害。为了弥补机动车方的车辆损失，可以采取保险方式进行充分赔偿，而非机动车方无须为此负责。这也可以避免因轻微交通违章行为而出现对非机动车方不公平的大额赔偿。

第二，《道路交通安全法》第七十六条规定的"财产损失"是指因机动车发生交通事故侵害被侵权人的财产权益所造成的损失。此种情形下有权获得赔偿的主体仅限于被保险机动车本车人员，以及被保险人以外的被侵权人、受害人，亦

即非机动车方，赔偿范围也仅限于非机动车方的损失，不包括作为侵权人的机动车方的损失。

三、支持保险公司对非机动车的追偿请求的法院的主要观点

第一，根据《民法典》侵权责任编的有关规定，以及《保险法》第六十条的规定，保险公司对第三者享有代位求偿权，不区分第三者是机动车还是非机动车。再根据道路交通事故认定书作出责任划分，计算出非机动车方应当承担的赔偿数额。在此类判决书中，法院不引用《道路交通安全法》第七十六条的规定，对机动车和非机动车一律不予区分。只要有侵权损害发生，即使是非机动车方也要承担赔偿责任。

第二，根据《道路交通安全法》第七十六条直接推出非机动车应承担相应比例的赔偿责任，认为虽然该条对机动车与非机动车、行人之间发生交通事故时，非机动车驾驶人和行人应承担何种程度的赔偿责任没有作出规定，但并不能当然反推出非机动车驾驶人和行人无须承担赔偿责任。在分清各自责任的基础上，非机动车驾驶人和行人仍然要承担赔偿责任。比如机动车和非机动车、行人之间发生交通事故，机动车一方没有过错的，承担不超过百分之十的赔偿责任。这也就意味着非机动车、行人一方应承担百分之九十以上的责任。

不支持机动车向非机动车和行人追偿的法律精神在于保护弱势一方的非机动车和行人，有其合理性。支持机动车向非机动车和行人追偿的理由也有其合理性，尽管机动车作为危险系数更高的交通工具应承担更重的责任义务，但对非机动车和行人的规制也不能少。基于民法的公平原则，假设非机动车因自身过错造成机动车财产受损，而法院直接判决非机动车无须承担任何责任，对保险人或者被保险人显然不公平，在价值导向上也显偏颇，如因非机动车处于弱势一方而稍加减轻责任则处于公平范围内。同时，如果不支持机动车向非机动车、行人追偿，保险公司所分担的机动车的风险将会无限扩大。保险公司同样存在生存压力，如果其分担的社会风险过大，也必将给其自身的生存带来威胁。

目前，同案同判有待法律法规的进一步完善与践行。律师在实际办案中，可以参照于已有利的案例，做到心中有数。

刘晶晶 江苏辰顺律师事务所劳动法与行政争议、仲裁部主任

执业证号：13211201311606504

执业经历：中共党员，毕业于南京财经大学。自 2013 年从事专职律师以来，代理过多起民事、经济案件。始终坚持专业化发展的理念，忠于事实，忠于法律，热心法律事业，善于用简单的语言为当事人解答复杂的法律问题

业务专长：民商事诉讼代理
　　　　　劳动争议仲裁
　　　　　公司破产与清算事务
　　　　　公司各类合同和涉法文件的合法性审查

社会职务：镇江市律协劳动与社会保障业务委员会委员
　　　　　镇江市法律援助中心公益律师
　　　　　江苏大学全日制研究生校外实践指导教师

获奖情况：2019 年"镇江市律师行业优秀共产党员"
　　　　　2021 年"镇江市优秀党务工作者"
　　　　　2022 年"镇江市优秀女律师"

民事保护令制度的合理性

刘晶晶

一、民事保护令的基本范畴

（一）民事保护令的基本概念

1. 家庭暴力

因所处地区习惯及文化背景不同，抑或所持观点、立场和视角不同，不同学者对家庭暴力有不同理解。有人将其称为婚姻暴力或配偶暴力，也有人因受害者多为女性而称其为虐妻或对妇女的暴力。

2016 年 3 月 1 日起施行的《中华人民共和国反家庭暴力法》（以下简称《反家庭暴力法》）第二条对家庭暴力的定义是"家庭成员之间以殴打、捆绑、残害、限制人身自由以及经常性谩骂、恐吓等方式实施的身体、精神等侵害行为"。

2. 民事保护令

保护令是英美法系中适用非常广泛的法律制度，指由法院核发的一种通过限制某个人的行为，以保护特定人之权益的禁制令或命令。20 世纪 70 年代中后期，保护令开始适用于家庭暴力案件。

我国民事保护令是指为防止家庭暴力，保护家庭暴力受害人及其他家庭成员的人身和财产安全，法院根据申请人的申请依法签发的要求家庭暴力施暴人完成一定行为或者禁止其实施一定行为的命令。

（二）民事保护令的对象

家庭暴力专指发生在家庭成员间的暴力行为，具有一定的普遍性和严重性。根据 2021 年国务院新闻办发布的 2020 年第四期中国妇女地位调查，在婚姻生活中女性遭受过配偶身体暴力和精神暴力的比例为 8.6%。这个数据虽较 2010 年下降了很多，但家庭暴力仍是需要重视和关注的家庭问题。

《反家庭暴力法》未对家庭成员的范围进行界定，这代表民事保护令的申请人可以是家庭中的男性、女性、儿童、老人和残疾人。

（三）民事保护令的目的

民事保护令属民事案件范畴，由处理家庭关系的民事法庭受理核发，具有民事性质，故称民事保护令。民事保护令的目的包括直接目的和最终目的。直接目的是指在具体案件中，保护令所期望达到的目标或结果，即及时制止家庭暴力的继续和再发生，重在对人身安全的保护。最终目的应与《反家庭暴力法》的整体目标一致，即减少直至消除家庭暴力。可见，民事保护令并非对施暴者进行惩罚，而是重点通过防范施暴者对受害人继续施暴，核心为保护性质的制度。这决定了它属于事前预防性的制度，而不是事后惩罚性的制度。

（四）民事保护令的功能

民事保护令的功能指其具体的作用和效果。

1. 预防

家庭暴力具有反复发生的规律和特点，又因家庭暴力具有隐蔽性、突发性、可预见性，所以，民事保护令能通过对可能的施暴人进行限制，包括禁止施暴，禁止与受害人联络或接触，禁止接近受害人的住所或工作、学习等场所，命令迁出与受害人共同居住的住所，限制施暴人对孩子的监护权或探望权等，在施暴人和受害人之间竖起一道隔离墙，从而有效避免因施暴人与受害人接触而发生的暴力侵害。

2. 保障

若仅仅是通过限制以免受害人遭受暴力侵害，受害人或其家人可能会因施暴人的经济控制而面临经济困境，以致生活、工作、学习等受到影响。所以，民事保护令也会通过命令施暴人实施某些行为，包括命令施暴人将特定财物（如房屋、交通工具等）交给受害人使用、向受害人支付赡养费和孩子的抚养费、支付受害人的医疗费、赔偿受害人因暴力行为而导致的财产损失等，来保障受害人及其家庭成员正常生活、工作和学习。

3. 惩戒和矫治

民事保护令可以通过对施暴人的行为自由或财产权益进行限制或剥夺，或者通过命令施暴人对暴力行为造成的损害承担赔偿责任，以及通过对违反保护令的施暴者进行行政或刑事惩罚，对施暴人起到惩戒作用。这在一定程度上可转变其对家庭暴力的错误认知，从而达到减少或消除暴力行为的矫治目的。

4. 转变社会观念

受父权制、夫权制的影响，社会公众对家庭暴力的认知和态度存在"家丑不可外扬"等误区。民事保护令制度则是"法入家门"，能使社会大众认识到家庭暴力不是普通的家庭纠纷，而是对受害人身心健康、对人权、对家庭和谐、对社会安定都具有严重破坏性的社会问题，是需要公权力进行干预的问题。

5. 警示

民事保护令可以先向社会传达家庭暴力属于违法行为，会受到法律的制裁的信息，以此警示潜在的施暴者，取得减少或避免暴力发生的成效。

二、我国民事保护令制度的发展历程

1995 年联合国第四次世界妇女大会以后，家庭暴力问题日益受到社会公众的关注。2001 年修改的《中华人民共和国婚姻法》（以下简称《婚姻法》，已废止）、2005 年修改的《中华人民共和国妇女权益保障法》、2006 年修订的《中华人民共和国未成年人保护法》（以下简称《未成年人保护法》）、2008 年修订的《中华人民共和国残疾人保障法》等都对"禁止家庭暴力"进行了原则性的规定，《中华人民共和国宪法》（以下简称《宪法》）亦有关于保障人权、公民人身自由和人格尊严不受侵犯，以及禁止虐待老人、妇女和儿童的规定。这些为我国民事保护令制度提供了充分的法律依据。

2008 年 3 月，最高人民法院中国应用法学研究所发布的《涉及家庭暴力婚姻案件审理指南》确立了人身安全保护裁定制度，涉及了民事保护令制度的主要内容，构建起了民事保护令制度的雏形。各试点法院的实践经验则为民事保护令制度提供了实践经验。

2008 年 7 月，全国妇联、中央宣传部、最高人民检察院、公安部、民政部、司法部、卫生部联合制定并下发了《关于预防和制止家庭暴力的若干意见》，要求对家庭暴力构建起事前预防、事中干预和事后救助的工作格局，这为民事保护令制度提供了政策指引和依据。

随着《反家庭暴力法》用专章规定了民事保护令制度，我国民事保护令制度完成了从指南到成熟法的转变。

三、申请民事保护令的举证

（一）民事保护令的证明标准

1. 证明标准的概念

证明标准是负有证明责任的一方当事人对案件事实加以证明所应达到的最低

限度要求。证明标准从本质上来说是一个法律问题，因此必须由法律作出明确规定。证明标准规定得越高，真实程度的要求就越高，但过高的证明标准可能出现损害司法公正的情况。

民事保护令案件中受害人需要保护的紧迫性强，故需强调审判的效率，但也需兼顾保护令核发不当可能对被申请人带来的不利影响。

2. 民事保护令的一般证明标准

《反家庭暴力法》未对民事保护令事件的证明标准作出规定。关于是否参照民事诉讼较为适用的"高度可能性"（通常要求对待证事实的证明达到75%以上）的证明标准，立法未予明确，实践中做法不一。

3. 优化建议

考虑到民事保护令制度的特殊性，如果要求其适用与民事诉讼中的"高度可能性"证明标准，加之客观上受害人不具有与施暴人同等抗衡的能力，会大大增加受害人的证明难度，不利于受害人顺利、及时获得保护令的保护，有违审判所追求的公正价值。

建议参照他国相关经验，明确在申请民事保护令事件中适用"优势证据"标准，即对待证事实的证明有超过50%的可能性。只要申请人提供的证据对其主张的事实证明有超过50%的可能性，辖区法院应立即作出有利于申请人的事实认定，签发民事保护令。

（二）民事保护令的证据

1. 证据的概念

要申请家庭暴力民事保护令，申请人需证明两个方面的要件事实。一方面是程序性的要件事实，包括申请人具备法定申请资格的事实、受理申请的法院有管辖权的事实等。另一方面是实体性的要件事实。实体性的要件事实主要包括两类：一类是被申请人曾经实施家庭暴力行为的事实（过去的事实）；另一类是受害人存在需要保护令保护之必要的事实，即受害人存在再次遭受家庭暴力的危险的事实。

2. 民事保护令常见的证据

基于家庭暴力事件的特点，通常有以下几类证据：（1）受害人关于其曾遭受被申请人实施的家庭暴力行为侵害的陈述。（2）警察接警、出警、处警的记录、收集的物证（受害人受伤的照片、被损坏的财物等），以及在警察处理过程当中施暴人出具的保证书、公安机关发出的告诫书等。（3）医院保留的受害人就诊记录、病历等材料。（4）司法鉴定部门出具的受害人伤势、伤情鉴定。

（5）其他一些因与受害人接触而知晓家庭暴力情况的人、组织提供的证言、文件、材料等。知情的自然人可能包括受害人的亲属、朋友、同事、邻居等，知情的组织可能包括受害人所在的单位、受害人所在的居（村）民委员会、为受害人提供帮助和救助的社会机构（庇护机构、救助机构、社会福利机构、反家暴组织、妇联等）、中小学校、幼儿园等。（6）受害人记录暴力发生原因、过程等内容的日记、拍摄的伤情照片等。（7）直接证明施暴人有继续实施家庭暴力危险的证据，如受害人的陈述，施暴人带有威胁内容的手机短信、微信、电子邮件、信件，以及受害人摄制或录制的施暴人威胁实施暴力的谈话等。

3. 优化建议

这些证据往往面临证明力不足等情况，法庭应结合这类案件的特点及受害人举证难的现实，对各类证据，特别是受害人亲属、朋友等提供的关于家庭暴力事实存在的证言的证明力，作出客观、合理的认定。如果认为现有证据无法确认受害人有遭遇家庭暴力之危险，可以请警察及其他相关人员协助调查。

（三）民事保护令的证明责任分配

1. 我国民事保护令的证明责任分配

《最高人民法院关于适用〈中华人民共和国民事诉讼法〉的解释》第九十一条依据法律要件分类说对民事诉讼中证明责任的分配规则作出了规定，要求人民法院依照下列原则确定举证证明责任的承担，但法律另有规定的除外：（1）主张法律关系存在的当事人，应当对产生该法律关系的基本事实承担举证证明责任；（2）主张法律关系变更、消灭或者权利受到妨害的当事人，应当对该法律关系变更、消灭或者权利受到妨害的基本事实承担举证证明责任。

民事保护令的民事性质决定了在保护令申请中证明责任的分配适用民事诉讼中证明责任分配的规则，也就是说，应该由提出主张的申请人（受害人或其他符合条件的申请人）承担证明责任。

2. 学界的其他观点

实践中，因民事保护令申请人在申请中存在举证难的问题，有人提出宜实行证明责任转移或证明责任倒置。

证明责任可分为行为意义上的证明责任和结果意义上的证明责任。行为意义上的证明责任指对于诉讼中的待证事实，应当由谁提出证据加以证明的责任。在具体诉讼中，当一方当事人对某一待证事实成功证明时，必然导致对方对该事实的证明发生动摇，即需提出新证据以推翻另一方的证明。这便发生了证明责任转移。证明责任转移对解决保护令申请人证明难的问题没有实际意义。

证明责任倒置指对于依照法律要件分类说本来应当由主张权利的一方当事人负责证明的法律要件事实，改由否认权利的另一方当事人就该事实的不存在负证明责任。这说明，被申请人需要举证证明没有发生家庭暴力或者不存在发生家庭暴力的风险。对申请人来说，这无疑更加困难和不公平。

3. 优化建议

客观来说，申请人处于不利地位，加之家庭暴力发生在家庭内部或者具有特定关系的人之间，难以取证和固定证据。因此，面对家庭暴力受害人存在举证难的问题，可以采用扩大可采纳证据的范围、强调法官依职权调查取证、警察协助调查取证、降低证明标准等措施。

四、民事保护令制度的必要性和正当性

（一）民事保护令制度的必要性

1. 现实需要

家庭暴力具有隐蔽性、反复性，以及伤害的严重性、持久性。对于家庭暴力，不仅要惩罚，而且要防范。惩罚并不能真正使暴力停止，防范暴力再次发生才是根本。我国在家庭暴力的事前防范方面存在制度上的空白。因此，构建事前防范机制，为家庭暴力受害人提供及时、有效的保护，防止其再次遭受家庭暴力的侵害，成为切实的需要。民事保护令制度就是这样一种制度，具有独特的制度优势。

2. 社会需要

家庭暴力可能导致以暴制暴的恶性案件，影响社会安定，使社会付出巨大的经济成本。基于此，遏制家庭暴力需要国家公权力的介入。这不仅是保护受害人权益的需要，也是维持社会公共秩序、保护社会公共利益的需要。

（二）民事保护令制度的正当性

1. 法入家门的正当性

20世纪法学的发展打破了传统法律理论中公法和私法间的界限，国家公权力为保护公共利益可以介入私领域。如果家庭内部发生了触及法律底线或侵犯公共利益的事件，国家公权力有介入其中，对相关行为进行干预的正当性。

民事保护令制度是国家公权力介入家庭暴力的具体体现。家庭暴力是侵犯他人基本人权，触及法律底线的行为。民事保护令制度是实现国家公权力防范家庭暴力的主要手段之一，是公权力的具体实施。公权力介入家庭暴力具有正当性，

民事保护令制度亦有其正当性。

2. 制度本身的正当性

民事保护令制度的目的是防止家庭暴力，符合法律保护公民生命健康权的精神和规定，符合公共利益需要，故具有正当性。

就申请程序而言，法庭要在双方提交证据及辩论的基础上确定申请人是否存在遭受家庭暴力的风险。这体现了对双方权益的平衡保护，故而具有正当性。

就民事保护令的具体内容而言，其签发的前提条件是施暴人曾经施暴且有再次施暴的风险。至于其需承担的救济行为，要么是施暴人本该承担的义务落实，如赡养费、抚养费等，要么是对施暴人造成的损害进行补偿，如医疗费等，这些于情于法都是正当的。

综上所述，我国民事保护令制度是防范家庭暴力的有效手段，能够扭转社会认知，有效补充法律空白。民事保护令制度不仅合理正当，而且也顺应国际趋势。

浅谈《中华人民共和国民法典》中债务加入与保证的区分及其规则适用

刘晶晶

在《民法典》颁布实施前，债务加入的概念就已在法律事务中有所运用，但由于当时并没有明确规定何为债务加入，在司法实践中，对相关债务纠纷的处理也容易与债务转移、保证责任发生混淆，因此引发了不少争议。《民法典》首次在法律上规定了债务加入制度，通过明确对"并存的债务承担"予以立法规范，填补了立法空白，为此类纠纷提供了法律依据，也更有利于保障债权人权利的实现。

《民法典》第五百五十二条规定："第三人与债务人约定加入债务并通知债权人，或者第三人向债权人表示愿意加入债务，债权人未在合理期限内明确拒绝的，债权人可以请求第三人在其愿意承担的债务范围内和债务人承担连带债务。"通过该条款可见，从成立方式和法律效果上看，债务加入与保证（尤其是连带责任保证）比较接近，在应用过程中二者易混淆。相比《民法典》中的保证制度，债务加入仅此一条，而实践中存在诸多规则适用问题，如债务加入与保证具体如何区分、债务加入对保证的规则是否可以类推适用等。本文将对此进行简要分析。

一、债务加入与保证的区分

（一）债务加入与保证的联系与区别

债务加入与保证在制度设计层面天然地具有相似性。

第一，从主体来看，不论是债务加入还是保证，都是债的关系之外的第三人作出了意思表示，而且此种意思表示大多是向债权人作出的。

第二，债务加入与保证都具有担保债权实现的功能。从法律上看，保证本身是一种债的担保方式，具有保障债权实现的功能。就债务加入而言，债之关系以外的第三人进入债之关系，与原债务人一起对债权人负责，原债务人的责任不受影响，在此基础上，又增添了债务加入人的责任。因此，债务加入本身也具有担保功能。

第三，债务加入与保证都不会导致债的内容发生变化。债务加入的结果是第三人作为债务加入人与原债务人对债权人承担连带债务，即基于当事人的意思产生连带债务，但债务加入本身并不会导致债之关系的内容发生变动。就保证而言，其也是保证人就债务人履行债务的行为提供担保，保证的成立也不会改变债的内容。

第四，债务加入与连带责任保证具有相似性。债务加入会使债务人与加入人对债权人共同承担连带责任；在连带责任保证中，如果债务人不履行到期债务，保证人需要与债务人共同对债权人负担连带责任。

第五，债务加入与保证可主张的抗辩权具有相似性。对债务加入而言，由于债务人和加入人对债权人负担连带债务，因此，加入人可以援引债务人在债务加入时对债权人已经享有的抗辩。对保证而言，基于保证的从属性，保证人也可以主张债务人对债权人所可以主张的抗辩。

虽然债务加入和保证均增加了债权受偿的机会，二者都发挥着担保的功能，但二者也存在着明显的区别。

第一，在是否具有从属性上存在区别。在债务加入中，加入人与债务人一起承担债务，不分主次从属。加入人与债务人承担同等责任，具有相对的独立性。保证具有从属性，产生的是主债务的从债务，其产生、移转、消灭都与主债务息息相关。

第二，行使期间的限制存在区别。债权人对债务加入人行使债权请求权仅受诉讼时效的约束；债权人对保证人行使请求权受到保证期间和诉讼时效的双重限制。

第三，抗辩权范围存在区别。在债务加入的情况下，债务加入人与原债务人的责任相同，没有任何区分，也仅享有原债务人的相应抗辩权；在保证的情况下，保证人一般享有先诉抗辩权，相对而言容易产生减轻保证人责任的法律后果。

第四，在是否对原债务人享有追偿权上存在区别。根据《民法典》第七百条，保证人承担保证责任后有权在承担保证责任范围内向债务人追偿。债务加入系债务加入人作为债务人加入债务，法律上并未明确规定加入人在清偿债务后是否对原债务人享有追偿权，一般要看加入人与原债务人的约定，否则除超份额承担责任的情况外基本不享有对原债务人的追偿权。

第五，主合同无效时当事人在承担责任上存在区别。主合同无效导致债务加入的合同无效，通常债务加入人和债务人都应承担缔约过失责任；在保证中，保证合同一旦确认无效，不管是债务人、保证人有过错的，还是债权人有过错的，均应根据其过错承担相应的民事责任。

（二）区分债务加入与保证的思路

《最高人民法院关于适用〈中华人民共和国民法典〉有关担保制度的解释》第三十六条规定，债务人提供的承诺文件难以确定是保证还是债务加入的，人民法院应当将其认定为保证。这一规定明确了"存疑推定为保证"的识别规则。但面对实践中复杂纷繁的情况，对债务加入与保证的区分规则仍然需要进一步细化。

1. 措辞的文义优先也即意思表示优先

如果当事人之间的合同中带有"保证人""保证期间""担保"等字眼，或者能明确判断有提供保证担保意思表示的，应认定为保证。实践中在分析措辞文义时还应关注以下情况。（1）不能完全拘泥于某些措辞的字面意思，还需要结合语境考察当事人的真实意图。比如，第三人承诺"加入×××债务，以保证×××债务清偿"或"为保证×××债务的偿还，第三人加入该债务"，其中的"保证"可以理解为"保障"，而不是担保层面上的保证。（2）尽管无"保证"字眼，不过符合保证的实质含义时，依然需要认定为保证。比如，"债务人到期无法归还借款，则由×××承担"是最常见的一般保证的不规范表述，其中的真实意思表示并非债务加入。

如果当事人之间的合同中带有"债务加入人""作为共同还款人""共同偿还"等字眼，或者能够明确判断具有债务加入意思表示的，应认定为债务加入。此外，如果合同明确约定了第三人的付款金额、付款时间等，则表明该债务具有一定的独立性，那么通常可以认定为债务加入，因为债务加入人所加入的债务与原来的债务并没有主从关系。

2. 意思表示存疑时推定为保证

在交易实践中，第三人愿意为债务人承担义务的各种意思表示常常难以被准确判断为债务加入或保证。如果根据合同措辞无法直接判定为债务加入还是保证，并且根据合同解释的方法依然不能提供有说服力的解释，则应当认定为保证。此即"存疑推定为保证"。

"存疑推定为保证"更符合私法自治，债务加入中加入人的责任相较于保证人的责任更为严苛。债务加入中加入人直接成为债权债务关系中的当事人，其责任等同于债务人。债务加入人不享有先诉抗辩权，而在一般保证中，保证人可以依据先诉抗辩权，在债权人未向债务人主张债务无效时免于承担保证责任。同时，保证人有保证期间的限制，债务加入人没有保证期间的限制；保证人受到从属性的限制，债务加入人不受从属性的限制；保证人享有追偿权，债务加入人是否有追偿权取决于其与债务人之间的约定，如无特别约定，则不享有追偿权。既然在第三人的意思模糊不清的情况下，法律所解释的乃是第三人的意思，那么该意思表示就应当解释为其承担较轻而非较重的责任。在意思表示存疑的情况下推定为保证，第三人将在保证期间、追偿权等方面获得利益，更能够实现当事人之间的利益平衡。在意思表示存疑的情况下推定为债务加入，关于保证人利益保护的特殊规定则无适用空间，从利益衡量的角度看有失允当。

从推定规则与意思表示解释的关系来看，存疑推定为保证的规则弥补了当事人意思表示的不足，在依据《民法典》第一百四十二条仍然无法作出解释时，推定规则确定了一种拟制的意思表示。这种拟制在根本上平衡了当事人各方的利益，符合《民法典》所秉持的保护不明意思表示做出者的精神。

二、债务加入对于部分保证规则的类推适用空间

《民法典》中关于保证的规定尤其是关于保证人权利保护的规定，对于债务加入人是否具有类推适用的空间呢？债务加入在有些方面对保证的规定可以类推适用，在有些方面则不能类推适用。

（一）保证合同的书面形式要求可以类推适用于债务加入

根据《民法典》第六百八十五条，保证合同可以是单独订立的书面合同，也可以是主债权债务合同中的保证条款，亦可以是第三人单方以书面形式向债权人作出保证，债权人接收且未提出异议。而《民法典》关于债务加入的形式是否必须为书面形式并未作明确规定。就权利义务的设定来看，债务加入同样牵涉到第三方当事人的利益关系，且债务加入人的责任相较于保证人更为严苛，法律对于同类行为应采用同样的规则，根据"举轻以明重"的法律解释加以规范。既然保证需要采用书面形式，债务加入也应当以书面形式为要件。

（二）保证人抗辩权的部分规定可以类推适用于债务加入人

首先，债务加入人享有原债务人对债权人享有的抗辩权，因为债务加入人实质属于新债务人，地位等同于原债务人。其次，债务加入人同样享有因加入债务而产生的抗辩权，具体包括债务加重、减轻和免除而发生的抗辩权。债权人和债务人约定加重债务后，债务加入人的债务不会加重；债权人和债务人约定减轻债务后，债务加入人的债务也会减轻；债权人免除债务人的债务后，债务加入人的

债务也相应免除。就债务的加重情形来说，类推适用保证规则中"应取得保证人同意，若保证人未同意，保证人就债务加重部分不承担责任"。就债务的减轻情形来说，由于连带债务具有涉他效力，债权人减轻债务人的债务份额，对其他连带债务人当然产生效力。如果原债务人的债务减少，但债务加入人的债务不随之减少，则债务加入人针对未减少部分的给付就会发生向债务人追偿不能的后果。就债务免除的情形来说，《民法典》第五百二十条规定："部分连带债务人的债务被债权人免除的，在该连带债务人应当承担的份额范围内，其他债务人对债权人的债务消灭。"因此，如果债权人免除或者部分免除债务人的债务，作为连带债务人的债务加入人也当然可以主张免除债务。在这一问题上，同为第三人的债务加入人和保证人在规则上是一致的。

（三）保证人的保证期间权益不应适用于债务加入人

法定的保证期间规定，不适用于债务加入人。因为保证期间的设定源于保证关系的从属性和补充性，是保证制度里维护保证人利益特有的制度设计，其目的是督促债权人及时地行使权利，防止保证人的保证责任及债务人享有的追偿权无限期地处于不确定风险中，从而实现债权人与保证人之间利益的平衡。如果将法定的保证期间规定类推适用于债务加入，那么等于减轻了债务加入人的责任，给了债务加入人不当的优待，可能对债权人有失公平。因为如前所述，债务加入人的责任本身就比保证人的责任更为严苛。

（四）保证人的法定追偿权不应适用于债务加入人

债务加入人清偿债务后是否对原债务人享有追偿权？《民法典》对此没有作出规定。这一问题应视情况讨论：如果债务加入人和债务人在债务加入协议中明确了追偿权，那么债务加入人清偿债务后当然可以向债务人追偿，其符合当事人意思自治的基本原则；如果当事人之间没有约定追偿权，且当事人之间无法通过补充约定明确追偿权，债务加入人则不应享有追偿权。《民法典》第五百五十二条的立法本意也倾向于认为债务加入人不享有法定的追偿权，因为当事人之间有约定追偿的机会，即使没有法律规定，当事人之间也存在自由约定的空间。

综上所述，在《民法典》及相关解释不详、难以为实践提供明确指引的情况下，可通过对司法裁判的审视，在个案中把握识别债务加入和保证的准则，以充分保障各方当事人的合法权益。

王俊杰   三级律师，江苏辰顺律师事务所商事事业部副主任

执业证号：13211201610451732

执业经历：2015 年起受聘于江苏辰顺律师事务所，从业以来为政府、企事业单位等各类社会主体提供优质、高效的法律服务，代理民事、经济和非诉讼案件及刑事辩护数百起，成功办理数起在省市范围内有重大或较大影响的疑难复杂案件。恪守执业纪律，具有良好的职业道德、较高的知名度和一定的社会声誉

业务专长：公司综合类业务
地产与建筑工程法律事务
经济纠纷
刑事辩护
公司类民商事业务纠纷

社会职务：镇江市律师协会公司法专业委员会委员
镇江市律师协会文体委员会委员
镇江市第三人民医院伦理委员会委员

获奖情况：2019 年镇江市刑事案件律师辩护全覆盖考核优秀

浅谈自然人之间的民间借贷出借人的风险及防范 王俊杰

随着我国经济的不断发展，很多人手上都积累了一定数额的可支配资金。在高额利息的诱惑下，民间借贷受到不少民众的青睐。了解民间借贷的风险，并切实加以防范，显得尤为重要。

一、何为自然人之间的民间借贷

民间借贷，是指自然人、法人、其他组织之间及其相互之间进行资金融通的行为。本文所说的"自然人之间的民间借贷"，指的是发生在具有完全民事行为能力的自然人之间的出借与借用金钱的行为。

二、自然人出借资金为何常遇到风险

（一）无条件相信熟人，草率出借资金

我国自然人之间的民间借贷多发生在亲友之间，或通过亲友介绍促成。民间群体受讲义气、重情义等道德文化的影响，在出借资金时常只考虑关系，基本不考虑借款人有无归还的能力，也不要求借款人出具还款能力的证明，甚至不知道借款人有没有稳定的工作和稳定的收入，不知道借款人的经济状况，不知道借款人有没有财产，更鲜想到要求借款人提供财产担保。

（二）受高利息的诱惑，盲目出借资金

民间借贷中经常出现的一种情况是借款人从银行借不到款，为了从亲朋处借到大额资金，主动承诺高额利息回报。很多出借人被数倍于银行利息的高额回报迷晕头脑，草率出借资金，甚至以借放贷。在很多案例中，出借人在借款人已经逾期还款的情况下仍继续出借资金，以为只有继续出借，帮助"盘活"借款人的项目，才能将前期本金及收益拿回，结果一借再借，损失不断扩大。

（三）出借手续不规范

自然人之间的民间借贷往往缺乏规范的借款手续，不清楚书面证据的重要性。常有人通过口头约定、网络聊天记录、手机短信等草率出借款项。有些借贷虽有书面合同，但手续极其不规范，甚至相关约定违反法律法规，造成合同违法的不利后果。

（四）未及时维权止损

很多案件当事人都是在借款人下落不明或成为法院公示的"老赖"后才诉诸司法途径的。因拖延时间太久而错过最佳维权时间不说，有的甚至已经遗失了原始的借款交付证明等重要证据，或在诉讼时已经错过了法律规定的诉讼时效。这归根结底还是因为缺乏法律认知和风险防范意识。

三、如何防范民间借贷的风险

（一）法治引导与宣传教育相结合

近年来，国家立法部门对民间借贷作出多项限制性规定，最高人民法院、最高人民检察院出台的相关司法解释也明确反对民间自然人以经营为目的的放贷。这实质上是出于对民间个体的保护。政府部门和新闻媒体也常年通过报纸、宣传栏、网络、短信等形式向社会公众进行相关教育，引导社会公众了解民间借贷的风险。

（二）出借时慎重考虑

1. 了解借款人的借款用途及其经济状况

出借人应当了解借款人借钱的目的是什么，判断借款目的是否合理合法，还要了解借款人的工作状况、家庭资产情况、负债情况，判断借款人是否具备归还借款的履约能力，从根源上防止风险产生。

2. 确保出借资金的手续规范齐全

第一，订立规范的民间借款合同。在合同中载明双方详细的个人信息、联系方式，明确借款期限和借款利率，诉讼管辖法院等。最好要求借款人写明工作单位，提供身份证、户口簿、房产证等复印件，并要求其提供原件与复印件进行核对，确保真实一致。第二，规范借款交付流程。借款协议签订时，明确要求借款人写明收款账户的名称、账号和开户银行。出借人支付出借资金时，应要求借款人出具收款凭据，并采用银行转账方式向借款人支付，支付后留存银行转账付款的凭证。

3. 杜绝违法出借资金

拒绝以信用卡套现方式，或银行转贷方式违法出借资金。约定借款利率时，拒绝超过法律的限高规定（利率最高不能超过一年期贷款市场报价利率的四倍）。除此之外，决不把通过贷款赚取利息当作生计。我国现行法律明文禁止民间以盈利或维持生计为目的放贷，并引入了"职业放贷人"这一概念（职业放贷人对外签订的借款协议中的利息约定无效）。

4. 发现问题及时维权止损

在出现违约情况后，出借人应及时采取维权措施，确保在法律规定的诉讼时效内行使诉讼权利。

四、结语

自然人之间的民间借贷虽然存在诸多风险，但出于市场经济发展的需要，民间周转互助拆借资金是无法避免的，因而现行法律并未以一刀切的方式明确禁止民间借贷行为。民间借贷属于司法审判中高发的纠纷区域，本文仅作简单介绍，旨在通过提醒民间借贷的风险及基础的防范对应措施，减少借款纠纷和经济损失。

参考资料

[1] 单世中. 试论民间借贷的风险防范和控制 [J]. 中外企业家，2019（4）：11-12.

[2] 薛岚月. 我国民间借贷的风险防范 [J]. 西部皮革，2018（11）：79.

浅析虚开增值税专用发票的犯罪构成

王俊杰

自我国 1979 年实行增值税税制以来，由于增值税专用发票能够抵消税款，因此在利益的驱动下，个人和单位虚开增值税发票的行为屡禁不止。特别是全面推行"营改增"以来，虚开增值税专用发票的犯罪呈现高发态势。这严重侵害了国家税制和增值税税款征收，影响了社会主义市场经济的正常秩序。

一、虚开增值税专用发票罪的概念及行为特征

依照《中华人民共和国刑法》（以下简称《刑法》）第二百零五条，虚开增值税专用发票罪是指为了牟取经济利益，故意违反国家发票管理规定，为他人虚开、为自己虚开、让他人为自己虚开、介绍他人虚开增值税专用发票的行为。由此可见，虚开增值税专用发票罪具有以下三个行为特征。

第一，虚开增值税专用发票罪是严重危害社会的行为。

虚开增值税专用发票罪侵犯了国家财税制度，扰乱了市场经济秩序，损害了国家税收利益，阻碍了国家经济建设与发展，具有严重的社会危害性。

第二，虚开增值税专用发票罪是触犯刑事法律的行为。

虚开增值税专用发票罪具有刑事违法性，这是虚开增值税专用发票罪的法律属性。没有社会危害性的行为，不可能被认定为违法。这里所说的"违法"，专指违反了刑事法律，而不是其他法律。依照《刑法》第三条，"法律明文规定为犯罪行为的，依照法律定罪处刑；法律没有明文规定为犯罪行为的，不得定罪处刑"。《刑法》第二百零五条对虚开增值税专用发票行为定罪处刑的情节作了明确规定。

第三，虚开增值税专用发票罪是应受刑罚处罚的行为。

虚开增值税专用发票罪具有应受刑罚处罚性，这是由前两个行为特征派生出来的，是虚开增值税专用发票的社会危害性与刑事违法性的法律后果。危害社会的虚开增值税专用发票的行为要达到触犯刑事法律的严重程度，以及符合应受刑

罚惩罚的标准，才能被认定为构成虚开增值税专用发票罪。

综上，虚开增值税专用发票罪不仅是具有严重社会危害性的行为，而且是触犯刑事法律，应受刑罚处罚的行为。要认定行为人虚开增值税专用发票的行为是否构成犯罪，必须把这三个行为特征紧密地联系起来。任何一个行为特征都不能单独作为虚开增值税专用发票罪的唯一行为特征，缺乏其中任何一个行为特征，都不能按虚开增值税专用发票罪进行定罪处刑。

二、虚开增值税专用发票罪的犯罪构成

依照《刑法》第二百零五条，虚开增值税专用发票罪具有以下四个犯罪构成要件。

（一）虚开增值税专用发票罪的犯罪客体

犯罪客体，是指我国刑事法律保护的，为犯罪行为所侵害的社会主义社会关系。虚开增值税专用发票罪的犯罪客体是我国刑事法律所保护的，为犯罪行为所侵害的我国财务管理制度和税收征管制度及社会主义市场经济的正常秩序。由此可见，虚开增值税专用发票罪的犯罪客体是复杂客体，侵犯的对象是增值税专用发票。增值税专用发票是在货物销售，提供或者接受应税劳务、服务，以及从事其他经济活动中，开具或收取的收付款凭证。从增值税专用发票的功能来看，它既是会计核算的原始凭证，也是税收征管和税务稽查的重要依据。虚开增值税专用发票的行为人，在没有产生货物销售或者提供应税劳务、服务的情况下开具虚假交易内容的凭证，会严重影响会计核算的真实性，使国家对国民经济发展相关数据的掌管产生偏差。因此，虚开增值税专用发票的行为侵犯了国家的财务管理制度和社会主义市场经济秩序。同时，增值税专用发票是国家进行税收征管和税务稽查的重要依据。虚开增值税专用发票的行为人通过虚开增值税专用发票多列成本，减少应纳税额，以达到偷逃税款的目的。这无疑破坏了国家的税收征管制度。

（二）虚开增值税专用发票罪的犯罪客观要件

犯罪客观要件，是指刑事法律规定的犯罪行为所具有的客观事实特征。虚开增值税专用发票的犯罪客观要件是指行为人虚开增值税专用发票，情节严重，触犯刑事法律的行为。《刑法》第二百零五条根据虚开增值税专用发票犯罪行为的客观事实特征，将该罪的行为方式概括为以下四种。

1. 为他人虚开

这主要包括两种情形。一种是行为人在与他人没有经济活动往来，没有销售货物或者提供应税劳务、服务的情况下，为他人开具增值税专用发票。另一种是行为人虽然与他人有经济活动往来，向他人销售了货物或者提供了应税劳务、服务，但在货物销售或提供应税劳务、服务的名称数量、金额上为他人开具不实的增值税专用发票。

2. 为自己虚开

行为人在自己没有销售货物或者提供应税劳务、服务的情况下，虚构应税业务事实，为自己开具增值税专用发票。由于增值税专用发票可以抵扣进项税款，所以为自己虚开增值税专用发票的刑事案件时有发生。增值税普通发票不能用于抵扣进项税款，故为自己虚开增值税普通发票的情况并不常见。

3. 让他人为自己虚开

这主要包括两种情形。一种是行为人为实现自己侵占或贪污资金、套取国家财政资金等不法目的，通过支付"手续费""服务费"等形式要求他人为自己虚开增值税专用发票。另一种是行为人销售货物或者提供应税劳务、服务，让他人为自己虚开增值税专用发票给货物购买者或接受劳务、服务者。后者往往是行为人没有开具增值税专用发票的资格，或者是行为人利用不同行业的税率差异让他人为自己虚开增值税专用发票来偷逃税款。

4. 介绍他人虚开

这是指行为人为开票人和受票人虚开增值税专用发票进行居间介绍，促成虚开，从中牟取非法利益。

（三）虚开增值税专用发票罪的犯罪主体

犯罪主体，是指实施了犯罪行为，依法应当对自己行为承担责任的自然人或者单位。自然人和单位都可以成为虚开增值税专用发票罪的犯罪主体，主要包括三类。一是开具虚假或者不实增值税专用发票的自然人和单位。二是非法取得虚开增值税专用发票的自然人和单位。三是介绍他人虚开和介绍他人购买虚开的增值税专用发票的介绍人，包括自然人和单位。介绍人通过网络、发小广告等介绍方式，将增值税专用发票的开票者与用票者连接起来，甚至组织化运行"代开发票"，非法促成虚开增值税专用发票的交易，助长了虚开增值税专用发票犯罪。因此，应将介绍人作为虚开增值税专用发票罪的共犯进行处罚。

（四）虚开增值税专用发票罪的犯罪主观要件

犯罪主观要件，是指刑事法律规定的犯罪成立必须具备的犯罪主体对其实施的危害行为和危害结果所持有的心理态度，包括犯罪的故意、犯罪的过失、犯罪的目的和动机。虚开增值税专用发票的犯罪行为人，在犯罪主观方面必须是直接故意的。犯罪行为人明知违反国家税收法律制度，还虚开增值税专用发票。间接故意或者过失都不能构成虚开增值税专用发票罪。犯罪目的是指犯罪行为人主观上通过犯罪行为所希望达到的结果，是以观念形态存在于犯罪行为人大脑中的犯罪行为所预期达到的结果。犯罪动机是刺激、促使犯罪行为人实施犯罪行为的内心起因或思想活动。虚开增值税专用发票罪是否必须以营利或者牟取经济利益的骗逃增值税税款目的作为犯罪主观要件呢？学理界与司法实务界的观点不一。学理界认为，虚开增值税专用发票的行为人，主观上通常具有营利或牟取经济利益的骗逃增值税税款目的。但是，《刑法》没有将犯罪目的或者犯罪动机作为虚开增值税专用发票犯罪构成的主观要件。况且，无论行为人持有何种目的和动机，虚开增值税专用发票都可能使国家税款流失，客观上都具有社会危害性。如果将营利或牟取经济利益的骗逃增值税税款目的作为犯罪主观要件的目的要件，那就违背了《刑法》第二百零五条的立法目的，会使最基本和最典型的虚开增值税专用发票的行为都不能定罪处刑。因此，只要行为人实施了虚开增值税专用发票的行为，具备了《刑法》第二百零五条规定的情形，就应当以虚开增值税专用发票罪进行定罪处刑。司法实务界认为，对增值税专用发票行为的定罪处刑若不区分行为人的主观目的，均以虚开行为来定罪，那与《刑法》规定的罪责刑相适应原则不符。应当将行为人是否具有营利或者牟取经济利益的骗逃增值税税款目的，作为认定其行为是否构成增值税专用发票罪主观要件中的目的要件。同时，主观上不具有营利或者牟取经济利益的骗逃增值税税款目的、客观上未造成增值税税款损失的行为，不应被认定为虚开增值税专用发票罪。笔者认同后一观点。依照最高人民法院 2018 年 12 月 4 日公布的《人民法院充分发挥审判职能作用保护产权和企业家合法权益典型案例（第二批）》，人民法院审理虚开增值税专用发票刑事案件时，不但要看行为人是否有虚开增值税专用发票的行为，而且要考虑行为人在主观上是否具有营利或者牟取经济利益的骗逃增值税税款目的。对行为人挂靠、代开、环开、对开等不以骗逃增值税税款为目的的虚开增值税专用发票行为，不得再以虚开增值税专用发票罪进行定罪处刑。

综上，以主客观相一致和罪责刑相适应为原则，正确认识虚开增值税专用发票罪的犯罪构成，对区分虚开增值税专用发票行为的罪与非罪、此罪与彼罪，准确、合法、及时地打击虚开增值税专用发票的违法犯罪，增强广大公民和单位的法律意识，规范增值税专用发票的开票和受票行为，维护社会主义市场经济秩序，保障国家增值税税收法益不受侵害，保障无罪者不受非法追究，具有重要意义。

参考资料

［1］张岱元.我国犯罪构成理论的反思与重构［J］.广东法学，2006（4）：71-74.

［2］冯文.浅论"营改增"后税务风险管理［J］.财经界，2019（32）：235.

［3］岳彩林.虚开增值税专用发票犯罪行为的认定及法律适用［J］.法律适用，2004（6）：60-63.

实际施工人可以通过执行异议和执行异议之诉程序，请求排除他人对到期工程款债权的执行

王俊杰

一、明确实际施工人的概念

实际施工人是指非法转包、违法分包的承包人，包括实际投入资金、材料和劳力进行工程的施工的法人、非法人企业、个人合伙、"包工头"等民事主体。实际施工人签订的施工合同都是无效合同，但由于实务中实际施工人基本都是垫资施工，若工程款得不到保障，将间接影响对农民工群体权益的保护，因此相关司法解释对实际施工人维护自己工程款的权利作出了相应的特别规定。实际施工人主张工程款债权的前置条件是其负责施工的建设工程经竣工验收合格。实际施工人根据司法解释的特别规定可以向发包人主张工程价款，但法律及司法解释没有赋予实际施工人工程价款优先受偿权。工程价款优先受偿权是被严格限制的法定权利，请求主体只能是承包人。实际施工人是通过无效的转包、分包、挂靠合同承接工程实际施工的，不是法律意义上的承包人。

二、实际施工人追索工程款的常见难题

实际施工人获取工程款既受制于建设单位，又受制于承包人。实践中导致工程款难以获取的原因有以下几种。第一，承包人截留从建设单位取得的工程款不及时发放给实际施工人；第二，建设单位故意或碍于资金困难拖欠工程款，承包人也不积极向发包人主张工程款；第三，承包人由于自身债务问题被法院查封，导致应付给实际施工人的工程款承包人的债权人被冻结甚至被执行。

三、实际施工人如何维护自己的工程款债权

在前述第一种情况下，实际施工人可以直接起诉承包人索要工程款。

在前述第二种情况下，实际施工人可以突破合同相对性直接向发包人主张工程款。但需要注意，最高人民法院相关司法解释仅规定非法转包和违法分包的实际施工人可以突破合同相对性向发包人主张权利，而实务中存在非法转包、违法分包、挂靠三种情形的实际施工人。挂靠型实际施工人不可以突破合同相对性向发包人主张权利。

在前述第三种情况下，江苏省范围内的实际施工人可以通过执行异议和执行异议之诉程序请求排除他人对自己工程款债权的执行。2022 年 6 月 10 日，江苏省高级人民法院发布《执行异议及执行异议之诉案件办理工作指引（三）》。其第 29 条规定："建设工程承包人为被执行人的，执行法院对案涉到期工程款债权采取强制执行措施，案外人以其系实际施工人为由提出执行异议，请求排除执行的，适用《中华人民共和国民事诉讼法》（以下简称《民事诉讼法》）第二百三十四条规定进行审查。因此引发的执行异议之诉案件，同时符合下列情形的，对案外人的主张应予以支持：（1）案外人符合最高人民法院关于审理建设工程施工合同纠纷案件适用法律问题的相关解释中实际施工人身份；（2）案外人提供的证据能够支持其所主张的债权数额，包括但不限于发包人欠付建设工程价款的数额以及承包人欠付其工程款数额等；（3）案外人主张的工程价款数额覆盖案涉债权的，对其超过案涉债权部分的主张不予支持。"该规定提到了两个步骤，即实际施工人先要提出执行异议，由执行异议引发执行异议之诉后，再向法庭提供证据证明确实具备实际施工人身份。有金额明确的工程款债权，且工程款债权金额能覆盖执行异议案件的金额，只要符合相应情形，则法院应当支持实际施工人的执行异议。

四、延伸

江苏省以外的实际施工人可以参考（2021）最高法执监 62 号执行裁定书。最高人民法院在这份裁定书中认为，被执行人到期债权执行程序应优先保障农民工工资，理由如下："依据《中华人民共和国合同法》第二百八十六条及《最高人民法院关于建设工程价款优先受偿权问题的批复》的规定，承包人有权就建设工程折价或者拍卖的价款优先受偿，建设工程的价款是施工人投入或者物化到建设工程中的价值体现，包括承包人应当支付给工人的工资、其他劳务费用等。法律保护建设工程价款优先受偿的主要目的是优先保护建设工程劳动者，主要是农民工的工资及其他劳动报酬，维护劳动者的合法权益。长期以来，国家高度重视农民工问题，制定了一系列保障农民工权益和改善农民工就业环境的政策措施，特别是建立了农民工工资支付保障制度。国务院出台的《保障农民工工资支付条例》规定，施工总承包单位应当按照有关规定开设农民工工资专用账户，及时拨付工程款，并将人工费用及时足额拨付至农民工工资专用账户，因建设单位未按照合同约定及时拨付工程款导致农民工工资拖欠的，建设单位应当以未结清的工程款为限先行垫付被拖欠的农民工工资，体现了优先保护工人工资和其他劳务费用的政策。故在执行程序中，亦应当优先保护农民工工资的支付，在需要建设单位垫付、拨付农民工工资的情况发生时，建设单位应向执行法院说明情况，执行法院审查属实的，应当同意。"

蒋婧萱   江苏辰顺律师事务所律师

执业证号：13211201811087855

执业经历：拥有专业的法律知识和丰富的实务经验，代理民商事诉讼和非诉
讼案件数百起。执业中恪守执业纪律，具有良好的职业道德，颇
受委托人的认可和好评

业务专长：经济纠纷
金融借款纠纷
民商事诉讼

社会职务：镇江市律师协会民事业务委员会委员

获奖情况：2020 年"镇江市律师行业优秀共产党员"

关于物业费承担主体的讨论

蒋婧萱

《民法典》第九百四十四条规定，业主应当按照约定向物业服务人支付物业费。那么在探讨物业费主体之前，应先确定"业主"身份。《民法典》第二编并未直接就业主身份作出明确规定。根据《最高人民法院关于审理建筑物区分所有权纠纷案件适用法律若干问题的解释》第一条，依法登记取得或者依据《民法典》第二百二十九条至第二百三十一条规定取得建筑物专有部分所有权的人，应当认定为《民法典》第二编第六章所称业主。基于与建筑单位之间的商品房买卖民事法律行为，已经合法占有建筑物专有部分，但尚未依法办理所有权登记的人，可以认定为《民法典》第二编第六章所称业主。可见，业主应当是取得商品房所有权、已办理产权登记的人或与建设单位签订了商品房买卖合同并已办理了收房手续且入住的人，仅签了合同而未收房未入住的不能认定为业主身份。对于签订商品房买卖合同并办理入住的业主来说，按照物业服务合同缴纳物业费存在的争议不大。但对于"已售未领房""领房未入住"的购房者来说，其是否成为物业费承担主体在实践中存在较大争议。

在购房者购买期房的情况下，因开发商向购房者交付房屋的时间有时存在争议，物业公司开始向业主收取物业费的时间也存在争议。对于"已售未领房"的购房者来说，可能是因开发商建设的房屋存在质量问题而不能领取钥匙，无法入住。因为房屋根本没有实际交付到自己手中，故无须承担相关的物业费。对于开发商而言，既然已向购房者发出收房通知，除非房屋有重大质量问题，影响到购房人居住，一般的问题都可以通过后期维修加以解决，并不影响房屋的实际交付。有的"炒房者"会以房屋质量为由，拒绝收房，以降低物业费的支出。

目前司法实践对"已售未领房"这种情况存在以下三种观点。

第一种观点：购房人尚未接收、实际使用房屋的，物业费均应由建设单位（开发商）承担。在无锡市某物业公司与俞某伟、张某等物业服务合同纠纷再审复查与审判监督民事案中，江苏省高级人民法院认为，《物业管理条例》第四十二条第二款规定，已竣工但尚未出售或者尚未交给物业买受人的物业，物业服务费用由建设单位交纳。尽管被申请人俞某伟、张某、俞某已于 2012 年 4 月 1 日办理了涉案房屋的产权证和土地使用权证，但因涉案房屋在收房时存在问题需整改而未收房，某物业公司与俞某伟、张某、俞某尚未完成入住交接，且房屋钥匙仍在某物业公司处。某物业公司称房屋已经完成交付，并无事实依据。对某物业公司的再审申请，法院未予支持。在（2021）豫民申 9466 号案件中，张某自认其 2020 年 9 月 7 日接收案涉房屋。物业公司在原审中并未提交充分的证据证明在 2020 年 9 月 7 日前，张某已经实际使用了案涉房屋、接受了物业公司提供的物业服务。通过对上述事实的梳理，可以看出，二审法院根据《物业管理条例》第四十二条第二款"已竣工但尚未出售或者未交付给物业买受人的物业，物业服务费用由建设单位交纳"的规定，不支持物业公司要求张某支付 2020 年 9 月 7 日前的物业费，并无不妥。

第二种观点：房屋已满足合同约定的交付条件，购房人以一般的房屋质量瑕疵为由拒绝收房的，应当由业主承担物业管理费。在黄某与某公司的物业服务合同纠纷案中，黄某以案涉房屋存在质量问题未办理收楼手续，但黄某作为买受人，在与出卖人签订的商品房买卖合同的补充协议中约定："买受人在收房时如发现商品房存在属于保修范围内的质量问题（除经有资格的机构鉴定证明房屋主体结构质量不合格或房屋质量问题严重影响正常居住使用除外）……但只要该商品房具备本合同及本补充协议约定的交付条件，则买受人不得以此质量问题拒绝收房，否则由此造成该商品房逾期交付的，出卖人无须承担责任。"在本案中，黄某并无充分证据证明案涉房屋存在"主体结构质量不合格"或"严重影响正常居住使用"的问题，且其主张的质量问题早在开发商通知其收楼时便已存在。根据本案现有证据，案涉房屋并非由于开发商的原因而未完成实际交接，故应由黄某承担交纳物业费的义务。在（2020）沪民申 375 号案件中，上海高级人民法院认为，申请人在原审期间所提出的房屋质量问题尚无证据证明足以导致涉案房屋无法正常使用，故不足以成为申请人拒绝接收房屋的正当理由。

第三种观点：购房人应按照前期物业服务协议的约定交纳物业管理服务费，购房人与开发商之间的纠纷可另案处理。在杨某、陈某与某物业公司物业服务合同纠纷中，广东省梅州市中级人民法院认为某物业公司的前期物业服务协议约定"杨某、陈某应自商品房买卖合同约定的物业交付之日起，不论是否居住或者使用该物业均应全额交纳物业服务费"并未违反法律强制性规定，杨某、陈某不能以未收房为由拒交物业服务费。因此，法院对杨某、陈某的该主张不予支持。至于杨某、陈某所主张的其未收房是因开发商交付的房屋存在质量问题，属于杨某、陈某与开发商之间的法律关系，应与开发商另行解决。

在房屋未达到交房要求，但购房者已实际入住时，对于房屋是否视为已交付，实践中存在不同观点。主流观点认为，此种情形下，购房者和开发商就房屋的交付条件变更已达成新的约定，且根据《最高人民法院关于审理商品房买卖合同纠纷案件适用法律若干问题的解释》第八条，应当视为房屋已经完成交付。

笔者认为，在实务中，购房合同一般约定除非商品房有明显质量问题影响正常使用，否则购房者不得以商品房质量不符合约定为由拒绝接收商品房。一般的房屋质量瑕疵，可以通过维修进行消除。房屋质量瑕疵不能成为购房者拒绝收房的理由，购房者与开发商之间的矛盾也不应转移至物业公司。

关于追缴专项维修资金的讨论

蒋婧萱

专项维修资金是指专门用于住宅共用部位、共用设施设备保修期满后的维修和更新、改造的资金，属于全体业主共有。根据《民法典》《物业管理条例》《住宅专项维修资金管理办法》，维修资金具有以下特征：维修资金属于业主所有；政府房地产主管部门和财政部门对维修资金的筹集、管理和使用进行监管；维修资金专门用于住宅共用部位、共用设施设备保修期满后的维修、更新、改造；维修资金在财务上专项筹集，专户存储，独立核算。然而，现实中维修资金被非法使用的情况时有出现，其中不乏情节严重、金额巨大的案例。许多业主在不知情的情况下权益被严重侵害，遭受巨大的经济损失。

一、追缴专项维修资金的诉讼时效

专项维修资金并非源于特别的交易或法律关系，而是为了维修、更新或改造区分所有建筑物的共有部分。这关乎全体业主的公共利益，具有公共性、公益性。关于在追缴专项维修资金时是否适用诉讼时效，目前的主流观点是不适用。根据最高人民法院指导案例 65 号，缴纳专项维修资金是为特定范围的公共利益，即建筑物的全体业主共同利益而特别确立的法定义务，这种义务的产生与存在仅仅取决于义务人是否属于区分所有建筑物范围内的住宅或非住宅所有权人。因此，缴纳专项维修资金的义务是旨在维护共同或公共利益的法定义务，只存在补缴问题，不存在因"过期"而可以不缴的问题。

二、专项维修资金被占用的原因

第一，在房地产开发项目中，开发商会向业主代收各种费用，其中就包括维修资金。有的开发商长期非法侵占、挪用维修资金，损害业主利益。

2020 年年底，丹阳市某小区准备动用小区住宅专项维修资金进行大修，物业公司负责人与业主委员会成员前往物管办查询住宅专项维修资金的缴存与使用情况，结果发现 6 号楼无缴存记录。某小区于 2004 年建成交付，当时住宅专项维修资金管理并不严格，房产证的办理并不要求先完成住宅专项维修资金的缴存。某小区业主委员会正式起诉。最终，经过法院调解，开发公司将业主缴存的住宅专项维修资金退回，共计 11 万余元，由该小区所在街道物管办暂时监管。

第二，物业公司采取非法手段套取维修资金。

第三，开发商同物业公司或业主委员会勾结，使业主承担本该由房地产开发商承担的维修责任，套取维修资金。例如，在（2019）京 02 刑终 752 号案件中，2012 年至 2015 年，北京市丰台区房管局房屋安全和设备科科长刘某利用职权帮助外甥祁某承揽住宅维修工程，并采用威逼利诱手段让多个小区物业公司经理提供维修项目，构筑了一条骗取专项维修资金的犯罪链条。

三、追缴专项维修资金的主体

1. 业主个人作为适格主体提起诉讼

业主个人在向开发商缴纳维修资金后，开发商若没有按照法律规定转交给相关部门，业主可以以开发商没有履行相关职责为由要求开发商返还维修资金，自行向相关部门缴纳。这类处理方式法律关系清楚，适用于业主体量较小的诉讼。

2. 业主委员会作为适格主体提起诉讼

根据《民法典》第二百七十七条、第二百七十八条，业主委员会由业主大会选举产生，代表全体业主行使各项权利，其中"有关共有和共同管理权利的其他重大事项"应由业主共同决定。追缴维修资金是否属于业主委员会代表业主提起与相关诉讼的"其他重大事项"的范围？在（2022）京民申 1261 号案件中，法院根据《最高人民法院关于审理建筑物区分所有权纠纷案件适用法律若干问题的解释》第十三条，认为享有知情权，有权要求公布、查阅相关应当向业主公开的情况和资料的主体应为业主。现无证据证明小区业主通过业主大会决议授权其提起本案诉讼，故业主委员会并非本案适格主体。在知情权纠纷中，法院以业主委员会无业主大会授权驳回再审申请，那么在更关乎业主利益的追缴维修资金的纠纷中更应得到业主大会的授权。在深圳市中级人民法院审理的（2020）粤 03 民终 24099 号案件中，福田区某小区业主大会授权第二届业主委员会以诉讼的方式追讨小区专项维修金首期归集款，第二届业主委员会在一审案件受理后任期到期。该小区开发建设单位辩称该小区业主委员会已经进行换届选举，第二届业主委员会不复存在，且第二届业主委员会并未得到住建部门的备案，也未经过业主大会的授权，无权代表全体业主参与诉讼。深圳中院认为，根据《深圳经济特区物业管理条例》第三十四条、第四十七条，业主委员会是业主大会的执行机构，履行法律法规规定和业主大会授予的本物业管理区域物业管理的相关职责。本案中，小区业主大会已授权第二届业主委员会以诉讼的方式追讨专项维修金首期归集款，第二届业主委员会在本案受理后任期到期，其职责依法由第三届业主委员会承继。一审法院据此变更本案原告为第三届业主委员会符合法律规定，第三届业主委员会有权代表全体业主进行本案诉讼。

3. 由行政部门提起行政诉讼

根据《住宅专项维修资金管理办法》第四条、第十条，在业主大会成立前，商品住宅业主、非住宅业主交存的住宅专项维修资金由物业所在地直辖市、市、县人民政府建设（房地产）主管部门代管。这就确认了住建部门作为住宅专项维修资金的临时代管人可以在该资金被他人占用后向相关偿还义务人主张权利。在（2015）闵行初字第00148号案件中，法院确认了被告某城市综合管理局具有对辖区内维修资金进行代管的法定职责，被告参照有关规定对作为该物业的业主之一的原告征收维修资金，符合法律和相关规定。另在（2020）粤03民终24099号案件中，深圳中院明确了追缴专项维修资金不适用于行政前置程序，认为住宅区的业主和开发建设单位是平等的民事主体，在开发建设单位未履行法定义务，影响到业主利益的情况下，作为公用设施专用基金权利人的业主可以向开发建设单位主张权利。建设行政机关为履行职责，也可以行使行政手段向建设单位催缴公用设施专用基金，两者并行不悖。

王新磊
中级律师，江苏辰顺律师事务所律师

执业证号：13211202010202081

执业经历：2020年正式执业，在建设工程领域、合同类纠纷领域积累了上百起案件的办理经验，得到了当事人的一致好评。发表《建设工程价款优先受偿权的法益保护内容与司法实践问题》等多篇学术论文，坚持为各类客户提供优质的法律服务

业务专长：合同类民商事纠纷
　　　　　房地产与建设工程纠纷

社会职务：江苏大学研究生校外实践指导老师
　　　　　镇江市房地产与建设工程委员会委员

获奖情况：镇江市律师辩论赛第六名
　　　　　2022年镇江市首届律师体育文化节篮球季军
　　　　　2022年镇江市首届律师体育文化节象棋季军

88万检测费该由谁来付

王新磊

一、案情简介

2018 年 4 月 25 日，江苏某公司与南通某公司签订建设工程质量检测合同，约定由江苏某公司对南通某公司承建工程进行桩基检测。合同签订后，江苏某公司如期完成质量检测工作，并根据工程进度提供了中间检测成果。此后，部分成果由南通某公司上传至镇江市建设工程质量监督站。江苏某公司多次通知南通某公司支付合同价款，领取相应的检测报告，但南通某公司始终未予答复。无奈之下，江苏某公司委托镇江某公司于 2019 年 9 月 29 日向南通某公司送达相关质量检测报告（30 份），但南通某公司仅于 2019 年 10 月 10 日领取了其中的 6 份。此后，南通某公司虽经多次通知，但均拒绝履行支付合同价款、领取检测报告的义务。2022 年 4 月 15 日，江苏某公司与镇江某公司签订债权转让协议，将其对南通某公司享有的案涉债权转让给镇江某公司，并依法向南通某公司邮寄了债权转让通知书。通知到达南通某公司后，南通某公司拒不履行还款义务。在庭审中，南通某公司否认其委托第三人江苏某公司进行了相关检测。

二、原告诉求和被告辩解

原告镇江某公司诉讼请求：第一，南通某公司向镇江某公司支付欠款 88 万元，并承担逾期付款利息。第二，诉讼费、保全费由南通某公司承担。

被告南通某公司主要答辩观点：第一，镇江某公司起诉南通某公司支付 88 万元并要求承担逾期利息没有事实和法律依据，镇江某公司受让第三人的合同债权并不真实存在，南通某公司虽然与第三人签订有建设工程质量检测合同，但双方没有实际履行。第二，镇江某公司向法庭提供的第三人出具的 30 份桩基检测报告，其中有 23 份明白无误地载明委托单位是中国某公司，而不是南通某公司。

南通某公司既没有委托检测，也没有收到检测报告，更没有运用检测报告。按照债权债务相对性的原理，镇江某公司与第三人只能向中国某公司主张权利，而不能向南通某公司主张。第三，南通某公司不仅和江苏某公司签过桩基检测合同，还和镇江某公司签过检测合同，且镇江某公司与江苏某公司均指定张某作为其指定联系人。结合镇江某公司与江苏某公司在债权转让协议中明确表述两家是合作关系，南通某公司认为镇江某公司与江苏某公司在桩基检测中其实就是一家。第四，南通某公司曾于2019年2月2日向江苏某公司汇出30万元的检测费用，镇江某公司应退还。

三、原告代理律师举措

本案主要争议焦点：第一，案涉桩基检测费的支付主体是谁？第二，张某在签收表上签字能否代表被告领取？第三，被告于2019年2月2日支付的30万元应不应该退还？

原告代理律师采取的主要策略：第一，向法院申请调查令，持两份调查令分别前往镇江市建设工程质量监督站和镇江市城乡建设档案管理处，调取了案涉工程桩基检测的备案情况，获知有几份报告已被上传至镇江市建设工程质量监督站的系统。第二，持调查令前往中国某公司，得到中国某公司书面答复其并非案涉桩基检测的委托方，案涉工程为"交钥匙工程"。第三，查找到中标公示文件，显示案涉桩基工程中标人为被告南通某公司。

原告代理律师提供的主要证据：建设工程质量检测合同、检测报告签收表、桩基检测报告、价款结算表、债权转让协议、债权转让通知书、邮寄凭证、中标公示文件（网页打印件）等。

原告代理律师主要观点：第一，第三人与南通某公司签订了案涉检测合同，合同合法有效。同时，第三人已按约完成了合同范围内的桩基检测任务。第二，因行业内合规性的要求，第三人提供的桩基检测报告有23份封面载明委托单位是中国某公司，且上述报告相对应的委托手续中有26份为监理盖章，但结合招标范围及合同的内容，上述格式问题并不影响第三人履行的效力。第三，南通某公司辩称案外人张某并非公司员工，其不知晓张某签收的理由是不成立的。但南通某公司当庭提交的其与镇江某公司签订的另一检测合同授权张某为南通某公司代理人。据此，镇江某公司有理由相信张某为南通某公司员工并向其送达。第四，第三人履行完毕后，将其对南通某公司享有的债权转让给镇江某公司并通知了南通某公司，该债权数额的计算符合合同的约定，其转移亦符合法律规定。第五，南通某公司向镇江某公司转账 30 万元，该转账未备注该笔转账系支付建设工程质量检测合同所涉检测费，且该转账发生在第三人转让债权前，原、南通某公司之间另有其他合同关系。

四、法院的观点和判决

法院观点：第三人与南通某公司签订了建设工程质量检测合同，南通某公司与第三人的测试合同关系合法有效。第三人提供的桩基检测报告中有 23 份封面载明委托单位是中国某公司，且上述报告相对应的委托手续中有 26 份为监理盖章，但结合招标范围及合同的内容，上述格式问题并不影响第三人履行的效力。南通某公司辩称案外人张某非南通某公司员工，南通某公司不知晓其签收检测报告的情况，但南通某公司与镇江某公司签订的另一检测合同授权张某为南通某公司代理人，因此有理由相信张某为南通某公司员工并向其送达，故对南通某公司的辩解意见不予采信。第三人履行完毕后，将其对南通某公司享有的债权转让给镇江某公司并通知了南通某公司，该债权数额的计算符合合同的约定，其转移亦符合法律规定。南通某公司向镇江某公司转账 30 万元，该转账未备注该笔转账系支付建设工程质量检测合同所涉检测费，且该转账发生在第三人转让债权前，原、南通某公司之间另有其他合同关系，故对南通某公司辩称的已支付建设工程质量检测合同中的 30 万元检测费不予采信。

法院判决：南通某公司于本判决生效后 10 日内支付镇江某公司欠款 880000元及利息，案件受理费及保全费由南通某公司负担。

执行裁定错误，当事人如何救济

王新磊

一、案情简介

张三对甲公司享有 200 万元债权，其得知甲公司对乙公司有 200 万元债权后，向某法院申请保全。某法院要求乙公司协助执行保全 200 万元时，乙公司提出异议，认为甲公司对乙公司享有的 200 万元债权目前权属未定。在执行过程中，丙公司得知消息后向某法院提出执行异议，主张乙公司账上的 200 万元债权实际应属于丙公司。

二、法院审理

法院审理后认为，张三申请保全的 200 万元债权和丙公司主张的 200 万元债权并不是同一债权，丙公司不是利害关系人，故下裁定驳回丙公司的执行异议。丙公司收到该裁定后，于 2018 年 3 月提起了执行异议之诉。诉讼过程中，张三主张其保全的 200 万元债权是基于对甲公司产生的债权，与丙公司无关。法院审委会讨论后认为，200 万元债权和丙公司主张的 200 万元债权并非同一债权，丙公司不是利害关系人。丙公司于 2018 年 7 月申请撤诉。后法院审委会讨论认为此案应再审，于是依职权提起再审。再审裁定发回重审。一审法院经审理乙公司和甲公司签订的买卖合同，认定甲公司对乙公司享有债权。审理过程中，丙公司主张其是实际供货人，并拿出 1300 多张供货单，上面记载丙公司为实际供货人，甲公司也表示自己只是和乙公司签订合同，从未向乙公司提供过货物。（当地只有甲公司一家公司有资质做此生意，丙公司假借甲公司的名义实际供货。）后法院作出一审判决，判令乙公司 10 日内向丙公司支付 200 万元。乙公司依据该份成效判决向丙公司支付了 200 万元，并让丙公司和甲公司都出具了收据。关于乙公司向某法院提出异议部分，法院向乙公司下裁定回复："张三申请保全的 200

万元债权和丙公司主张的 200 万元债权确属同一债权，异议成立。"法院依职权启动再审后裁定：1. 撤销一审判决。2. 驳回原审原告（丙公司）上诉。理由是："申请人对被执行标的有异议的，应在提出执行之诉时一并提出确权之诉，另行提出确权之诉的，法院不予受理。"目前对于该再审裁定，原审原告提出上诉。

三、律师分析

乙公司在张三向法院申请保全，法院要求其协助执行时，提出异议。后依据法院作出的生效判决向丙公司支付 200 万元，完成付款义务后要求丙公司和甲公司都出具收据（根据庭审过程可知，丙公司和甲公司关系复杂，有串通的嫌疑），做事滴水不漏，完美规避了风险。不论法院判决该笔债权的实际权利人是谁，乙公司都不担心。如果不是丙公司的话，也应是法院通过执行回转或者让丙公司退还该笔 200 万元款项再转给实际权利人。

张三本来对甲公司享有 200 万元债权，已经要保全甲公司在乙公司的 200 万元，执行到手应不是问题。如今一场场官司打下来，乙公司依据原一审判决已付 200 万元给丙公司，张三不能保全乙公司账户。如果甲公司没钱，执行不到的话，那张三就会面临执行不能的窘境。张三该怎么办呢？此时，他可以用审判监督程序，申请再审，申请撤销该判决。

丙公司希望法院确定该两笔债权系同一债权，恢复原一审判决。那么，问题为何会变得如此复杂？细细想想，在丙公司向某法院提出执行异议的时候，法院未审查清楚该 2 笔债权是不是同一债权就下裁定驳回丙公司的执行异议，不是很妥。毕竟后来的原一审判决确定该 2 笔债权系同一债权。此外，法院在回复乙公司的裁定书中，也表明该 2 笔债权系同一债权。故应该撤销的是法院驳回丙公司的执行异议的裁定书。这样一来，后面事情自然迎刃而解。

严倩倩　　江苏辰顺律师事务所律师

执业证号：13211202111334085

执业经历：2019 年毕业于江苏大学，秉承专业化发展的理念，忠于事实和法律，代理了多起民事案件，在侵权法、合同法、保险法等领域经验丰富

业务专长：合同纠纷
　　　　　　公司业务纠纷
　　　　　　侵权业务纠纷

社会职务：镇江八姑娘公益律师团成员
　　　　　　镇江市法律援助中心驻点律师

"三权分置"背景下农村宅基地使用权流转的法律问题研究

——以江苏省为例

严倩倩

一、问题的提出

2007 年北京通州宋庄"画家村"系列农房买卖纠纷案引起了全社会范围内的热烈讨论。该系列案例起因于马某某诉李某某买卖合同纠纷案。画家李某某系城镇居民，于 2002 年购买了通州宋庄村民马某某的房屋。几年后该房屋价值大幅提升，马某某遂提起诉讼，欲收回房屋。经过审理，法院认为，农村村民基于本集体经济组织成员的身份享有宅基地使用权，城镇居民受让农房突破了相关法律法规中的身份限制，案涉房屋买卖合同因违反法律法规的强制性规定，应属无效，李某某应当退还案涉房屋。[1] 一石激起千层浪。有利判决在先，越来越多的农民提起诉讼。

以此为契机，笔者对江苏省宅基地使用权流转的司法裁判进行了统计分析。笔者以江苏省为地域范围，以 2012 年 1 月 1 日至 2021 年 3 月 30 日为时间跨度，以判决为文书类型，以农村宅基地使用权流转为关键词，共检索出 296 份裁判文书。[2]

从图 1 可以看出 2012 年至 2021 年案例数量的变化趋势。从 2014 年开始，江苏省农村宅基地使用权流转纠纷案件数量突增。但总的来说，江苏省关于宅基地纠纷的案件数量较少，约为土地承包经营权纠纷案件数量的二十分之一。原因一或在于政府部门构建了有效的矛盾化解机制，流入法院的诉讼案件相对较少；原因二或在于很多案件经与政府协商无果，转为信访途径。

1　详见北京市通州区人民法院（2007）通民初字第 02041 号民事判决书，北京市第二中级人民法院（2007）二中民终字第 13692 号民事判决书。

2　数据来源于 Alpha 法律智能操作系统。

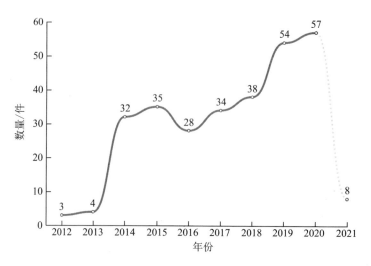

图1　江苏省农村宅基地使用权流转纠纷案件数量年份分布图

　　通过图2可以看到，一审裁判中，全部/部分支持的有103件，占63.58%。全部驳回的有53件，占32.72%。其基本情况是认定宅基地使用权流转合同无效，但因被告在该宅基地上形成了稳定的居住情况，不宜返还宅基地上的房屋，遂驳回诉讼请求。其他有6件，占3.7%。通过图3可以看到，二审裁判中，77.61%的案件维持原判，不予认定宅基地使用权流转合同的效力。通过研读裁判文书，笔者发现，在买方为非集体经济组织成员的情况下，90%以上的案件中法官以违反法律法规的强制性规定为由判决合同无效，然而也有极少数案件中法官认为有关规定并非效力性强制性规定，不能作为认定合同无效的依据。[1] 因此，在这个问题上，存在法律适用不同、法律解释混乱、同案不同判的现象。

　　房屋买卖合同原本是买卖双方意思表示一致的结果，体现卖方出卖、买方购买的真实意愿。在房价不稳定时，出卖方易基于利益驱动提起诉讼，请求确认合同无效。相关规定为卖方的违约提供了合法化路径，导致交易出现安全风险与道德风险。我国当前对宅基地使用权流转的司法态度是否具有合法性与合理性？相关规定与社会现实之间是否存在不相适应之处？宅基地使用权的政策与法理意蕴为何？试点实践取得了怎样的经验与成效？立法时应当如何进行制度设计与安排？在乡村振兴与城乡一体化战略背景下，这些都是亟待解决的问题。

1　如丹阳市人民法院作出的（2013）丹导民初字第562号判决。

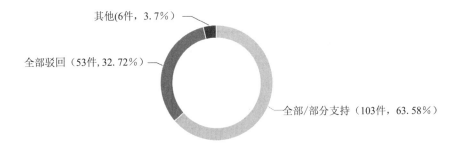

图 2　一审裁判结果分析图

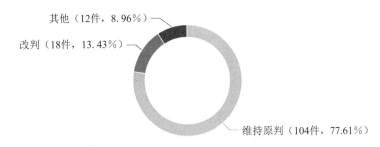

图 3　二审裁判结果分析图

二、宅基地使用权流转的法律困境

（一）宅基地使用权流转基本被限制在集体经济组织内部

宅基地使用权人依法对集体所有的土地享有占有和使用的权利，有权依法利用该土地建造住宅及其附属设施。宅基地使用权具有如下特征。第一，严格的身份性。基本只有集体经济组织成员才有资格成为宅基地使用权的享有者。第二，福利性。集体经济组织成员取得宅基地使用权时无需缴纳任何使用费，仅依申请即可。第三，无期限性。宅基地使用权没有具体的使用期限规定。第四，唯一性，即实行"一户一宅"。

为使宅基地使用权的福利性保障功能得到充分发挥，现行相关规定只允许其在集体经济组织内部进行流转。具体见表1。

表 1　有关宅基地使用权的规定

规范性文件	相关内容
《土地管理法》第六十二条	农村村民建住宅，应当符合乡（镇）土地利用总体规划、村庄规划，不得占用永久基本农田，并尽量使用原有的宅基地和村内空闲地。编制乡（镇）土地利用总体规划、村庄规划应当统筹并合理安排宅基地用地，改善农村村民居住环境和条件。 农村村民出卖、出租、赠与住宅后，再申请宅基地的，不予批准。 国家允许进城落户的农村村民依法自愿有偿退出宅基地，鼓励农村集体经济组织及其成员盘活利用闲置宅基地和闲置住宅。
《土地管理法》第六十三条	土地利用总体规划、城乡规划确定为工业、商业等经营性用途，并经依法登记的集体经营性建设用地，土地所有权人可以通过出让、出租等方式交由单位或者个人使用，并应当签订书面合同，载明土地界址、面积、动工期限、使用期限、土地用途、规划条件和双方其他权利义务。 前款规定的集体经营性建设用地出让、出租等，应当经本集体经济组织成员的村民会议三分之二以上成员或者三分之二以上村民代表的同意。 通过出让等方式取得的集体经营性建设用地使用权可以转让、互换、出资、赠与或者抵押，但法律、行政法规另有规定或者土地所有权人、土地使用权人签订的书面合同另有约定的除外。 集体经营性建设用地的出租，集体建设用地使用权的出让及其最高年限、转让、互换、出资、赠与、抵押等，参照同类用途的国有建设用地执行。具体办法由国务院制定。
《国务院办公厅关于加强土地转让管理严禁炒卖土地的通知》	农民的住宅不得向城市居民出售，也不得批准城市居民占用农民集体土地建住宅，有关部门不得为违法建造和购买的住宅发放土地使用证和房产证。
《国务院办公厅关于严格执行有关农村集体建设用地法律和政策的通知》	农村住宅用地只能分配给本村村民，城镇居民不得到农村购买宅基地、农民住宅或"小产权房"。单位和个人不得非法租用、占用农民集体所有土地搞房地产开发。农村村民一户只能拥有一处宅基地，其面积不得超过省、自治区、直辖市规定的标准。农村村民出卖、出租住房后，再申请宅基地的，不予批准。
《国务院关于深化改革严格土地管理的决定》	禁止农村集体经济组织非法出让、出租集体土地用于非农业建设。改革和完善宅基地审批制度，加强农村宅基地管理，禁止城镇居民在农村购置宅基地。
《中央农村工作领导小组办公室、农业农村部关于进一步加强农村宅基地管理的通知》	宅基地是农村村民的基本居住保障，严禁城镇居民到农村购买宅基地，严禁下乡利用农村宅基地建设别墅大院和私人会馆。严禁借流转之名违法违规圈占、买卖宅基地。

上述规定的内容基本一致，即农村宅基地只能分配给本集体经济组织成员，城镇居民一般不得到农村购买宅基地、农民住宅。农村村民出卖、出租住房后，再申请宅基地的，不予批准。在司法实践中，法院严格执行上述规定内容，通常会在对外转让的情况下认定买卖合同无效。[1]

我国对宅基地使用权流转的基本态度见表2。

表2 我国对宅基地使用权流转的态度

买受人	法律后果	
本集体经济组织成员	符合宅基地分配、使用条件	合同有效，宅基地使用权流转
	不符合宅基地分配、使用条件	合同无效，宅基地使用权不发生流转
非本集体经济组织成员	合同无效，宅基地使用权不发生流转	

依照《土地管理法》及上述其他规范性文件，江苏省陆续出台了《江苏省土地管理条例》《江苏省政府关于加强土地转让管理的通知》等地方性文件。根据其内容并结合前文司法裁判统计可知，江苏省在宅基地使用权流转问题上严格遵循国家层面的相关规定，持限制流转态度。

（二）隐形市场中的宅基地使用权对外流转缺少法律保护

改革开放以来，"进城务工"成为一股潮流和趋势，由此带来不小的社会变化。一方面，城市容量趋于饱和，城市土地成为稀缺资源，不断向城郊或农村边界扩张；另一方面，农村房屋大量闲置，出现"空心村"的现象。城市与农村在土地需求上的矛盾推动了宅基地使用权流转的隐形市场的形成。在经济利益的驱使下，许多农户选择把宅基地上的房屋出租或出售给有用房需求的人。然而此类交易往往通过私下协议进行，未经过任何审批或登记程序，缺少法律保护。一旦出现房价上涨或拆迁补偿之类的利益纠纷，买卖双方的矛盾便会不可调和。

法律、政策上的限制与隐形市场的客观存在之间的矛盾造成了农村宅基地使用权流转的法律困境。2014年以来，宅基地使用权纠纷案件数量激增，成为我国一大司法热点。

1　2011年最高人民法院在《全国民事审判工作会议纪要》中强调："在农村集体所有土地上建造房屋并向社会公开销售，应当依据合同法第五十二条和土地管理法第四十三条规定，认定该买卖合同无效。将宅基地上建造的房屋出卖给本集体经济组织成员以外的人的合同，不具有法律效力；出售给本集体经济组织成员的，应当符合法律、行政法规和国家政策关于宅基地分配、使用条件的规定。"

三、宅基地使用权流转的政策与法理意蕴

（一）宅基地使用权流转是城乡一体化建设的要求

由于历史原因，我国在现代化进程中逐渐形成了城乡二元经济结构，城市与农村在财产权、户籍制度、城乡公共服务等方面存在显著差异。具体表现在土地制度上，即城市土地使用权可自由流转，而农村宅基地使用权的流转受到限制。这使农村宅基地上房屋的价值远不如城市房屋的，农民的财产权受到损害。[1] 城乡之间的隔离发展不仅使城市本身的发展失去依托和动力，还阻碍了我国整体经济和社会的发展。在冲突和矛盾迭起的情况下，城乡一体化思想愈加受到重视。

针对城乡发展不平衡的问题，习近平总书记 2017 年在党的十九大报告中提出要实施乡村振兴战略。要冲破城市与农村之间的壁垒，实现城乡一体化发展，必须逐步实现生产要素与产权在城乡之间的自由双向流动，尊重市场规律，使市场引导资源实现更高效、合理的配置。土地作为一种生产要素，是推动乡村振兴战略的重要载体，也是农民增收致富的关键。放开土地使用权在城乡之间的流转，不仅有利于激活土地要素市场，而且有利于促进实现城乡土地价值平等化，进一步保障农民的财产权。

对于江苏省来说，逐步放开宅基地使用权流转尤其具有现实意义。江苏省作为东部省份，受长三角地区的经济辐射，在改革开放中较早发展起来，现已成为经济强省。江苏省城市化水平已经达到较高程度，第二产业的比重远远超过第一产业，城市土地资源紧缺与农村宅基地闲置之间的矛盾更具代表性。农村土地要素具有更广阔的市场需求，放活农村宅基地使用权流转有利于激发江苏省又一轮经济活力，同时也能为全国宅基地使用权流转制度改革提供先行先试的示范作用。

（二）宅基地使用权流转的法理分析

1. 相关规定的法律位阶问题

我国实行"房地一体"原则，农村宅基地上房屋的流转必然会导致宅基地使用权随之流转。从司法裁判文书来看，法官认定农村宅基地上房屋买卖合同无效，基本上依据的是《民法典》第一百五十三条的规定："违反法律、行政法规

---

[1] 王琪：《农村宅基地流转现状及其问题分析》，《经济研究导刊》2018 年第 4 期。

的强制性规定的民事法律行为无效。但是，该强制性规定不导致该民事法律行为无效的除外。"从该条规定的后半句可知，"强制性规定"是指效力性强制性规定，即只有违反效力性强制性规定的合同才能确认无效。宅基地使用权流转纠纷中主要的强制性规定应该是《土地管理法》第六十二条。从该条规定的内容来看，其并未直接否定宅基地流转合同的效力，并非效力性强制性规定。该条规定的立法原意在于对农村宅基地的用途进行管制，要求不得突破"一户一宅"，然而现实中常被错误地理解为宅基地使用权禁止对外转让。《民法典》第一百五十三条规定，只有法律和行政法规可以成为认定合同无效的依据。审视我国当前关于禁止城镇居民购买农村房屋的相关规定，基本上是国务院及其组成部门颁布的行政规章，其法律位阶还不足以否定合同效力，因此不能作为认定合同无效的依据。

综上所述，当前我国法院普遍认定农村宅基地上房屋买卖协议无效，在法律适用上其实存在无法忽视的障碍，其合法性有待进一步考证。

2. 宅基地使用权的用益物权属性

宅基地使用权被赋予用益物权属性，用益物权权能包括占有、使用及收益的权利，即更多地体现为财产的使用价值。[1] 然而我国的宅基地使用权自诞生时起就具有浓烈的中国特色，其目的是保障农民的基本生存权利，防止农民流离失所。相比于财产功能，宅基地使用权更多表现为保障性的福利功能。《民法典》第三百六十二条仅赋予了宅基地使用权人占有、使用宅基地的权利。

宅基地使用权相比于完整的用益物权在权能上存在"缺失"。通过对宅基地使用权的处分获得财产性收益的行为被相关规定禁止，这不仅有悖于用益物权的财产属性，而且与社会实践的需求不相适应。城市化的不断深入使大部分农民从土地中脱离出来，大量闲置宅基地及地上房屋成为农户的"死资产"。在当前的社会背景下，农村宅基地的福利属性减弱，财产属性不断增强，而限制流转的规定使其无法充分发挥财产价值，造成资源的严重浪费。从这一方面来说，适当放开宅基地使用权流转具有一定的必要性。

1　龙圣锦、陶弈成：《农村宅基地使用权抵押的权属障碍与破解路径》，《现代经济探讨》2018 年第 11 期。

四、宅基地使用权流转的制度与实践经验

（一）"两权分离"

在"两权分离"的背景下，农民集体享有宅基地所有权，本集体经济组织成员享有宅基地使用权。由于宅基地使用权的取得依据是集体经济组织成员的身份关系，此时的宅基地使用权具有复杂性，既表现为财产权，又表现为身份权。在一定程度上，其身份权的属性更为突出和重要，这也正是宅基地使用权禁止对外流转的症结所在。依据现行有关规定，宅基地使用权基本限于集体经济组织内部流转，若对外流转，则必然突破身份限制，使制度设计的目的落空，对农户的居住保障性功能无法实现。

"两权分离"也使得宅基地上房屋无法实现其应有的财产价值。房屋自建造完成的事实行为设立时起发生物权效力，农户作为所有权人，对宅基地上修建的房屋享有所有权权能，即占有、使用、收益、处分。农户有权通过对农房进行转让、抵押、出租等实现其财产权利。然而由于房屋与土地具有不可剥离的关系，我国对土地及地上建筑的转让坚持"房地一体"原则，即当房屋所有权转让时，土地使用权一并转让。这就意味着村民若要转让其农房，必然要一并转让其宅基地使用权。宅基地使用权具有身份属性，禁止对外流转，这便导致农户享有所有权的农房的转让也限制在集体经济组织内部。如此一来，农房自由转让的交易市场被极大压缩，其市场价值远不能体现其实际价值。

（二）"三权分置"

2018 年中央一号文件提出要探索实行宅基地"三权分置"政策。从其表述来看，"三权分置"将宅基地使用权再次分解为农户资格权与宅基地使用权。农户资格权依据集体经济组织成员的身份赋予，身份的取得与丧失相应导致资格权的产生与消灭；宅基地使用权成为纯粹的财产性权利，宅基地使用权流转并不引起资格权的转移。

在"三权分置"的制度设计中，农民的身份性福利由资格权来保障，宅基地使用权从原来的复合性权利中脱离出来，实现了向财产性权利的回归。[1] 如此，宅基地使用权的用益物权属性增强，为宅基地使用权及地上房屋的对外转让、抵押、出租等疏通了障碍。"三权分置"的提出，在宅基地使用权流转"继

---

[1] 夏沁：《农村宅基地"三权分置"改革的立法实现》，《地方立法研究》2018 年第 4 期。

续限制"与"全面放开"的争论中找到了一条中间路径，既保持了我国农村组织及土地关系的稳定性，坚持了保护农民基本居住权的基本方向和目的，又激活了农村土地要素市场活力，保障了农民的财产权利，可谓在"变"与"不变"中把握了平衡，为逐步实现"稳中求变"创造了条件。[1]

近年来，国家和地方对放活宅基地使用权流转的态度有明显的放松。[2] 江苏省也据此陆续出台了相关规定。可见，我国在制度层面上正在积极回应市场的需求，探索农村宅基地和农房的盘活利用，使"死资本"变成"活资源"，进一步推动农村土地资本焕发活力。但是，上述规定都只是制度层面的号召，还有如何盘活利用、如何规制盘活利用中出现的新问题、如何化解现有规定之间的冲突和抵触等一系列具体且重要的问题亟待解决。

（三）宅基地制度改革试点的实践探索

江苏省在宅基地管理和改革方面进行了大量的探索实践。2004 年以来，苏南地区曾开展"三集中"（农民向社区集中、工业向园区集中、农业向规模经营集中）和"三置换"（农民将集体资产所有权、土地承包经营权、宅基地及住房置换成股份合作社股权、城镇保障和住房）的行动，按照城镇、产业和生态等功能区的划分对居民小区和产业进行优化布局，实现了农民就地市民化，较快推进了农村城镇化发展。"三集中""三置换"的模式在全国范围内成为农村土地制度改革的成功范本。

2015 年，我国在全国范围内选取三十三个试点，在农村土地征收、集体经营性建设用地入市、宅基地管理制度方面进行创新性摸索。[3] 江苏省常州市武进区作为三十三个试点之一，结合本地实际情况进行了一系列有益探索。同年，党中央、国务院又决定开展农村承包土地的经营权和农民住房财产权抵押贷款的改革试点工作，江苏省东海县、泗洪县、沛县、金湖县、泰州市姜堰区、太仓市、如皋市、东台市、无锡市惠山区、南京市高淳区、常州市武进区、仪征市十二个

---

1 董祚继：《"三权分置"——农村宅基地制度的重大创新》，《中国土地》2018 年第 3 期。

2 2019 年修订的《土地管理法》第六十二条新增了鼓励集体经济组织及其成员盘活利用闲置宅基地和闲置住宅的规定；2019 年《中央农村工作领导小组办公室农业农村部关于进一步加强农村宅基地管理的通知》虽然跟以往一样规定严禁城镇居民到农村购买宅基地，但其中第五条规定，鼓励村集体和农民盘活利用闲置宅基地和闲置住宅，城镇居民和工商资本可以租赁农房居住或开展经营，只是对租赁合同的期限予以规定，最长为二十年，同时积极探索农户有偿退出宅基地。

3 详见 2015 年《全国人民代表大会常务委员会关于授权国务院在北京市大兴区等三十三个试点县（市、区）行政区域暂时调整实施有关法律规定的决定》。

地区被列入改革试点地区。各试点地区根据自身实际情况，出台并推行具有当地特点的试点办法与政策，取得了相当的效果。

例如，武进区在切实分析本区实际情况的基础上，连续推出了一系列政策文件，为试点工作的开展确定了方向。武进区率先编制了空间全覆盖的规划体系，树立宏观指导和把握；率先建立了城乡一体化的基准地价体系，提供了基础性价格形成机制；率先实现了集体与国有土地的同权同价，并进行同网交易，提高了农村土地的财产价值；积极开展宅基地有偿使用，对超标占用宅基地的农户收取有偿使用费。

为实现宅基地的有偿退出与高效利用，武进区采取了一系列措施，包括：权属转让——适度放开宅基地使用权的外部流转，允许通过出租的方式将农户住房连同宅基地流转给集体经济组织外部人员使用；权益转化——对自愿有偿退出的农户，可先由集体经济组织收购其退出的住房，集体经济组织可将收购的宅基地转换为集体经营性建设用地公开入市，也可根据土地利用规划进行复垦；探索实行"两权抵押"——农户对宅基地享有使用权，对宅基地上房屋享有所有权，可通过抵押该使用权和所有权进行融资贷款。为推动"两权抵押"的顺利实施，武进区政府一方面提供了坚实的资金支持，率先投入一千万元，设立了"两权抵押"风险补偿基金，在还贷出险时，可先由该基金向银行代偿，再由银行向贷款人追偿，另一方面鼓励银行积极参与，响应政策号召，推出专属贷款产品。农户通过抵押贷款，将资金用于发展生产，获取良好的经济收益再按期还贷，形成良性循环。

武进区的改革工作不仅拓宽了农民的融资渠道，增加了农民的财产性收益，还提高了土地资源的利用率，进一步焕发了农村的经济活力。对于武进区的积极探索，国务院相关部门表示：武进农村土地制度改革三项试点统筹协调推进，形成了可复制可推广的经验。其他改革试点地区也不断来访观摩，借鉴先进措施与经验。因此，从实践的角度来看，适度放开宅基地使用权的对外流转在试点地区已经取得了良好的经济、社会效果，证实其具有具体操作的可行性。

五、宅基地使用权流转的制度建设

目前，"两权分离"已经无法满足现实需要。然而，宅基地使用权"三权分置"的提出仅在各类政策性文件中，且大多是宣示性与口号性的。"三权分置"的推行既没有法律法规依据，也没有具体的操作细则，为后续试点工作的全国推广带来了考验。重构宅基地二元体系，将农村宅基地"三权分置"制度正式纳入法律规定，将政策语言转化为法律语言，为"三权分置"的顺利开展提供法律保障势在必行。

（一）强化宅基地集体所有权

1. 明晰权利主体

《宪法》和《土地管理法》规定，宅基地属于农民集体所有，由村集体经济组织或者村民委员会经营、管理。从上述规定来看，立法原意是"农民集体"是农村宅基地真正的所有权人，集体经济组织仅仅作为其代理人行使管理工作。[1] 然而，社会实际情况与该立法原意产生了背离。

第一，"农民集体"作为宪法和法律规定的宅基地所有权人缺少正式的法律主体地位。[2] 我国现行法律对农民集体的概念、范围、资格、性质等未作具体规定，也未赋予其自然人、法人、非法人组织的主体地位，即农民集体并非严格意义的法律主体。实际上，在大多数人的认知里，农村集体经济组织才是农村宅基地的所有权人。

第二，作为宅基地管理事务的代理人，农村集体经济组织、村民委员会被赋予了特别法人资格。从法律规定上看，集体经济组织和村委会都具有经营、管理宅基地的权利，但是在主体的设立之初，集体经济组织的职责侧重于村集体的生产经营活动，村委会的职责侧重于对行政村及村民的事务管理。因此，宅基地作为生产要素，更应该由集体经济组织管理。实践中集体经济组织与村委会也存在主体混同的现象，容易造成职权不清、责任不明的问题。

第三，现有法律规定宅基地可以在同一集体经济组织内部流转，但对于同一集体经济组织的范围却没有明确规定。究竟是只能在村、村民小组之间流转，还是可以扩大到乡镇？范围的不清晰导致司法实践中出现了许多争议。

明晰所有权权利主体是进一步加强宅基地所有权的前提。立法者在法律政策制定过程中，有必要赋予农民集体法人主体资格，明确其权利义务，并通过登记颁证等予以公示；同时要严格区分集体经济组织与村委会的职责分工，落实责任制，进一步明晰集体经济组织的范围，减少争议。[3]

1　申建平：《宅基地使用权流转障碍之克服》，《黑龙江省政法管理干部学院学报》2009 年第 6 期。

2　岳红强、张罡：《农村宅基地"三权分置"的法律表达》，《北京科技大学学报（社会科学版）》2018 年第 6 期。

3　温世扬、梅维佳：《宅基地"三权分置"的法律意蕴与制度实现》，《法学》2018 年第 9 期。

2. 明晰所有权权能

所有权的权能包括占有、使用、收益、处分。在我国宅基地的利用中，宅基地所有权与使用权始终是分离的。由于农户长期占有、使用宅基地，因此对宅基地所有权人的收益、处分权也应该明确保护。所有权最为直接的体现是收益权。保障宅基地所有权人在宅基地使用权流转的过程中分享收益，不仅可以使所有权在经济上得到实质性的体现，而且有利于提高集体经济组织的经济实力，更好地进行管理工作、提供公共服务。[1] 因此，在立法中应明确，地上房屋的流转收益由农户享有，宅基地使用权流转的收益可在确定适当的比例后分配给集体经济组织，分配可以通过征收不动产税、土地流转税等形式进行。

强化所有权要求进一步落实处分权与管理权。集体经济组织要加强监督与管理，严格规范宅基地使用权的行使，加强用途管制。首先，明确宅基地的规划利用，建立全覆盖的农村规划体系，立足未来，倡导集约发展。农户对宅基地的使用必须符合规划要求。我国目前正在大力鼓励闲置宅基地和农房的盘活利用，集约化和规模化发展是必然的趋势和选择。其次，落实集体经济组织的回收权，对于违法占用、超标占用、长期闲置的宅基地，集体经济组织有权进行调整和有条件的回收。最后，建立科学、合理的规则运行机制，规模较大的集体经济组织成立成员大会。对于重大的宅基地处分行为，应首先通过集体经济组织或成员大会的表决，避免独断专行。

（二）保障宅基地农户资格权

农民由于其特殊身份而享有农户资格权。在"三权分置"的语境中，资格权是一个身份性权利，具有相对稳定性与长期性，并不因使用权流转而必然发生转移。[2] 现实中出现的问题是，对资格权的界定缺乏必要的制约，导致成员资格管理不严，易进易出，从而滋生腐败、引发道德风险。在接下来的立法工作中，应当进一步明确农户资格权的取得标准，在以户籍认定为主的基础上，充分考虑居住期限等其他合理因素，杜绝权钱交易。

加强农户资格确权登记制度。资格权的取得或退出都要进行严格的登记管理，并做到公开公示，充分保障农村组织结构的稳定性。当前，江苏各地也在积极推进集体经济组织资格权认定与排查工作。例如，武进区制定了《常州市武进

1　董祚继：《"三权分置"——农村宅基地制度的重大创新（下）》，《国土资源》2018 年第 4 期。

2　宋才发、金璐：《三权分置：农村土地制度创新的法治基础》，《中南民族大学学报（人文社会科学版）》2018 年第 8 期。

区农村宅基地保障资格权认定管理暂行办法》，明确了宅基地资格成员、保障户的认定标准与限制条件，以规范清晰的认定程序为全国各地提供了经验指导。

此外，实行宅基地的有偿退出机制须以农户自愿为前提，允许其退出集体经济组织，并按照法定的标准支付其宅基地退出金。农户资格的退出应当以其在城市中有稳定工作与稳定居所为条件，以此保障其基本生存权。不得以退出农户资格作为进城落户的条件，不得设定不合理的条件强制农户退出。对于宅基地被征收的农户，应足额发放补偿金并提供有效的社会保障机制，保证其正常生活。还可以提供人性化的反悔机制。退出农民集体的农户若不能维持基本的生活，没有稳定的居所，可以重新取得农户资格权，并全额退还宅基地退出金。不过，对此种情况必须进行严格的经济状况审查。

（三）适度放活宅基地使用权

当前宅基地使用权流转仍然通过隐形市场进行，缺少法律规制，导致矛盾迭起、冲突不断。适度放开宅基地使用权流转符合社会的实际需要。

1. 有条件地放开宅基地使用权流转

最高人民法院 2015 年在《全国民事审判工作会议纪要》中指出，由于我国当前的城市化水平还不高、农村社会保障体系还不健全，尚不具备完全放开宅基地使用权流转的条件，因此，可根据实际情况在原有制度规定上进行调整，适度放活宅基地使用权的流转，在福利属性与财产属性之间寻找中间路径。

目前，宅基地使用权流转的方式主要包括出让、赠与、继承、出租、抵押等。为了既保障农村社会结构的稳定性，又进一步发挥宅基地的流转价值，立法可允许有条件地放开宅基地使用权的流转，即通过转让、互换、赠与方式流转宅基地使用权的，由于与身份资格密切相关，可有条件地限制。笔者认为，未来宅基地使用权的流转范围可以不再局限在本集体经济组织成员之间，而是可以在本市范围内跨集体经济组织转让，扩大农村宅基地上房屋的市场交易范围。通过出租、抵押、入股方式流转的更体现宅基地的财产属性，可突破身份限制，放开到集体经济组织以外。[1] 值得注意的是，我国部分试点地区虽在积极探索宅基地的抵押融资方案，但按照现有法律规定实则存在风险。试点地区虽然允许宅基地使用权与农民住房所有权一并抵押，但在处置抵押物时，购买对象又被限制在本集体经济组织内部，这导致银行普遍难以行使处置权，增加了抵押风险。这显然影响到银行开展抵押业务的积极性。因此，未来立法必须考虑如何实现政策与法律

1　李仁玉、董玲君：《我国"城中村"宅基地使用权流转问题探析》，《中国检察官》2012 年第 13 期。

的协调，真正破解宅基地使用权流转中的难题。

2. 给对外流转附加期限

依当前的法律规定，农民对宅基地使用权的取得是无偿、无期限的。在允许农户通过出租、抵押、入股方式向城镇居民流转宅基地使用权时，若依旧允许受让人无期限地占有、使用，实则会成为变相的对外转让。[1] 要防止租赁权变成无限期使用，抵押权过度发展，破坏农村的秩序稳定。因此，在上述流转方式中，应明确使用权流转的具体期限。现有规定只对宅基地出租期限作了最长二十年的限制，至于其他流转方式的期限究竟是参照适用还是另作规定，还有待更进一步明确。

3. 健全农村社会保障体系

在反对放开宅基地使用权流转的声音中，大多数人的顾虑在于我国农村的社会保障制度还不够健全，一旦全面放开流转，宅基地将失去保障性功能，必然造成众多农民流离失所，给农村的秩序稳定带来极大破坏。健全农村社会保障体系是放活宅基地使用权流转的又一关键。宅基地使用权流转后，对农民的住房、就业、养老等问题应当作进一步的保障[2]，对通过出租、抵押宅基地使用权进行融资的农户可提供更多的资金支持。保险公司可为创业的农民提供更多专项保险业务，保证其维持基本的生活。政府部门要进一步加大医疗、教育、养老等方面的投入，建立多元化的、城乡统一的社会保障、社会救济和农民住房保障等制度，提升农民应对住房、宅基地财产权转让流动风险的能力。总之，要使宅基地的福利属性不断弱化，财产属性不断增强，为放活宅基地使用权流转消除后顾之忧。

六、结语

"三农"问题一直是党和国家工作的重中之重，而土地制度又触及"三农"问题的核心。在乡村振兴和城乡一体化战略背景下，仍然将宅基地使用权流转限制在本集体经济组织内部已经不能满足社会实际需要。宅基地使用权福利属性减弱，财产属性增强，农民希望通过流转宅基地使用权获取收益。与其一味阻止，不如顺应市场经济的发展规律，通过立法引导其规范、健康、有序发展，从而盘活闲置宅基地，焕发农村土地市场的活力。

1　吴蔚波：《农村宅基地使用权流转的法律分析》，《福建法学》2017 年第 1 期。
2　唐其宝、李项、王琦：《论我国宅基地使用权的制度完善》，《中国集体经济》2018 年第 31 期。

夏志颖 江苏辰顺律师事务所律师

执业证号：13211202110334076

执业经历：本科学历，具备证券一般从业资格、基金从业资格，执业以来参与办理多起重大、复杂刑事案件，成功为当事人争取到取保、缓刑、从轻、减轻、撤案不起诉等结果

业务专长：刑事辩护
          企业刑事风险防控
          民商事诉讼
          公司业务纠纷
          环境资源类行政案件纠纷

社会职务：镇江市公职律师公司律师工作委员会委员

获奖情况：2022年镇江市第三届青年律师职业技能大赛优秀奖

企业实质合并破产重整的司法适用研究 夏志颖

一、实质合并破产的立法与实践背景

20 世纪上半叶，美国联邦最高法院在 "辛普塞尔诉帝国纸业与颜料公司" （Sampsell v. Imperial Paper & Color Corp.） 一案中，首次提出了合并多个破产财产的做法。[1] 这是历史上首次适用实质合并破产规则。

实际上，该案是一起由个人破产案件引发的诉讼。当事人一直以个人经营方式进行纸张与染剂的相关业务，在经营过程中对债权人 Standard Coated Products Corporation 公司负有超过十万美元的债务。后来当事人成立了公司，其本人及妻儿担任该公司的股东及高管。他将名下所有的经营产品全部转让给了新设立的公司，再通过该公司将其股份作为货款对价且继续进行与之前一样的业务。公司在经营过程中又对另一债权人 Imperial Paper & Color Corp. （以下简称 "Imperial Corp."） 负有五千多美元的债务。

后来，当事人个人被宣告自愿破产，其个人破产案件的管理人 Sampsell 认为，破产当事人名下公司所有的资产也应当纳入其个人的破产财产，用以清偿其个人债务。对此主张，初审的破产法院作出予以支持的裁定。对于债权人 Imperial Corp. 提出的应当享有优先受偿权的主张，破产法院不予认可，仅承认其普通债权人的地位。巡回上诉法院推翻了原裁定。最终，联邦最高法院推翻了巡回上诉法院的判决，支持初审破产法院的观点，即 Imperial Corp. 只能作为普通债权人，根据其债权比例在整个破产财产中获得分配。联邦最高法院认为，债务人意图通过设立公司的方式，将个人资产转化为公司资产，然后在其个人债务到期时偿债不能，以此阻碍债权人行使债权。这一系列的操作完全是为了逃避对债权人的偿债。其名下公司与个人业务的经营范围上高度一致，可以说，其所设

---

[1] Sampsell v. Imperial Paper & Color Corp., 313U. S. 215 (1941).

立的公司不过是用来转移个人资产的另一个口袋。因此，联邦最高法院裁定将其设立的公司资产也纳入个人的破产财产具有相当的合理性。

通过该案，联邦最高法院确认了将数个不同但有关联的财团做整合是有助于保护债权人合法利益、实现破产制度根本目标的有效工具。也就是说，能通过对相关方受偿待遇进行调整，追求更大的实质公平。

二、基于指导案例探析实质合并破产的理论基础

（一）案例概要

1. 指导案例 163 号

案涉某纺织进出口公司对其五家子公司出资比例相同，均大于百分之五十。案涉六家公司存在如下问题。一方面，人员高度混同，存在交叉用工。除新某纺织公司外，其余五家公司的营业执照上的公司登记地址均为同一地点。同时，五家子公司的法定代表人都跨公司"身兼数职"，且均为案涉纺织进出口公司的高级管理人员。此外，案涉六家公司的财务部门及行政管理部门的用工也存在交叉。另一方面，案涉六家公司的主营业务混同，其中子公司的业务由母公司，即案涉某纺织进出口公司统一作出安排，且母公司与子公司之间还存在大量关联借款，以及多笔担保。南京市中级人民法院于 2017 年 9 月作出了对以上几家公司合并重整的裁定。[1]

2. 指导案例 164 号

案涉某酒业公司及其两家关联企业经营业务范围高度相似。案涉公司不合理扩张、运营管理体系混乱，最终引发资金链断裂，公司陷入困境。2017 年年末，案涉三家公司分别申请破产重整，都希望引进新资本、重新振兴企业。法院经审查认为，三家公司若能存续，重新开展经营活动，依然有发展前景，具有重整价值。三家公司一是在业务经营方面高度相似，二是在财务、行政管理等方面人员高度混同。法院还指出，本案中区分各关联企业成员财产的成本过高。2018 年 3 月，《全国法院破产审判工作会议纪要》（下文简称《会议纪要》）发布。法院据《会议纪要》第 32 条，作出实质合并破产重整的裁定。

在考虑适用实质合并破产的条件时，后一个案例比前者多了一点，即"区分各关联企业成员财产的成本过高"。《会议纪要》的发布时间处于该两件案例中间，指导案例 163 号的裁定是《会议纪要》发布前作出的，指导案例 164 号的裁

---

[1] 参见南京市中级人民法院（2017）苏 01 破 1、6、7、8、9、10 号之二民事裁定书。

定是《会议纪要》发布后作出的。《会议纪要》设专章规定关联企业破产，第32条至第39条初步搭建了我国实质合并破产的基本框架。

（二）关联企业实质合并破产的理论基础及底层逻辑

实质合并源于美国破产法院基于其衡平法的一般原则，在一些案件中作出的相应裁定。美国学者威廉·布拉斯（William C. Blasses）指出，法院认定一些子公司只是母公司的"工具"，这些母公司与子公司之间的关系更像是一个人与其肢体之间的关系，而不是不同个人之间的关系。[1] 母公司与子公司、关联公司之间的关系很复杂，不同于其他类型实体之间的关系。要评估差异，并承认在考虑是否裁定实体的实质合并破产时各关联公司应受到不同的对待。一方面需要考虑案涉公司之间系关联公司或母子公司，另一方面需要考量实质合并破产的影响。

1. 理论基础

（1）阿道夫·伯利（Adolf A. Berle）教授的企业主体理论

该理论阐释了一个集团中，各成员企业的经济联系及法律地位具有各种关系。这意味着这些成员共同构成一个实体，需要强调整体性。

（2）揭开公司面纱制度

该理论突破的是法人独立人格。当某些公司在财务、业务、人员等方面存在高度混同，难以区分或者区分成本过高时，法院可以否认它们是独立的法人。不过，对该理论是否可以成为实质合并的理论基础，目前争议较大。

（3）诚实信用原则

作为黄金原则，它约束着每个社会主体，防止着权利滥用。

（4）第三人侵害债权理论

该理论突破的是合同的相对性原则，核心在于阻止妨害债权的行为。

2. 底层逻辑

（1）考察案涉公司之间的密切关系

在日常生活中，个人与母公司及其子公司的互动其实每天都在发生，只不过母公司和子公司的区别并不那么明显。假设一个人在华住集团的应用程序上搜索客房，他既可以在多个不同档次的酒店品牌中进行选择，也可以决定购买某个酒店品牌的在市房型，并从该应用程序提供的链接上获得折扣。这些选项和服务是许多不同法律实体（包括多个子公司）合作的结果。关联公司之间、子公司与母公司之间关系密切。子

---

[1] William C. Blasses, Redefining into Reality: Substantive Consolidation of Parent Corporations and Subsidiaries, 24 EMORY BANKR. DEV. J. 469 (2008).

公司被定义为"母公司拥有控股权的公司"。在上面的例子中，华住是母公司。从实践的角度来看，母公司和子公司是同息共生的。母公司持有子公司的全部或多数股份，母公司的投资有两个直接影响。首先，允许母公司完全控制子公司，就像母公司的股东控制母公司一样。这种投资能在交易层面上促进母公司在行业内的利益。其次，使母公司在子公司的业绩中占有一定的份额，因为母公司的利益价值直接受子公司业绩的影响。尽管子公司在法律上被视为独立的实体，但实际上母公司所有权的影响有时会使界限变得模糊。这些关系的独特性是一个重要的考虑因素，因为实质合并破产是一个激进的过程，有助于实现债权人的期望。我国法律体系中，与"关联企业"类似的概念最早出现于《中华人民共和国企业所得税法实施条例》，而其最显著的特征就是两个或两个以上的企业间具有明显的利益共向性。

（2）采取实质合并破产的影响

当一家公司及其关联公司或子公司申请破产时，它们是作为独立的法律主体申请破产的。在美国的司法实践中，母公司及其子公司的破产案件通常会行政合并，由一名法官主持案件，由同一名律师代表所有债务人。[1] 破产财产的单独划分可能导致公司和其关联公司的债权人在破产程序中的处理方式与他们各自仍有偿付能力时的处理方式不同。虽然债权人可能依靠实体的密切关系，以贷款的形式向母公司提供信贷，使母公司及其子公司都受益，但这种可能性在破产时通常会被忽视。债权人被迫只向母公司收款。结果是不公平的，因为债权人被迫处理破产财产，而破产财产仅由债权人认为他们已向其提供信贷的单位的一部分组成。以实体的形式提供信贷，但以子公司破产财产为形式获得更多信贷的债权人会由此获得意外之财。以实体的形式发放授信的债权人则可能蒙受不可预见的损失。正因为如此，在个案中应当基于利益衡量原则，综合考虑多种因素，灵活处理，尽可能防止因不当采用实质合并破产而损害其中一方的合法权益。在司法实践中，有些国家并不认可实质合并破产。例如，2014 年，德国颁布了《简化康采恩破产解决立法草案》，完全否定了实质合并破产。

三、适用实质合并破产的法律支撑

（一）域外：以美国为例，同时参考联合国国际贸易法委员会
批评人士认为，实质合并破产作为一种补救措施是非立法性的。通过观察可

1　See, e.g., *Nesbit v. Gears Unlimited, Inc.*, 347 F. 3d 72, 88 (3d Cir. 2003).

以发现，美国破产法院的衡平法权力与《美国破产法》为支持实质合并破产提供了重要支持。

1. 破产法院的衡平法权力

破产法院常被视为衡平法院。在某些情况下，严格遵守法规反倒会导致严重的不公平。破产法院是否有能力应用和采用普通法补救措施？这一问题受到广泛争议。在一个案例中，一家由墨西哥资本控股的公司（以下简称"Grupo 控股"）发行了由美国投资公司购买的担保债券，几年后因经济低迷而陷入财务困境。为了偿还债务，Grupo 控股宣布，将"其收取一千七百万美元收费公路票据的权利"存入一个信托账户，用于支付员工薪酬，并"将其收取一亿美元收费公路票据的权利"转让给墨西哥政府。美国投资公司迅速采取"加速他们票据的本金金额"的行动，并提起诉讼，称墨西哥公司目前资不抵债，面临破产风险。该投资公司声称，这些票据是这家墨西哥公司最大的资产，墨西哥公司作出的分配"将'阻碍'他们能从判决中获得的清偿"。因此，美国投资公司要求地方法院向墨西哥公司发出初步禁令，以阻止票据转让。地方法院发布了初步禁令，第二巡回法院随后确认了该决定。[1]

在撰写法官意见时，斯卡利亚大法官发现地方法院无权发布初步禁令。由于没有任何法规允许地区法院在等待索赔结果的情况下发布禁令，因此只有在法院有权根据联邦普通法发布禁令的情况下，禁令才可能有效。联邦法院的衡平权仅限于 1789 年《美国司法法》颁布时存在的普通法的适用，大多数人实际上却将联邦法院的衡平权限制在 1789 年现有法规和普通法补救措施明确授予的衡平权。

该案似乎削弱了实质合并破产的普通法支持，且引发了对《美国破产法》适用性的广泛争议。后来，有些法院在支持不适用于《美国破产法》的立场和支持实质合并破产之间来回往复。有的法院特别强调，多数意见将《美国破产法》和欺诈性转让法与上述案例中涉及的联邦法律区分开来。第三巡回法院得出结论，认为该案实际上支持而非限制《美国破产法》中的衡平法权力。于是，实质合并破产得到了其他联邦法院所不具备的权力的支持。《美国破产法》的条款进一步支持了这种支持。

2. 实质合并破产的成文法支持

虽然《美国破产法》规定的衡平法权力可能足以支持实质合并破产，但一些人认为，《美国破产法》本身就支持实质合并破产。《美国破产法》中有关实

---

[1]　See *Grupo Mexicano De Desarrollo*, 527 U. S. at 310.

质合并破产的引用最多的章节是第 105 节（a）和第 1123 节（a）（5）（C）。

（1）第 105 节（a）

"法院可发布执行本编规定所必需或适当的任何命令、程序或判决。本编关于利益方提出问题的规定不得解释为阻止法院采取任何必要或适当的行动或作出任何决定，以执行或修改法院命令或规定，或防止滥用程序。"[1] 该条作为实质合并破产的理由很有吸引力，因为它似乎加强了对破产法院公平性质的强调。第九巡回法院将第 105 节（a）解读为"破产法院的一般衡平法权力"的确认。[2] 根据第 105 节（a）确认的权力，"实质合并破产理论源自破产法学的核心"。

有法院对第 105 节（a）如此广泛的权力授予感到不安，认为所授予的权力必须被解读得更为狭窄。[3] 联邦法院普遍认为第 105 节（a）不能推翻《美国破产法》的明确规定。实质合并破产的批评者认为，实质合并破产与《美国破产法》中将"债务人"称为单一实体而非多个实体的规定相矛盾。然而，在决定合并破产财产时，法院并不是合并多个法律实体，而是承认其他实体只是某一实体的财产。法院不承认存在欺诈性转让，而是承认分离和个人合法存在的主张本身具有欺骗性。也就是说，独立的法律实体仅仅是一种法律虚构，很可能是为了一些纯粹的经济、社会、组织或其他利益而创建的，以帮助其他实体实现其目标。

（2）第 1123 节（a）（5）（C）

另一个反对第 105 节（a）充分性的论点集中在"to carry out the provisions of this title"这一表达上。因此，只有在实现《美国破产法》另一条规定的目标时，第 105 节（a）才合法地支持实质合并破产。[4] 第 1123 节（a）（5）（C）明确指示第 11 章计划包含"为计划的实施提供充分手段，如债务人与一人或多人的合并或合并"的规定，第 1123 节（a）（5）（C）与第 105 节（a）一起使用，以支持 In re Stone & Webster 决策中的合并。法院意识到，仅第 1123 节（a）（5）（C）不足以授予在计划确认之前合并破产财产的必要权力。然而，第 105 节（a）中的衡平法权力足以帮助法院使用第 1123 节（a）（5）（C）作为实质合并的基础。值得注意的是，法院花费了大量时间解释联邦普通法如何支持实质合并

1　11 U. S. C. § 105（a）（2000）.

2　In re Bonham, 229 F. 3d at 764.

3　See, e. g., In re Kmart Corp., 359 F. 3d 866, 871（7th Cir. 2004）; United States v. Sutton, 786 F. 2d. 1305, 1308（5th Cir. 1986）; Southern Ry. Co. v. Johnson Bronze Co., 758 F. 2d. 137, 141（3d Cir. 1985）.

4　Levitin, supra note 90, at 31-32.

破产。尽管之前的 Grupo 控股案作出了决定，并且第 105 节（a）具有广泛的衡平法权力，但法院最终放弃了这一推理，转而证明第 1123 节（a）（5）（C）也支持实质合并破产。[1]

3. 联合国国际贸易法委员会的《贸易法委员会破产法立法指南》

《贸易法委员会破产法立法指南》（以下简称《指南》）的第三部分，用巨大的篇幅规定了实质合并破产，明确了适用标准，归纳了一些适用情形。[2] 与此同时，其对于适用以上标准的态度很明确。问题的核心在于权衡，即尽可能作出公正公平的决定。某个要件不一定是结论性的，在个案的实践中也不一定要求同时具备所有的要件。除了在宏观方面考虑到利益衡量原则，《指南》还关注到了微观层面，如债务人欺诈的标准[3] 及对待优先债权人的标准[4] 等。此外，《指南》还对程序上的事项作出了详细的指引。

（二）我国立法现状和司法立场的进路

前文提到，《会议纪要》已经初步搭建起了相关框架，但目前的立法尚没有确切的规定。

1. 尚无可以遵循的细则导致难以启动

首先，在程序的启动模式方面，《会议纪要》暂时还是空白的。通过分析现有的司法案例，我们可以看出主要有三种启动模式。一是各关联方分别破产再进行合并。上文提到的指导案例就是此种模式。二是先整体合并，再行破产。该模

1　In re Stone & Webster, Inc., 286 B. R. 532, 541-43（Bankr. D. Del. 2002）.

2　这些要件包括：集团有合并财务报表；集团所有成员合用一个银行账户；集团成员之间利益和所有权的统一；对个别资产和负债进行分离的难度；集团不同成员分担间接费用及管理、财务和其他相关费用；存在集团内贷款及贷款的交叉担保；集团成员为图方便不遵守适当手续而彼此转移资产或调拨资金的程度；资本的充足情况；资产或经营业务的混合；指定共同的董事或高级管理人员和举行董事会联合会议；共同营业地；与债权人的欺诈交易；鼓励债权人将集团视为单一实体的做法，使债权人不清楚同其打交道的究竟是集团的哪些成员，或者使集团成员间的法律界限模糊不清；实质合并究竟是为了便于重整，还是为了债权人的利益。

3　见《指南》第三部分第 114 条，"此处所谓欺诈，并非指公司日常经营中发生的欺诈，而是指其活动根本没有正当的商业目的，这可能与创建公司的用意及其创建后从事的活动有关 [见上文第 97（e）段]。这类欺诈的实例包括：债务人几乎将其所有资产转移至某个新设立的实体或其自身拥有的不同实体，目的是为了自己的利益而保全和保留这些资产；对其债权人进行阻挠、拖延和欺诈；设局假冒或庞氏骗局和此类其他欺诈计划"。

4　见《指南》第三部分第 125 条，"一如其他无担保债权人，在实务中，优先债权人既可能获益于集团公司资产的集合，也可能因此而受损。以单一实体原则为依据确定雇员福利或税赋等优先权的，则需要考虑在整个集团内对待这类优先权的问题，尤其是如果这些优先权互为影响的话"。

式意味着在受理破产之前就已经确认符合实质合并破产的条件。三是部分企业先行破产，其关联方再并入。实践中此种模式不多，且存在一定的争议，即法院能否依职权作出并入的裁定。

其次，提起申请的主体范围较窄。《企业破产法》第七条规定了三种申请主体，然而涉及实质合并破产时会出现不同。在司法实践中，提起申请的主体以管理人居多，因为无论是债权人还是债务人在申请时都会面临不同的举证困难。

2. 立法的缺失引发管辖上的争议

《企业破产法》第三条规定了破产案件由债务人住所地法院管辖，同样，在涉及实质合并时，很容易引发管辖权的冲突，因为各关联成员的所在地法院均有管辖权。不过《会议纪要》第 35 条指出以核心控制企业住所地管辖为原则。

3. 适用范围和裁判标准不统一

目前学界的主流观点是以适用该原则为例外。鉴于法律应当是稳定的，且实质合并破产对利益分配产生的影响非常大，法院在实践中也和学界的主流观点一致。《会议纪要》也提出了审慎适用原则。

在个案中，各地人民法院在标准适用上有些混乱。通过在中国裁判文书网上进行检索可以发现，实践实质合并破产的案例已经有很多，现存文书中的大部分裁定理由是存在人格混同，主要依靠法官根据个案的事实情况进行自由裁量。法官的界定方式可能存在不统一的情况。在 2010 年无锡市中级人民法院受理的一起合并破产清算案件中，法院分析并阐述了多种因素，包括企业的账目、经营、人员等，但没有进行整体的归纳。在近些年的案件中，法院逐渐开始关注区分各关联方资产的成本，即"破产效率"的标准，如指导案例 164 号。

四、适用实质合并破产的建议

（一）明确适用范围

1. 统一界定基础概念

税法、公司法领域曾提到关联企业的概念。为了更好地确定适用主体，应当使其在法律体系中的定义保持明确统一。关联企业应具备如下特点：一是各关联方均为独立的法人；二是各方间存在明确的"控制"关系，通常表现为持股；三是除所有外其他经济利益方面也具备高度的利益同向性。

2. 确定适用的基础

实质合并破产带来的影响直接关系到债权人和债务人的利益，不当处理会引发不公平的结果，因此应当谨慎适用该规则。可以将其作为一种特别的救济途径纳入立法，明确在穷尽所有其他可以进行的措施后，才适用实质合并破产。

（二）明确适用标准

美国的司法实践和联合国国际贸易法委员会的《指南》都归纳了相应的适用标准，且指出在适用时不要求同时具备全部条件。我国也可以借鉴此观点。

1. 确定核心标准

应当明确的是，要依旧以关联方人格高度混同为判断要点。同时，"控制"不局限于持股或是内部的贸易，可能会有更隐秘的方式，如转移公司的交易机会，甚至体现在一些细节方面，如管理费用的高度一致性。

2. 兼顾其他辅助性标准

一是区分成本的问题。事实上，各关联方都具有独立法律地位，财产是可以区分开的，只是耗费的代价不同。当区分的成本高得超出合理范围时，应当以效率优先。二是保护债权人公平受偿的问题。根据《企业破产法》和《会议纪要》的精神，适用实质合并破产也是为了解决混同导致的债权人利益受损的问题。三是针对合并重整的案子，回归重整制度的初心，判断是否具有重整价值。

（三）完善程序的启动规则

1. 适度增加可申请的主体

在《企业破产法》第七条的基础上进行扩张，应当以程序最大程度上服务于实体公平与效益为导向，赋予管理人、出资人等申请权。

2. 拓展程序启动模式

可以先通过立法明确现存实践中主流的启动模式，即指导案例中涉及的各自破产再合并，再在此基础之上引入其他模式作为例外，使得法院的裁定有法可依。

五、结语

回顾《企业破产法》的立法与司法实践，关于实质合并的案子有上百件。本文通过分析检视典型案例，探究了实质合并破产在实践中存在的一些问题。要以利益平衡原则为底层价值基础，在以人格混同作为判断关键的基础上进一步多元化考量适用标准，关注区分成本、债权人获益、重整价值等多种因素，灵活应对处理，避免因不当采用实质合并破产而损害各方主体的合法权益。

浅析开源软件的知识产权保护问题及使用风险 夏志颖

在开源软件飞速发展的同时，其知识产权问题也越来越多。在我国，存在对开源软件知识产权法律规定和开源许可证的内容认识混乱与理解错误的情况。探究开源软件涉及的知识产权保护问题及使用风险，是我们应当关注和讨论的重要问题。

一、开源软件的起源

随着数字时代的到来，传统软件垄断性的权利严重阻碍了软件行业的发展速度。1989 年，理查德·斯托曼（Richard Stallman）起草了 GNU 通用公共许可证（GPL），提出了"反版权"的概念。在"反版权"的许可下，用户可以查看、改动源代码，并要求用户将改动后的作品以同样的授权方式回馈给社区。这种方式下，共享和保护可以兼得，从而拉开了开源运动的序幕。1998 年，埃里克·雷蒙德（Eric Raymond）和布鲁斯·佩伦斯（Bruce Perens）提出了用开源软件取代自由软件的想法。开源软件不再局限于 GPL，而是在源代码开放的同时，允许权利人自行设计许可证。后来，LGPL、MPL 等越来越多的开源许可证为人们所熟知，Linux 操作系统、MySQL 数据库及 Eclipse 开发平台等开源项目也逐渐出现，为中国软件行业的发展注入了生机与活力。

二、开源软件的许可证

从本质上讲，开源软件的许可证是一种契约。这等同于开源软件许可方与被许可方之间签订了一份合同，约定了双方在此源代码上的权利与义务。世界范围内的开源软件许可证有多种，较为普遍的有 GPL、LGPL、MPL 等。GPL 是 GNU通用公共许可证的简称，它试图保证被许可人共享和修改软件的自由，但与此同时，也要求用户在修改、翻译、演绎、迭代后将修改后的作品以传染的方式回馈给社区。LGPL 是相对宽松的许可证，与 GPL 在执行上的最大区别就是其适用于特殊设计的函数库，并同意非自由的程序和这些函数库链接。MPL 是 Mozilla 小组为其开源软件项目设计的许可证，其出现背景是 GPL 无法较好地平衡开发者对源代码的需求和利用源代码获得的利益。

三、开源软件的知识产权保护方式

第一，开源软件是受著作权法保护的，且开源软件被视为作品。开源软件完成的一刻就天然自动地产生了著作权，并不需要经过申请。开源软件也和传统的商业软件一样受到保护。同时，著作权保护的是著作权人的表达方式而非思想。如果其他人使用了同样的思想，但是用不同的代码方式进行呈现，并不会侵害著作权人的权利。

第二，开源软件可以用专利权进行保护。首先，专利权对于软件的保护程度要比著作权大，其保护的客体是体现技术发明创新的技术方案。专利权刚好和著作权提供的保护互补。在知识产权保护期限上，专利权的保护期限比著作权的短，这样有助于促进软件的更新。但把软件技术方案作为专利去保护也有一定的缺点，即软件技术方案不具有新颖性、创造性和实用性就不能被授予专利权。这无疑加大了软件技术方案申请专利权保护的难度。

第三，开源软件的商标和普通的商标一样受到商标法的保护。开源软件的商标是软件的开发者为了让自己开发的软件区别于其他人开发的软件而给整套开源软件注册的商标，如 Linux 商标。

商业秘密往往是不为公众所知悉的，能为权利人带来经济利益，具有实用性并经权利人采取保密措施的技术信息和经营信息。一个软件的开发牵涉大量的人力、物力、智力及财力。但是由于开源软件的理念是反对源代码的秘密保护，要求源代码全部公开，这就排除了通过商业秘密进行保护的方式。

四、开源软件的知识产权保护现状和使用风险

开源软件具有开放交流的特征，如果完全通过著作权和专利权等进行保护，会导致过度保护，与开源软件的主张和特征相悖；但是，如果完全按照开源软件组织的构想来进行保护，又会导致保护不力。所以开源软件与知识产权保护制度存在一定的冲突和矛盾，必须在这两者之间取得折中和平衡。目前，多数国家主

张以著作权的方式来保护软件作品，或者通过专利法进行保护。现实中还有通过合同法来保护知识产权的情况。开源软件意味着许可人放弃了著作权中财产权的部分权利，所以现在常通过开放源代码许可协议的方式进行保护，达成相对的平衡。开发者在使用开源软件进行开发时，应该认识到开源软件和普通的软件作品一样都受知识产权法的保护。但是在现实中，部分软件开发人员并不了解在开发过程中使用开源软件时著作权人选择了何种许可证，也不知道对自己的派生作品进行闭源是否构成侵权。软件公司应该加大培训力度，促进员工加强对知识产权法的学习，使员工了解在引用开放源代码时该开源软件使用何种许可，避免日后产生侵权风险、引发诉讼。

参考资料

[1] 卢伟洪. 试论开源软件作品的知识产权保护 [J]. 广东科技, 2010 (16)：48-49.

[2] 糜凯, 史尚元. 开源软件的知识产权研究 [J]. 现代情报, 2009 (9)：4-6.

[3] 肖建华, 柴芳墨. 论开源软件的著作权风险及相应对策 [J]. 河北法学, 2017 (6)：2-11.

[4] 曲柳莺. 开源软件知识产权问题分析 [J]. 信息技术与标准化, 2009 (6)：58.

[5] 李美燕, 曾宣玮. 开源软件著作权保护的焦点问题与应对策略 [J]. 互联网天地, 2018 (11)：40-47.

商事担保从属性缓和化研究

夏志颖

近年来，随着社会金融活动的发展和企业融资需求的提高，完善不动产、动产和权利担保法律制度已成为重要问题。然而，规范抵押或担保合同的民法制度受到严格从属要求的限制，传统和典型的担保权已不足以满足上述社会需要。在实践中，最高额抵押、转让担保甚至差额补足、流动性支持等新型担保措施相继出现。这要求我们必须对担保物权的特征加以探索。[1] 担保物权具有从属性、不可分性和代位性，本文仅对其从属性进行分析。

一、担保物权从属性的原理

（一）从属性的理论基础

权利如果不能实现，就毫无意义。从属性存在的主要目的是使权利得以实现。由于担保物权的性质是一种价值权利，因此它必须从属于债权与债务之间的特定关系。担保物权是使债权人的权利得以实现的权利，一般包括抵押权、质押权、留置权等，以保证债务的清偿为目的。担保物权的存在必然使债务附属于该权利。同样的法律原则也适用于担保合同，以确保货币债权的实现。担保合同从属于主债务。如果没有金钱索赔，担保合同将不复存在。从属性的含义是指法律中特定权利和义务的发生、变更或消除，必须考虑另一种权利和义务关系的存在或变更，即从属的权利和义务不能独立存在，必须由其从属的权利和义务关系来确定，如一般抵押权、质押权、担保权上的留置权、用益物权上的房地产地役权或尚未达到还款期的利息债权。担保合同中担保人的履行责任是一种典型的从权利或义务。但是，民法的权利义务是否从属，应以法律是否有具体规定来判断。此外，其理论基础还在于是否有必要承认其独立存在，其独立存在是否损害第三

1　朱晓喆：《增信措施担保化的反思与重构——基于我国司法裁判的实证研究》，《现代法学》2022年第 2 期。

人或物的利益。从属性理论源于 1804 年的《拿破仑法典》。担保物权以有担保债权人权利的存在为基础,随着有担保债权人权利的转让而转让。担保债权不存在,担保物权也就不存在。担保物权的从属性理论也可以推导出不可分割原则。在有担保的债权未全部清偿之前,主债权的部分清偿不影响担保物权和整个标的物的效力。为维护主债权而设立的所有担保权益都是从属的。从属性理论的构建可以强化担保权对主债权的保全功能,而从从属性理论衍生出来的具体原则(有担保债权专用性原则和标的物专用性原则)有利于维护交易的静态安全,并有利于维护传统民法理论的完整性,以免造成以所有权为核心的物权法秩序崩溃的风险。

然而,从属性理论是否完善仍有讨论的余地。如果严格遵守从属性理论,可能会违反交易的正常情况,扩大交易成本,甚至使担保物权作为价值权的性质无法得到充分发挥。因此,出现了缓和从属性的趋势。例如,法国法律愿意承认对将来债权或有条件债权设定抵押。目前,我国《民法典》关于担保合同适用范围的修改已经迈出重要一步。[1] 担保物权从属性也需要缓和,以使担保制度兼具形式主义与功能主义。

担保物权的从属性体现为担保物权是一种从权利,以偿还担保债权(主权利)为存在的前提。担保物权的发生、转让和消灭必须从属于所担保的债权,不得独立于该债权而存在。担保物权在本质上从属于债权,这是理所当然的。然而,担保物权的从属性原则与有担保债权人权利的特殊性原则之间仍然存在差异,应当加以区分。基于担保物权是从属性权利这一事实,原始担保债权必须存在。原则上,有担保债权人权利的范围和内容必须是具体的,并且必须在有担保财产权生效之前进行登记。这是有担保债权人权利的特殊性原则。可以通过公示登记的方式(担保金额和担保理由必须特定),突出物权法公示原则,保护债权人和第三方的权益。一些学者将借款合同作为常见的例子,即借款合同成立尚未生效,设立抵押不因之无效。但如果在付款之前建立的抵押被视为无效,交易秩序将变得动荡和不稳定。担保债权特定原则似乎有所缓和。以尚未发生的事实、法律关系担保的债权,以及以最高额抵押担保的一定范围内的不特定债权等,具有代替性、流动性而非特定性,可以说是对有担保债权具体原则的缓和。[2] 对于担保标的的原则也应当予以明确,即特殊性原则。随着经济和社会的快速变化,

---

1　王利明:《担保制度的现代化:对〈民法典〉第 388 条第 1 款的评析》,《法学家》2021 年第 1 期。

2　赵峰:《论反担保的从属性及其限度》,《中国法律评论》2022 年第 3 期。

担保标的的特殊性原则也呈现出缓和的趋势。例如，应收账款和将来资产（浮动担保）被用作担保物权的客体。但是，从价值权和价格变动权的角度来看，担保物权是以取得物的交换价值为目的的权利。如果债权到期未清偿，可以拍卖标的物，优先支付价款。由此可见，担保物权的本质是价值权和价格变动权。随着担保物权从保全性质逐渐转变为具有价值权的独立权利性质，如果担保物权能够保障将来债权，其从属性不必与担保物权的性质密不可分。简言之，担保物权此时是独立的，不需要严格从属于债权。这是对担保物权从属性的缓和（突破）。在通常情况下，担保物权的从属性既适用于法定担保权，也适用于意定担保物权，但在表现上仍存在一些差异。法定担保物权（如留置权）的从属性相对显著，而意定担保物权（如抵押权）的从属性相对缓和。

（二）从属性与无因性

从属性的规定基于主权利和从权利之间的依存关系，而物权行为的无因性则是对债权行为和物权行为的效力规定。两者之间存在差异。借款合同设立的是当事人之间的债权债务关系，金钱之债是主债权，担保物权是主债权的从权利，三方之间的权利从属性与法律行为之间没有因果关系。有必要进行以下分析。担保物权的设定不限于现有债权，而仅限于担保物权实施时被担保债权的具体存在，这是对担保物权设立的从属性的缓和。如果担保物权实行时，主权利不存在、无效或被撤销，从权利因违反从属性而无效，只会导致权利的消灭。

二、担保物权从属性的缓和趋势

由于金融活动频繁，经济不断发展，法律规范不可能一成不变。从担保物权可以担保将来债权、最高额抵押权的角度来看，意定担保物权的从属性有部分缓和的趋势。[1] 例如，从属性削弱到只需要担保物权实行时有担保债权存在即可。就抵押权而言，从属性并不是不动产抵押权的本质。不存在从属性，不动产抵押权仍然可以运行。最高额抵押权就是一个例子。就法定担保物权而言，其从属地位没有突破。不过，从属性的最小化应以无害担保物权为最低限度。

（一）抵押权设立从属性、转移从属性的缓和

1. 抵押权设立的从属性

抵押权是一种从属物权，以其所担保的债权的存在为必要条件。合同当事人

1　谢在全：《担保物权制度的成长与蜕变》，《法学家》2019 年第 1 期。

除以债权的发生为终止条件，或者约定就将来应发生的债权而设定外，如果担保债权不存在，即使设定并登记了抵押权，仍然难以确认抵押权已经成立。这是抵押权与主债权之间不可分割的从属特征。

为了增强担保制度的灵活性并更好地发挥其经济功能，应缓和其从属性，并根据社会需要对其进行广义解释。[1] 近年来，司法实践中对缓和抵押权从属性的认识逐渐增强。这一系列问题仍有讨论的余地。[2] 无论抵押权是否存在，都有必要承认从属性而不是放弃从属性的判断标准，只是判断标准的宽松与严格有所区别。

设定抵押权的目的是保证债权的清偿。当事人同意就将来可能发生的债权为被担保债权而设定抵押权，已为司法实践所承认。这是对从属性的缓和。有实践观点认为，将来债权只要具有让与和换价的可能，也可以作为权利质权的标的。在我国，为抵押权所担保的将来债权必须满足以下条件：将来有发生的可能；数额经预定的条件进行设定。本文认为，前一条件应当是成立要件，而不是有效要件。至于抵押贷款的有效时间点，确实耐人寻味，有必要加以厘清。一是订立抵押权合同时说。就从属性理论的缺陷而言，如果坚持从属性，将阻碍交易，无法实现设定抵押的目的。而且登记是对公示原则的承认，可以针对第三方进行登记，将来债权设定的抵押自登记时生效。二是将来债权实际发生时说。将来债权未发生时的登记不具有抵押效力，设定抵押权为处分行为。处分时不存在处分标的，则不产生处分效力。有实践观点认为，抵押权的性质从属于债权。如果债权是借款，即使约定在将来，也应当金钱交付时才生效。本文认为，抵押权只有在将来债权实际发生时才生效的理论更符合有担保债权特定原则，且能够顾及担保物权从属性原则，但抵押权应从登记之日起追溯生效。允许为将来债权设定抵押权，可能是为了缓和抵押权的从属性。如果担保债权无效或不存在，并且当抵押权变价时没有债权存在，抵押权仍根据其从属性无效和不成立。此外，抵押权具有一定时间上的灵活性，可以创造更多的资金，达到为需要资金的人融资的目的。有学者认为，抵押权担保债权设立的从属性应当从宽认定。抵押权成立时存在确定债权的理由的，应当认定其从属于债权的成立，从而使抵押权生效。抵押权实行时实际债权仍然不存在的，仍应当视为抵押权标的物未得到充分担保。债

1　高圣平：《民法典担保从属性规则的适用及其限度》，《法学》2020 年第 7 期。
2　吴光荣：《〈民法典〉对担保制度的新发展及其实践影响——兼论〈民法典担保制度司法解释〉的适用范围》，《法治研究》2021 年第 4 期。

务人已经履行了对债权人的债务，债权已经消灭的，应当允许抵押人注销抵押权登记。例如，工厂建成后（确定将来债权的原因已经发生），为周边居民对将来废水排放可能造成的损害的责任预先设定了抵押权（金额不确定）。但是，如果工厂尚未完工，根据标的物的特殊性原则，工厂不具备权利客体的法律地位，并且由于将来债权的存在，事实尚未发生，则无法设定一般抵押权。本文认为，根据标的物特定性原则，虽然厂房尚未完全建成，但已建成部分足以抵御风雨，具有经济效用，即具有不动产地位。根据抵押物从属性缓和化的法理，只需要实行抵押权时该工厂已兴建完成及该损害赔偿债权存在，即可以提前设定抵押权。有学者认为，一般抵押权的设立是为了担保特定的债权债务。基于实际操作的必要性，广义地解释其包括将来债权或有条件债权并无不妥。对于一般抵押权担保的将来债权，应当按照相关标准进行判断，也应当考虑该债权债务在担保权设立时是不是特定的。如果要保证不特定债权债务的履行，就没有必要再放宽对抵押权设立上的从属要求，而勉强适用于担保债权债务关系不特定的情况。本文认为，担保债权特定性原则的缓和与担保物权从属性原则的缓和是两个不同的概念，仍应加以区分，不应混为一谈。

2. 抵押权转移的从属性

抵押权须附随于其所担保的债权，不能单独让与或成为其他债权的担保，这是抵押权转让的从属性标准。如果对抵押物的处分和抵押顺序的变更作出规定，或者债权转让时，当事人有特别约定或者民法规定担保权与转让人不可分割，担保权不得随债权转让而转让。此外，在权利与债务人之间存在不可分割关系或担保权由第三方提供的情况下，可以看到一般抵押权转让从属性的缓和。[1] 换言之，当事人协议可以排除转让的从属性，这不影响担保权当时的执行目的及其权利的性质。这与设立（发生）的从属性不能通过协议排除的保护标准有很大不同，因为担保物权在性质上是从属的，必须从属于特定的债权。因此，不允许当事人约定排除担保物权设定的从属性，即设定从属性的缓和仍有一定界限。

（二）最高额抵押权从属性的缓和

最高额抵押权是指抵押人与债权人约定，债务人或第三人为债务人将要连续发生的债权提供担保，债务人或者第三人逾期不清偿的，抵押人和债权人可以在最高额范围内优先受偿抵押财产的价款。从定义可以看出，它不同于一般抵押权对特定债权的担保。其担保的债权不限于合同签订时发生的债权。将来在约定限

1　刘保玉：《第三人担保的共通规则梳理与立法规定的完善》，《江西社会科学》2018 年第 10 期。

额内可能发生的债权也在抵押的有效期内。在设定最高额抵押时，通常没有具体的债权可以从属。也就是说，最高额抵押权不从属于其所担保的基本法律关系所产生的个人债权，而从属于其所担保的一定范围内的基本法律关系，如当事人之间的融资信用合同和分配合同、银行与客户之间的票据合同，以及短期信贷合同、中长期贷款合同、信托和担保合同。在确定最高额抵押权时，不需要先有债权，这是司法实践所公认的。

以最高额抵押担保的债权在原债权确定前转移给他人的，最高额抵押权不得随之转移。第三人清偿债务人债务的亦同。[1] 以最高额抵押担保的债权在原债权确定前由第三人承担，债务人免除债务的，抵押权人不得对所承担的部分行使最高额抵押权。在原债权确定前，经抵押人同意，抵押权人可以将最高额抵押权的全部或者部分转让给他人。在原债权确定之前，经抵押人同意，抵押权人可以将另一人设定为最高额抵押权的共有人。在原债权确定之前，最高额抵押权没有优先转让权。当债权转移、债务清偿、债务承担时，最高额抵押权不随债权转移，所转移的特定债权不再受最高额抵押权担保。最高额抵押的原债权一经确定，债权的转让和债务的承担必须符合担保权转让的从属性，即最高额抵押担保的原债权确定后，最高额抵押担保的不特定债权特征消灭，被担保债权由约定担保范围内的不特定债权变更为担保范围内的特定债权，抵押权的从属性恢复。也就是说，在确定最高额抵押担保的原债权后转让给他人的，抵押权也随之转让。在确定最高额抵押担保的原始债权前，如果担保债权因清算、托管、联营、抵销等举措而消灭，则最高额抵押权不会因担保债权的消灭而消灭。即使债权的实际金额为零，最高额抵押权仍将继续存在，作为对将来可能发生的不特定债权的担保。这构成了消灭上的从属性缓和。原债权在确定后，将受到担保权从属性的限制。原债权因清算或者其他原因消灭时，最高额抵押权也消灭。

最高额抵押权的从属性不同于一般抵押权，特点有三。一是允许在担保一定范围内的不特定债权；二是担保债权在确定前转让的，不得以最高额抵押权（转让中从属性的减轻）作为担保；三是如果债权在确定前清偿，则最高额抵押权不因之而消灭。因此，最高额抵押权的存在实际上是对从属性的克服。可以通过这种方式有效地保证未确定的将来债权或继续性债权。

1　武亦文：《〈民法典〉第 420 条（最高额抵押权的一般规则）评注》，《南京大学学报（哲学·人文科学·社会科学）》2021 年第 6 期。

三、域外经验

（一）德国民法关于担保物权从属性的缓和化

德国民法规定，担保物权应随债权转让一并转让给新债权人。债权不得与担保物权分离而转让。由此可见，德国民法对担保物权的从属性有一定的规定。随着债权的转移，担保物权也将转移给新的债权人。然而，德国民法中担保物权的制度规范因其严格性、松散性和非独立性而有所不同。

1. 保全抵押权

德国民法规定，抵押权的设定，需明确以抵押权为基础的债权只能根据其债权确定，债权人不得援引登记证明其保全抵押权。该抵押权应在土地登记簿上标明为保全抵押权。保全抵押的目的是保全债权，并不期待流通的不动产担保方式。如果债权已经成立，且抵押权已经登记，已登记的抵押权人根据登记簿上的登记，可以取得债权的抵押权。如果债权不成立，即使抵押已登记，抵押人仍可以根据登记簿外的信息证明其债权不成立。已登记的抵押权人将无法获得该抵押的债权。抵押登记的公信力只能在有担保债权存在的前提下才能被援用。房地产登记机关在办理保全抵押时只出具抵押登记证，该证明不具有可转让性。可见，保全抵押权具有严格的从属性，其内容必须受债权存在的约束。

2. 流通性抵押权

流通性抵押权一旦在土地登记簿上登记，就具有公信力和推定力。[1] 它是在土地上设立的抵押，旨在维护被担保债权，使投资资本易于收回，并确保抵押担保的债权的流通性。因此，流通性抵押权的本质是一种独立的价值权利。债权未成立的，转让登记簿上的抵押权仍受保护，即设定当时有债权存在，债权因某种原因而无效不影响可转让抵押权的效力。德国民法还规定，可以为将来债权或附条件债权设定抵押权。在确立将来债权之前，由于确立将来债权，所有者的土地债务将具有其他主要抵押的性质。这是从属性的缓和。但是，严格执行抵押权的从属性，将极大地限制抵押权的流通性。根据德国民法的设计，抵押权只是债权的附属物。为了减少对抵押物流通性的阻碍，只要作为抵押权基础的债权应当存在，公信原则的效力就及于该债权。

---

[1] 李运杨：《担保的移转从属性及其例外——以中德比较为视角》，《中国海商法研究》2020 年第 2 期。

流通性抵押权的特点是具有很强的登记公信力。其设立时有债权为所有人抵押。即使债权因某种原因无效或不成立，或当事人无行为能力，流通性抵押权的效力也不会受到影响，抵押权人也可以援用登记的公信力。在设定时，也可能没有债权。如果甲方在其土地上自行设定抵押权，并在登记机关登记，然后将登记机关发的该抵押证券转让给乙方，即使事实上甲方没有向乙方借款，乙方仍然获得了抵押权，并且甲方仍必须履行抵押证券包含的债务。可以看出，与保全抵押权相比，流通性抵押权的从属性更为缓和。德国法律中的抵押权以流通性抵押权为原则，以保全抵押权为例外。如果想设定保全抵押权，就必须表明抵押权的意图，否则将被视为流通性抵押。

3. 土地债务

土地债务是独立于债权存在的担保权益，不受债权不成立或消灭的影响。德国民法对此作了规定。对土地设定负担并从负担中受益的人可以获得一定数额的土地债务。土地债务是对金钱债务的担保，金钱债务是土地债务的债权人与承担土地债务的所有权人之间的债务合同。土地债务的设立并不以债权的设立为前提，而是根据登记内容使土地成为物上负担。因此，有学者将土地债务称为"无债抵押"。如果索赔未成立，业主的土地债务保持不变。这种担保物权在德国法律实践中比保全抵押权和流通性抵押权更为常用，在制度和规范上也相对灵活。当债权尚未发生时，土地所有人可以首先通过银行对其土地设定负担，以便未来想与银行建立贷款的法律关系时成为担保对象。

可以在基本关系上区分保全抵押权、流通性抵押权和土地债务。如果当事人之间存在金钱之债的债权债务关系，有担保债权人可以偿还债务，以不动产设定保全抵押，则抵押严格从属于主债权。主债权消灭，抵押权也随之消灭。如果债务人以融资为目的设立流通性抵押，则该从属性将被打破。主债权关系被消除，抵押仍能存在和流通。如果设定了土地债务，即使没有主债权关系，其设置也不会受到影响。事实上，三者具有相同的担保功能，但对基本债权的从属性不同。

（二）日本民法担保物权类型与从属性

日本民法中担保物权的类型包括留置权、优先购买权、质押权、抵押权。担保物权的存在是为了保全债权。如果债权不存在，担保物权就不再存在。这是担保物权对债权的依赖，即所谓从属性。随着债的转移，担保物权也会转移，这是担保物权的伴随性。为了使担保物权摆脱对债权的绝对从属性，传统的从属性理论须进行调整，从而发展出担保物权从属性的缓和理论。

担保物权从属性的缓和理论是指，当担保物权人根据担保物权取得交换价值时，担保物权和债权同时存在即可，对担保物权的设定、转让和消灭的从属性不必过于严格。也就是说，担保物权设定时，不需要存在实际债权，可以为将来债权提供担保；担保权益的转让也可以单独进行，不需要主债权；当债权消灭时，为债权设定的担保物权在一定条件下仍然可以存在。这一理论主要体现在四个方面。第一，1973 年《日本民法修正案》确立了最高额抵押的法律地位，关于成立的从属地位、转移的从属性、消灭的从属性都有放宽。第二，抵押权从属性可以在抵押权实现时存在，也可以在将来债权可能发生时确立。债权可能发生理论已成为日本学术界从属性缓和理论的主流观点。第三，允许抵押权的单独转让。"抵押权人可以使用其抵押权作为其他债权的担保，或者为了同一债务人的其他债权人的利益转让或放弃抵押权或其顺序。"例如，甲方向乙方借款 500 万元，并将其房屋抵押给乙方，乙方向丙方借款 300 万元，此时乙方可以以其对甲方的原始抵押为该债权提供担保。第四，当主债权无效时，抵押权仍可以继续存在。主债权人向债务人支付价款后，抵押权仍可以作为抵押权人返还标的物请求权和对债务人损害赔偿请求权的担保。虽然日本民法中抵押权出现了从属性的缓和，但这并不意味着抵押可以作为一种物权独立存在。这与德国法的流通性抵押权并不相同。

四、结语

担保物权的从属性逐渐走向缓和。除了司法判决在从属性上采取宽松解释，民法甚至通过明确最高额抵押权，承认最高额抵押权在成立、转让、消灭上的从属性有所突破。国外立法也对担保物权的从属性作出了类似的规定。德国民法将担保物权的从属性分为保全抵押权、流通性抵押权、土地债务。虽然作出了这样的区分，但德国目前关于设定担保物权的做法常用于土地债务，根本上无从属性。这与我国的担保物权不同。日本民法发展了从属性缓和理论，其中转抵押的规定可以激活抵押权本身的权利价值，促进融资担保制度的完善。对于外国立法，需要结合我国的文化背景和社会经济制度进行综合评价，不能一味移植外国法律。

担保物权从属性在司法实践和民法规范中的适用，是在法律秩序与法律适用过程中产生的疑义之间取得的平衡。缓和担保物权从属性的趋势可以促进融资市场的发展，维护法律秩序的稳定。[1]

---

[1] 刘保玉、梁远高：《"增信措施"的担保定性及公司对外担保规则的适用》，《法学论坛》2021 年第 2 期。

鞠文月 　江苏辰顺律师事务所律师

执业证号：13211202311665863

执业经历：江苏大学法学学士，具有多年建筑装饰上市公司法律服务工作经
　　　　　验，担任镇江市多家企业、银行常年法律顾问，深耕金融领域多
　　　　　年，获得当事人广泛好评

业务专长：民商事诉讼与执行代理
　　　　　公司业务纠纷
　　　　　建设工程纠纷
　　　　　劳务纠纷
　　　　　破产、清算等非诉处理

论宽严相济刑事政策在治理非法吸收公众存款罪中的运用

鞠文月

一、非法吸收公众存款罪的概述

（一）概念及立法进程

非法吸收公众存款罪是典型的涉众型犯罪，指违反国家金融管理法规，非法吸收公众存款或变相吸收公众存款，扰乱金融秩序的行为。该罪自设立以来，在认定上一直有着诸多争议。1995 年，第八届全国人大常委会第十四次会议通过《关于惩治破坏金融秩序犯罪的决定》，以法规及单行刑法的形式增设了非法吸收公众存款罪。1997 年，《刑法》采取严格、叙明的立法模式，在第一百七十六条明文规定了非法吸收公众存款罪。不过，法律法规对"吸收"方法和"公众"一直没有切实明确的认定。2010 年出台的《最高人民法院关于审理非法集资刑事案件具体应用法律若干问题的解释》对成立非法吸收公众存款罪的情形作了列举式规定。该司法解释虽然对该罪名的客观方面进行了明确规定，但仍然存在有争议的地方，比如对"公开"的认定等。最高人民法院、最高人民检察院、公安部于 2019 年出台了《关于办理非法集资刑事案件若干问题的意见》，明确了主观故意认定和犯罪数额认定等问题，新增从宽处罚规定，但实质上仍属于酌定从宽量刑情节。2021 年 3 月 1 日起施行的《中华人民共和国刑法修正案（十一）》对非法吸收公众存款罪法条作了重大修改，增加非法吸收公众存款罪第三档法定刑，将积极退赃退赔规定为法定从轻、减轻处罚情节，实现酌定量刑情节的法定化，对非法吸收公众存款罪的定罪量刑产生重大影响。2022 年 3 月 1 日起施行的《最高人民法院关于审理非法集资刑事案件具体应用法律若干问题的解释》进一步修改完善认定非法吸收公众存款罪的特征要件和非法吸收资金的行为方式，增加网络借贷、虚拟币交易、融资租赁等新型非法吸收资金的行为方式，并为打击养老领域的非法集资犯罪提供了依据。

（二）司法现状

从全国法院近年审理案件情况看，非法集资案件数量多、占比大。2017年至2022年8月，全国法院审结非法集资一审刑事案件6.02万件，其中非法吸收公众存款刑事案件呈现高发多发态势，严重影响金融市场秩序和社会稳定。这也促使国家陆续出台一系列法律规定严格监管，其刑法规制一直呈现从严惩处的立场。但从司法实践情况来看，非法吸收公众存款罪的扩张式立法降低了入罪的准入门槛，"口袋罪"适用情况层出不穷。

为了改善现状，依法惩治犯罪，建设社会主义和谐社会，有必要注重宽严相济刑事政策在治理非法吸收公众存款罪中的运用，使非法吸收公众存款罪既不因尺度过宽而过度将民间借贷行为入罪，也不因尺度过严而放纵犯罪行为。

二、在治理非法吸收公众存款罪时运用宽严相济刑事政策的价值

（一）有利于保障人权和实现公正司法

根据《最高人民法院关于贯彻宽严相济刑事政策的若干意见》，刑事司法应当实行区别对待，在严厉打击严重刑事犯罪、维护社会治安的前提下积极贯彻"教育、感化、挽救"方针，做到该宽则宽，当严则严，宽严相济，罚当其罪。在司法实践中，可以通过宽严相济的刑事政策导向，在总体上对非法吸收公众存款罪加大惩治力度的同时增设附条件的从宽处罚规定。在定罪上要严格根据构罪标准认定犯罪，防止过度犯罪化，以保障犯罪嫌疑人、被告人的人权；在量刑上要考虑到各种法定情节、酌定情节，针对不同犯罪主体主观恶性、悔罪态度等具体情况的不同进行量刑；在刑罚执行过程中要做到宽严相济，感化罪犯，促使罪犯积极改造，预防其再犯罪。

（二）有利于稳定市场经济秩序

非法吸收公众存款罪是我国民间融资活动迅速发展的产物。为了对乱集资、乱办金融机构、乱办金融业务的金融犯罪活动予以有效打击，刑法逐步设立了这一罪名。宽严相济刑事政策在促进社会和谐发展、维护社会主义市场经济方面有重要作用。在治理非法吸收公众存款罪时运用这一刑事政策，对犯罪行为人予以可非难性减免评价，一方面要正视我国民营经济健康发展的客观需求，营造平等的资金融通市场环境，稳定市场经济秩序，严惩犯罪行为；另一方面要实现资源的有效配置，鼓励犯罪行为人积极主动退赃挽损，促进双方的利益平衡，实现司法和经济效益最大化、资源的重新整理与分配。

三、宽严相济刑事政策在治理非法吸收公众存款罪中的运用现状

（一）定罪量刑角度

在治理非法吸收公众存款罪时贯彻宽严相济的刑事政策，需严格把握定罪处罚的法律要件，防止将经济纠纷作为经济犯罪处理。

非法吸收公众存款罪的主观方面表现为直接故意，要将责任主体与非责任主体区别开来，避免追究非责任主体的刑事责任。在单位犯罪的情况下，其主观方面是单位成员的共同认识和意志，应当将其与单位成员个人的认识和意志严格区分开来。根据最高人民法院、最高人民检察院、公安部 2019 年出台的《关于办理非法集资刑事案件若干问题的意见》，可依据任职情况、职业背景、专业背景、培训经历、本人因同类行为受到行政处罚或者刑事追究的情况、吸收资金的方式、宣传推广、合同资料、业务流程等证据，结合供述综合分析是否具有本罪的主观故意。在此基础上，按照区别对待的原则，对涉案人员进行分类处理。重点惩处非法集资犯罪活动的组织者、领导者和管理人员，包括单位犯罪中上级单位（总公司、母公司）的核心层、管理层和骨干人员，下属单位（分公司、子公司）的管理层和骨干人员，以及其他发挥主要作用的人员。对于参与非法集资的普通业务人员，一般不作为直接责任人员追究刑事责任。对行为人的主观恶性也应当结合行为人的认知水平等因素进行综合评价，力求罪责刑相适应。

宽严相济刑事政策是重要的量刑政策。2022 年《最高人民法院关于审理非法集资刑事案件具体应用法律若干问题的解释》对非法吸收公众存款罪提高了入罪标准与法定最高刑，有利于适应社会经济发展现状与司法实践的要求，体现了案件的平衡处理；同时规定了积极退赃退赔情节，实现了从宽处罚的法定化、实质化。对于非法吸收公众存款，主要用于正常的生产经营活动，能够及时清退所吸收资金的，可以免予刑事处罚；其中情节显著轻微的，不作为犯罪处理。对于涉案人员积极配合调查、主动退赃退赔、真诚认罪悔罪的，可以依法从轻处罚；其中情节轻微的，可以免除处罚；其中情节显著轻微、危害不大的，不作为犯罪处理。切实贯彻认罪认罚从宽制度，最大限度地体现宽严相济政策精神，针对不同数额不同标准衡量与之适应的量刑幅度。危害性大，量刑要从严；危害性小，量刑应从宽。

（二）刑罚执行角度

宽严相济刑事政策是刑事执行政策。在非法吸收公众存款罪的执行中，无论

是对判处缓刑者还是对实刑者，宽严相济刑事政策都具有积极的意义。通过贯彻这一政策，可以综合判处主刑与附加刑。就主刑而言，应充分利用缓刑、减刑、假释制度区别对待犯罪行为人，将积极矫正改造、缴纳罚金刑的罪犯视为"确有悔改表现"，在减刑或假释中积极考虑。对于有支付能力而仍然不积极配合执行罚金刑者，应当视为无悔改表现，减刑上从严或不得假释。对于附加刑主要是罚金刑而言，尤需考虑刑民交叉下的财产处置顺位、刑事判决财产性判项的先民后刑执行顺位，以及罚金刑改为无限额罚金制后涉案资产在实际执行角度上的义务冲突。如果犯罪行为人不能同时履行各项给付义务，需要与民商法、行政法等其他部门法相互协调。

四、对宽严相济刑事政策在治理非法吸收公众存款罪中运用空间的思考

非法吸收公众存款罪侵犯的客体是金融管理秩序。有学者提出非法吸收公众存款罪的法益应定位为公众资金安全，着眼于资金需求者与供给者之间形成的金融交易关系是否安全，而非是否侵害银行等金融机构的揽储利益；应由金融管理本位主义立场转变为金融市场交易本位主义立场，以适应民间融资市场行为总体特征，促进功能互补的金融市场体系的形成与发展。这一立场转变的趋势也与2022年《最高人民法院关于审理非法集资刑事案件具体应用法律若干问题的解释》第六条第二款关于正常生产经营活动能及时清退吸收资金的规定相印证。在此观点下，非法吸收公众存款罪的传统法益定位客观上造成了出罪空间狭窄，使得法益欠缺作为出罪事由难度增加。这可能导致很多有合理融资需求、未造成资金安全风险的融资行为也被纳入刑事制裁范围，增加民间融资的刑事风险。此外，缺乏对该罪从宽处理的体系化判断标准，无形间限缩了从宽处罚的适用条件，导致在司法实践中不能完全区分可能本可不认定犯罪的轻微危害行为与认定有罪免刑的转处方式行为，对行为人是不认定为犯罪还是从轻、减轻和免予处罚，还需进一步差别化、实质化认定。

对此，应树立金融垄断主义的矫正思维，提高司法入罪门槛，综合考虑行为人非法吸收公众存款行为的法益侵害性程度、预防可能性与修复可能性等判断其罪责刑是否相当。具体而言，可以通过考察集资数额、损失数额、参与作用、退赃挽损范围等作为入罪或加重处罚标准，判断法益侵害的程度；综合考虑退赃挽损行为人的修复对象、次数、时间、地点、手段、效果、动机等评价对法益修复的程度，准确把握积极退赔退赃对量刑的影响度，区别化适用从宽处理。除刑法

与司法解释中列举的"积极退赔退赃，减少损害结果发生""及时清退所吸收资金"等修复手段，还可以扩展完善合规管理体制、改变违法经营模式、处理有关责任人员等没有列举的法益修复现象，作为判断行为人是否满足从宽处理适用条件的依据。

治理非法吸收公众存款罪，从多角度综合考量贯彻宽严相济刑事政策，有助于进一步完善刑事规制，架构合理的罪责刑关系，助力非法集资犯罪的科学有效治理。宽严相济刑事政策要求针对具体案件具体分析，以实现严惩犯罪与充分保障人权之间的平衡；要求综合考虑多种因素，充分发挥法官的自由裁量权和解释权，将刑罚规定的具体性和灵活性相结合而定罪量刑，最终实现犯罪惩戒、社会秩序稳定与市场经济有序发展之间的动态平衡。

浅谈施工单位视角下建筑材料价格大幅上涨的法律风险应对

鞠文月

建设工程通常周期长、合同造价高、价款组成复杂，并受市场、政策、国际局势等多方面因素影响，因此建筑业成本充满不确定性。对于建筑材料价格波动来说，如果建筑材料价格总体上涨幅度超过一定程度，施工单位原本的预计利润可能会被材料价格上涨抵消，甚至出现不抵成本的情况，而施工单位的亏损可能会对工程质量和安全产生不良影响。鉴于公共建筑项目的完成会对社会公共利益产生重大影响，建设单位与施工单位应在建筑材料价格波动时合理地共担风险。

为保障工程质量和工程安全，各地相继制定了若干关于解决材料上涨问题的指导意见。就江苏省来说，2021 年 5 月 13 日，江苏省建设工程造价管理总站发布了《关于建筑材料价格异常波动的风险警示》（苏建价函〔2021〕32 号）；2021 年 5 月 28 日，江苏省住房和城乡建设厅发布了《关于做好防范和化解建筑材料价格异常波动风险相关工作的通知》（苏建函价〔2021〕253 号）。本文将结合法律理论和实践，浅析施工单位视角下应对建筑材料价格大幅上涨的法律风险。

一、主要材料（工程设备）的范围和价格风险幅度

根据《建设工程工程量清单计价规范》（GB 50500-2013）第 3.4.1 条，建设工程发承包必须在招标文件和合同中明确计价中的风险内容及范围，不得使用无限风险、所有风险或类似语句来规定计价中的风险内容及范围。该条是强制性规范，承发包双方必须执行。

第 9.8.2 条对施工单位采购材料和工程设备的价格变化进行了规定，建议合同约定主要材料和工程设备价格变化的范围或幅度。如果在合同中没有约定，并且材料和工程设备的单价变化超过 5%，超过部分的价格应根据该规范附录 A 的方法进行调整。材料、工程设备价格上涨或下降幅度在 5% 以内的，其差价由施工单位承担或受益，超过 5% 的部分由建设单位承担或受益。

江苏省住房和城乡建设厅《关于加强建筑材料价格风险控制的指导意见》

（苏建价〔2008〕67号）明确了对于主要建筑材料的分类标准。根据该指导意见，材料费占单位工程费2%以下的材料被定义为非主要建筑材料；材料费占单位工程费2%以上但不超过10%的材料归类为第一类主要建筑材料；材料费占单位工程费超过10%的材料属于第二类主要建筑材料。文件还规定了风险分担的原则。对于施工期间非主要建筑材料价格的上涨或下降，差价均由施工单位承担或收益；对于施工期间第一类主要建筑材料价格上涨或下降幅度在10%以内的，差价由施工单位承担或受益，而超过10%的部分则由建设单位承担或受益；在工程施工期间，如果第二类主要建筑材料的价格波动在5%以内，那么差价将由施工单位承担或受益，价格波动超过5%的部分则由建设单位承担或者受益。苏州市住房城乡建设局发布的《关于加强建设工程材料价格风险管控的通知》（苏住建建〔2021〕23号）亦明确："工程施工期间主要材料价格上涨或下降幅度在5%以内的，其差价由施工单位承担或受益，超过5%的部分由建设单位承担或受益。"

因此，承发包双方可以根据具体项目和建筑市场的实际情况，在遵循《建设工程工程量清单计价规范》第9.8.2条或《关于加强建筑材料价格风险控制的指导意见》《关于加强建设工程材料价格风险管控的通知》等相关规定的基础上，协商确定调整材料价格和风险幅度。

二、可调整材差的理论依据

1. 合同明确约定可以调整材差

若合同明确约定了对材料差价的调整方案，施工单位可依照约定从合同中获取调差价款。《关于做好防范和化解建筑材料价格异常波动风险相关工作的通知》明确规定："对于受材料价格波动影响而需要调整合同价格的情况，建设单位和施工单位应遵守合同中关于价款调整的条款执行。"根据《建设工程施工合同（示范文本）》第11.1条，市场价格波动引起的调整除专用合同条款另有约定外，市场价格波动超过合同当事人约定的范围，合同价格应当调整。合同当事人可以在专用合同条款中约定选择以下一种方式对合同价格进行调整。第1种方式：采用价格指数进行价格调整。第2种方式：采用造价信息进行价格调整。第3种方式：专用合同条款约定的其他方式。

2. 合同未进行约定或者约定不明

根据《关于加强建筑材料价格风险控制的指导意见》，建筑工程的发承包双方在施工合同中需约定以下内容：工程涵盖的主要建材范围；承包方投标价格中包含的建材价格风险的幅度；当主要建材价格的波动超过投标价格中的风险幅度时建材价格的调整方式。

如果合同对调整材料差价没有明确约定或约定不清楚，根据《民法典》第五百一十条、第五百一十一条，双方可以协商签订补充协议；不能达成补充协议的，则可以根据合同相关条款、交易惯例、合同履行地市场价格或政府指导价等来确定。在司法实践中，如果双方没有约定或约定不清，裁判机关通常会依据当地住房和城乡建设部门发布的指导性文件或清单计价规范的相关规定予以执行。根据《建设工程工程量清单计价规范》第3.4.3条，当合同价款受到市场物价波动的影响时，应合理分摊给发承包双方，而当合同未对此约定且发生争议时，应按照第9.8.1—9.8.3条的规定来调整合同价款。由此可知，建设单位应适当地有限度地承担材料价格上涨的市场风险。

《关于做好防范和化解建筑材料价格异常波动风险相关工作的通知》还指出："合同没有约定或约定不明的，建设工程双方可根据实际情况，本着诚信、公平的原则，签订补充协议。补充协议可约定以下内容：1. 占单位工程费超过一定比例的建筑材料的价格风险承担比例和调价方法；2. 为缓解施工单位的资金压力，在工程进度款支付时，将建筑材料调价部分作为工程进度款一并支付。"

3. 合同明确约定不可调整材差

若合同明确约定不可以调整材差，则违约导致建材价格变动的风险应由违约方负责。双方均没有过错，但建材价格上涨导致合同权利义务失衡时，施工单位可以根据公平与诚实信用原则协商变更合同，包括变更合同中不允许调整材差的条款，并与建设单位商议补偿调整后的工程价款。如果不予调整材差的条款符合格式条款，施工单位可主张关于格式条款的有关法律规定请求认定该条款无效而不作为合同内容，请求法院调整合同权利义务，再行协商补偿。如果是在单价合同中对部分主材的调差有所约定，没有囊括其他种类的建材，则难以适用格式条款的有关规定，施工单位可以考虑根据公平原则对价格进行适当调整。

也有观点认为，可以直接根据《民法典》第五百三十三条之规定适用情势变更原则主张变更合同。施工单位主张适用情势变更原则调整材差的法律风险，主要在期限和举证两方面。根据法律法规和实践判例可以看出，在期限方面，情势变更的适用前提是一方在发生情势变更的情况下继续履行合同明显不公平且受到不利影响。因此，在合同成立后但未完全履行完毕期间，若工程尚未完工，施工单位应综合衡量继续施工的成本和预计利润，考虑选择变更合同继续履行或解除；若已经完成或竣工亟待结算，施工单位可依据情势变更原则要求调整合同价款。在举证方面，施工机构应提供有力证据以证明材料价格的上涨程度达到了"不属于商业风险的重大变化"的要求，并且对其当事人不利程度已经达到了不能继续履行合同的程度。目前法律法规对商业风险的界定尚没有统一标准，在实践案例中，如果施工单位所主张的材料价格差异不足以导致双方利益的根本失衡，那么主张依据情势变更原则来调整材料差额往往是不能成立的。

三、实践启示与建议

1. 签订合同时，对材料价格波动有合理预见，保留调价空间

施工单位应该从实践的角度出发，提前对材料价格的波动情况进行合理预测，并在签订施工合同时充分考虑到这种影响，保留一定的调价空间。可以在合同中明确可调价材料的类别名称、风险幅度及在超过风险幅度后采取的调整方式，以公平合理地分担主要材料价格波动引起的风险。

《关于建筑材料价格异常波动的风险警示》指出："建议工程建设各方在招投标、施工合同签订和施工合同履行过程中，增强风险防范意识，充分考虑材料价格异常波动可能性，合理分担风险。"《关于做好防范和化解建筑材料价格异常波动风险相关工作的通知》也提出："建设工程双方在招投标和施工合同签订过程中，应增强风险防范意识，充分考虑材料价格波动风险，签订合理的价格风险控制条款，明确风险分担原则。"

2. 履行合同时，及时采取措施锁定材料价格，防止损失扩大

建筑材料价格上涨是一个渐进的变化过程。在材料价格上涨的过程中，如果施工单位没有及时采取措施来锁定价格，在实践判例中可能会被视为施工单位自愿承担该波动带来的损失，而不应适用情势变更原则调整材差。这就要求施工单位在履行合同期间，在价格上涨过程中及时采取措施锁定材料价格，防止损失扩大，以保证存在适用情势变更原则的可能性。

3. 树立证据意识，避免违约带来的材料差价风险

若施工单位出于自身原因导致工期延误或建筑材料供应延误，则在此期间出现的建材差价成本增加应由施工单位自行承担。但若双方明确约定了工期风险的分担，则应按约定履行。施工单位应注重避免工期违约情形带来的材料差价风险。一旦发生工期违约，导致建筑材料价格上涨，按照违约方不受益原则，无论材料价格涨幅多大，施工单位都没有权利要求调整材料成本差价。

如果工期系因建设单位的违约而延迟，则在工期顺延期间内材料价格、人工

费上涨导致施工单位成本增加的，由建设单位承担。对此情况，施工单位应注意保留违约证据，进而通过索赔来达到调整材料差价的目的。在实际操作中，建设单位可能存在以下违约情形：工程设计变更，导致工程量增加；没有及时提供施工图纸，或者只提供了图纸而没有提供水准点等信息；没有按照约定提供必要的"三通一平"条件；供材不及时；擅自要求施工单位停工。施工单位需要有证据意识，通过监理会议纪要、日常会议纪要、往来函件甚至录音录像等方式及时固定证据，以明确工程工期延迟是建设单位导致的。这种情况下，如果后续发生了材料大幅上涨的情形，施工单位可以直接适用合同违约责任，要求建设单位进行赔偿。

4. 及时救济，根据公平原则、诚实信用原则、情势变更原则等充分协商

在建筑材料价格出现远超双方预期的波动后，双方应遵循公平原则和诚实信用原则，充分协商，以便达成补充协议，共同分担非正常市场风险，使得合同顺利妥善履行。施工单位可以主张参考建设行政主管部门发布的相关规范、调差文件等与建设单位进行协商，也可以申请主管部门、行业协会等第三方从中调解。在双方协商一致的情况下，施工单位可以依据公平原则、情势变更原则等主张调整合同价款或解除合同，建设单位应该进行适当处理。如果无法达成一致，建设单位拒绝调整差价，施工单位仍应尽最大努力进行沟通和协商。若确定协商失败，施工单位应该解除合同，以免造成进一步的损失。此时，重要的是通过诉讼或仲裁解除合同，以维护自身权利，避免单方解除合同带来的违约责任。

5. 调整材差价款应作为进度款一并要求支付

施工期间的材料价格大幅上涨会给施工单位带来资金压力，增加施工单位的财务成本。材料差价本应作为进度款的一部分，按约定的支付周期支付。《建设工程工程量清单计价规范》第10.3.8条规定，支付申请包括本周期应增加的金额。《建设工程施工合同（示范文本）》通用条款第12.4.2条规定，已完成工作金额包含调整材差价款。但实际材料差价一般在结算时才能确定调整金额并支付。为减轻施工单位的资金压力，确保工程顺利进行，建议施工单位要求建设单位在工程进度款中一并支付建筑材料调价的部分。

综上，施工单位在签订合同过程中应重点审查合同价款的组成及调整方式，尽量就调整材差的风险幅度进行明确约定。在履行过程中，要根据合同约定与履行阶段，密切关注市场行情、相关政策与规范，审查双方特别是建设单位的违约情形，并及时做好工期签证等固定证据，尽可能与建设单位协商价款调整事宜，以最大限度地维护自身权利。

汪 影　江苏辰顺律师事务所律师

执业证号：13211202311627221

执业经历：法学本科学历，具有多年的房地产行业工作经验，在合同纠纷、婚姻纠纷、非诉案件等领域有广泛的实践经验。凭借专业的法律知识、丰富的阅历提供高效的法律服务，深受当事人信任

业务专长：民商事诉讼
　　　　　合同纠纷
　　　　　婚姻及劳务纠纷
　　　　　破产及强制清算

劳动争议案件产生的原因及对策分析

汪　影

一、劳动争议的基本范畴

（一）劳动争议的基本概念

1. 劳动关系

劳动关系是指用人单位与劳动者之间依法确立的劳动过程中的权利义务关系。这是劳动者与用人单位依法签订劳动合同而在劳动者与用人单位之间产生的法律关系。劳动者接受用人单位的管理，从事用人单位安排的工作，成为用人单位的成员，从用人单位领取劳动报酬和受劳动保护。

劳动关系自用工之日起建立。《劳动合同法》第十条规定："建立劳动关系，应当订立书面劳动合同。已建立劳动关系，未同时订立书面劳动合同的，应当自用工之日起一个月内订立书面劳动合同。用人单位与劳动者在用工前订立劳动合同的，劳动关系自用工之日起建立。"

2. 用人单位

用人单位是指中华人民共和国境内的企业、个体经济组织、民办非企业单位等组织。同时，也包括与劳动者建立劳动关系的国家机关、事业单位、社会团体。

3. 劳动者

劳动者是指达到法定年龄，具有劳动能力，以从事某种社会劳动获得收入为主要生活来源，依据法律或合同的规定，在用人单位的管理下从事劳动并获取劳动报酬的自然人（中外自然人）。

4. 劳动争议

劳动争议（又称劳动纠纷）是指劳动法律关系双方当事人即劳动者和用人单位，在执行劳动法律法规或履行劳动合同过程中，就劳动权利和劳动义务关系所产生的争议。其中包括因企业开除、除名、辞退职工和职工辞职、自动离职发生的争议；因执行国家有关工资、保险、福利、劳动保护的规定发生的争议；因履行劳动合同发生的争议；等等。

（二）劳动争议案件的处置程序

1. 协商

当发生劳动争议时，争议双方任何一方都可以提出协商解决意向，本着双方自愿的原则，就争议内容进行协商。如果协商一致，则双方制作协商解决协议书并遵照履行；如果协商未能解决问题，可向劳动争议调解委员会申请调解或向劳动争议仲裁委员会申请仲裁。

2. 调解

劳动争议调解委员会接到调解申请后，可选择受理或不受理。

决定不予受理的，劳动争议调解委员会应在 3 日内书面通知申请人并说明理由。

决定受理的，劳动争议调解委员会需在 3 日内指派调解员征询对方当事人意见。对方当事人不愿调解的，应认真做好记录并通知申请人。对方当事人愿意调解的，在 10 日内组织召开调解会议，依法进行公正调解。

调解达成协议的，由调解委员会制作调解协议书，送达双方当事人履行；调解不成的，调解委员会应做好记录，存档备查。劳动争议调解自申请之日起 30 日内结束，到期未结束的，视为调解不成。

3. 仲裁

劳动争议仲裁委员会办公室接到仲裁申诉后，对申诉材料、请求事项、申诉主体、受案范围和申诉时效等情况进行认真审查，决定是否受理。

若不予受理，劳动争议仲裁委员会需在 7 日内制作不予受理通知书，送达申诉人并说明理由。

决定受理的，自作出决定之日起 7 日内及时成立仲裁庭，通知申诉人并将申诉书副本送达被诉人，要求被申诉人在 15 日内提交答辩书和有关证据。被申诉人不按时提交或拒绝提交答辩书的，仲裁委员会可以按申诉方的有关证据和调查的有关情况予以裁决。

仲裁庭处理劳动争议应当先行调解。调解达成协议的，由仲裁庭制作调解书并送达双方当事人。调解不成的，仲裁庭应及时调查取证并进行仲裁。开庭审理劳动争议案件，应在开庭 4 日前将仲裁庭组成人员、开庭时间、开庭地点等信息以书面形式通知双方当事人。

仲裁庭处理劳动争议结案后，应在 3 日内制作仲裁裁决书，报仲裁委员会或办事机构负责人审批后送达双方当事人履行。劳动争议应当自仲裁庭成立之日起60日内办结。案情复杂的，经仲裁委员会批准可延长30日。

4. 诉讼

当事人如对仲裁决定不服，可以自收到仲裁决定书15日之内向人民法院起诉。人民法院民事审判庭根据《民事诉讼法》的规定受理和审理劳动争议案件。当事人对人民法院一审判决不服，可以再提起上诉。二审判决是生效的判决，当事人必须执行。需强调的是，劳动争议当事人未经仲裁程序不得直接向法院起诉，否则人民法院不予受理。

二、劳动争议案件的特点

（一）一致性

1. 案件主体的一致性

法律层面，劳动争议案件一般发生在用人单位和劳动者之间。实践层面，劳动争议案件一般都是用人单位管理者和劳动者之间的利益矛盾、利益纠纷或争端。故劳动争议案件主体一般一方当事人为用人单位代表，另一方当事人为劳动者。相对而言，劳动者通常处于弱势地位。

2. 案件内容的一致性

劳动争议案件一般发生在用人单位和劳动者之间，争议点多为因经济利益而发生的劳动权利和劳动义务之间的纠纷，故其争议内容较为确定。若是用人单位因财务问题、营销问题及员工的股份分红问题而发生争议，则不属于劳动争议。

（二）多样性

1. 具体类型的多样性

实践层面，劳动争议案件具体的争议类型有确认劳动关系，追讨加班工资、双倍工资，要求补缴社保费，要求支付终止劳动合同的经济补偿金、违法解除劳动合同的赔偿金、工伤赔偿金等。

2. 所属行业的多样性

实践层面，劳动争议案件已经从制造业逐步扩展到了建筑、运输、商业、现代物流、文化教育等领域。

（三）扩大性

1. 标的额的扩大

2010年之前，劳动争议案件标的额往往在万元以内。据统计，2022年，南京全市法院新收劳动人事争议案件 13541 件，审结 12749 件，执结标的额达 1.04 亿元。标的额呈扩大趋势。

2. 社会影响的扩大

劳动争议案件的数量逐渐增加，所涉及的群体人数也在逐渐增加，加之此类案件往往与劳动者的切身利益密切相关，协调工作往往难以开展，极易发生劳动者到当地政府集体上访、静坐、围堵交通，以及哄抢企业财产等恶劣事件。

（四）恶意性

部分用人单位利用法律程序的要求，人为设置各类障碍。实践中常发生用人单位利用"一调一裁二审"的诉讼周期，恶意拖延时间。也存在部分劳动者利用政府对劳动者的保障服务（法律援助、降低诉讼费等）索取高额经济补偿的情况。

三、劳动争议案件产生的原因

（一）法律法规的滞后性

1. 劳动法立法的滞后性

现行《中华人民共和国劳动法》（以下简称《劳动法》）共十三章一百零七条，大多是原则和纲领性条款，对相关术语未作定义，对事实劳动关系、违约赔偿款等缺乏规范。相关法律责任在立法时存有遗漏，配套的法规不健全。涉及劳动关系运行的重要领域目前尚无法律予以规范，如网约工、共享员工、自由职业等新型劳动关系。

劳动保障部门颁布的规章、政策存有冲突或矛盾，致使一些企业钻了法律和政策的空子，侵害了劳动者的合法权益。

2. 用人单位规章制度的滞后性

一些用人单位未及时依照《劳动法》建立和完善自身的内部规章制度，在行政管理过程中出现管理者的随意性和无序性，规章制度的违法性，直接侵犯了劳动者的合法权益。

一些用人单位不签订、拖延签订劳动合同，或者签订霸王合同、生死合同等，严重侵犯了劳动者的利益。

（二）法治建设的加速性

1. 社会法治配套设施的完善

为保障劳动者权益，政府及社会力量不断关注劳动争议类案件并为此提供各类服务，如法律咨询、减免诉讼费、信访接待、法律援助等。这不仅能拓宽劳动者寻求法律救济的渠道，还能直接帮助劳动者解决切身利益。

2. 劳动者法治素养的提升

在政策对劳动者保护力度不断加大的背景下，劳动者对通过法律途径维护自身权益愈加信服。部分劳动者借此成功维护了自身权益，形成了示范效应，造成部分劳动者对法律途径维权的期望值过高。

（三）双方利益的冲突性

在市场经济的作用下，用人单位尤其是企业追求的是利润最大化，劳动者则追求自身价值的最大化。这势必使劳资双方在利益方面形成冲突。

一些企业只注重经济效益，不重视职工的合法权益，违反劳动法律法规的现象十分突出，导致劳动关系不稳定、不和谐。这种现象随着市场经济建设的加速发展而有增多和深化的趋势，会使劳动争议纠纷在一段时间内急速增长。

四、对策与建议

（一）明确责任划分

出台法律对宽泛的概念予以定义，确定用人单位和劳动者各自的权利及义务。对部分较难把控的劳动关系，结合业内精英建议，及时出台意见予以指导。

一旦出现劳动争议，明确其管辖范围及所属单位，尤其是对部分跨省跨市的用人单位劳动争议明确事责划分，尽可能就近交由属地负责。严格落实首问责任制，降低劳动者跑路办事的门槛，耐心予以指导及协助。

（二）严格执法秩序

对"一调一裁二审"的程序予以规范，对程序中的难点堵点进行梳理，对程序中恶意拖延或恶意夸大的情况予以警告，尽量简化流程。经法院认定有恶意嫌疑的当事人可跳过既定程序，直接予以执行。

已经有法院尝试建立诉讼调解对接办公室，专门针对劳动争议案件中的调解结果进行对接，帮助劳动者减少等待时间。在县、市级工会实行劳动争议案件巡回审判，与劳动仲裁机构、总工会共同开辟处理劳动争议案件的绿色通道，以缩短诉讼时间，节约诉讼成本。

裁定书等文书的执行建议可由公安系统进行送达，提高当事人对文书的重视程度。必要时，执法人员可采取财产保全行为，予以强制执行，以此保障受害人权益。

（三）引入援助机制

司法行政机关真正落实维护劳动者权益的法律援助机制，坚决杜绝不规范的诉讼代理现象。在县、市级行政区域内成立法律援助中心，遴选业务娴熟的执业律师为符合法律援助条件的劳动者提供无偿的援助。各地法院建立专门审理劳动争议案件的固定合议庭。

引入社会力量加入劳动争议调解，一方面可在各用人单位集中的园区设立劳动争议调解办事点，多做劳动争议的普法宣传及用人单位可能会出现劳动争议的预警工作，从源头上减少此类案件发生；另一方面以社区为单位设立社区知法人，对社区内有需要的劳动者及时予以帮助，减少劳动者奔波，合理规范劳动者期望。

（四）加大宣传力度

政府各相关职能部门充分利用宣传媒体和舆论工具，继续加强对《劳动法》《劳动合同法》《中华人民共和国劳动争议调解仲裁法》等劳动法律法规的宣传，不断提高用人单位和劳动者的法律意识，让劳资双方都充分认识到诉讼程序的风险，尽可能采用调解方式解决争议。

条件成熟的地区可由金融部门或民政部门成立专项资金用以垫付用人单位所欠工资等，再由政府相关职能部门向用人单位追偿。

人社部门不断加强用人单位培训，让用人单位充分认识到不规范用工是短视行为，只能达成短期利益。引导用人单位转变经营理念，从根本上缓解劳资双方矛盾，实现劳资双赢的局面。

政府监管部门需进行"整风"运动，彻查相关职能部门个别员工变相为难劳动者行为，同时取缔个别律师"挑诉"牟利、"劳动案件"风险代理等行为，以净化代理环境，减少非理性诉讼。

消费者权益保护中的法律责任与监管探析 　　　　　汪　影

一、消费者权益保护的基本原则

(一) 民事法律的基本原则

1. 公平交易原则

在民事法律中，公平交易原则被认定为一项基本原则。依循公平交易原则，各交易主体在市场经济体系中享有平等的权利和义务。公平交易原则要求合同当事人在交易活动中遵循平等自愿、公正诚信的原则，不得利用垄断地位或者不正当手段损害他人权益。此外，法律明文规定了不得违背公平原则的各类交易行为，如强制交易、搭售等，以确保市场交易的公正与公平。

2. 契约自由原则

契约自由原则是我国民事法律的重要组成部分，其核心理念在于允许个体在法律框架内自由约定和选择其权利与义务。契约自由原则强调合同当事人在平等自愿的基础上，有权通过签订合同来调整彼此之间的法律关系。在合同订立和履行过程中，法律明确规定了契约自由的边界，如合同内容应当符合法律法规的规定，不得违背公序良俗。契约自由原则旨在促进市场经济的健康发展，确保合同的有效履行与合法性。

3. 信息公开原则

信息公开原则作为民事法律的基本原则之一，体现在关于信息透明和知情权的明确规定中。根据《中华人民共和国广告法》等法律，经营者在商品或服务推广中应当提供真实、准确、完整的信息，不得虚假宣传。此外，《民法典》强调合同当事人应当充分了解合同内容的权利，防范信息不对等情况。信息公开原则的贯彻旨在保障交易主体的知情权，防范因信息不对等而出现合同纠纷，维护公平的市场秩序。

（二）消费者权益保护法规概述

我国的消费者权益保护法规体系是建立在法治基础上的，其中最为核心的是《中华人民共和国消费者权益保护法》（以下简称《消费者权益保护法》）。

《消费者权益保护法》明确规定了合同自由、公平交易、禁止虚假宣传等，使市场经济体系更具公正性和透明度。《消费者权益保护法》第三十九条规定了解决消费争议的途径，包括与经营者协商和解、请求消费者协会调解、向有关行政执法部门申诉、提请仲裁机构仲裁、向人民法院提起诉讼等，以确保消费者在产生纠纷时有多种途径维护自身权益。《消费者权益保护法》对商品和服务的质量、价格、安全性等作出了明确规定。例如，第四十八条规定了经营者提供的商品或者服务存在缺陷时应承担的民事责任，强调了保障消费者权益的法律责任。第四十九条至第五十一条进一步规定了提供不合格商品或服务导致的人身伤害赔偿、人格尊严侵害赔偿等具体情形，为消费者在实际生活中维权提供了明确的法律依据。

二、法律责任与监管机制的现状

（一）企业责任与消费者权益

1. 商品质量与服务责任

企业在提供商品和服务的过程中，应当承担相应的法定义务，包括商品质量和服务责任等。依照《消费者权益保护法》，经营者在向消费者提供商品或服务时，有责任确保其质量符合国家标准，不存在任何损害消费者合法权益的缺陷。此外，经营者有义务向消费者提供明确、真实、完整的商品信息，包括但不限于使用性能、标准符合情况等。如果商品存在质量问题，经营者需要承担修理、更换、退货等相应的法定义务，并对因其商品或服务导致的消费者损失负法律责任。

在服务方面，经营者还需确保服务的内容和费用不得违反事先与消费者约定的条款。对于消费者提出的修理、重作、更换、退货、补足商品数量、退还货款和服务费用等要求，经营者不得故意拖延或无理拒绝，否则要依法承担相应的法律责任。这些对法定责任的规定，有助于构建公平交易环境，保障消费者在市场交易中的合法权益。

2. 不当广告与欺诈责任

在市场推广中，不当广告和欺诈行为严重损害了消费者的知情权和选择权。《消费者权益保护法》对不当广告和欺诈行为提出了严格的法定责任。不当广告指虽然事实真实，但具有误导性，导致消费者作出错误判断，合法权益受损。在这方面，经营者有责任确保广告的真实性、准确性，并对广告内容的合法性承担法律责任。欺诈行为，即虚构事实、隐瞒真相以误导消费者的行为，同样要受到法律严惩。经营者需对其提供的商品或服务的真实情况负责，确保消费者在决策过程中获得了充分的信息。

（二）法院对消费者维权的支持

在消费者维权方面，法院发挥着至关重要的作用。

法院在审理消费者维权案件时展现出较高的公正性。司法机关在处理此类案件时，通常以法律法规为依据，对事实进行客观公正的审查。这有助于确保消费者在维权过程中得到公平对待，有效维护消费者合法权益。为了更好地适应复杂多变的市场情境，法院在维权案件中常常灵活运用不同的救济措施，包括但不限于修理、替换、退货、赔偿等。这种多元的救济方式有助于更全面地满足消费者的合理诉求。

法院在审理消费者维权案件时展现出较高的效率。鉴于消费者维权的紧迫性，法院通常采取迅速审理的方式，以确保案件在合理的时间内得到解决。这有助于提高维权效果，减少消费者的维权成本。

（三）政府监管机构的角色与责任

政府监管机构在维护市场秩序、保障消费者权益方面发挥着不可或缺的作用。目前，政府监管机构在履行其角色和责任方面存在一些积极的特征，但也面临一些挑战。

政府监管机构在制定和执行相关法规方面表现出一定的决心：通过不断完善相关法规，力求为市场提供明确的法律框架，以规范企业行为，保护消费者权益；通过执法手段，对市场上的违法行为进行打击，以维护市场的公平竞争环境。

三、法律责任与监管机制存在的问题

（一）法律责任不明确

在一些领域，法律责任存在不明确的问题，会导致消费者维权困难。一些企业的服务和商品涉及多个环节，使得在质量问题发生时，难以明确责任主体。这给消费者带来了维权的不确定性，因为消费者往往难以追溯到问题的源头。消费者维权的途径相对狭窄。一些企业会通过合同设置一些不公平的条款，使得消费者在法律上处于相对弱势的地位。因此，消费者在面对合同纠纷时，往往需要付出更大的努力和成本来维护自己的权益。

法律责任主体不明确也是当前存在的问题之一。在一些新兴产业和新型服务中，责任主体模糊不清，如互联网交易、分享经济等。当问题发生时，难以明确是由平台方、商家还是由个体从业者来承担法律责任。这给消费者带来了追索和维权的不确定性。

（二）监管体系不完善

监管体系不完善会导致企业在商品质量、服务质量等方面存在违规行为时不能被及时制止。不法行为屡禁不止，也会给广大消费者带来极大的损害。

有些监管规定滞后于市场发展，尚未能有效适应新兴产业和新型商业模式的发展。在互联网交易、分享经济等领域，监管体系未能及时跟进，给了不法分子可乘之机。

监管体系的协同性和效率亟待提升。在一些复杂的产业链中，多个部门共同涉及监管责任，但协同作战的机制不够完善，导致监管体系的覆盖面和深度受到限制。这使得一些问题在监管中难以得到有效解决。

（三）消费者法律维权意识低

消费者法律维权意识的不足也是影响消费者权益保护的突出问题。一些消费者缺乏对法律法规的深刻理解，对自身合法权益的保护了解不够，导致在遭受侵害时不清楚如何有效救济。法律维权渠道具有多样性和复杂性，一些消费者对法律维权的渠道了解不足，并不清楚在面临问题时应该通过何种途径进行维权。一些消费者对维权的成本心存顾虑，担心投入较大的时间和精力却无法获得实质性的效果。这使得消费者更倾向于忍气吞声，而非积极寻求法律途径解决问题。

四、法律责任与监管机制的创新和对策

（一）完善法律责任体系

要应对不同侵权行为有针对性地制定法规，明确侵权行为的法律责任和相应的惩罚措施，以确保不同情形下的法律适用更加精准。要进一步明确法律责任主体，确保在消费者权益保护中不同主体的法律责任界定清晰，包括明确经营者、制造商、平台等在消费者权益维护中的具体责任和义务。这有助于消除责任主体的模糊性，提高法律责任的可执行性。

（二）加大监管力度，创新监管手段

为加强对侵害消费者权益行为的监管，需要采取一系列有力措施。例如，强化监管机构的职能，提高其监管水平。监管机构应当不断优化组织结构，提高工作效能，确保及时发现和应对不法行为。此外，可以对监管人员进行专业培训，提高其对法律法规和市场行情的敏感性。

可以通过创新监管手段，提高监管效果。例如，引入先进的科技手段，如大数据分析、人工智能等技术，加强对市场的实时监测和分析，快速发现潜在违法行为。同时，建立健全投诉举报体系，通过社会各界的监督参与，形成多方合力，加大对违法企业的打击力度。

（三）提升消费者权益保护意识

为提升广大消费者对于个人权益的保护意识，应采取一系列有效的措施。例如，加强消费者教育，积极向公众进行宣传，使公众了解相关法规和维权途径。特别是在学校、企事业单位等场所，可以开展形式多样的消费者权益保护宣传活动，培养公民自觉维护自身权益的意识。

可以制订并推广消费者权益宣传计划，通过各类宣传手段广泛传递有关消费者权益的信息，如通过电视、广播、报刊、互联网等多渠道发布消费者权益保护的法律法规政策，提高广大消费者的法律素养。此外，还可以利用社交媒体组织线上线下互动活动，引导公众关注和参与消费者权益保护。

五、结论

结合当前消费者权益保护的现状和存在的问题，为了构建更加公正、有力的法律责任体系，确保消费者的合法权益得到切实保障，有必要采取一系列积极的措施。首先，加强对法律责任不明确领域的规范，包括消费者维权难度和法律责任主体不明确的问题，明确法规，使法律责任更加具体清晰。其次，政府监管机构进一步强化角色与责任，完善监管体系，提高监管效能。最后，提升消费者权益保护意识，包括加强消费者教育和制订宣传计划等，使广大消费者在日常生活中更加主动、理性地行使自己的权益。

参考资料

［1］丁文莉.“大数据杀熟”背景下消费者权益保护研究［J］.中国价格监

管与反垄断，2023（11）：46-48，51.

［2］高诗宇.数字经济下消费者权益保护问题研究［J］.中国农业会计，2023（20）：100-102.

［3］中国农业银行消费者权益保护办公室课题组.新时期金融消费者权益保护工作的实践与思考［J］.农银学刊，2023（5）：63-66.

［4］孙寒璞.消费者权益保护视角下惩罚性赔偿制度研究［J］.太原师范学院学报（社会科学版），2023（3）：62-68.

［5］刘康宁.金融消费者权益保护与监管：因应、反思及体系重构［J］.北京政法职业学院学报，2023（3）：99-107.

［6］胥变变，马小苹，张凯.《反不正当竞争法》保护消费者权益的必要性［J］.中国市场，2023（24）：21-24.

崔鲜鲜 江苏辰顺律师事务所律师

执业证号：13211202311627207

执业经历：法学学士，初级会计师，有多年的知识产权专项法务工作经验，在合同纠纷、婚姻家事纠纷、刑事辩护等领域有较为丰富的实践经验，能在劳动人事、业务合同、民商事纠纷等方面为客户提供专业建议和解决方案

业务专长：民商事诉讼
　　　　　合同纠纷
　　　　　侵权责任纠纷
　　　　　刑事辩护

网络直播平台与主播间协议的法律性质探析 崔鲜鲜

互联网在不断发展的同时，开始与传统行业进行碰撞，催生了一批新兴行业，网络直播就是其中一种。网络直播吸金速度之快使得网络主播数量不断呈增长趋势，随之而来的是网络直播合同纠纷的增加。值得注意的是，在司法实践中，对网络直播平台与主播间关系的认定存在争议。双方签订的合同是民事合同还是劳动合同呢？法律目前还没有对相关问题作出规定，导致出现了同案不同判的情况。笔者认为，对该问题进行探讨有利于直播行业的健康发展，更有利于维护司法权威。

我们需要先明确网络直播合同的概念，即互联网直播服务提供者与互联网直播发布者之间设立、变更、终止直播相关权利和义务的协议。网络直播活动的类型有很多，有些由专业的团队与网络直播平台合作，有些是个人主播与网络直播平台直接合作。本文所探究的问题就产生于此。

一、认定民事合同的依据

首先，单从合同形式来说，双方签订的合同形式为合作协议或其他叫法，而并非劳动合同，也并不具备标准劳动合同该有的必备条款。在签订合同时，直播平台或传媒公司会多次向主播明确说明该合同性质并非劳动合同。实践中的合同通常是这样约定的：

甲、乙双方确认，签署本协议进行网络直播等方面合作，不导致且甲、乙双方亦不谋求形成以下法律关系：

① 用人单位与劳动者之间的劳动法律关系；

② 任何代理、居间、经纪等法律关系；

③ 劳务提供和劳务接受的法律关系。

鉴于甲、乙双方仅为合作关系，并非劳动或劳务等其他法律关系，乙方的社会保险、个税由乙方自行承担，与甲方无关。

合同条款会做醒目加粗处理，直播平台或传媒公司会对该条款进行充分沟通释明。主播作为完全民事行为能力人，对直播行业具有相当的认知，能够判断自己的行为带来的风险，进而在这样的基础上与直播平台达成主观合意签署合同。

其次，直播平台或传媒公司与主播之间不是管理与被管理的关系。主播可以自由选择直播的时间、地点、内容，虽然在时间上有最低直播时长要求，但是在满足最低时长后，主播可随意支配。直播平台对于主播直播并没有具体的、劳动法意义上的管理行为，其对主播的管理完全是行业特殊性所带来的必要的管理。

最后，主播的收益并非传统意义上用人单位发放的工资，而是来源于观众打赏的礼物。收益金额取决于礼物的价值，而礼物的价值和数量由主播自己直播活动的水平决定。也就是说，主播在收益上不依赖于直播平台或传媒公司，其收益也并非劳动法上的发放形式，而是在双方处于平等地位的基础上，由直播平台根据合同约定进行分配的。

二、认定劳动合同的依据

首先，直播平台公司与主播的地位并不平等。合同由直播平台或传媒公司的专业法律团队提供，基本为格式条款，主播无修改权利，甚至对该类合同并不了解。合同各项条款都显示出直播平台处于优势地位，显示出直播平台对主播的管理、控制，如满足直播总时长才可得到相应的报酬，不可在其他平台进行直播等。虽然合同表面上为双方在平等基础上的合意签署，但无疑透露出霸王条款的意味。主播看似自由，却处处受直播公司的潜在约束和管理，为了报酬只能尽量延长直播时间。

其次，网络直播合同的实质就是劳动合同。虽然合同明确约定双方不构成劳动关系，但是合同的性质由合同的内容决定，而非形式。直播平台或传媒公司为避开劳动法而在合同中明确排除劳动关系的行为不影响对合同性质的认定。

再次，直播平台或传媒公司对主播工作存在管理性。虽然没有传统行业的考勤打卡制度，对开播时间没有要求，但是有最低直播时长要求。主播并非真正自主，如果直播时长不达标，直播平台或传媒公司就会采取扣减报酬的方式进行惩罚。这种最低时长要求正是传统用工时长的新型变种。换个角度来说，直播行业作为一个特殊行业，适用固定打卡机制也不太可能，这是由行业特点决定的。

最后，主播与网络直播平台之间体现出经济依赖。其一，直播平台或传媒公司会给部分主播提供特定直播间、设备和道具等，还会给予技术支持，比如推流。这就类似于传统行业将劳动者安排在特定场所劳动。其二，就报酬来说，直播平台或者传媒公司一般采取"底薪+分成"的方式。不但底薪完全由直播平台或者传媒公司决定，而且礼物分成比例规则也完全由后者决定。一般有两种分成比例规则：一种是固定分成比例，一种是浮动分成比例。粉丝越多，分成比例就越高，且粉丝打赏主播的礼物需要向直播平台购买，所以实际上这部分报酬也是平台公司支付的。这就类似于传统行业中销售岗位的薪资支付。可见，直播行业的报酬只是换了一种工资支付形式，并不影响劳动关系的实质。

笔者认为，"有法可依"是解决问题的关键。在目前无明确立法的状况下，可采取主流观点，将这类直播合同定性为民事合同。落实到司法实务中时，司法机关在民事合同的基础上通过自由裁量权予以倾向性保护。例如，在司法实践中，对于要求主播支付违约金的诉请，司法机关可酌情判断是否过高。如果约定的违约金没有超过损失的30%，不予调整；如果约定的违约金超过损失的30%，可予调整。那么损失又如何确定呢？直播行业与传统行业盈利方式不同，其损失也难以用传统行业的方式来认定。笔者认为，可以以直播合同中约定的主播收入为参考，因为约定的收入在一定程度上反映了主播的市场价值。这样的方式既能使解约的小主播不必身负巨额违约金，也能保护直播平台或传媒公司的利益——主要针对粉丝多、名气大的主播，最大限度地防止主播跳槽。如果主播随意解约，会使得直播平台或传媒公司前期花费的金钱和努力付诸东流。目前为止，引入合同中约定的收入作为损失无法确定时的参考也是实践中较为可行的方法。

高空抛物的法律责任承担问题研究

江苏宁盾律师事务所律师　王义和

随着社会经济的发展，城市中的高层建筑日益增多。与之相伴的是，高空抛物成为威胁居民人身安全、财产安全的一大隐患。2019 年 6 月 19 日，一名 10 岁的女孩在放学回家的路上被不明物体砸伤。2019 年 11 月 26 日，一名男子被从天而降的喷雾气罐砸伤左眼。这类令人痛心的事件充分暴露了高空抛物的危害。

一、高空抛物侵权行为概述

（一）高空抛物侵权行为的概念

如果处身于高层建筑物的人向外抛掷物品，从而给地面上的第三人造成身体伤害，这代表行为人做出了一种客观上的抛掷行为，同时也犯了主观错误并造成了实际损害。在高空抛物事故中，即使无法立即查明某一特定的责任人，也可将其限制在某一特定范围内。[1]

（二）高空抛物侵权行为的特点

第一，物品是从建筑物中被抛掷的。必须明确的是，造成损害的物品不属于建筑物，是人为抛掷的个人所有物。[2]

第二，这种侵权行为必须是由人为因素引起的。如果原因纯粹是自然的，法律可免除其对事件的责任。建筑物本身的责任则由建筑物的管理人或所有人承担。

第三，不易确定真正的侵权行为人。

第四，对受害者的伤害很严重。将与高空抛物有关的侵权行为纳入法律制度的主要原因是这些行为往往对受害者造成了非常严重的伤害，甚至会使受害者死亡。如果没有造成任何伤害，就只是道义或行政问题，不能提升到损害赔偿的法

1　黄辉、林洁：《从法经济学角度探析高空抛物侵权责任的合理性》，《三明学院学报》2015 年第 1 期。

2　李虹霏：《高空抛物致人损害侵权责任问题研究》，《法制与经济》2018 年第 1 期。

律层面。

（三）高空抛物侵权行为的构成要件

高空抛物侵权行为包括四个要素，即违法行为、损害后果、因果关系、行为人的主观过失。

违法行为就是造成伤害的行为，指行为人侵犯他人公民权利的行为。任何民事伤害行为都与某一具体的伤害行为相关联，即伤害是由某一具体的伤害行为造成的。损害后果是指一种行为或事件对他人的财产或人身造成不利影响。只有在损害性行为和损害后果之间存在因果关系的情况下，侵权行为才具有法律效应。损害性行为和违法行为是构成一般违背义务行为的必要因素。行为人明知其行为会损害他人的公民权利而故意实施一项行为，则该人有过失。

二、高空抛物侵权行为的责任承担

（一）高空抛物侵权责任的归责原则

高空抛物侵权案件的着眼点为公正性和妥当性。对这类案件的分析不能仅考虑结果层面，还需要透过现象找出案件处理的本质。

1. 无过错责任原则

《民法典》第七编从法律上界定了严格、危险或风险责任的概念。"行为人造成他人民事权益损害，不论行为人有无过错，法律规定应当承担侵权责任的，依照其规定。"也就是说，在法律有规定的情况下，不论过失如何，行为人对受害人造成伤害的，其对违法行为负有责任。无过错责任原则的适用是由法律明确规定的，具体范围相对有限。另外，关于举证，无过错责任原则要求受损害的人提供充分的证据来证明违法行为的损害。

2. 过错责任原则

《民法典》第一千一百六十五条规定："行为人因过错侵害他人民事权益造成损害的，应当承担侵权责任。"显然，过错责任原则以违法者的主观过失为依据，以此作为确定违法者是否对其造成的损害承担相应责任的标准。[1] 承担过错责任需要以确定加害人责任为前提。

1　郑恺群：《浅议高空抛物行为与共同危险行为、建筑物责任的区别》，《法制与经济》2014 年第 8 期。

（二）高空抛物致人损害的责任主体

高空抛物侵权案件的判决主要包含受害人承担风险、建筑物的所有者或使用者承担责任等。

受害人承担风险意味着在无法确定真正犯罪人的情况下，受害人本人应对损害承担责任。主要依据有三。第一，是受害者承担风险的原则。在国家福利无法补偿损害的情况下，除非存在将责任转移给其他人的风险，否则所遭受的损害原则上应由公民自己承担。第二，是无罪原则。[1] 如果损害是在没有真正的犯罪人的情况下发生的，而且不能推定是由其他人的过失造成的，那么不能让这些损害影响无辜公民。正如考夫曼所说，"同情实际上被排除在司法之外"。如果受害者的损失转移到不能以这种或那种方式分担风险的无辜者身上，可能导致更大的不公正。第三，是用尽补救办法的原则。受害者承担风险的前提是对违法行为用尽一切可能的补救办法。在现代社会，除了法律补救，还存在其他赔偿手段，如民事责任保险。建筑物所有人或使用者承担责任是指建筑物的所有潜在所有人或使用者在发生高空抛物时的责任，以及在无法查明行为人的情况下的责任，即使无法查明建筑物的所有人或使用者。如果损害实际上是所有者或使用者的行为造成的，那么不能因缺乏明确性而免除其责任，否则会导致更大的道德危机。

三、高空抛物侵权责任制度存在的问题

（一）责任界限模糊

"物品坠落"和"抛出物品"之间的等效可能会在高空抛物的非合同赔偿责任和建筑物赔偿责任之间造成混乱。物体的坠落是相对垂直的，抛出则可能有一条抛物线。物品坠落指由于某种原因而暂放或挂在建筑物上的物体，如阳台的花盆被强风吹走或意外跌落，并不直接针对所有居住者或房主。无论损害是由个人还是由集体所有人造成的，个人和集体都有共同连带的责任。抛出物品纯粹是行为人的责任。受害人可以从潜在行为人处获得赔偿。赔偿是一种道德行为，通过不公正地规定共同连带责任而公平分配了负面后果：一种后果涉及物质责任，另一种后果涉及人的责任。不适当的概念适用可能会给司法提供错误的指导，并造成不公平的结果。

1　张振龙：《论高空抛物致人损害责任》，硕士学位论文，华东政法大学，2016，第66页。

（二）责任主体界定不明

举证责任的倒置可能对个人造成伤害，使受害人处于举证责任可以转移的境地，从而使特定的侵权者免除法律责任。在不少高空抛物侵权案件中，司法机构会偏向较"弱"的一方，对"犯罪嫌疑人"身份的确定范围作广泛界定，以便为受害者所受伤害提供赔偿。补偿的金额会根据人数来确定。[1] 但如果长期都这样处理，会让受害者认为没有必要去查明真正的犯罪人。

（三）追偿制度缺失

随着《民法典》的正式施行而废止的《侵权行为法》，针对"建筑物占用者对可能造成损害"，使用的是"补偿"一词而不是"赔偿"一词，可见立法者的意图是促进"扶贫救济"的精神。但是，从司法实践的角度来看，如果没有具体的赔偿标准，很难取得预期的结果。[2] "赔偿"一词是以道德和公平原则为基础的，只有在被违法行为侵害后才能得到对应的"赔偿"。[3] 使用"补偿"而非"赔偿"，是不是就代表高空抛物受害人遭受的损害不是抛物者的违法行为造成的？这值得我们思考。

四、完善高空抛物侵权责任制度的建议

（一）逐步将物业机构纳入责任主体的范围

虽然物业管理行业尚不成熟，一旦作出有关规定，就可能限制其发展，但是需要结合高空抛物的危害性，完善监督、管理和惩罚机制，明确物业机构的义务和责任。物业机构有履行相应的安全义务的社会责任。[4]

（二）弱化可能加害的建筑物使用人的责任

为了向高空抛物侵权行为的受害者提供赔偿，法律将对高空抛物事故造成的损害负有责任者界定为建筑物的潜在使用者。如果这一责任仅由可能造成损害的建筑物使用者承担，很容易造成道德负担。从长远来看，需要减轻对高空抛物所造成损害负有责任的单一主体（建筑物的潜在所有人）的赔偿责任。[5] 应该由损害者和房地产商为受害者提供赔偿，他们能作为重要责任主体应对公正问题。

1　李雨田：《高空抛物侵权行为探讨》，硕士学位论文，北京师范大学，2014，第28页。

2　刘殿启：《论高空抛物致人损害责任的承担》，硕士学位论文，黑龙江大学，2015，第88页。

3　陶丽娜：《高空抛物补偿责任研究》，硕士学位论文，湘潭大学，2016，第36页。

4　刘殿启：《论高空抛物致人损害责任的承担》，硕士学位论文，黑龙江大学，2015，第48页。

5　姚何梦雪：《论高空抛物侵权责任主体》，硕士学位论文，西北大学，2015，第32页。

（三）引入强制责任保险制度

引入保险的好处有二。首先，可以避免高空抛物的法律责任。其次，在个人利益受到损害的情况下，可以避免或减少个人的损失。这是另一种补偿方式。保险的存在理由是，在国家的承认下，许多人支付建立保险基金的费用，并可向保险公司索赔。这种责任保险就是充当责任承担的第三者。显然，民事责任保险是一种公共利益保险，在一定程度上有利于解决民事纠纷及民事责任问题。

论我国刑法对未成年人的保护

王义和

一、引言

　　未成年人是社会中的弱势群体，由于不成熟和易受外界影响，未成年人其实面临着各种风险和困境。为了保护未成年人的权益，我国刑法对未成年人的犯罪行为和刑事责任作出了相应的规定，体现了法律的人道主义精神和关注未成年人权益的立法目标。在保护未成年人的同时，也要注意平衡社会公共安全的需要，确保刑事法律制度能够在维护法律秩序的同时更好地促进未成年人的健康成长。因此，进一步研究我国刑法对未成年人的保护问题，探索如何更好地保障未成年人的权益，提高刑事司法对未成年人的适用效果，具有重要的理论和现实意义。

二、我国未成年人刑事法律保护的现状

（一）《未成年人保护法》

　　《未成年人保护法》是为了保护未成年人的身心健康和发展，维护未成年人的合法权益而制定的。该法律明确了未成年人应享有的各项权利，如受教育权、身心健康权、生存发展权等，为未成年人的成长和发展提供了坚实的法律保障。同时，该法对未成年人遭受虐待、忽视、剥削等问题进行了严格的限制和规定，旨在保护未成年人的权益不受侵犯。[1]

　　《未成年人保护法》第十一条规定了未成年人的合法权益受到侵害时的司法保护措施。根据该规定，如果合法权益受到侵害，未成年人有权依法向人民法院提起诉讼。人民法院应当依法及时受理并审理这类案件，同时在审判过程中考虑未成年人的生理、心理特点和健康成长需求，确保未成年人的合法权益得到保

---

[1]　聂丫雅：《我国刑法对未成年人的保护》，《法制与社会》2019 年第 10 期。

障。这一条款体现了我国对未成年人权益保护的法律机制和司法承诺，为未成年人提供了法律救助和司法保护的途径，为未成年人的健康成长提供了有效的法律保障。在司法实践中，应进一步加强对该条款的贯彻执行，确保未成年人权益得到有效维护。

《未成年人保护法》第一百一十三条强调了对未成年犯罪人员的惩治应以教育为主、惩罚为辅的原则，并明确规定了在对违法犯罪的未成年人依法处罚后，不得在升学、就业等方面歧视他们。这为未成年犯罪人员提供了改过自新、重新融入社会的机会，体现了法律对未成年人的关怀和保护。[1]

（二）《刑事诉讼法》

《中华人民共和国刑事诉讼法》（以下简称《刑事诉讼法》）体量庞大，内容复杂，旨在规范和管理刑事案件的侦查、起诉和审判过程。它不仅规定了成年人和未成年人的刑事案件处理方式，还对各种犯罪案件的特殊程序和处理方式进行了详细规定。这部法律是保障社会公正和公平的重要工具，对于维护社会秩序和公共安全具有不可替代的作用。[2]

其中，对于未成年人的刑事案件，《刑事诉讼法》设定了特殊的程序和处理方式。这些规定充分考虑了未成年人的身心特点和发展需要，旨在保护他们的合法权益，帮助他们更好地回归社会。例如，《刑事诉讼法》第二百八十三条规定，在执行中，被附条件不起诉的未成年犯罪嫌疑人应当遵守法律法规，服从监督；离开所居住的市、县或者迁居，应当报经考察机关批准；按照考察机关的规定报告自己的活动情况。这一规定旨在促使未成年犯罪嫌疑人改过自新，树立正确的法律意识，重新回归社会。[3]

三、我国未成年人刑事法律保护的不足

就现状而言，我国未成年人刑事法律保护在以下方面存在一些有待完善的地方。

1　王姝婷、方舟、田皓源、孙孟哲：《未成年人法律保护情况问题研究》，《法制博览》2021年第17期。

2　汪焕成：《未成年人刑事责任年龄再思考——以〈刑法修正案（十一）〉为视角》，《信阳农林学院学报》2022年第1期。

3　邢丽珊：《未成年人刑法立法保护条款适用规则探析——以年龄"阶段化"划分为视角》，《河南警察学院学报》2022年第4期。

（一）教育设施重大安全事故罪

1. 责任界定模糊

我国刑法对教育设施重大安全事故罪的责任界定尚不明确。法律规定了严厉的惩罚，但在实际执行中，往往存在难以界定责任的问题。例如，在教育设施发生重大安全事故时，不易确定事故责任人、相关责任单位，不易界定领导责任和监管责任。这可能导致不法分子逃脱法律的制裁，使未成年人的人身安全面临威胁。[1]

2. 追溯难度大

对教育设施重大安全事故的追溯存在一定困难。在事故发生后，特别是在涉及多个责任主体的情况下，追溯责任的过程可能会非常复杂，关乎证据收集、责任认定、调查取证等环节，需要耗费大量的时间和精力。这可能导致追责的滞后，给未成年人的保护带来一定的阻碍。

3. 法律制裁不足以威慑犯罪行为

尽管法律规定了严厉的惩罚措施，但教育设施重大安全事故罪的法律制裁力度可能不足以有效威慑犯罪行为。因此，有必要加强相关法律的制定和完善，加大对此类犯罪的打击力度，并加大惩罚力度，以有效保护未成年人的人身安全。[2]

（二）引诱不满十四周岁的幼女卖淫罪

1. 取证困难

在实际执行中，取证是打击犯罪的重要环节。然而，引诱不满十四周岁的幼女卖淫涉及非常隐秘的活动，受害人通常不愿意或不敢主动提供证据，而证人的证言可能不够可靠。此外，相关证据往往在案件发生后才能获得，如通话记录、聊天记录等，这给侦办此类犯罪增加了难度。

2. 认定标准不清晰

引诱不满十四周岁的幼女卖淫罪的认定涉及年龄、性行为、金钱交易等多个要素。然而，在司法实践中，对于这些要素的具体界定和判断标准并不明确，导致执行中的主观性较强。缺乏明确的标准可能导致对涉案人员的不同判定，甚至裁判结果的不确定性，进而影响打击该罪行的效果。[3]

1　叶小琴：《未成年人保护立法的理念与制度体系》，《中外法学》2022 年第 3 期。

2　刘德法、孔烁烁：《论我国新形势下未成年人的刑事处遇》，《绥化学院学报》2022 年第 2 期。

3　袁彦泽：《未成年人犯罪的刑事责任与干预保护》，《法制博览》2022 年第 24 期。

（三）拐骗儿童罪

1. 认定需要考虑多个因素

拐骗儿童罪的认定需要考虑多个因素，如儿童的意愿、拐骗手段、拐骗目的等。对于未成年人来说，他们在遭受拐骗时受到心理、生理等方面的影响，表达和意愿可能不太清晰。因此，确定儿童是否被拐骗并非易事，容易导致认定上的困难和争议。

2. 立案和追诉存在一定的难度

一方面，拐骗儿童的个案往往具有隐蔽性和突发性，需要及时采取行动保护受害儿童的权益。另一方面，部分案件涉及跨地区、跨国界的拐骗行为，涉及不同地区、不同国家的司法合作和协调。因此，这类跨境案件的侦破和协调存在一定的困难，不法分子容易逍遥法外。

3. 刑事处罚力度存在一定的争议

有人认为，拐骗儿童是一种极其恶劣的犯罪行为，应该加大对犯罪分子的打击力度，以保护未成年人的权益。然而，也有人担忧过度严厉的刑事处罚可能导致犯罪分子加害被拐骗儿童。因此，在制定和适用刑事处罚时需要综合考虑各方面的因素，平衡刑法的严厉与人权的保护。

（四）收买被拐卖的儿童罪

1. 认定需要考虑多个要素

收买被拐卖的儿童罪的认定需要考虑多个要素，如收买行为的主观意图、对被拐卖儿童的了解程度等。与其他犯罪案件相比，收买被拐卖的儿童罪的认定更加复杂和困难。因为对于收买行为的主观意图和对拐卖儿童的了解程度，往往难以准确证明并取得充分的证据，所以一些犯罪分子较难受到应有的法律制裁。

2. 证据收集和固定存在困难

这类罪行多发生在非公开的隐蔽环境中，很难获得直接的证据，如视频、录音等。同时，被拐卖的儿童在做证过程中可能因为心理和生理因素而遇到一些问题，给案件的证据收集和审理带来不确定性。

3. 刑事处罚力度存在一定的争议

有些人认为，这种侵害未成年人权益的行为应该受到更加严厉的惩罚，以起到震慑作用并保护未成年人的权益。然而，也有人担心过度严厉的刑事处罚可能会刺激犯罪分子，使被拐卖儿童无法得到及时救助和保护。因此，在刑事处罚方面需要平衡刑法的严厉与人权的保护，制定合理的刑罚政策。

（五）诱奸、骗奸未成年女性罪

1. 认定标准较为特殊

诱奸、骗奸未成年女性罪的认定标准较为特殊，需要考虑诱骗手段，以及被害人的认识能力、意愿等多个因素。未成年女性在性经验、心理发展等方面与成年人存在差异，较容易受到欺骗和操纵。然而，确定是否构成诱奸、骗奸罪往往涉及对被害人的深入了解，存在证明上的困难。

2. 证据收集和固定存在困难

这类罪行往往发生在隐蔽的私人空间，缺乏直接的证据和目击者。同时，受害人可能因为身心因素或受到施害人的威胁和恐吓，不愿意或难以提供证词和协助调查，给案件的侦破和审判带来困难。

3. 刑事处罚力度存在一定的争议

有人认为，这种严重侵犯未成年女性权益的行为应该受到更加严厉的惩罚，起到威慑作用，并保障未成年女性的权益。但是，也有人担心过度严厉的刑罚可能导致不法分子为逃避追责而对被害人造成二次伤害。在刑事处罚方面需要综合考虑刑法原则、社会效果等因素，制定合理的处罚政策。

四、完善未成年人刑事法律保护的措施

我国未成年人刑事法律保护可以考虑在以下方面进行完善。

（一）完善相关法律法规

1. 建立特殊的程序和规定

针对未成年人犯罪案件的处理程序，需要建立特殊的程序和规定，以确保其权益得到充分保护。这可能包括对未成年人进行特殊询问和审讯，确保审判程序公正、迅速，同时尊重未成年人的身心发展特点。此外，还应加强对未成年人犯罪案件特殊性的认知，确保法律的适用符合未成年人的权益需求。

2. 建立完整的法律援助制度

未成年人在刑事诉讼过程中应享有法律援助的权利。要建立完整的法律援助制度，确保未成年人获得必要的法律帮助和指导。这可能涉及设立专门的机构或部门，提供专业化的法律援助服务。法律援助应包括法律咨询、代理辩护、调查取证等方面的支持，以帮助未成年人维护自身合法权益。

3. 制定相应的保护措施

针对未成年人犯罪嫌疑人或罪犯，应制定相应的保护措施，以保障其人身安

全和健康发展。这包括采取特殊监管措施、提供教育矫治机会、进行心理辅导等，避免对未成年人造成不必要的伤害。

（二）加强法律援助建设

1. 扩大法律援助范围

应进一步扩大法律援助范围，将更多符合条件的未成年人纳入法律援助范围。目前，法律援助主要针对贫困人口，但贫困并不仅指经济贫困，还包括社会、文化等多方面的贫困。考虑到未成年人在经济、教育、健康等方面的特殊需求，应将更多的未成年人纳入法律援助范围，确保他们在法律问题上得到必要的支持和帮助。

2. 加强法律援助工作的宣传和普及

许多人对法律援助的认识都比较有限，甚至存在误解和偏见。因此，应加大宣传力度，通过各种途径向公众传达法律援助的重要性，让更多人了解法律援助的工作内容、范围和申请流程。同时，还可以开展法律援助知识普及活动，提高公众的法律素养，让更多的人知道如何获得法律援助，以及如何维护自己和他人的合法权益。

3. 综合考虑未成年人的整体情况和需求

除了经济援助外，还可以通过提供法律教育和培训，增强未成年人的法律意识和法律能力；建立和完善法律援助机构与其他社会资源的合作机制，在资源整合的基础上为未成年人提供全方位的援助和支持。

（三）建立专业专门的法律援助人才队伍

1. 加强法律援助人才的培养和引进

针对未成年人的法律援助离不开特殊的专业知识和技能，因此应设立专门的培训项目，培养专业化的法律援助人才，包括律师、社工、心理咨询师等。培训内容应包括未成年人权益保护的法律背景、法律程序、心理辅导等方面的知识和技能，以便更好地理解和应对未成年人在法律领域面临的问题。同时，也应引进具备相关专业背景和经验的专业人士，加强法律援助人才队伍的建设。

2. 注重法律援助人才队伍的素质提升

可以通过持续的专业培训和进修，提高法律援助人员的专业水平和素养。培训包括案例分析、实践经验分享、跨学科知识学习等。此外，还可以通过与国内外相关机构和专业人士的合作，借鉴和学习先进的法律援助理念与实践经验，进一步提升法律援助人才队伍的能力和水平。[1]

（四）完善刑事诉讼程序中对未成年人强制措施的豁免制

1. 优先考虑采取其他非刑事强制措施

刑事强制措施对未成年人的身心健康和发展具有重大影响，过度采取刑事强制措施会对他们造成不必要的伤害。因此，在刑事诉讼程序中应设立明确的标准，对于非常轻微或过失性质的犯罪行为，应优先考虑教育、矫治、社区服务等非刑事强制措施，帮助未成年人反思错误行为、接受教育和改造。

2. 对刑事诉讼程序中的强制措施进行规范和限制

应明确未成年人适用刑事强制措施的条件和范围，确保其合法性和合理性。同时，应建立完善的程序保障机制，包括尽早指派律师、加强对未成年人的法律援助、重视听证和辩护权等，保障未成年人在刑事诉讼过程中的权益得到有效维护。此外，还应加强监督和检查机制，确保刑事强制措施的使用符合法律规定和相关程序，避免滥用和不当使用。

五、结语

本文通过探讨我国刑法对未成年人的保护，提出了一系列加强和完善未成年人刑事法律保护的建议，希望为未成年人创造更加安全、健康、公正的社会环境。未成年人是国家的未来和希望，保护他们的权益是我们共同的责任。而只有全社会共同关注和努力，才能营造出有利于未成年人成长的社会环境。

1　唐稷尧：《论低龄未成年人刑事责任条款的适用》，《四川师范大学学报（社会科学版）》2022年第2期。

刘向阳　　江苏瀛镇律师事务所主任

执业证号：13211200010555423

执业经历：2000 年正式执业，一直致力于金融、房地产专业与知识产权专业实践。长期担任中国工商银行股份有限公司镇江分行入库成员、大新银行镇江分行外聘律师，以及镇江中住房地产开发有限公司、江苏圣丰建设有限公司、江苏兴厦建设工程集团有限公司、镇江宏皖建设有限公司、江苏鸿泰钢铁有限公司、江苏大唐机械有限公司、江苏久中电源有限公司等单位的法律顾问

业务专长：刑事辩护案件
　　　　　公司法律风险防范
　　　　　民商事合同债务纠纷
　　　　　侵权赔偿纠纷

社会职务：镇江仲裁委员会仲裁员
　　　　　镇江市律师协会副会长
　　　　　镇江市律师协会参政议政委员会主任
　　　　　镇江市社会治理专业委员会委员
　　　　　镇江市信访矛盾调处服务中心律师
　　　　　镇江市法律援助"名优律师团"成员

获奖情况：1998 年"中国人民解放军陆军船艇学校优秀共产党员"
　　　　　2016 年"镇江市优秀共产党员"
　　　　　2018 年"镇江市优秀共产党员"
　　　　　2019 年"镇江市优秀党务工作者"
　　　　　2021 年"江苏省律师行业优秀党务工作者"

论我国个人破产制度构建困境

刘向阳

一、个人破产制度的阐释

（一）何为个人破产

所谓破产，是指利用法律的方法，将全部财产依一定程序变价及公平分配，使全体债权人满足其债权目的的一种执行程序。[1] 个人破产适用的主体为个人，是指有民事行为能力的个人在不能清偿到期债务时，由法院按照法定程序宣告其破产，清算其财产以偿还债务并且对部分债务予以豁免。[2] 个人破产制度希望在公平实现债务清偿基础上，为"诚实而不幸"的债务人提供救济：不仅给予其获得重生的机会，保障债务人的生存、发展权，同时平衡债权人和债务人的利益。个人破产制度的核心制度就是"自由财产的保留"及"破产后的豁免"。

（二）个人破产免责制度

破产免责制度是指符合法定免责条件的债务人在破产程序终结后仍不能清偿债务，可以在法定的范围内予以豁免。[3] 这一制度旨在减轻被宣告破产债务人的经济压力，帮助其维持正常的生活，同时促使债务人配合破产清算程序的实施，维护债权人的合法权益。根据是否需要破产债权人的申请和获得法院的许可，破产免责制度的立法模式可分为以美国为代表的当然免责模式、以德国为代表的许可免责模式、在立法上同时规定当然免责和许可免责模式的混合模式。当然免责模式不需要法官的审查和许可，极易造成滥用破产制度逃避债务的现象。

（三）个人自由财产制度

企业破产意味着法人的终止，而个人资不抵债会陷入生存、生活危机。为个

1　殷慧芬：《个人破产立法的现实基础和基本理念》，《法律适用》2019 年第 11 期。

2　章艺霞：《金融视角下的个人破产制度》，《南方金融》2009 年第 4 期。

3　李晓燕、鹿思原：《论我国个人破产制度的构建》，《山西大学学报（哲学社会科学版）》2020 年第 2 期。

人及其所抚养的家庭成员保留维持基本的生活物质条件是法律保护的应有之义，自由财产制度便是在破产制度中为债务人保留必要的自由财产，以满足其生活需求和最低的业务需求。对自由财产范围的确定是个人自由财产制度的核心问题。该界定既不能过于宽松，又不能过于狭窄，必须兼顾债权人和债务人之间的利益。目前关于财产范围的确定主要存在通过列举的方式规定债务人自由财产的范围、以概括的方式规定自由财产的范围及赋予法官充分的裁量权这三种模式。

二、个人破产制度构建的探索

我国对个人破产制度争议较大，2004 年全国人大常委会以 "条件尚不成熟" 为由，将《破产法草案》中关于自然人破产的条文予以删除。这使得我国个人破产制度构建长期处于停滞状态。随着我国市场经济的发展、个人信用体系的建设、财产登记制度的完善，同时为改善营商环境，解决执行难题，个人破产制度的构建又一次被提上日程。2018 年《最高人民法院关于人民法院解决执行难工作情况的报告》提出要推动建立个人破产制度。2019 年 2 月，最高人民法院《第五个五年改革纲要（2019—2023）》提出要研究推动建立个人破产制度。2019 年 6 月，国家发展改革委联合十三个部门发布《加快完善市场主体退出制度改革方案》并指出对破产法律制度改革完善的一项重要任务，就是研究建立个人破产制度。此后，广东、江苏、浙江等地积极推进个人破产制度的司法实践探索，先行建立了个人债务集中清理的相关工作机制，并颁布相关规定或意见。2020 年 8 月，《深圳经济特区个人破产条例》出台，将个人破产制度进一步推向社会公众视野，同时首家个人破产事务管理机构——深圳市破产事务管理署挂牌成立。2021 年，深圳市中级人民法院裁定债务人呼某破产，并设置考察期，成为个人破产制度落地第一案。

个人破产与法人破产制度存在诸多相通之处，而《企业破产法》的实践也能为个人破产制度的构建提供良好的法律基础。[1] 域外方面，美、英等国的个人破产制度较为完善，其破产和解制度、豁免财产制度等能够为我国提供宝贵经验和有益借鉴。在探索与实践本国个人破产制度及借鉴域外制度经验的基础上，构建适合我国国情的个人破产制度，既是顺应时代发展、经济全球化趋势的需要，也是完善我国破产制度的题中之意。

1　李景义：《论自然人经济主体与我国个人破产法律制度的构建》，《开发研究》2013 年第 6 期。

三、个人破产制度构建的急迫性、必要性

市场经济需要的不是抽象的法治，而是总体上最大限度地减少交易成本、促进交换发生和发展、促进财富配置最优化的规则和制度。[1] 随着我国市场经济的发展，仅适用于企业法人的破产法已经无法满足需求，个人投资者的投资行为与经营风险更是对完善破产制度提出了现实要求。我国目前的破产制度，其主体限于企业法人，合伙企业、个人独资企业仅能参照适用，这就导致债务清理经常陷入处置不能的尴尬境地。[2]

从 2018 年以来，全国两会中均有代表提出关于个人破产制度的提案，如2019 年于集华建议增设个人破产制度、2020 年沈志强建议尽快制定出台《个人破产法》等。同时，受经济下行和新冠疫情等因素的影响，失业率有所提高，失信被执行人达 854 万人。[3] 个人资不抵债的问题一旦集体转化为个人信用危机，会严重影响整个社会经济的发展。

对于大规模的资不抵债问题，诉讼并非良策。诉讼周期长，而且在债务人无可执行财产时，法院只能将其列为被执行人，凭借道德层面的负面标签及物质层面的消费限制等迫使其履行判决。此外，执行程序的功能属于个别清偿，各债权人需受限于是否经过诉讼、是否申请执行、申请执行先后等因素。执行也存在局限性。执行程序无法解决资不抵债问题，无法纠正偏颇性清偿行为，无法全面调查并矫正过往欺诈交易。这些缺陷都呼唤着个人破产制度的构建。

个人破产制度对于优化营商环境、破解执行难问题、促进市场经济健康发展等意义重大。关于执行难，一方面是债务人无力偿还债务，另一方面是被执行人不愿偿还，通过各种方式逃避债务。建立个人破产制度的目标之一便是打击"逃废债"，通过宣布破产，使部分执行难案件由破产程序得到彻底解决，较快实现债权人债务的清偿，避免案件被拖入漫长的执行阶段，产生社会不稳定因素。同时，个人破产制度能够兼顾债务人的发展权，给予债务人重新开始的机会，鼓励其再次就业。

我国个人债务集中清理的试点运行及国外的实践经验都证明，个人破产制度

1　苏力：《法治及其本土资源》，北京大学出版社，2015，第 11 页。

2　张阳：《个人破产何以可能：溯源、证立与展望》，《税务与经济》2019 年第 4 期。

3　数据来源：中国执行信息公开网，截至 2023 年 12 月 3 日。

是维护市场秩序稳定、救治危困市场主体的良药。个人破产制度的建立有助于减少消极避债、暴力逼债、涉黑讨债，减少抢先要债、择亲还债，减少恶意逃债、霸道拒债、自残要债等。[1]

个人破产制度的构建存在现实的急迫性和必要性。不过，在个人破产制度从无到有的构建过程中，必须对制度设计、运行中可能出现的困境进行翔实、细致的论证，以减少立法漏洞，确保个人破产制度顺利落实，发挥破产制度保障市场经济、平衡债权人与债务人利益等价值。

四、个人破产制度的现实困境

（一）适用主体不清晰

如前文所述，个人破产制度旨在保护"诚实而不幸"的个人。那么，如何界定个人破产制度的主体，即"个人"的范围？目前，官方表述存在混用"自然人破产"和"个人破产"等情况。有学者认为，"个人破产"与"自然人破产"是同一概念。[2]"个人"应当是指所有的自然人，像目前一些试点地区在文件名称表述上为"个人"，但在具体内容的适用主体上，都是针对的自然人。也有学者认为，在实践中商自然人资不抵债的现象更为突出，且从我国少数存在的自然人破产立法实践来看，也主要适用于商人，因此"个人"应当是指商自然人。

明确"个人"的具体内涵和外延是个人破产制度构建的前提性问题，在前提尚混乱时就直接进入具体制度内容的构建，很可能会做无用功。个人破产制度的运行核心在于破产个人，从破产程序的启动到资产清算再到破产后义务的履行都离不开破产个人的参与配合。因此，必须严格限制个人破产制度的准入门槛，即符合"诚实而不幸"的标准。但"诚实而不幸"并不是具体的、可操作的标准，这便给什么样的破产人才能申请个人破产留下巨大的立法空白和解释空间。

（二）欺诈性破产行为频发

人们比较担心的是，个人破产制度会让"老赖"合法化，进而堂而皇之地欠钱不还。免责利益的诱惑使得债务人虚假破产、隐匿资产和虚增债务等欺诈性

1　郭兴利：《建立个人破产制度：化解个人债务纠纷的新路径》，《山东师范大学学报（人文社会科学版）》2010 年第 2 期。

2　贺丹：《个人破产程序设计：一个新思路》，《法律适用》2021 年第 9 期。

个人破产行为频发，而且此类欺诈性行为隐蔽性较高，防范难度很大。这成为个人破产制度构建必须提前预防的一大难题。

首先，是界定个人破产中的欺诈破产行为。是不是只要破产人不符合破产主体或程序要求，就可以认定为欺诈？其次，是确定欺诈破产行为是否存在于破产程序启动前，以及在破产程序终结后是否还有欺诈破产行为存在的空间等。最后，是欺诈性破产行为缺少相应的配套处罚制度。一是欺诈责任种类。并非一旦行为人有欺诈行为便一律对其采用刑事处罚，应当根据行为人欺诈的程度分别承担不同责任，从民事责任到刑罚的种类都理应确定。二是责任体系。责任种类明确后，下一步便是构建轻轻重重、衔接有序的责任体系。三是处罚措施。诚然刑事责任会对当事人产生强大的震慑作用，但许多欺诈行为无法被纳入刑法规制，只能以行政或民事等手段来规制。因此，如何使处罚措施在巨大的免责利益诱惑下起到足够的震慑作用成为关键。

（三）个人征信系统及财产登记制度不完善

破产免责制度与个人征信系统关系紧密，判断破产人诚信与否离不开客观、真实、全面的信用记录。只有先准确识别破产人的真实意图，才能相对准确地判断破产人是否适用破产免责制度，否则会导致恶意逃债，使合法债权受到侵害。因此，个人破产制度的构建必须以完善的个人征信系统为基础。2013年开始实施的《征信业管理条例》为我国个人征信的发展提供了法律支持。根据2023年央行征信行业发展情况通报数据，我国已为9.7亿自然人建立统一的信用档案。但各征信平台较为分散，由不同的部门设立，缺少统一、完整的个人征信平台，特别是缺少一个关联的大数据库。这导致征信报告不甚详尽且查询过程过于烦琐。出于个人信息保护等因素的考量，我国个人征信系统由行政机关创建运行，市场化程度低，并且一些网络消费和借贷产生的信用信息一直游离在传统的个人征信系统外，这也就限制了个人信用体系在我国商事活动中发挥应有的作用。[1]

个人破产制度的构建也离不开完善的个人财产登记制度。所谓财产登记制度，是指个人将其所有的价值较大的财产进行申报并由政府财产登记机构进行登记。若没有完善的个人财产登记制度，个人破产制度不仅会囿于个人资产无法查清而难以推行，而且方便破产个人通过隐匿、转移财产以达到逃避债务的目的。相较于企业破产，个人破产缺乏完善的会计制度，而且缺乏专门的个人财产登记记账制度，如深圳个人破产审判运行之后面临的最大问题就是个人财产和债务的

1　刘冰：《论我国个人破产制度的构建》，《中国法学》2019年第4期。

查明问题。[1]

现实生活中，个人财产往往与家庭财产联系密切，这也就导致在破产财产申报时难以查清个人财产和家庭财产，破产个人会将财产转移到其他家庭成员名下来规避债务。我国土地、房屋等不动产登记制度较为完善，不动产产权主体明确，债务人不易转移、隐匿。但是随着时代的发展，虚拟财产在居民资产中占比越来越重，这类高隐蔽性、分散性的财产，进一步增加了法院及债权人查清债务人虚拟财产实际总值的难度。比特币等虚拟货币更是超出政府监管范围，极易诱发债务人通过该类虚拟货币转移个人资产之情形。

（四）破产法官及破产管理人储备不足

同企业破产制度类似，个人破产制度中必然也存在法官和破产管理人这类角色。2020年，美国破产界学者在给美国国会的公开信中要求大幅度增加破产法官的数量，召回已退休破产法官，共同应对"破产大流行"。中国同样也面临这样的问题。可以预见，一旦个人破产制度运行，相应的案件必然增加，甚至在数量上远远超过企业破产。虽然在个人破产案件中债权债务关系或许不似企业那么复杂，但在现行法院法官配置和程序安排下，必然会极大地增加法官审理的压力。我国各法院是否有足够的法官去处理个人破产案件？如果无法针对个人破产制度构建高效、便捷、公正的处理程序，势必导致积案盈箱。这不仅会损害债权人、债务人的利益，使个人破产制度无法发挥其应有功能，同时也会造成不必要的司法资源的浪费。

个人破产制度不仅给法官带来巨大难题，也对破产管理人提出更高的要求。破产管理人的专业知识、业务水平直接决定着破产工作的效果。我国目前对破产管理人的履职已经有较为明确的规范指引，但个人破产毕竟区别于法人破产。如何建立较为完善的个人破产管理人保护和监管机制？如何确保破产管理人合法、正确、及时地履行职责？这些问题决定着能否提高个人破产案件办理效率和保障案件质量。

（五）社会保障制度有待完善

个人财产登记制度的欠缺、个人征信制度和社会保障制度的不完善并不能成为阻碍个人破产制度立法的理由，健全的社会保障制度是个人破产制度平稳运行

1　徐阳光、韩玥：《个人破产的三重控制机制：基于个人债务集中清理实践的分析》，《法律适用》2022年第6期。

的基础。[1] 不同于企业法人，个人经破产程序，将自由财产以外的所有其他财产进行清算，用于对所有债权人的清偿后，仍需要继续生活。虽然通过自由财产制度，破产个人得以保留维持基本生活的部分财产，但由于事业上的失败，其主要收入来源丧失，在财产用于清偿后必然陷入生活困难。这些是个人破产制度无法解决而我们又必须重视的社会问题。此时就需要国家和政府发挥社会保障功能。最低生活保障制度、再就业制度及各种社会保险制度的不健全，会使一些债务人破产后因缺乏收入来源而难以正常生活，一些债权人也可能因债权得不到实现而陷入生存困境。为了保证个人破产制度顺利实施，有必要进一步完善社会保障制度。

1　刘静：《信用缺失与立法偏好——中国个人破产立法难题解读》，《社会科学家》2011 年第 2 期。

《中华人民共和国公司法》中的董事会中心主义研究 　刘向阳

一、问题的提出

在传统模式下，公司治理过度依赖股东会，并将其他机构视为从属。这种思维模式主导了以股东利益为导向的决策过程。如今的公司治理将经营管理权力逐渐过渡到董事会，希望充分发挥董事会在经营管理方面的优势作用。《公司法》在公司治理方面采取了一种非传统的分权控制结构。它通过明确列举和设置兜底条款的方式将公司权力分配给各个机构，旨在通过分工合作实现相互制衡。[1] 然而，如果分权不明确，制衡效果将大打折扣。《公司法》将公司权力划分为"重大事务决策权归股东会"和"一般事务决策权归董事会"，看似清晰，实际上却存在混乱。股东会和董事会的权力内容重叠，边界模糊，给公司的法治化管理带来难度。除此之外，公司所有权与控制权分离的趋势还催生了公司机构的分化现象。

为了确保公司治理的有效性和稳定性，需要进一步明确股东会和董事会的权力范围和责任，建立明确的决策程序和权力制衡机制。只有进行清晰合理的权力分配，公司才能充分发挥各个机构的作用，从而实现公司治理的良性循环和可持续发展。

二、董事会中心主义制度的发展

公司制度源于西方，董事会中心主义制度也源于西方，主要代表有美国、德国、日本等。

1　甘培忠、马丽艳：《董事会中心主义治理模式在我国公司法中的重塑》，《财经法学》2021 年第 5 期。

（一）美国

美国的董事会中心主义制度可以追溯到 19 世纪末的工业革命时期及 20 世纪初的公司治理改革。在工业革命期间，许多大型企业兴起。这些企业通常由少数大股东或家族控制，缺乏透明度和有效的监管机制。这种情况引发了社会对公司治理的关注，为董事会中心主义制度的形成奠定了基础。《美国示范商业公司法》对公司权力在公司机关之间的划分上也倾向于董事会。该法第 8.01 条规定："所有公司权力应当由董事会行使或在它的许可下行使，公司的业务和事务也应当在它的指导下经营管理，但上述一切均应受公司设立章程明示限制的约束。"从上述规定可以看出，美国法律赋予了董事会较大的权力。

（二）德国

德国的董事会中心主义制度可以追溯到 20 世纪初的公司法改革。1914 年通过的《德国股份公司法》对股份公司的组织、运作和监管作出规定。该法强调了公司治理结构中董事会的重要性，赋予了董事会广泛的权力和责任。在两次世界大战后的重建时期，德国政府为了促进经济发展和确保社会稳定，推动了一系列公司治理改革。这些改革着重强调了董事会在公司治理中的作用和责任，旨在平衡不同利益相关者特别是股东、员工和社会的权益。1976 年修订的《德国股份公司法》规定了董事会的组成、职责和权力，强调了董事会在决策、监督和企业战略方面的作用。与其他国家相比，德国的董事会在公司治理中扮演着重要的角色。

（三）日本

日本的董事会中心主义制度可以追溯到 20 世纪初，战后的经济重建和公司治理改革则对日本董事会中心主义制度的发展起到了重要作用。战后，日本政府为了促进经济发展和确保企业的稳定，推动了一系列公司治理改革。2002 年通过的《日本公司法》对日本公司治理进行了全面的改革，强调了董事会的独立性、责任和透明度。此外，日本还推动了股东权益保护、外部监管和信息披露的改革，以加强公司治理的有效性。

三、对我国公司权力配置格局的考察与反思

（一）《公司法》的权力分配理念

1. 坚持股东利益至上

股东本位思想是指在公司治理中将股东的利益置于首位的理念和原则。它强

调股东是公司的所有者，股东的权益应当得到充分保护和尊重。股东本位思想认为，公司的目标是为股东创造经济利益和价值。公司的经营决策应当以实现股东长期利益最大化为导向，以满足股东的期望和利益为中心。这意味着公司的经营策略、决策和行为都应当符合股东利益的最大化原则。

《公司法》深刻践行股东本位思想，诸多条款都体现出将股东的利益置于首位。例如，明确规定了股东的权力，包括表决、知情、参与。股东拥有对重大事项的决策权，也能够对日常事务进行管理。总之，法律规定了股东在公司事务中的合法权益应得到充分尊重和保护。

2. 回应社会责任

公司的良好运行需要回应社会责任，这也是现代公司制度与传统公司制度的重要区别。基于对维护企业声誉、满足社会期望、管理现代社会风险等诸多因素的考量，《公司法》的权力配置也体现了回应社会责任的理念与思想。这主要表现在以下方面。第一，《公司法》规定了董事会的职责和权力，要求董事会对公司的经营管理负责，董事会应对公司的经营决策与战略方向进行综合考虑。第二，《公司法》要求公司建立健全的内部治理结构，包括监事会与独立董事制度等。这些制度的设立旨在监督和管理公司的决策和行为，确保公司遵守法律法规、履行社会责任。第三，《公司法》规定了股东的权益保护机制，强调股东的知情权、表决权和追究权。这些权益保护措施有助于防止公司在追求短期经济利益时忽视社会责任，引导公司更加关注社会和利益相关方的利益。[1]

（二）对《公司法》权力配置格局的审视

第一，单一权力分配模式无法适应日趋多元的公司治理需求。公司发展的历史，就是那些在治理结构上因不能适应周围环境的公司，在竞争中不断被打败的历史。同样地，公司法的发展历史，就是那些试图将所有的公司统一为单一模式的法律不断被淘汰的历史。这具体体现在以下方面。首先，现代公司面临着复杂的经营环境和全球化竞争，需要更加灵活和快速的决策机制。单一的权力分配模式过于依赖股东会的集体决策，决策流程相对烦琐，难以及时应对市场变化。其次，公司治理不仅涉及股东的权益，还需要兼顾其他利益相关方的利益，如员工、供应商、消费者等。单一的权力分配模式过于偏重股东利益，难以平衡各方利益，容易引发利益冲突和治理风险。最后，单一权力分配模式限制了董事会在公司治理中的作用发挥。董事会作为公司的决策执行机构，应该拥有更大的权

1　刘斌：《董事会权力的失焦与矫正》，《法律科学（西北政法大学学报）》2023年第1期。

力，承担更多的责任，而不仅仅是执行股东会的决议。董事会应该具备独立决策的能力，积极参与战略规划、风险管理和监督等，以提高公司治理的效能和质量。

在实践中，许多公司采用了股东直接管理的方式，所有权和控制权高度集中在少数股东手中。在这种情况下，传统的分权控制结构中的治理规则往往无法发挥作用，因为权力高度集中于少数股东，其他股东很难行使自身权益，并且治理机制容易受到少数股东的个人意志和利益驱动。在股权高度分散的公众公司中，分权控制结构中董事会的权力则也面临一些挑战和限制。董事会受到股东的分散利益和多元观点的影响，决策更加困难。此外，分散的股权结构可能导致董事会成员之间的利益冲突，使得董事会的权力在实践中受到限制。未来多元化的公司治理理论与实践应寻求平衡点，针对不同公司和股权结构采用多元治理机制。

第二，权力分配混乱，部分权力内容重合、边界模糊。我国《公司法》秉持的理念为重大事项决策权归股东会，一般事务决策权归董事会，更为细微的决策权经董事会授权给经理层。[1] 这一理念看似清晰地划分了三者权力，事实上在司法实践中仍然存在边界模糊的难题。在司法实践中，区分股东会职权中的"决定公司的经营方针和投资计划"与董事会职权中的"决定公司的经营计划和投资方案"变得十分微妙，这是公司治理中的典型问题之一。同时，由于法律规定的模糊性，一些具体的公司治理实践和模式缺乏明确的指导，导致法院往往难以准确把握权力分配的原则和标准。这种情况在秦某青等与某公司等确认合同无效纠纷案中得到了明显体现。法官在判决书中写道："《公司法》对董事会和股东会权限的文字表述……笼统并且含义有相互重叠之处，仅从其字面意思难以确定二者的实质区别。"这种模糊性和重叠性给公司治理带来了挑战，因为权力分配的不明确性可能导致不同利益相关者的冲突和不确定性。在判断公司的经营方针和投资计划归属于股东会还是董事会时，需要考虑各种因素，如法律规定、公司章程、公司治理惯例和实际经营情况等。

第三，董事会权力存在模糊性。由于缺乏对董事会权力在实践中的具体认知等，《公司法》将董事会定位为执行机构，这与董事会中心主义制度将董事会视为经营决策机构不符。除此之外，董事会的权力缺乏实质性。董事会仅掌握一般性事项的决策权，实质性的决策权仍然掌握在股东会手中。受到各方利益主体的

1　傅穹、陈洪磊：《董事会权力中心的生长与回归》，《北京理工大学学报（社会科学版）》2022年第5期。

影响，董事会的权力在实际运行中也受到不同程度的抑制。[1] 在现代公司治理中，发挥董事会的独立决策功能可谓举步维艰。

四、再塑：我国董事会中心主义模式的建立

（一）完善董事信义义务体系

有权力，就必然存在滥用的可能。《公司法》仅规定了董事信义义务外壳，实质内容匮乏，信义义务规范体系名不副实。[2] 基于《公司法》的原则性规定，实践中如何判定董事违反信义义务存在难题。对于忠实义务，概括性条款列举较为严密；对于勤勉义务，法律规定较为薄弱。笔者认为，信义义务体系的完善思路应当如下。首先，是确立信义义务的基础关系。《公司法》尚未规定董事、监事、高级管理人员与公司之间的关系。学界往往将其界定为委托关系，然而这与信义义务背后的不平等性相背离。因此，应在承认其基础关系为信托关系的前提下，根据信义法的内在要求，把握信义义务的本质。其次，是引入商业判断原则。商业判断原则指董事或执行官的行为符合下列要求，则不承担个人责任：一是决策时出于善意，对决定的事项不存在利益冲突；二是决策前收集了合理数量的信息，对与决策相关的事实做了充分的了解，尽到了普通谨慎之人处在类似地位和相同环境下所能尽到的注意程度；三是合理地相信其以符合公司最大利益的方式行事。[3] 2023 年完成修订的《公司法》的第一百八十条具有强烈进步意义，实践中引入商业判断原则则是判断董事是否履行合理注意义务（勤勉义务）的适用标准。

（二）完善董事问责机制

《公司法》第一百八十条规定："董事、监事、高级管理人员对公司负有勤勉义务，执行职务应当为公司的最大利益尽到管理者通常应有的合理注意。"这一规定强调了董事、监事和高级管理人员对公司的勤勉义务，并明确了他们在履行职责过程中的责任。将主观因素纳入董事问责的考量范围，也便于人民法院在判断董事等是否尽到勤勉义务时综合考虑善意、合理和诚信因素。《公司法》第

1　刘斌：《董事会权力的失焦与矫正》，《法律科学（西北政法大学学报）》2023 年第 1 期。

2　甘培忠、马丽艳：《董事会中心主义治理模式在我国公司法中的重塑》，《财经法学》2021 年第 5 期。

3　[美] 史蒂夫·L. 伊曼纽尔：《公司法》，中信出版社，2003，第 171—173 页。

一百八十八条规定，董事、监事和高级管理人员执行职务违反法律、行政法规或公司章程，给公司造成损失时应承担赔偿责任。这一规定继续强调了董事等的客观责任，并与第一百八十条指出的主观责任形成互补。两者结合起来，可以更全面地确立董事问责的基础，有助于实现股东利益和公司利益的最大化。

五、结语

自《公司法》修订以来，学界也产生了对股东会中心主义与董事会中心的争议。有学者在分析了二者的价值取向后认为简单采用某种单一模式失于偏颇。[1] 本文虽抱有推进董事会中心主义的构建的思想，但并不主张简单照搬照抄他国的公司治理理念，而是尝试在梳理国外董事会中心主义发展历史的基础上审视我国《公司法》的权力配置演变及现状，并提出相关建议。董事会中心主义的建立离不开配套措施的完善，这就需要立法者从完善董事信义义务与问责机制两大角度入手，做到既分权予董事会又明智控权，实现公司的可持续治理。

1　赵旭东：《股东会中心主义抑或董事会中心主义？——公司治理模式的界定、评判与选择》，《法学评论》2021 年第 3 期。

论夫妻一方侵权之债的责任承担

刘向阳

一、问题的提出

平衡不同主体之间的利益是法律最重要的任务。除却立法层面，对当事人的利益进行界定和有针对性地进行协调亦是执法和司法的难题，也是解决在司法实践中遇到的诸多障碍的关键一步。[1] 夫妻共同债务的认定问题在《民法典》出台后引起理论界和实务界的热议。由于涉及侵权人、非侵权方配偶及债权人之间的利益平衡，因此构建认定和清偿夫妻共同债务的规则尤为重要。[2]

就夫妻之间的财产认定，《民法典》婚姻家庭编规定了法定财产制。在此背景下，夫妻一方单独实施的侵权行为所产生的侵权之债是否应被认定为夫妻共同债务？尽管《民法典》进一步规定了夫妻共同债务的清偿规则，但是该规则仅适用于夫妻意定之债，与之对应的法定之债，也就是侵权之债并未得到明确规定。同案不同判的现象屡见不鲜。是否要将侵权之债认定为夫妻共同债务？若认定为夫妻共同债务，又该如何认定？

二、案例透视

夫妻一方侵权所涉及的债务认定关系到侵权人配偶与被侵权人的利益。但无论是前《民法典》时代的《婚姻法》《最高人民法院关于适用〈中华人民共和国婚姻法〉若干问题的解释》，抑或是现如今的《民法典》，在认定夫妻共同债务的规则方面都未作出明确规定。理论指导实践，这必然导致实践中同案不同判现象的产生。

1　张新宝：《侵权责任法立法的利益衡量》，《中国法学》2009 年第 4 期。

2　蔡立东、杨柳：《侵权纠纷中夫妻共同债务认定的困境与立法回应——以机动车交通事故责任纠纷为研究对象》，《法学论坛》2020 年第 3 期。

笔者在"北大法宝"、中国裁判文书网等网站上检索发现，机动车交通事故责任纠纷案件是夫妻一方侵权案件的典型，于是筛选出几起较为典型的案例进行解析。

（一）相关案例简析

案例一：宫某山与曲某东、宫某平机动车交通事故责任纠纷[1]。

2022年6月，曲某东无证驾驶无号牌正三轮摩托车撞到站在道路东侧的宫某山，致使宫某山受伤。经交警部门认定，曲某东对此交通事故负全部责任，宫某山无事故责任。故曲某东应赔偿宫某山全部合理损失。由于曲某东与宫某平二者系夫妻，宫某山主张宫某平承担连带赔偿责任，但未提供证据证明被告宫某平存在过错，且案涉车辆非经营性车辆。法院认为宫某平作为被告曲某东的妻子并未获得经济利益，该侵权之债已超出家庭日常生活需要，事后被告宫某平对该债务亦未予以认可，不宜认定为夫妻共同债务，故该主张法院未予支持。

案例二：张某与刘某新机动车交通事故责任纠纷[2]。

2021年1月，张某驾驶小型轿车沿线行驶时，与高某生停靠在路边的重型半挂牵引车、重型集装箱半挂车发生交通事故。事故导致车辆损坏，张某轻微伤（未就诊治疗），乘客刘某新成为植物人。此次事故，交通警察支队认为被告张某负主要责任，高某生负次要责任，刘某新无事故责任。

本案中，张某作为驾驶人员，超速行驶且未按照操作规范安全驾驶，与停靠在路边的车辆相撞，应承担事故的主要责任。张某驾车乘载其配偶刘某新，从夫妻间道德义务而言，理应保障其配偶的人身安全，但张某并未尽到该特殊注意义务，导致刘某新长期处于植物人状态，后果严重，因而可认定张某构成重大过失。根据有关法律，夫妻一方因受到人身损害获得的赔偿或者补偿，属于夫妻个人财产。一审和二审法院皆认定张某的行为已构成婚内侵权，并判令张某按照本案交通事故的责任比例承担相应的赔偿责任。

案例三：刘某、王某良机动车交通事故责任纠纷[3]。

2019年1月，梁某发在醉酒后驾驶轿车（登记在梁某发之妻刘某名下）行驶时，与王某良无证驾驶的二轮摩托车相撞，造成王某良受伤、两车损坏。法院调查后认定，王某良承担事故的次要责任，梁某发承担事故的主要责任。

本案中，刘某并非直接侵权人，对于其是否需承担连带责任，应从两个角度

1　改编自（2022）辽0281民初7308号案件。

2　改编自（2022）辽0114民初4735号案件。

3　改编自（2020）鲁10民终2491号案件。

予以考量。一方面，确定机动车交通事故责任赔偿主体应以机动车运行支配和运行利益归属为原则。本案所涉机动车系梁某发、刘某二人的夫妻共同财产，两位被告均可控制、支配车辆的使用，并从车辆运营中获益。另一方面，夫妻共同债务是指为满足夫妻共同生活需要所负的债务，主要是基于夫妻家庭共同生活的需要，以及对共有财产的管理、使用、收益和处分而产生的债务。本案车辆系梁某发、刘某夫妻共同财产，车辆使用收益归于夫妻双方，其风险亦应归于夫妻双方，且梁某发驾车与朋友聚会的行为并不超过夫妻一般生活范畴，故梁某发、刘某对车辆侵权后果应承担连带责任。

（二）比较法视野下的案例分析

这类涉及配偶的机动车交通事故责任纠纷尽管在情节上具有相似性，但各地法院在解释与判决结果上不尽相同。造成这种结果的原因是，当前法院在认定夫妻一方侵权是否构成夫妻共同债务上尚未形成统一的裁判规则。

浅析上述裁判文书，不难发现其中存在的一些问题。案例一、案例三虽然情节相近，但裁判结果并不相同。案例一认定不成立夫妻共同债务，案例三则认定成立夫妻共同债务。在案例一中，法院依据《民法典》第一千零六十四条作出判决。涉案车辆既未被证明为运营性车辆，另一方又未从中获取利益，对于夫妻日常生活也并无助益。在案例三中，法院依据相同法条，以机动车运行支配和运行利益归属为原则，考量是否满足家庭生活的需要。案例一没有对侵权人出行目的予以定性，仅凭未获经济利益一点，判断其行为超出日常家庭生活之需要，继而认定为个人债务；案例三则认为，驾车外出吃饭应酬亦属于家庭生活的一部分，即便无利益也需要共担风险，因而成立夫妻间共同债务。此外，案例三中并无对侵权人行为是不是经营活动的举证责任分配的具体说明，相较于案例一将举证责任分配给被侵权人，存在很大不同。

案例一与案例二，判决结果相同，即都将侵权行为认定为夫妻一方的个人债务。但案例二的特殊之处在于，被侵权人是侵权人的配偶，若将侵权行为认定为共同债务，则本质上属于自己赔偿自己，钱从一个口袋转移到了另一个口袋，这在法律逻辑上存在悖论。

三、夫妻一方侵权之债认定存在的问题

（一）婚姻内部关系与外部关系混淆

实践生活的复杂程度有时远超想象。当某一案件涉及多个领域，且存在多种法律关系时，往往会产生诸多争议。以夫妻一方侵权之债为例。一方侵犯他人的权益，配偶是否应承担连带责任？这同时涉及侵权法律关系与婚姻法律关系。

从婚姻法视角而言，配偶对于侵权行为是否需要承担连带责任，可以总结概括为一个前提、两种情形。一个前提，指夫妻婚姻关系处于存续期间是夫妻共同债务成立的前提；两种情形，一是为夫妻共同生活所需，为共同生产经营而产生的债务，二是夫妻一方虽不是为了夫妻共同生产生活而负担债务，但是另一方从中获得了利益。

侵权责任法强调的是责任自负，蕴含着一定的惩罚意味。两者秉承的立法宗旨不同，自然不能同论。利益共享是夫妻共同债务的内在逻辑，那么除了诸如赌博、吸毒等不法债务不属于共同债务外，其他皆会被认定为共同债务。[1] 因此，用婚姻法的夫妻共同债务规则来调整夫妻一方侵权行为的"婚外行为"显然是不当的。这样的推论必然会导致配偶的责任增多，债务人的责任减少。

（二）侵权债务认定标准不一

1. 夫妻共同生产、共同生活的标准

在司法实践中，有的侵权配偶为了减少侵权人的责任承担会主动支付赔偿价款或者签订赔偿合同，这在法律上意味着夫妻双方已经达成共债合意，据此认定夫妻共同债务是不存在争议的。大量裁判文书显示，将一方侵权之债认定为夫妻共同债务的标准基本在于夫妻是否共同生产、共同生活。案例一与案例三具有相似的背景，曲某东驾驶的摩托车与梁某发驾驶的轿车皆为夫妻共同所有，配偶不存在过错。而且两家法院都持有相同的认定标准，即从夫妻共同生产生活的角度来进行判定，是否能成立共同债务。但即便基础相同，不同法院关于夫妻共同生产生活的判定标准仍存在差异，判决结果也各不相同。这也足见认定标准的混乱。

2. 以侵权法标准认定

在司法实践中，有的法官认为侵权行为应当通过夫妻双方的行为是否构成共同侵权来判断是否构成共同债务。从侵权责任法的角度看，只有夫妻双方实施了共同侵权行为才需要承担连带责任。有法院在审理这类案件时认为，在没有证据证实夫妻一方是侵权主体的情况下，涉案的侵权之债不能被认定为夫妻共同

---

[1] 李贝：《〈民法典〉夫妻债务认定规则中的"合意型共债"——兼论〈民法典〉第1064条的体系解读》，《交大法学》2021年第1期。

债务。[1]

3. 以共有财产标准认定

在司法实务中，有人认为可以依据《民法典》第三百零七条之规定，因财产属夫妻共有而认定在对外关系中夫妻双方承担连带责任。在案例三中，侵权人驾驶登记在配偶名下的车辆发生交通事故，法院根据车辆是共有财产认定配偶应当对被侵权人的损失承担连带责任。但是在相同案情之下，不同法院可能持有不同意见。例如，有的法院在处理机动车交通事故责任纠纷时认为，侵权人虽然驾驶的是夫妻共有的车辆，但是不应当根据共同财产这一标准来认定，而应当通过侵权人的行为是否出于夫妻共同生活这一目的标准来认定是否构成夫妻共同债务。

（三）举证责任分配不明

《民事诉讼法》对因侵权而产生的债务是否归属为共同债务举证责任的特别规定，在学术界和司法界引发了许多讨论。在法律没有明确规定的情况下，法官对这个问题享有自由裁量权。[2]

案例一中的法官将举证责任不利的后果归于原告，这实际上是一种倾向于将夫妻一方对外侵权认定为个人债务的表现。有的法官则将证明责任分配给了侵权人的配偶一方。秉持这种观点的法官认为，侵权之债的形成一般不是出于合意，被侵权人事先难以知道侵权人夫妻双方的生活状态、经营状况等。夫妻一方侵权之债不同于合同之债，将举证责任分配给债权人一方是为了提请债权人履行合理谨慎的审查义务。还有法院根据案件双方当事人举证的情况，结合具体案件进行举证责任的分配。

这种差异反映出，针对夫妻任何一方对外侵权行为的案件，由于法律没有明确规定证明责任的配置，司法实务中出现了证明责任分配不一致的问题。

四、认定夫妻一方侵权的规则构建

规则的构建不能凭空捏造，需要通过对比现有司法实践的反响，平衡被侵权人和侵权人配偶的利益。从逻辑上讲，应借鉴吸纳国外经验，并结合我国的学术理论，在实践中将夫或妻一方侵权产生的债务认定为其个人债务，而只有在例外情况下认定为夫妻共同债务。

---

[1] 参见（2021）鲁15民终4437号案件。

[2] 袁中华：《劳动法上请求权体系之建构》，《环球法律评论》2020年第6期。

（一）以内外有别为基础

不同的法律关系适用不同的法律条文。《民法典》第一千一百六十四条规定侵权责任编调整的是因侵害民事权益产生的民事关系，而婚姻家庭编聚焦家庭关系，调整的是夫妻、父母与子女、夫妻财产、收养等关系。生活纷繁复杂，需要处理的法律关系绝对不止一种。我们要全面看待问题。面对外部关系时，用侵权责任编来处理。债权不同于物权，具有相对性，不能对抗任意当事人。如果使用《民法典》婚姻家庭编的条文来处理侵权法律关系，则违背了债的相对性原理，会使侵权方配偶遭受不必要的损失。同样地，也不能用《民法典》侵权责任编的条文来调整内部的婚姻关系。婚姻内部由于夫妻双方共同收益共同担责，若以《民法典》侵权责任编的条文来调整会破坏夫妻的整体性，当然夫妻双方另有约定的除外。

（二）认定夫妻一方侵权的标准适用

家事立法和司法常在家庭本位和个体本位之间摇摆。[1] 我们需要一种新型伦理关系，既能保护个体的权益，也能保障家的团结。

1. 原则上认定应当属于个人债务

首先，夫妻一方侵权认定为夫妻共同债务不符合《民法典》的规定。《民法典》第一千零六十三条第二款规定，一方因受到人身损害获得的赔偿或者补偿属于个人财产。可见，夫妻一方因身体受侵权而获得的赔偿并不是夫妻共同财产，而是一方的个人财产。同理，夫妻一方对他人的侵权之债，也不是夫妻共同债务，而是侵权一方的个人债务，应由其个人承担。

其次，夫妻一方侵权认定为夫妻共同债务存在婚内侵权的悖论。在案例二中，张某既是侵权人，又是被侵权人配偶。夫妻一方驾驶，一方乘车，可以视为夫妻共同生活。按照这个理论，张某的侵权之债可以作为夫妻共同债务来进行认定，那么作为妻子的被侵权人就需要自己赔偿自己的损失，作为丈夫的侵权人则不需要为自己的侵权行为付出代价。这在法理上岂不荒诞。

若原则上将一方侵权之债认定为个人债务，将大大减少不合理现象的产生。作为丈夫的侵权人不会因为妻子是被侵权人而减少赔偿责任，即使提起了离婚诉讼，也减免不了赔偿妻子的责任，这有利于保护配偶方的权益。

最后，夫妻一方侵权认定为夫妻共同债务违背侵权责任理论。夫妻一方实施

---

[1] 张剑源：《家庭本位抑或个体本位？——论当代中国家事法原则的法理重构》，《法制与社会发展》2020 年第 2 期。

侵权行为造成他人人身、财产损害，或因为故意，或因为过失。总之，造成损害的原因是夫妻一方的侵权行为及其主观上存在过错，而另一方未实施侵权行为，主观上也不具有过错，不符合承担侵权责任的四个构成要件，故不应承担配偶致人损害产生的债务。

2. 一方侵权认定为夫妻共同债务的例外情形

《民法典》第一千零六十四条规定了三类认定为夫妻共同债务的情形：第一类，基于夫妻共同意思表示所负的债务；第二类，为日常家庭生活所需而负的债务；第三类，超出家庭日常生活需要所负的，但债权人能够证明该债务是用于夫妻共同生活、共同生产经营或者基于夫妻双方共同意思的债务。

当夫妻一方侵权时，配偶为了弥补己方的过失，主动与被侵权人达成和解协议，主动要求承担责任，那么实际在法律上已经达成了夫妻共同合意。此时，无论法律法规如何规定，配偶以自己的意思表示加入债务，就应与侵权人共同承担债务。民法尊重当事人意思自治，即法无禁止皆自由。当配偶以明确的意思表示要求共同承担债务时，则毫无疑问可以认定为夫妻共同债务。

但本文所要讨论的情形，一般是夫或妻排除意思表示，甚至要求不共同承担责任。在此种情形下，夫妻双方承担共同债务的标准是什么？

首先，侵权人的侵权行为应当发生在婚姻关系存续期间，这是重要的时间节点。从法律上讲，婚姻关系存续期间是指从男女双方在婚姻登记部门办理结婚证开始，到办理离婚证或者法院作出的离婚判决文书生效为止，再或者到夫或妻一方死亡或者被宣告死亡的这段时间。

其次，要求侵权人配偶承担的责任是财产性责任。责任不仅包括民事责任，还包括刑事责任。夫妻一方侵权可以成为共同责任的应当不具有人身属性，如赔礼道歉、停止侵害这些都是不能代替完成的民事责任。

最后，侵权人的行为应当以家庭共同生活、共同经营为目的。如果不是，则侵权人配偶无须承担责任。基于家事代理权，最高人民法院法官潘杰在对《民法典》侵权责任编的解读中认为，不能随意以夫妻共同财产制度扩大侵权主体，否则社会中任何金钱债务都可以扩展到配偶另一方。

在司法实践中，"家庭日常生活需要"具有抽象性。对于这种抽象性概念，应如何把握？最高人民法院认为，家庭日常生活需要包括日常的吃穿用度花销、子女的抚养教育经费、老人赡养费、家庭成员的医疗费用等，具体应当参照国家统计局发布的城镇居民家庭消费的八个种类。综合来看，家庭日常生活需要的主要范围在于夫妻双方与未成年子女、赡养的老人、其他共同居住的近亲属进行的

"日常性"与"必要性"消费。[1] 而"日常性"与"必要性"的认定，原则上不在夫妻共同债务的认定要求之内。对于"家庭日常生活需要"，在判定时认定标准不是绝对的，应因地制宜、因时制宜。

此外，夫妻一方的侵权行为使家庭从中获益的，夫妻双方应承担共同债务。具体而言，应从两个层面展开。一是产生侵权之债的基础性活动属于为家庭谋取利益的活动；二是产生侵权之债的基础性活动不属于为家庭谋取利益的活动，但收益归家庭享有，家庭在受益的范围内承担责任。这里的获益应当理解为经济层面的获益。[2] 若解释为精神上的获益，则有扩大解释之嫌。不过，依据《最高人民法院关于适用〈中华人民共和国婚姻法〉若干问题的解释（二）的补充规定》，从事赌博、吸毒等违法犯罪活动所负的债务应被排除在夫妻共同债务之外。

（三）夫妻一方侵权之债的举证责任机制

在确定了夫妻一方侵权构成共同债务的标准之后，需要对举证责任进行分析，以明晰侵权人、侵权人配偶及被侵权人的利益。[3] 笔者认为，应当在坚持《民事诉讼法》"谁主张谁举证"的基本原则上，适当减轻被侵权人的证明标准。被侵权人通常无法预料侵权之债的发生，对于侵权人的夫妻关系、实施侵权行为的目的也缺少一定的预见性，所以不能如合同之债一般要求被侵权人尽到合理谨慎的审查义务，应当适当减轻其举证责任。当然，这建立在被侵权人负有举证责任的基础之上。

五、结语

"侵权"意味着相关债务基本不是夫妻双方的共同意思表示，因此意思表示不是认定夫妻一方侵权是否构成共同债务的标准。其中涉及被侵权人与侵权人利益的衡量，而对于利益的分配见仁见智，不是绝对的。这是侵权责任法与婚姻家庭法的特殊连接点，而笔者更加赞同责任自负、风险自担的理论，认为应当侧重保护更无辜的侵权人配偶方的利益。夫妻一方侵权原则上应当构成个人债务，同时要适当减轻被侵权方的举证责任。

---

1 姚桐：《论〈民法典〉第 1064 条"家庭日常生活需要"范围的确定》，《大连理工大学学报（社会科学版）》2023 年第 2 期。

2 李心悦：《论夫妻共同债务的类型与清偿》，《东南大学学报（哲学社会科学版）》2022 年增刊。

3 冉克平：《论因"家庭日常生活需要"引起的夫妻共同债务》，《江汉论坛》2018 年第 7 期。

吉 磊 江苏北固律师事务所主任

执业证号：13211201210260673

执业经历：长期担任江苏省多家建筑业企业驻场工程律师，创设了为建筑业企业项目管理过程服务的新方式——驻场工程律师顾问团队模式，兼顾建设工程全过程法律服务咨询和建筑业企业涉及的争议解决代理服务，在建设工程施工合同纠纷、建筑企业法律顾问业务，以及建设工程领域涉及的劳务、材料采购、机械租赁、工程造价等争议纠纷的诉讼业务方面具有丰富的实务经验

业务专长：建设工程领域法律服务
　　　　　生物医药产业法律服务
　　　　　企业法律顾问
　　　　　刑事辩护
　　　　　知识产权法律服务

社会职务：国家税务总局镇江市税务局特约监督员
　　　　　江苏省律师协会"一带一路"百名驻场工程律师
　　　　　江苏省律师协会生物医药"产业链+法律服务"联盟委员
　　　　　镇江市律师协会第三届监事会监事
　　　　　镇江市律师协会第五届建设工程与房地产业务委员会副主任
　　　　　镇江市丹徒区涉法涉诉案件评审专家
　　　　　镇江市丹徒区党政一体法律顾问

建设工程施工合同中实际施工人范围的界定

吉 磊

刘巍豪

一、实际施工人概念出现的历史背景

　　法律是随着历史的发展而自发产生的，因此我们应当先回顾实际施工人概念出现的历史背景。改革开放后，由于政策倾斜及市场供大于求，我国建筑行业飞速发展起来。一方面建筑工程关系国家民生问题和社会公共利益，另一方面发包人和承包人最终都不享有建设工程所有权。因此，国家采用行政手段限制施工企业主体资质。这就产生了两大矛盾，即大量建设工程产能剩余与施工主体准入资格严格的矛盾和市场盲目逐利与国家保障公共利益的矛盾。市场逐利性驱使许多没有资质的组织和个人以有资质的施工单位的名义，通过非法转包、违法分包、挂靠等方式承揽工程。与此同时，经过多环节转包和分包，实际施工人所获利益减少，于是会采取克扣工人薪酬、降低材料成本、缩短工程时间等方式进行弥补。这本质上就是通过侵害工人合法权益获取非法利益。

　　转包和违法分包等形式违反法律强制性规定，所签订的建设施工合同往往被认定为无效，这必然导致工程款支付困难。建设行业是劳动密集型行业，吸纳了大量农民工，而工程款不能按时发放必然会造成工人工资拖欠，进而引发农民工讨薪的群体性事件，如广东省东源县"6·29"农民工讨薪事件、四川省都江堰市"10·11"农民工讨薪事件、湖北省武汉市"11·2"农民工讨薪事件、江苏省昆山市"2·13"农民工讨薪事件。2003年，国务院总理温家宝帮助熊德明追薪事件发生后，工程款拖欠和工人权益保障等问题开始受到国家部门的重视。2004年，《最高人民法院关于审理建设工程施工合同纠纷案件适用法律问题的解释》出台。这一司法解释的出台标志着实际施工人概念的诞生。

236 ┃ 星辰大海　律程20 ┃

二、实际施工人制度的内涵

(一) 实际施工人规范历史沿革

最高人民法院在司法解释中并未明确实际施工人应当如何界定，且在不同阶段对实际施工人的解释也存在差异。表1即对相关规定的梳理和解读。

表1　与实际施工人相关的规定及解读

条文版本	条文内容	条文解读
《最高人民法院关于审理建设工程施工合同纠纷案件适用法律问题的解释》（2004年10月25日公布，2005年1月1日施行）	第一条　建设工程施工合同具有下列情形之一的，应当根据合同法第五十二条第（五）项的规定，认定无效： （一）承包人未取得建筑施工企业资质或者超越资质等级的； （二）没有资质的实际施工人借用有资质的建筑施工企业名义的； （三）建设工程必须进行招标而未招标或者中标无效的。	首次出现实际施工人概念，但并未说明实际施工人的内涵及类型。
《最高人民法院关于当前形势下进一步做好房地产纠纷案件审判工作的指导意见》（2009年7月9日公布）	六、妥善处理非法转包、违法分包、肢解发包、不具备法定资质的实际施工人借用资质承揽工程等违法行为，以保证工程质量。对规避标准化法关于国家强制性标准的规定，降低建材标号、擅自缩减施工流程，降低工程质量标准等危及建筑产品安全的行为，要按照法律规定和合同约定严格予以处理；构成犯罪的，交由有关部门依法追究责任人的刑事责任。	继《最高人民法院关于审理建设工程施工合同纠纷案件适用法律问题的解释》后，首次提出实际施工人的类型划分：将建设工程转包、违反法律将工程合同分包、将全部工程进行肢解发包、不具备法定资质借用资质的承包人承揽工程。 非法转包未明晰转包行为均为违法，而非存在合法转包。
《最高人民法院对十二届全国人大四次会议第9594号建议的答复》（2016年8月24日公布）	实际施工人是指依照法律规定被认定为无效的施工合同中实际完成工程建设的主体，包括施工企业、施工企业分支机构、工头等法人、非法人团体、公民个人等，是《最高人民法院关于审理建设工程施工合同纠纷案件适用法律问题的解释》确定的概念，目的是区分有效施工合同的承包人、施工人、建筑施工企业等法定概念。	该答复指出实际施工人包括法人、非法人团体、公民个人等，进一步明确了实际施工人的主体性质。 该定义虽列出典型的实际施工人，但未突出实际施工人本质属性，即实际投入工人、建设资金、物资材料等进行建设。[1]

1　肖峰、严慧勇、徐宽宝：《〈关于审理建设工程施工合同纠纷案件适用法律问题的解释（二）〉解读与探索》，《法律适用》2019年第7期。

条文版本	条文内容	条文解读
《最高人民法院关于审理建设工程施工合同纠纷案件适用法律问题的解释（一）》（2020 年 12 月 29 日公布，2021 年 1 月 1 日施行）	第一条 建设工程施工合同具有下列情形之一的，应当依据民法典第一百五十三条第一款的规定，认定无效：（一）承包人未取得建筑业企业资质或者超越资质等级的；（二）没有资质的实际施工人借用有资质的建筑施工企业名义的；（三）建设工程必须进行招标而未招标或者中标无效的。承包人因转包、违法分包建设工程与他人签订的建设工程施工合同，应当依据民法典第一百五十三条第一款及第七百九十一条第二款、第三款的规定，认定无效。	本司法解释对废止的司法解释进行整合和总结，但未明确实际施工人的概念。
《最高人民法院对十三届全国人大五次会议第 3784 号建议的答复》（2022 年 6 月 22 日）	司法解释中的实际施工人范围应是确定的，仅指与依《建设工程质量管理条例》认定的转包人或者违法分包人对应的、建设工程发包人与承包人之外的第三人，不应当包括依照法律规定实行"企业内部项目经济责任制承包"（即内部承包）的人。[1]	该答复坚持实际施工人包括三种类型：非法转包、违法分包、不具备法定资质借用资质承揽工程。该答复否定没有法人资质的内部承包人属于实际施工人范畴。
最高人民法院民事审判第一庭：《最高人民法院关于审理建设工程施工合同纠纷案件适用法律问题的解释（一）》第四十三条规定的实际施工人不包含借用资质及多层转包和违法分包关系	最高人民法院民事审判第一庭法官会议讨论认为：依据《最高人民法院关于审理建设工程施工合同纠纷案件适用法律问题的解释（一）》第四十三条，突破合同相对性原则，请求发包人在欠付工程款范围内承担责任的实际施工人不包括借用资质及多层转包和违法分包关系中的实际施工人，即《最高人民法院关于审理建设工程施工合同纠纷案件适用法律问题的解释（一）》第四十三条规定的实际施工人不包含借用资质及多层转包和违法分包关系中的实际施工人。	该讨论认为《最高人民法院关于审理建设工程施工合同纠纷案件适用法律问题的解释（一）》第四十三条中的"实际施工人"与其他条款中的"实际施工人"不同，仅限于首次转包或首次违法分包的"实际施工人"。

（二）认定实际施工人的裁判观点综述

笔者在"北大法宝"以"最高人民法院认定实际施工人"为主题进行检索，获得相关案件总计 18 起。其中 5 起认可了实际施工人，13 起不认可实际施工人。

1　谢勇、郭培培：《论实际施工人的民法保护》，《法律适用》2021 年第 6 期。

表 2 是对裁判概要和案例评判的展示。

表 2　与实际施工人相关的 18 起案件

案件名称	裁判概要	案例评析
黑龙江省 A 公司与 B 公司及原审第三人刘某建设工程施工合同纠纷上诉案（2009）民一终字第 75 号	第三人刘某是否为实际施工人? 本案总承包人 A 公司与发包人 B 公司签订施工建设合同。虽然刘某与 A 公司签订协议约定，A 公司参与施工管理，出现问题由 A 公司分公司和刘某负责，刘某负责办理与施工相关的事项，但上述办理事项均明确记载刘某为项目负责人或管理人。 最高人民法院裁判认定，刘某作为项目负责人依据 A 公司的意思表示从事施工管理工作，不符合《最高人民法院关于审理建设工程施工合同纠纷案件适用法律问题的解释》第二十六条的规定。	最高人民法院认定第三人刘某并非实际施工人。 总承包人为 A 公司，刘某根据 A 公司的意思表示进行管理施工。A 公司为涉案施工合同及分包施工合同的签约主体与义务承担主体。刘某不具有独立实际施工的主体资格，那么就不符合"实际施工人为转包人"和"违法分包人的承包人"的条件，故其不应被认定为实际施工人。
李某与孟某、A 公司等案外人执行异议之诉案（2016）最高法民再 149 号	李某是否为实际施工人? 一审中对方当事人自认李某为实际投资方，A 公司承建的全部工程为李某先行垫付资金并组织人员施工。B 公司、某军区办事处证实甲小区、乙小区、丙小区工程由李某进行洽谈并组织施工，由其垫付部分款项。一审中证人证实从李某手中承包丙小区二期工程，且拖欠的农民工工资一直是向李某个人索要的。这些均可以证明李某作为 A 公司的实际控制人对涉诉工程进行了施工。	最高人民法院认定李某是实际施工人，认为实际施工人的认定的首先条件是案由为建设工程施工合同纠纷。 承包人所建设的所有工程为李某个人名义协商，协商后拖入资金并组织工人进行建设。A 公司在本案前置程序（2014）长执异字第 16 号案件听证会中也明确认可本案涉诉工程是李某施工的，属于庭外自认。 李某以个人名义实际投入人工、材料、设备等进行工程建设，故最高人民法院认可其实际施工人身份。

案件名称	裁判概要	案例评析
A 公司与 C 公司建设工程施工合同纠纷案（2011）民提字第 104 号	A 公司是否为实际施工人？ 首先，虽然从本案建设工程施工合同的形式看，承包人为 B 公司，且合同没有约定与 A 公司有关的权利义务内容，但是，A 公司提供书证，证明承包方一栏的电话是 A 公司办公电话。 其次，A 公司提供的提货单证明 C 公司抵顶工程款的钢材均运送到 A 公司；A 公司的收款据、发票等证据能够证明支付给涉案工程外联单位的各种款项由 A 公司支付。 再次，A 公司法定代表人刘某与 C 公司工作人员刘某签订了一份证明，证明 C 公司发包给 B 公司承建的工程的施工地点已变。 最后，A 公司持有双方争议工程的施工合同、施工技术资料，收取了 C 公司供应的工程用钢材及 C 公司支付的工程价款。 故认定 A 公司是涉案工程的实际施工人并无不当。	第一，A 公司证明承包方联系方式为本公司的联系方式；第二，提货单证明抵销工程款的钢材由 A 公司接收；第三，财务记账、发票等证明涉案工程款项由 A 公司支付；第四，A 公司法定代表人与发包人签订过施工地点更改的证明并收取了发包人支付的相关工程价款。 综上，首先，A 公司具有实际施工承包项目的权利外观；其次，A 公司实际投入资金建设项目；最后，A 公司实际接收发包人的工程价款。故最高人民法院认为 A 公司是实际施工人。
周某、甲公司建设工程施工合同纠纷再审审查与审判监督民事裁定书（2020）最高法民申 3234 号	周某是否为实际施工人？ 甲公司作为案涉项目的承包人，将项目整体转包给并无施工资质的陈某，由陈某履行川某公司与聚某公司之间签订的建设工程施工合同。可见，陈某属于实际施工人。2016 年 6 月 6 日，陈某与周某等五人签订股东合作协议，约定五人共同出资承建案涉项目。周某与陈某等人之间属于合伙关系，而非分包转包关系，故周某不能独立成为建设工程领域所称实际施工人。	最高人民法院认定周某并非实际施工人。 第一，周某作为实际施工人的合伙人，与承包人不存在转包或违法分包的外在形式。第二，周某仅与实际施工人成立合伙关系，为实际施工人提供相应资金，但缺乏实际投入人工、材料、设备等承担建设工程的身份。第三，周某未以独立身份参与工程洽谈和合同签订，缺乏权利外观。

案件名称	裁判概要	案例评析
乙公司、翁某等建设工程施工合同纠纷民事申请再审审查民事裁定书（2021）最高法民申6559号	翁某是否为实际施工人？ 第一，2012年11月3日甲公司与黄某签订的项目投资意向书和黄某与翁某签订的项目投资意向书除了双方当事人不一致外，均约定案涉工程建设和销售全部由乙方负责，所有建设资金由乙方承担。甲方不仅无须向乙方支付任何工程款，反而每月向乙方收取利润提成。因此，与承建工程收取工程款的特征并不相符。 另外，在（2016）闽01民初938号合同纠纷案中，甲公司与黄某均否认上述两份项目投资意向书与本案审理的建设工程施工合同关系之间的关联性，但在本案二审中又以项目投资意向书主张案涉建设工程为黄某与翁某合作开发，违反了诚实信用及禁止反言原则。 第二，翁某与乙公司签订的"工程项目经营管理责任制承包合同"开篇约定"保证按期保质保量安全完成该项目工程任务和严格履行甲方与业主已签订的合同内容"，其中甲方与业主签订的合同即案涉建设工程施工合同。 根据上述两份合同认定甲公司为建设工程发包人，乙公司为建设工程转包人，翁某为实际施工人，并判令乙公司作为案涉项目工程的转包人应对翁某承担支付工程款的责任，具有相应的事实和法律依据，并无不当。	第一，黄某与翁某签订的项目投资意向书约定甲方每月向乙方收取利润提成，此合同不属于传统建设工程合同。第二，项目投资意向书不能证明案涉建设工程施工合同缔约时，翁某实际参与了合同签订，并就施工的相关约定与甲公司进行了实质性磋商。故应当认为黄某与翁某签订的项目投资意向书为转包合同。第三，翁某与乙公司签订的"工程项目经营管理责任制承包合同"可以证明乙公司为建设工程转包人。综上可以认定翁某作为实际施工人的法律地位。
龚正某、A公司等建设工程施工合同纠纷民事申请再审审查民事裁定书（2021）最高法民申5530号	龚正某是否为实际施工人？ 第一，2014年10月20日签订的委托书载明："本委托书声明：本人季某现将物流园D1、D2、C2区工程委托给龚正某，由龚正某代理行使本委托书中约定的相关事宜，相关事宜龚正某均予以认定，无须他人另行委托。" 第二，龚正某提供的项目决算书等证据材料，虽有龚正某在一期施工方或一期施工班组一栏处签名，但根据2014年10月20日季某与龚正某签订的委托书，以及A公司对龚正某的签字认为系根据季某委托进行的代理行为，龚正某在相关文件上签字并不能说明其是实际施工人。 第三，龚正某代表一期施工队在与A公司的决算中签字、在2015年9月1日形成的两份会议纪要中签字的行为，仅表明在对外关系上，龚正某代表一期施工队，不能证明在季某和龚正某之间存在转包关系。 综上，现有证据难以认定龚正某与季某之间存在转包合同关系。	最高人民法院认为龚正某与A公司成立委托法律关系。依据相关证据，不能得出龚正某是实际施工人的结论。 第一，龚正某签字行为属于委托代理行为，不能由此得出他是实际施工人的唯一结论。第二，龚正某组织施工的前提是季某与A公司之间签订的"项目内部管理承包合同"，该合同约定季某自筹资金、以大包干形式承包工程，承担因该工程发生的所有经济责任，自负盈亏。二审判决认为将龚正某现场组织施工并从A公司领取工程款的行为认定为履行受托义务更具有合理性。

案件名称	裁判概要	案例评析
姜某、江某等建设工程施工合同纠纷民事申请再审审查民事裁定书（2021）最高法民申5963号	江某是否为实际施工人？ 河北省高级人民法院在780号案件中围绕争议焦点认为，江某与A公司系内部挂靠关系，并非工程转包关系。A公司未实际参与合同履行，是B公司与江某形成事实上的建设工程施工合同关系。该判决已发生法律效力，原审据此认定江某为实际施工人。	江某与A公司系内部挂靠关系，并非工程转包关系。A公司未实际参与合同履行，是B公司与江某形成事实上的建设工程施工合同关系。因此，可以认定江某为实际施工人
灵武市A公司、洪某等建设工程施工合同纠纷民事申请再审审查民事裁定书（2021）最高法民申6641号	洪某是否为实际施工人？ 第一，A公司与发包人B农场签订建设工程施工合同，承包案涉工程后交由洪某施工。合同明确为包工包料，A公司实际不参与施工。第二，A公司与徐某签订了建设工程施工合同，约定"洪某必须严格执行A公司与B农场签订的工程质量保修书，保修期内发生的一切费用均由洪某承担"。结合A公司、徐某向洪某支付工程款的事实，可以判定洪某对案涉工程进行施工的事实。因此，A公司关于洪某不是实际施工人的再审理由证据不足，依法不能成立。	最高人民法院认定洪某为实际施工人。 第一，A公司与洪某签订了合同，明确约定承包方式为包工包料。第二，合同约定A公司实际不参与施工。第三，合同约定"洪某必须严格执行A公司与B农场签订的工程质量保修书，保修期内发生的一切费用均由洪某承担"。 因为洪某实际对涉案工程投入人力、材料、设备等，所以最高人民法院认定洪某为实际施工人。
A公司、姚某等建设工程施工合同纠纷民事申请再审审查民事裁定书（2021）最高法民申5494号	姚某为实际施工人的认定是否缺乏证据证明？ 建设工程施工合同虽由A公司与C公司签订，但姚某与A公司于2017年4月16日签订协议，确认了C公司项目部姚某工程的总造价。协议尾部由姚某个人与A公司共同签字确认。姚某与A公司签订的补充协议还约定，A公司开发项目，通过招投标，由C公司中标并交由C公司项目经理姚某施工，该协议也是由姚某签字的。该协议明确余款的支付主体是A公司，支付对象是姚某。故原审关于姚某为实际施工人的认定并不缺乏证据证明。	最高人民法院认定姚某为实际施工人。首先，姚某与发包人签订工程造价协议。其次，姚某与发包人签订补充协议，约定由姚某施工。最后，发包人向姚某支付工程价款。

案件名称	裁判概要	案例评析
戚某、A 公司等案外人执行异议之诉民事申请再审审查民事裁定书（2021）最高法民申 5771 号	王某、毕某、A 公司是否为案涉工程实际施工人？ 根据原审查明的事实，B 公司将案涉工程发包给 C 公司后，C 公司又通过签订"内部发（承）包协议书"将案涉工程全部包给王某、毕某、A 公司，并约定王某、毕某、A 公司包工包料，向 C 公司支付约定比例的工程管理费，负责与建设单位办理工程结算等；案涉工程实际施工过程中，所需人工、材料、设备等均由王某、毕某、A 公司承担和管理。二审判决认定 A 公司、王某、毕某系案涉工程实际施工人，有相应依据，并无不妥。	最高人民法院认定王某、毕某、A 公司为案涉工程实际施工人。 首先，承包人通过签订"内部发（承）包协议书"将工程转包给王某、毕某、A 公司，并约定由承转包人包工包料。其次，王某、毕某、A 公司向承包人支付工程管理费。最后，实际施工过程中所需人工、材料、设备等均由王某、毕某、A 公司承担和管理。
A 公司、B 公司等建设工程施工合同纠纷再审案（2021）最高法民再 242 号	A 公司是否为实际施工人？ 最高人民法院再审认为，本案系建设工程施工合同纠纷。A 公司以其与 B 公司签订工程分包合同，其系案涉工程实际施工人为由主张欠付的工程款。根据本案已查明且各方无争议的事实，案涉工程已竣工验收。B 公司将案涉工程进行了转包，而非自行完成施工。 A 公司提供了其与 B 公司签订的分包合同。羊某系 A 公司的法定代表人，A 公司亦对羊某代表该公司办理案涉工程相关事宜的行为予以认可，故羊某在案涉工程施工过程中签字的行为应当认定为代表 A 公司的职务行为。 案涉工程是否为 A 公司垫资施工完成，是认定 A 公司是否为案涉工程实际施工人的关键，属于本案基本事实。B 公司、格某均认可羊某对案涉工程进行了管理，亦认可材料的采买、合同的签订、施工的组织等由羊某负责，工程相关资料由羊某掌握，工程相关的签证由羊某签字或加盖项目部公章。一、二审法院仅以大部分支出无相应的有效支付凭证为由，对 A 公司提供的相关凭证不予认定，显属事实认定不清。	最高人民法院认为认定 A 公司为实际施工人的基本事实不清。 现存事实为：第一，A 公司与转包人签订工程分包合同；第二，羊某系 A 公司的法定代表人及大股东，故羊某在案涉工程施工过程中签字的行为，应当认定为代表 A 公司的职务行为；第三，转包人认可羊某对涉案工程进行管理；第四，转包人认可羊某材料的采买、合同的签订、施工的组织等行为，工程相关资料由羊某掌握，工程相关签证由羊某签字或加盖项目部公章。 但 A 公司提供的相关凭证未被认定是否属于垫资施工的款项，因此属于基本事实不清。

案件名称	裁判概要	案例评析
A公司、B公司等建设工程施工合同纠纷民事申请再审审查民事裁定书（2021）最高法民申7068号	杨某是否为实际施工人？ 根据一、二审查明的事实，B公司虽与A公司签订了相关施工合同，但并未实际组织施工，B公司提交的证据亦不足以证明原某系实际施工人之一；且原某对一审判决认定杨某系实际施工，享有案涉未支付工程款亦未提出上诉。与之相应，杨某提交了多份与案涉工程有关的外包及供货合同、工程款及材料款的付款凭证，并支付所组建的项目部技术人员、管理人员等工人工资。一、二审据此认定杨某系实际施工人并不缺乏依据。	最高人民法院认定杨某为实际施工人。首先，总承包人B公司并未实际组织施工。其次，当事人对一审判决认定杨某系实际施工人未提出异议。最后，杨某提交相应付款凭证，可以证明支付工人、技术人员工资及工程材料费用。
A公司、唐某等建设工程合同纠纷民事申请再审审查民事裁定书（2021）最高法民申4919号	唐某是否为实际施工人？ 本案中，唐某提交了案涉工程的施工合同、结算单、材料款项的票据及案涉工程材料款的支付等相关证据，能够证明唐某在案涉工程建设过程中实施了组织人员施工、购买材料、支付工人工资等行为。因此，一、二审法院认定唐某系案涉工程实际施工人有据可依。	唐某提交的工程合同、材料款等证据，可以证明唐某实际上投入人力、材料、设备等进行工程建设，故最高人民法院认定唐某为实际施工人。
A公司与杨某等建设工程施工合同纠纷再审案（2021）最高法民申7532号	杨某是否为实际施工人？ 根据原判决查明的事实，A公司认可杨某提交的工程开工报告、工程开工报审表、安全施工组织设计审批表、工程质量保证体系审查表、工程质量验收监督申报表、监理通知回复单等证据上加盖的A公司的公章及项目章，且在答辩意见中认可杨某系涂某之后的项目负责人。原判决结合在案证据，综合认定杨某案涉工程实际施工人，与A公司之间系转包关系，并无不当。	最高人民法院认定杨某系案涉工程实际施工人。 第一，A公司认可杨某提交的工程开工报告等材料。第二，A公司认可杨某系涂某之后的项目负责人。
许某、A公司等建设工程施工合同纠纷民事二审民事判决书（2021）最高法民终663号	许某上诉认为其系案涉工程的实际施工人，A公司应当依据内部承包协议向其支付已完工部分的全部工程价款，包括专业分包部分。 最高人民法院认为，实际施工人系指最终投入资金、人工、材料、机械设备实际进行施工的施工人。案涉工程的专业分包合同由A公司或其新疆分公司与B公司等专业分包人签订，并非与许某签订；该分包部分由B公司等具体施工，许某并未实际施工。许某无证据证明专业分包工程所涉合同系其以A公司的名义签订，也无证据证明其垫资支付了该部分工程款，组织人员和机械等对专业分包工程进行施工。 据此，原判决认定A公司将专业工程分包，许某非此部分工程的实际施工人，并无不当。	最高人民法院认定许某并非实际施工人。 首先，涉案专业分包合同并非许某与总承包人签订。其次，分包部分由B公司等施工，许某缺乏证据证明自己实际投入工程款、组织人员和机械进行施工。

案件名称	裁判概要	案例评析
张某、B 公司等建设工程施工合同纠纷民事二审判决书（2021）最高法民终 811 号	张某是否为实际施工人？ 最高人民法院认为，一审判决认定张某为案涉工程的实际施工人并无不当。 首先，张某与 A 公司第三工程局签订的"单位工程内部管理责任承包协议"约定，张某以 A 公司的名义对项目进行跟踪、洽谈、投标，促成 A 公司中标，A 公司同意将案涉工程采取内部承包的方式委托给张某组织施工管理并组建项目部。故 A 公司和张某之间符合实际施工人借用资质进行施工的特征。 其次，张某在 A 公司与 B 公司签订的多份施工合同、施工过程中的工程款补充协议、借款协议、一标段竣工验收协议中均作为 A 公司的代表签字，说明其实际参与了案涉工程的施工管理。	最高人民法院认定张某为实际施工人。 第一，张某独立经营项目并向承包方上交管理费。第二，案涉工程初期的磋商、合同的签订、施工的安排均由张某负责。 据此可以认定承包人与张某是挂靠与被挂靠的关系。张某实际投入资金进行工程建设，为实际施工人。
A 公司、陈某等建设工程施工合同纠纷民事申请再审审查民事裁定书（2021）最高法民申 7232 号	陈某是否为实际施工人？ 本案原审查明，陈某在施工期间支付了人工工资、施工材料费等费用，而 A 公司提交的证据不足以证明案涉工程由其自行组织施工。B 公司亦认可陈某系案涉工程的实际施工人，并直接向陈某及其指定的人员支付了工程款。原审中，A 公司未提交充分证据证明 A 公司西南分公司的负责人李某与陈某恶意串通损害了其合法权益。原审判决依据以上事实，认定 A 公司与陈某成立转包合同关系及陈某系案涉工程的实际施工人的基本事实，并不缺乏证据证明，适用法律亦无不当。	最高人民法院认定陈某系实际施工人。 第一，陈某在施工期间支付施工材料、工资等费用。第二，发包人认可陈某为实际施工人并向其支付工程款。
陈某、袁某等民事申请再审审查民事裁定书（2021）最高法民申 7080 号	陈某、袁某是否为实际施工人？ 首先，从签订合同主体看，结合施工承包合同与"内部项目管理责任和经济承包协议书"，可知戴某具有案涉工程内部承包人即实际施工人的权利外观。其次，从资金投入看，陈某在原审中提供的收据均为手写且多数无收款单位完整签名或印章，收据与银行转账凭证的时间及金额不能形成准确对应关系。最后，从工程结算看，有关特别授权的委托书载明，戴某委托陈某、袁某与 A 公司对案涉工程款进行结算，即陈某、袁某仍需以戴某的名义与 A 公司进行结算，并不具备独立对外核算的主体资格。 因此，二审判决认定陈某、袁某提供的证据尚不足以认定陈某、袁某均系对外公示的案涉工程实际施工人。	最高人民法院认为陈某、袁某不是实际施工人。 首先，陈某、袁某未在涉案工程合同中显名，不具有实际施工人的权利外观。其次，陈某提供的收据缺乏证据效力，无法证明其投入资金。最后，陈某、袁某缺乏对外核算的主体资格。

三、实际施工人的认定路径

2004 年，最高人民法院在司法解释中就实际施工人权益保护问题所作规定，契合当时的社会需要。十多年的司法实践证明，这一司法解释在保护建筑业领域农民工权益方面具有积极意义，但值得注意的是，建筑业及相关配套的法律规定已发生巨大的变化。2019 年 12 月 30 日国务院公布的《保障农民工工资支付条例》作为一部专门保障农民工工资支付的行政法规，就工程建设领域农民工工资支付作出特别规定，除要求"建设单位应当有满足施工所需的资金安排""应当按照合同约定及时拨付工程款，并将人工费用及时足额拨付至农民工工资专用账户"外，其第三十条针对分包和转包情形下的农民工工资支付明确规定由分包单位负直接责任、由施工总承包单位清偿。这就说明实际施工人的内涵应当随客观情况变化而变化。

最高人民法院对于实际施工人的界定是随着实践的深化而逐渐明晰的。上文以历史法学派的视角从规范层面和实践层面对实际施工人制度进行了考察，下文将在此基础上提出认定实际施工人的观点。

就规范层面而言，第一，《最高人民法院关于审理建设工程施工合同纠纷案件适用法律问题的解释》认定实际施工人存在于无效的建设工程施工合同中。那么，就应当存在相应的建设工程合同及因施工资质问题而导致合同无效的事由。第二，《最高人民法院关于当前形势下进一步做好房地产纠纷案件审判工作的指导意见》认为应当从形式上符合实际施工人的特征。实际施工人以转包、违法分包、借用资质为核心特征，区别于劳务分包和内部承包。第三，实际施工人应当实际投入人工、材料、设备等生产资料并将其凝结于建设工程中。这就区别于承担管理任务的劳务班组长和仅承担劳务分包的相对人。第四，《最高人民法院对十二届全国人大四次会议第 9594 号建议的答复》《最高人民法院对十三届全国人大五次会议第 3784 号建议的答复》认为实际施工人具有独立承担法律责任的主体身份，这就排除了分支机构内部承包的情况。第五，应当区分不同条款中实际施工人的群体。例如，最高人民法院民事审判第一庭法官会议讨论认为，《最高人民法院关于审理建设工程施工合同纠纷案件适用法律问题的解释（一）》第四十三条中的"实际施工人"与其他条款中的"实际施工人"不同，仅限于首次转包或首次违法分包的"实际施工人"。

就实践层面而言，法官从正面论证和反面论证来对实际施工人进行认定。从正面论证，第一，法官坚持实际施工人要实际投入人工、材料、设备等进行建设施工。第二，法官认定实际施工人需要具有独立结算的主体资格。第三，法官认定实际施工人需要认定承包人不参与实际施工。第四，法官认定实际施工人通常需要缴纳一定比例的管理费。从反面论证，第一，法官否认缺乏独立主体资格的施工人为实际施工人，如缺乏法人资质的内部承包人和委托代理人。第二，法官否认未在分包、转包合同中显名的施工人为实际施工人。第三，法官否认投入少量资金，但实质上仅提供管理职责的施工人为实际施工人。第四，法官否认实际施工人的合伙人为实际施工人。

综上所述，对于实际施工人的认定，应当以缺乏相应资质而导致建设工程施工合同无效为基础，以缺乏相应资质这一形式要件进行类型划分为核心，以独立商谈、处理工程项目事务且对外承担法律责任等实质要件为根本，以区分内部经理型承包方、合法劳务分包、实际施工人的合伙人为关键。只有在实践认定过程中进行综合全面的考量，才能准确认定案件具体情况，更好地区分实际施工人与其他法律主体。实际施工人应当是实际投入建设资金、物资材料、劳动人员等成本进行建设施工的法人、非法人企业、个人合伙、自然人（"包工头"）等民事主体。[1]

1　张鹏：《实际施工人的认定及其权利保护》，《人民司法》2020 年第 8 期。

建设工程施工合同中实际施工人权利保护问题研究

吉　磊

刘巍豪

一、引言

　　为了解决实际施工人制度在司法适用中的痛难点，笔者认为应对实际施工人相关案件进行实证分析。截至 2023 年 12 月 20 日，在中国裁判文书网上以"实际施工人"为关键词进行检索，检索到相关民事案件 465761 件。其中，由最高人民法院审理的共计 2497 件，占 0.536%。我国虽然不承认适用海洋法系中判例法的规定，但最高人民法院的相关案例实际上对各级法院进行类案裁判具有指导性作用。因此，笔者拟选择最高人民法院的相关案例综述司法实践中存在的问题。笔者检索时会增加"优先受偿权""代位权"等关键词，以缩小研究案件范围，进而更好地聚焦于研究主题。

二、实际施工人相关案件的特征

（一）实际施工人案件指数级增长

　　根据中国裁判文书网的数据，最高人民法院在 2012 年至 2020 年审理的建设工程施工合同纠纷裁判文书数量呈现井喷式增长。2020 年以后部分案例未公开，因此 2020 年后的数据不具参考性。从图 1 可知，实际施工人问题在司法实践中备受关注。但是，实际施工人制度相关法律规定较为粗放，发包人、总承包人、实际施工人三方对法律事实的理解不同，对实际施工人的权利保护制度作出更细化的规定已刻不容缓。

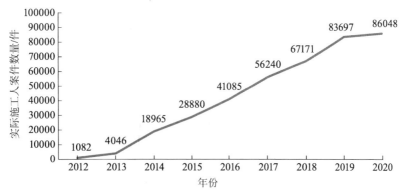

图1　2012—2020年实际施工人案件数量

（二）案件标的额高且涉及群体广

建设工程施工合同纠纷案件利益相关方众多、事实认定分歧多，有发包人、承包人、实际施工人、施工班组等。涉及法律关系也多，有承包、分包、违法分包、转包、层层转包、挂靠及劳务合同关系等，且不同法律关系相互交织。建设工程施工合同纠纷案件审理，表面上看是发包人与承包人之间的纠纷，但往往涉及材料供应商及建筑工人等群体的利益，处理不当易引发舆情。不少建设工程施工合同纠纷案件与政府行为和政策调整相关，工程质量更是关涉社会民生和公共安全。此外，建设工程施工合同纠纷案件还与民间借贷等纠纷案件相互交织，审理难度明显较大。

（三）案件上诉率高导致诉讼周期长

根据图2可知，一审判决数量共计289156件，二审判决数量共计171358件，审判监督数量共计25278件，上诉率超过50%。主要原因有三。第一，当事人通常缺乏法律知识，双方在订立建设施工合同时，由于缺乏专业指导，经常出现合同约定的条款有歧义或者约定条款间相互矛盾。第二，在履行合同的过程中存在施工资料保留不完整等缺乏证据保存意识的情形，导致双方无法举证或者举证证明力不足。第三，建设工程施工类纠纷涉及主体多、法律关系复杂、证据材料繁多、争议焦点多、矛盾冲突大，经常一个建设工程类纠纷审理周期长达三到五年，甚至是多个案件或刑民交织案件。上述原因使庭审中双方对延误工程工期或者工程质量导致的法律后果认识不足，认为法院庭审结果不符合自身朴素的法律观念，最终导致上诉率居高不下。

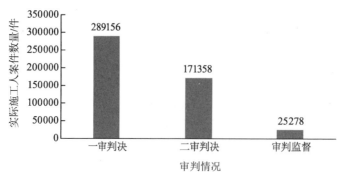

图 2　实际施工人案件审判情况

（四）案件事实与法律问题复杂

从图 3 可知，关于实际施工人案件的争议焦点主要有主体的认定、权利行使及是否享有优先受偿权等。其中涉及转包的纠纷有 224307 件，涉及挂靠的纠纷有 141606 件，涉及优先受偿权的纠纷有 17033 件，涉及分包的纠纷有 284046 件。这些纠纷与实际施工人的权益保障密不可分。与实际施工人纠纷相关的法律规定比较繁杂，分布在法律法规、部门规章、行业条例中。在法律适用和理解方面，其要求高于一般民商事案件，办案难度比较大。因此，宜对实践中的优先受偿权及实际施工人相关制度进行分析。[1]

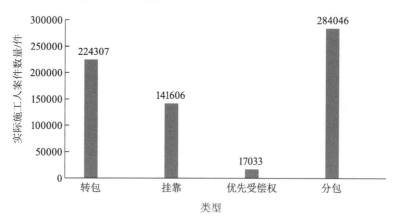

图 3　实际施工人案件诉讼类型

1　左先思、萧昌榕：《民法典背景下实际施工人权利保护制度评析》，《中阿科技论坛（中英文）》2023 年第 7 期。

三、实际施工人制度的现状

（一）立法现状分析

总承包人与缺乏资质的实际施工人的建设施工合同被认定无效时，为了保障底层劳动者合法权益而要求发包人以折价的方式补偿实际施工人是符合社会需求的。[1] 但相关法律未对实际施工人制度进行规定，实际施工人权利保护的实质内容是最高人民法院为了解决现实问题而通过司法解释的形式创设的，缺少实体法和程序法的支撑。这与《中华人民共和国立法法》的规定相违背，从而造成了最高人民法院自身观点矛盾时缺乏实体规范用以纠正的怪圈。根据法理学的基本原理，司法机关仅有解释司法适用环节相关法律条文的权力而不具备创设"法律"的权力，因此最终实际施工人制度还是需要被法律法规吸纳，以立法的形式明确。司法解释条文规定的模糊性及最高人民法院相关司法裁判的矛盾性，致使在司法裁判中针对同一法律问题产生不同甚至截然相反的判决。因此，有必要对该制度在司法适用中产生的争议问题进行梳理并就如何解决进行解释说明。

（二）实践现状分析

案例一：甲公司、乙公司建设工程合同纠纷

一审为河南省高级人民法院（2014）豫法民二初字第 9 号，二审为（2018）最高法民终 391 号。案情简介：2012 年 1 月 16 日，发包方甲公司与总承包方乙公司签订建设施工合同，双方约定由乙公司承建中心项目。次日，总承包方与 A 某签订内部承包协议，约定 A 某为总承包方（乙公司）承包项目的承包人。2013 年 9 月，因工程款问题该工程停工。争议焦点：A 某是否为实际施工人并享有优先受偿权。一审法院认为总承包方与 A 某签订了内部承包合同，形式上看 A 某是内部承包人，但实质上可以认定其为借用资质的施工主体。由于 A 某不属于总承包方内部员工，双方不存在劳务或者劳动关系，因此内部承包不成立。而且根据内部承包协议，总承包方将其所有的权利和义务都移交给 A 某，同时还向其收取管理费。上述均可证明 A 某与总承包方系借用资质关系，应当认定为实际施工人。法律规定工程价款优先权是为了保障承包方投入的人力、材料、设备等成本和收益可以得到充分返还，因此 A 某应当享有优先受偿权。最高人民法院对该观点持反对态度，认为 A 某并不享有优先受偿权。一方面，A 某与发包方不存在

---

[1] 谢勇、郭培培：《论实际施工人的民法保护》，《法律适用》2021 年第 6 期。

民事合同法律关系；另一方面，仅有违法分包和非法转包的实际施工人有权突破合同相对性向发包人提起诉讼，而挂靠情形的实际施工人没有起诉权，当然也就不具有优先求偿权。

案例二：张某、甲公司与屠某及乙公司建设工程施工合同纠纷

一审为安徽省高级人民法院（2018）皖民初 55 号，二审为（2021）最高法民终 811 号。案情简介：2012 年 1 月 5 日，甲公司与乙公司签订承包协议，约定由甲公司将其开发的项目交由乙公司承建。2012 年 10 月 12 日，乙公司作为甲方与作为乙方的张某签订"单位工程内部管理责任承包协议"。甲公司于 2020 年 6 月出具任职证明，证明屠某于 2007 年 6 月 6 日至今担任甲公司总裁职务。争议焦点：张某是否为本案适格原告，是否系案涉工程实际施工人；张某是否就项目享有工程价款优先受偿权。一审法院认为：（1）张某系实际施工人。首先，乙公司第三工程局与张某签订内部承包协议，乙公司对该承包协议予以认可。其次，在乙公司与甲公司签订的合同中，张某在多份合同上签名，证明张某参与了合同的签订。最后，屠某与张某的短信及邮件往来，可以证明甲公司明知或者应当知道案涉工程由张某组织施工建设。甲公司主张张某是乙公司的员工，是代表乙公司签订并履行合同的案涉工程项目负责人，但乙公司并无生产资料提供给张某，张某与乙公司之间无产权联系，亦无劳动关系。对甲公司的该主张，法院不予采信。甲公司举证张某在相关协议、会议签到表中签字，亦不与其实际施工人身份相矛盾。（2）张某对案涉工程享有建设工程价款优先受偿权缺乏法律依据。只有与发包人订立建设工程施工合同的承包人才享有建设工程价款优先受偿权。张某作为实际施工人，不属于"与发包人订立建设工程施工合同的承包人"，故其主张享有建设工程价款优先受偿权缺乏法律依据。二审最高人民法院维持一审判决。

案例三：陈某与甲医院、乙医院建设工程施工合同纠纷

一审为安徽省高级人民法院（2018）皖民初 85 号，二审为（2019）最高法民终 1350 号。案情简介：2015 年 5 月 26 日，甲医院、乙医院与丙公司签订建设工程合同，双方对工期等实质性内容进行约定，并将工程价款以进度款形式进行支付。合同签订后，该工程由陈某以丙公司的名义进行施工，丙公司派驻员工对施工现场进行管理，甲、乙医院将工程价款汇入丙公司账户，再由丙公司转付给原告陈某。该项目于 2018 年验收完毕，两医院已经投入使用。在庭审阶段，丙公司与陈某通过挂靠协议等证据证明陈某为实际施工人，甲、乙医院也认可。争议焦点：陈某是否可以突破合同相对性直接向甲、乙医院主张工程价款，即陈某

是否为适格原告。一审法院认为陈某不能作为适格原告起诉甲、乙医院，应当裁定驳回起诉。理由有三。第一，挂靠人与发包人不具有合同法律关系，无法突破合同相对性。第二，根据《最高人民法院关于审理建设工程施工合同纠纷案件适用法律问题的解释》，只有转包和违法分包的实际施工人才能直接向发包人主张权利。第三，在施工过程中，陈某均以丙公司的名义进行施工，发包人对陈某参与实际施工并不知情，因此双方并未形成事实上的法律关系。最高人民法院对上述观点持反对态度，认为陈某是本案的适格原告，理由在于：陈某与丙公司提供的证据已经证明其与工程项目有直接利害关系，符合《民事诉讼法》第一百二十二条中的起诉条件，所以陈某可以起诉甲、乙医院。同时，以挂靠类型的实际施工人不属于《最高人民法院关于审理建设工程施工合同纠纷案件适用法律问题的解释》规定的可以直接起诉发包方的实际施工人，否定陈某的起诉权利，属于法律适用错误。不能机械地否定挂靠人的价款请求权。

案例四：朱某、万某建设工程施工合同纠纷

案例简介：2013 年 1 月 11 日，A 公司作为发包人与承包人 B 公司签订建设施工合同，约定由 B 公司承建 A 公司开发的商业广场工程项目。2013 年 1 月 26 日，B 公司与冯某、申某签订工程项目责任人承包合同，约定 B 公司将此工程项目以包盈亏包质量的方式给冯某、申某经营管理。B 公司按决算总造价的 2% 收取冯某、申某的企业服务费。[1] 2014 年 11 月 22 日，朱某、彭某、申某与万某、袁某签订合伙出资协议。2018 年 5 月 31 日，万某与申某签订协议。2014 年 11 月 24 日后，由朱某、万某对该项目进行的施工工程内容，均与申某无关，由万某自行处理。2018 年 8 月 27 日，朱某、彭某、万某、袁某以与申某在案涉项目中存在合伙关系为由将申某诉至重庆市第一中级人民法院。争议焦点：朱某、万某主张工程款的条件是否成就；B 公司是否欠付朱某、万某工程款。一审法院认为案涉项目系申某、朱某、万某借用 B 公司资质进行施工，申某系案涉项目 2014 年 11 月 24 日之前的实际施工人，朱某、万某系案涉项目 2014 年 11 月 24 日之后的实际施工人。B 公司与 A 公司签订的建设施工合同和补充协议因违反法律的强制性规定无效。同理，B 公司依据建设施工合同分别与申某和万某、朱某签订的工程项目责任人承包合同亦属无效。依照《最高人民法院关于审理建设工程施工合同纠纷案件适用法律问题的解释》第二条，建设工程施工合同无效，但

---

1 王登山：《隐名合伙人在建设工程诉讼中是否具有实际施工人身份？》，《中国建筑金属结构》2020 年第 4 期。

建设工程经竣工验收合格，承包人请求参照合同约定支付工程价款的，应予支持。案涉施工合同虽然无效且工程未验收，但 A 公司将剩余工程发包给其他施工队施工，已经实际使用该工程，应认定案涉工程已竣工验收。故朱某、万某要求 B 公司支付工程款的条件已经成就。二审法院认为本案先以生效裁判所确认的朱某、万某作为实际施工人身份享有的请求权基础确定其利益，并无不当。

上述四个案例在一定程度上反映了司法实践中实际施工人权利保障中存在的困境，可总结如下。

首先，不易确定实际施工人的诉讼权利。上述案例反映出不同法院对实际施工人是否可以直接突破合同相对性起诉发包人意见不尽相同。因法律并未明确界定实际施工人的概念，不同地区和不同层级的法院在认定实际施工人时意见各不相同。应针对不同类型的实际施工人，类型化地区分其诉讼权利。在案例一中，从形式上看，A 某与总承包方签订内部承包协议。从实质上看，A 某与总承包方没有签订劳动或劳务合同。因此，法院认定 A 某系借用总承包方资质系挂靠类型的实际施工人。既然其投入的人员、材料、设备等已经转化为工程项目，那么就有权向发包方主张工程价款以保障合法收益。在案例二中，法院认为张某与总承包方签订内部承包协议且发包方明知实际施工人为张某，因此张某系实际施工人。但因为张某与发包方无合同关系且缺乏法律依据，因此张某无权向发包方主张工程价款。在案例三中，一审法院认为陈某与总承包方签订内部挂靠协议且实际把人员、材料、设备等投入工程建设，因此可以认定陈某为实际施工人。但因为发包方与陈某缺乏合同关系且发包方并不知道陈某的存在，所以双方不成立合同或者事实合同法律关系，故陈某向发包方主张权利于法无据。

其次，不易确定优先受偿权适用的主体。实际施工人是否享有优先受偿权在司法实务中也存有争议。立法者设置工程价款优先权的目的在于通过保障承包人的合法权益而使基层付出劳动的员工的报酬有所保障。因此无论合同效力如何，只要承包人实际投入人员建设工程项目，将验收合格的建设项目交付给发包人，发包人就应当支付对应的工程价款。但实践中针对实际实施人交付质量合格的建设项目是否可以向发包人主张工程价款优先权存在分歧，因而出现了同案不同判的现象。在案例一中，地方高级人民法院和最高人民法院关于该问题的理解截然相反。一审地方高院认为实际施工人已经投入材料、机械等成本，实质上取得了总承包人施工者的身份，因此享有总承包人所享有的工程价款优先受偿权。二审最高人民法院认为挂靠类型的实际施工人不能起诉没有合同法律关系的发包人，因此当然也不享有工程价款优先受偿权。在案例二中，一审与二审法院均认为张某作为实际施工人不享有工程价款优先受偿权,理由在于:只有与发包人签订建设施工合同建立直接合同关系的总承包人才享有工程价款优先权。张某作为实际施工人与发包人没有合同关系,主张工程价款显然缺乏法律根据。在案例三中,一审法院与二审法院意见相左。一审法院认为陈某不属于适格原告。理由在于:一方面陈某签订合同的对象是总承包人而非发包人,双方无直接法律关系,另一方面陈某属于借用资质的实际施工人,不属于司法解释所规定的可以直接起诉发包人的实际施工人。二审法院认为一审法院适用法律错误,不能简单从形式上否定陈某的诉权。司法实践中,法院对于该问题存在不同的观点。一种观点认为,《民法典》中关于建筑工程款优先受偿权的规定中的合同是有效合同,无效合同不适用本条款。本条款的立法目的是保障施工人的利益,算得上对按时合法履约的施工人"奖励"机制,而在无效合同中,施工人虽然如期完成工程建造任务,但是在合同的无效问题上并不是没有任何责任的。所以实际施工人以本条款为依据向法院主张享有优先受偿权的,法院不应当支持。另外一种观点认为,优先受偿权的立法目的是保障施工已经在工程上投入的成本得以收回,从而平衡公平和规则之间的利益。同时,优先受偿权也在维护农民工工资方面发挥着重要作用。从这个角度来说,实际施工人和施工人都代表农民工的利益,都应受法律保护。

最后,缺乏对实际施工人诉权行使的限制。在案例三中,发包人以对实际施工人存在不明知为由请求法院否定原告诉权,认为原告陈某可能与承包人恶意串通,并非实际施工人。实践中实际施工人无限制的诉权也会损害发包人的合法权益。一方面,总承包人通常与实际施工人签订内部承包合同,其中实际施工人承担工程建设,而发包人对实际施工人的存在并不明知。因此,往往存在其他施工人或者承包人利用实际施工人制度虚构身份向发包人提起价款请求的诉讼。法院在审查实际施工人身份时需要原告提供证据证明投入人员、材料、设备等实际参与施工。施工人如果与承包人恶意串通,通过伪造证据等获得超过普通施工人的诉讼权利,那么就会侵犯发包人的合法权益及鼓励违法虚构实际施工人身份的活动。另一方面,实际施工人随意利用实际施工人制度起诉发包人会浪费司法资源,影响发包人正常的生产活动。司法解释规定实际施工人制度的目的在于既保障底层劳动者的合法权益又保障发包人的合法权利,其本质是实现权益保障的平衡。实际施工人起诉发包人的前提是发包人未向承包人完全支付工程价款所承担的补偿责任,而实际施工人的滥诉会导致发包人疲于应对。

四、实际施工人权利救济路径探析

根据立法现状和实践现状，实际施工人制度存在对实际施工人直接突破合同相对性起诉发包人意见不尽相同、优先受偿权适用的主体规定不明确、实际施工人的诉权行使缺乏限制等问题。实际施工人作为特殊主体是否享有上述权利及如何救济自身合法权益在实践中仍存在争议。

根据民法的基本原理，债权请求权具有相对性，包含债的主体的相对性、债的内容的相对性和债的责任的相对性。因此，债权人只能向形成债务法律关系的相对人主张权利，而不能向特定相对人之外的第三人主张权利。《最高人民法院关于审理建设工程施工合同纠纷案件适用法律问题的解释（一）》的相关规定赋予了实际施工人突破合同相对性直接向发包人主张债权的特殊制度。实际施工人制度自2004年施行以来，在保障实际施工人权利方面起到了积极的促进作用，是我国法律制度为配合建设工程施工合同领域实践发展而自主创新的理论成果。这一特殊制度与工程价款优先受偿权制度共同成为解决建设工程施工合同纠纷案件的制胜法宝。

（一）实际施工人是否享有建设工程价款优先受偿权

《最高人民法院民事审判第一庭2021年第21次专业法官会议纪要》曾对此问题进行解答。法官讨论后认为，实际施工人不享有工程价款优先受偿权。根据《最高人民法院关于审理建设工程施工合同纠纷案件适用法律问题的解释（一）》第三十五条，仅仅与发包人有直接合同法律关系的承包人才享有该权利。实际施工人实质上是与总承包人签订合同关系的，发包人可能不明知实际施工人的存在，因此不享有建设工程价款优先受偿权。最高人民法院法官会议意见对司法实践具有指导意义，这种解释也契合民法合同相对性原理，可以有效遏制滥用诉权现象的发生。但是，仅仅从形式意义上理解"与发包人订立建设工程施工合同的承包人"是否失之偏颇？这是否与优先受偿权的立法目的相一致？笔者认为，在讨论实际施工人是否享有上述权利时，应当审视该权利的立法目的及解释其构成要件，以证成实际施工人满足优先受偿权主体的核心特征。

《民法典》第八百零七条规定了建设工程价款优先受偿权。[1] 优先受偿权立

1　《民法典》第八百零七条规定，发包人未按照约定支付价款的，承包人可以催告发包人在合理期限内支付价款。发包人逾期不支付的，除根据建设工程的性质不宜折价、拍卖外，承包人可以与发包人协议将该工程折价，也可以请求人民法院将该工程依法拍卖。建设工程的价款就该工程折价或者拍卖的价款优先受偿。

法目的在于保障承包人可以对建设工程折价或者拍卖的价款享有优先受偿的权利。相对于一般债权的实现，该制度相当于使工程价款债权人获得法定的担保物权，保障其债权能优先于其他一般债权人得以实现。法律之所以保障实际施工单位及时获取工程价款，目的在于保障建筑工人劳动报酬的顺利发放。在实践中存在发包人拖欠工程价款致使承包人无法受偿，进而导致建筑工人权益受损，影响家庭和谐与社会和谐的情况。从文义来看，承包人优先受偿权的成立包含以下要件。第一，承包人要实际完成合格的建设工程，即实质上投入原材料、技术等要素结晶于工程中并保障工程质量合格。第二，通过工程价款优先受偿可以间接保障建设工人的正当权益。第三，发包人未在法定期限内支付工程价款。第四，承包人进行催告后，在合理期限内，发包人仍不支付。第五，建设工程可以进行折价或者拍卖，但大型基础设施等关系公共利益的项目不得折价或拍卖。[1]

有学者认为，发包人与实际施工人已经形成事实上的合同关系，实际施工人可以此作为优先受偿权的请求权基础。这种观点忽视了合同成立的基础是双方合意，而发包人明显不知道转包和违法分包类型实际施工人的存在，其签署建设施工合同的相对人是承包人，那么可以认定发包人与上述类型实际施工人之间缺乏相应的意思表示，因此双方不存在事实上的合同法律关系。在挂靠类型的实际施工人中，如果发包人明知或者持放任心态任由实际施工人承揽建设工程，挂靠人（实际施工人）、被挂靠人及发包人都明确事实，那么该行为实质上属于《民法典》第一百四十六条规定的虚假意思表示。[2] 对于这样的合同，应当以实际享有权利和履行义务的双方为合同主体，实际施工人事实上构成《最高人民法院关于审理建设工程施工合同纠纷案件适用法律问题的解释（一）》第三十五条中的"与发包人订立建设工程施工合同的承包人"。[3]

综上，从规范请求权基础和构成要件两个方面进行分析：首先排除转包和违法分包的实际施工人享有优先受偿权；其次排除客观上发包人不能知悉挂靠他人资质的实际施工人；最后排除不符合优先受偿权构成要件的其他实际施工人。笔者认为，仅有发包人明知或者持放任心态任由挂靠人承揽建设工程且符合优先受偿权构成要件的实际施工人享有优先受偿权。

---

1 徐涤宇、张家勇：《〈中华人民共和国民法典〉评注》，中国人民大学出版社，2022，第853页。

2 《民法典》第一百四十六条规定，行为人与相对人以虚假的意思表示实施的民事法律行为无效。以虚假的意思表示隐藏的民事法律行为的效力，依照有关法律规定处理。

3 韩帅、赵腾远：《〈民法典〉背景下实际施工人权利保护问题研究》，《中国律师》2022年第1期。

（二）实际施工人如何进行权利救济

虽然实际施工人因为缺乏相应施工资质而被认定违反法律法规，但是缺乏资质与产生工程质量缺陷二者无相当因果关系。实际施工人的价款请求权与违反法律法规而产生的行政处罚系不同层次的法律问题，即建设工程价款请求权的基础事实是质量验收合格而非施工人是否具有建设资质。《民法典》第八百零六条也将建设工程质量合格作为支付价款的必要条件，这就否认了工程价款请求权与合同效力之间的因果联系，通过上述论证可知实际施工人具有工程价款请求权。[1]《最高人民法院关于审理建设工程施工合同纠纷案件适用法律问题的解释（一）》第四十三条、第四十四条为实际施工人权利救济提供三种路径，即不当得利返还请求权、突破合同相对性、代位请求权，下文就实际施工人如何进行权利（工程价款请求权）救济展开论述。

1. 基于不当得利返还请求权主张工程价款

实际施工人可以基于不当得利返还请求权向转包人、违法分包人主张工程价款。[2] 从不当得利构成要件进行分析：第一，实际施工人与转包人、违法分包人签订合同无效，符合不当得利中获得利益无法律依据；第二，转包人、违法分包人获得了本应支付实际施工人的工程价款，符合不当得利中一方得利一方损失的要件；第三，实际施工人损失的原因在于转包人、违法分包人获得非法利益，因此获得利益与受到损失之间具有因果关系；第四，排除了《民法典》第九百八十五条中为履行道德义务而进行给付等例外情形。[3] 综上可得，实际施工人可以基于不当得利返还请求权向转包人、违法分包人主张工程价款。

2. 突破合同相对性直接向发包人主张工程价款

《最高人民法院关于审理建设工程施工合同纠纷案件适用法律问题的解释（一）》第四十三条规定，发包人应当在拖欠工程价款范围内向实际施工人承担责任。从字面意思看，本条仅规定转包、违法分包类型的实际施工人可以向发包

1　《民法典》第八百零六条规定，合同解除后，已经完成的建设工程质量合格的，发包人应当按照约定支付相应的工程价款；已经完成的建设工程质量不合格的，参照本法第七百九十三条的规定处理。

2　《最高人民法院关于审理建设工程施工合同纠纷案件适用法律问题的解释（一）》第四十三条规定，实际施工人以转包人、违法分包人为被告起诉的，人民法院应当依法受理。

3　《民法典》第九百八十五条规定，得利人没有法律根据取得不当利益的，受损失的人可以请求得利人返还取得的利益，但是有下列情形之一的除外：（一）为履行道德义务进行的给付；（二）债务到期之前的清偿；（三）明知无给付义务而进行的债务清偿。

人提起诉讼，未规定挂靠类型的实际施工人是否享有诉权。[1] 针对挂靠类型的实际施工人是否享有诉权，需要分情况进行分析。第一种情况是发包人明知挂靠事实。挂靠行为包含了两个法律行为：第一，以虚假的意思表示实施民事法律行为，即被挂靠人与发包人签订建设工程合同；第二，以虚假的意思表示隐藏实际民事法律行为，即挂靠人与发包人形成了事实上的建设工程合同法律关系。那么在建设工程合同无效，但建设工程竣工质量验收合格的情况下，实际施工人可以基于事实合同直接向发包人请求工程价款。第二种情况是发包人不知挂靠事实。实践中转包行为和挂靠行为隐蔽性强，两者存在交叉，不易区分。根据《建筑工程施工发包与承包违法行为认定查处管理办法》第八条，当事人无法举证证明实际施工人与承包人存在挂靠关系的，一般认定存在转包关系。因此，发包人不知挂靠事实且无法举证就可以认定转包关系，从而进行权利救济。

3. 行使代位求偿权主张工程价款

《最高人民法院关于审理建设工程施工合同纠纷案件适用法律问题的解释（一）》第四十四条规定，实际施工人依法享有提起代位权诉讼的权利。[2] 从实际施工人、发包人、承包人三方关系看，《民法典》第五百三十五条规定的代位权制度最适用于保障实际施工人的权利。[3]《最高人民法院关于审理建设工程施工合同纠纷案件适用法律问题的解释（一）》第四十四条是对《民法典》第五百三十五条的引用，因此实际施工人适用代位权诉讼时应当以《民法典》的规定为依据。司法实践中认为债权人提起代位权诉讼应当满足以下要件：第一，债权人所享有的债权不违反法律法规且符合形式要件；第二，债务人不行使或怠于行使债权影响债权实现；第三，债务人的债权期限届满；第四，债务人债权不具有人身依附性。[4] 因此，实际施工人向发包人行使代位权需具备以下条件。一是实际施工人对转包人或者违法分包人享有合法有效的债权。参照《民法典》第七百

1　最高人民法院民事审判第一庭：《最高人民法院新建设工程施工合同司法解释（一）理解与适用》，人民法院出版社，2021，第450页。

2　《最高人民法院关于审理建设施工合同纠纷案件适用法律问题的解释（一）》第四十四条规定，实际施工人依据《民法典》第五百三十五条规定，以转包人或者违法分包人怠于向发包人行使到期债权或者与该债权有关的从权利，影响其到期债权实现，提起代位权诉讼的，人民法院应予支持。

3　《民法典》第五百三十五条规定，因债务人怠于行使其债权或者与该债权有关的从权利，影响债权人的到期债权实现的，债权人可以向人民法院请求以自己的名义代位行使债务人对相对人的权利，但是该权利专属于债务人自身的除外。

4　洪学军：《债权人代位权的性质及其构成研究》，《现代法学》2002年第4期。

九十三条，只要按照国家标准质量合格，转包人或违法分包人就应当支付相应工程价款。[1] 二是转包人或者违法分包人怠于向发包人行使已经届满的债权或者与之匹配的附属权利，因而影响实际施工人的债权的实现。司法实践中是指债务人不履行债权人的到期债务，又不以仲裁或者诉讼向次债务人主张金钱给付的到期债务。[2] 三是转包人或者违法分包对发包人的债权期限届满。如果转包人或者违法分包人对发包人的债权期限未届满，发包人可以此为由对抗实际施工人的代位求偿权。四是转包人或者违法分包人的债权不具有人身依附性。代位求偿的给付内容应当排除基于抚养关系、赡养关系等专属于债务人的债权。

实际施工人权利保护作为我国司法实践的创新，已经成为我国建设工程施工领域的一大特色，对于保护社会弱势群体利益、平衡建设工程施工参与各方的利益及追求实质公平具有重大意义。但相关规定的法律渊源层级较低，且不够具体系统，导致司法适用中仍存在不少争议，亟须立法予以回应。

1　张丽平、孙朱桐：《实际施工人的权益保护——兼议建筑企业破产对其权利限制》，《建筑》2022年第 14 期。

2　高印立：《实际施工人的代位权若干问题研究》，《商事仲裁与调解》2021 年第 2 期。

动漫 IP 跨界联名现状及版权保护研究

——基于社会网络分析

徐锦涵[1]

文化产业现已成为我国社会经济中非常重要的组成部分，而文化 IP 作为其中的关键力量正处于一个发展机遇期。文化 IP 以其高辨识度、好玩有趣、有价值观等特征，赢得了越来越多的关注，受众数量呈现爆发式增长。如今，品牌和 IP 联名、行业与 IP 联名的消费趋势与传播潮流日益引起重视，IP 的商业化为市场营销带来了新的突破。研究文化 IP 产业能从哪些方面挖掘新的增长机会，并在此基础上寻求企业的应对策略，对品牌推广及 IP 内容的发展具有一定的借鉴意义，有助于更好地发挥文化 IP 的价值。文化 IP 类型多、范围广，分散研究无法对其联名进行深入的探究。本文聚焦文化 IP 中的动漫 IP 在联名和发展过程中的特点，探究如何在新时代有效保护动漫 IP，打击动漫 IP 侵权行为，推动动漫 IP 健康有序地发展。

一、理论基础与现状

（一）IP 与内容营销

Intellectual Property，即 IP，最初指知识产权人对自身的智慧劳动成果所拥有的知识产权。我们日常生活中所能接触到的综艺、游戏、动漫等，都是内容 IP。IP 泛化后的类别也是多种多样的，有二次元 IP、文化 IP、名人 IP 等。目前，国外关于 IP 的研究多集中在知识产权的法律保护和知识产权与创新经济的关系上；国内对 IP 的研究多集中在对知识产权的理论分析上，其核心是利益均衡理论。尹鸿指出，IP 实际上包含一种修饰语，即"有影响力的"和"有价值的"。在网络时代，IP 的概念就是基于 IP 的大数据，也就是基于 IP 的 IP。

国内有关 IP 营销模式、IP 商业化逻辑的研究，所涉及的关键词包括价值内涵、粉丝效应、社区环境、社区文化、内容衍生、品牌黏性、品牌忠诚等。一些

---

1 毕业于澳门城市大学，身份证号为 321102200003021529。

研究关注了 IP 营销中的问题，如内容质量低劣、营销同质化、受众审美疲劳。目前，跨界营销尚无统一的界定。有学者将跨界营销划分为四个阶段：起步（1999—2005 年）、探索（2006—2010 年）、发展（2011—2015 年）、深化（2016 年以后）。IP 内容营销指将品牌信息嵌入 IP 内容，其实质是 IP 营销的核心价值，即高质量的原创内容所带来的粉丝聚集效应，以及跨界后的观众聚集和情感认同。

2020 年，中国的本土 IP 市场份额第一次超越了美国 IP。伴随着版权产业的快速发展，国产 IP 不断涌现。根据《2020 天猫"双 11"IP 电商指数报告》，IP 授权商品销售额同比增长 76%，销售 IP 授权商品商家数量同比增长 21%，IP 授权商品购买人数同比增长 28%。同时，中华民族的深厚文化和悠久历史具有无尽的开发潜力。让中华优秀文化成为拉动经济发展的"内在动力"，关键在于以"新"赋能，拓展文化输出途径，提升文化价值，让文化"活"起来。

（二）动漫 IP

迪士尼的连锁经营模式对文化 IP 产业链的发展有着重要影响。迪士尼的模式不但为文化 IP 找到了一条可持续发展的道路，而且将 IP 的商业价值发挥到了极致。这一模式的典型特征是以动画等 IP 资源为基础，通过动画、游戏等方式实现 IP 的增值和变现，然后通过影视等方式继续变现，最终以主题乐园等线下体验业态和玩具、服装等衍生产品实现多重变现。可见，在动漫行业中，IP 的开发和经营非常重要。

孙悟空和哪吒这两个家喻户晓的角色作为热门 IP，其衍生产品，包括电子游戏、动漫、周边等，价值均是以亿为单位计算的。国内 IP 授权商品高速增长，越来越受到消费者青睐。从 2021 年中国品牌授权市场的 IP 类型分布情况来看，最受欢迎的是卡通动漫类型 IP，占比达 28.2%。有关部门也在积极构建和完善动漫产业链，以期达到社会效益和经济效益的最大化。在新媒介时代，"泛娱乐化"的出现为原创动漫 IP 的发展创造了一种全新的交流方式。原创动漫 IP 表现形式多元、时尚，创意和传播手段也多种多样。

二、研究方法与数据收集

本文的主体逻辑是利用 UCINET 和 NETDRAW 软件，运用社交网络法，建立起品牌—IP 联名网络和产业—IP 联名网络，并对其进行分析和研究。

以下是针对产品跨界中的品牌联名展开的研究。

（1）通过网络数据筛查出热门动漫 IP 联名案例。

（2）通过网络二手数据筛找出与动漫 IP 开展联名合作的品牌。

（3）对所有数据进行整理，对品牌进行行业分类。

（4）将整理好的数据导入 UCINET 中并导出可处理的语言类型。根据本研究的需要，最终处理导出的数据语言类型有 NODELIST 型品牌—IP 联名二模矩阵（图 1）、Matrix 型行业—IP 联名二模矩阵（图 2）。

（5）将处理好的数据矩阵导入 NETDRAW，绘制出品牌—IP 联名网络图（图 3）、行业—IP 联名网络图（图 4）。

（6）利用 UCINET 将数据二值化，然后对网络的密度、度中心性、接近中心性、中介中心性进行测量，进而展开分析，得出结论。

数据方面，本文所用数据源于《2022 中国品牌授权行业发展白皮书》，再根据艾瑞咨询发布的《2021 年中国二次元产业研究报告》等进行梳理。文本数据经处理后包括 12 个热门动漫内容 IP，109 个品牌，横跨服装饰品、美妆日化、食品餐饮、汽车电动车、居民服务、互联网、电子制造、日常快消八大行业。为进一步展开对比研究，本文综合选取了国内外的多个品牌，既包括历史悠久、发展良好的国外动漫 IP，也有初步崛起、处于发展阶段、蕴含中华文化的国产动漫 IP。

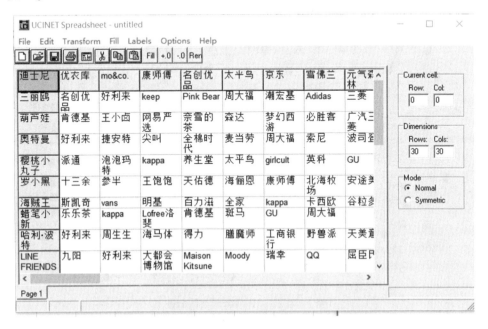

图 1　NODELIST 型品牌—IP 联名二模矩阵截图

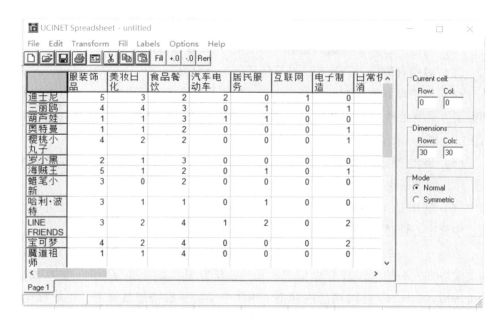

图 2　Matrix 型行业—IP 联名二模矩阵截图

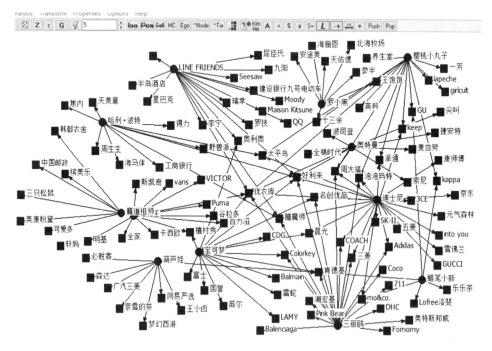

图 3　品牌—IP 联名网络图截图

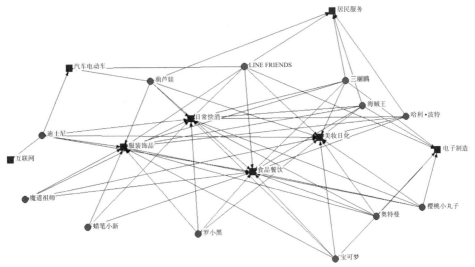

图 4　行业—IP 联名网络图

三、结果与分析

　　品牌—IP 联名网络图存在两类节点，分别是 IP 节点和品牌节点。两类节点之间的连带代表节点的联名合作关系，节点大小反映该类节点在网络中的度中心性、接近中心性及中介中心性。行业—IP 联名网络图同样存在两类节点：行业节点与 IP 节点。两类节点之间的连带代表合作关系，连带粗细反映 IP 与行业的合作频度，节点大小反映该类节点在网络中的度中心性、接近中心性及中介中心性。

　　（一）网络密度分析

　　网络密度衡量网络中各个节点相互联系的程度。在二模网络中，网络密度是指网络上真实连接数与节点间最大节数之比率。网络密度越大，代表节点之间的联系越多；节点之间的连接密度越大，代表动漫 IP 与品牌进行的联名合作越多。

　　（二）网络中心性特征分析

　　网络中心性主要包括度中心性、接近中心性及中介中心性。在社交网络中，以网络为核心的分析方法被广泛采用。二模网络可以采用以网络为核心的方法来对行为体的权利进行分析，见表 1。

1. 度中心性

度中心性能衡量一个网络的中心位置及其影响力。在品牌—IP 联名网络图中，对品牌来说，度中心性是指与某一品牌联合使用的 IP 数。在行业—IP 联名网络图中，就 IP 而言，度中心性意味着与该 IP 合作的品牌在行业中的地位及其与其他品牌的关联程度。

2. 接近中心性

接近中心性能测量节点通过网络到达其他节点的难易程度。节点的接近中心性越大，表示离其他节点越近，信息的传递会变得更容易。反过来是同样的道理。在二模网络中，接近中心性是网络中所属的事件到其他行动者和事件距离的函数。在品牌—IP 联名网络图中，对于 IP 而言，接近中心性可测量 IP 与其他品牌进行跨界联名营销的难易程度；对于品牌而言，接近中心性可测量品牌与其他 IP 进行跨界联名营销的难易程度。在行业—IP 联名网络图中，对于行业来说，接近中心性度量的是企业和其他 IP 之间建立合作关系的难度；从 IP 的角度来看，接近中心性度量的是 IP 与其他行业建立合作的难度。

3. 中介中心性

中介中心性是一个全面度量网络动态的指标，能衡量行为主体对资源的控制程度。中介中心性在二模网络中表示两个非邻节点之间的相互关系，以及节点对网络其他节点的依赖程度。节点的中介中心性越大，其在网络中的控制能力就越强。

总之，高中心性意味着 IP 处于产业联合的核心地位，通过与多个不同的行业品牌进行联合营销，可以将更多的渠道资源整合起来，形成更多的品牌，从而在跨界营销的联合行动中获得更大的竞争优势。从表 1 可以看出，"迪士尼""三丽鸥""宝可梦""樱桃小丸子"等 IP 具有很强的度中心性。这说明这些 IP 目前在跨界联名营销中处于中心位置，比其他 IP 更加有影响力。在品牌—IP 联名二模网络中，"迪士尼"和"LINE FRIENDS"的接近中心性及中介中心性很高，说明这两个 IP 已经在整个网络中形成紧密的资源渠道，在与更多品牌进行联名合作时占据主导地位。

在行业—IP 联名二模网络中，各 IP 的接近中心性普遍较高，说明目前各 IP 在进行联名营销活动时行业跨度大、行业覆盖率高。不过，国产动漫 IP 逊色于国外发展较好的成熟动漫 IP，适用范围较窄，有较大的局限性。目前，行业中具有较高影响力与较强控制力的 IP 是"迪士尼"和"三丽鸥"。例如，迪士尼旗下的"米奇""冰雪奇缘""钢铁侠""疯狂动物城""玩具总动员"等六十几个

IP 形成 IP 矩阵，直接连接主题乐园、体验和消费品部、媒体和娱乐发行部门。

从行业和品牌的角度出发，可以看出食品餐饮、美妆日化、服装饰品的度中心性都很高，说明 IP 在跨行业合作过程中选择这三大类行业的频度最高，同时也说明 IP 在寻找品牌时更容易与这些产业的品牌形成共鸣。其中，网络中心性指标较高的有"优衣库""好利来""名创优品""周大福"等。这说明与其他品牌相比，这些品牌有更多的 IP 联名。这些品牌横跨多个产业，更能体现出 IP 的内容价值在跨界市场中起着重要作用。值得一提的是，在联名尚未像如今这般常见时，优衣库就率先与著名设计师进行合作。与时尚品牌、著名设计师合作成为优衣库的品牌特色。同时，优衣库也常与动漫 IP、潮玩 IP 合作。

行业、品牌的接近中心性及中介中心性低则反映了现实中不同行业进行跨界合作的难度，为未来的 IP 内容发展方向提供了思路：需要以更多优质 IP 为桥梁，继续深入拓展行业与行业、品牌与品牌之间的合作之路。

表1　品牌—IP 联名二模网络的测量结果

项目	度中心性	接近中心性	中介中心性
迪士尼	29.0	18.0	10.1
三丽鸥	29.0	11.3	8.0
宝可梦	20.0	11.3	7.1
樱桃小丸子	18.0	10.0	9.7
LINE FRIENDS	15.0	18.0	7.5
奥特曼	14.0	8.3	0.3
海贼王	7.0	7.0	0.3
哈利·波特	10.0	7.0	0.2
蜡笔小新	7.0	7.6	1.8
葫芦娃	13.6	4.0	0.0
罗小黑	9.1	2.0	0.0
魔道祖师	4.0	0.0	0.0

四、动漫 IP 侵权现象分析

（一）直接侵权

网络时代，人们只需轻点鼠标，便能欣赏动漫作品，甚至进行改编传播。数字 IP 具有快速、隐蔽、无边界等特征，受到侵害的程度较高。受到接口限制，无法识别和收集侵权证据，客观上加大了动漫 IP 保护的难度。

与此同时，人们倾向于寻找免费的动漫资源。在互联网上，在没有得到版权人书面许可的情况下，擅自传播他人的作品，提供动漫作品的下载渠道，是十分严重的问题。有调查认为，美国电影每年因盗版造成的损失达数十亿美元。从产业的长期发展来看，盗权问题已成为制约动漫产业良性发展的重要因素。

（二）动漫形象侵权

成功的动漫作品要经过反复的创意设计过程。令人忧心的是，模仿和侵犯动漫 IP 的行为极易发生。动漫 IP 侵权行为的成本是很低的。伴随着全球范围内动漫产业的蓬勃发展，许多动漫 IP 受到广大消费者的追捧。与此同时，各种侵权行为亦层出不穷。那些广为人知的动漫形象，如《喜羊羊与灰太狼》中的喜羊羊和灰太狼、《虹猫蓝兔七侠传》中的虹猫和蓝兔、《蜡笔小新》中的小新、《哆啦 A 梦》中的哆啦 A 梦，在侵权者看来如同"肥美可口的美食"。这些动漫形象已经在市场上取得了广泛的认可，催生出规模庞大的消费市场，有着极高的商业价值。在各种商场中，喜羊羊、灰太狼、虹猫、蓝兔等国产动漫形象比比皆是。不过，大多数商品可能并未得到授权许可，实际上是盗版商品。诸如此类的盗版行为无疑阻碍着我国动漫产业的发展。

（三）抢注行为侵权

在版权人努力创作动漫作品时，也有人企图"搭便车"，即通过抢注域名、抢先申请专利等方式恶意抢注动漫 IP。抢注人一般先抢注商标，然后生产动漫文创产品。湖南三辰卡通集团的动漫 IP"蓝猫"深深地引起了观众的共鸣，成为唐老鸭、米老鼠和阿童木等外国动漫 IP 的强劲对手。然而，在最初的快速增长阶段，"蓝猫"未能构建全面的知识产权保护体系，致使一家公司在饮料行业抢先注册了"蓝猫"商标。此外，《喜羊羊与灰太狼》的大热也催生出各种侵犯喜羊羊形象的产品，涉及玩具、服装、护肤品、儿童药品等。

五、关于动漫 IP 版权保护的策略建议

（一）提升并强化版权保护意识

我国动漫产业之所以面临各种盗版现象的侵袭，最关键的一点在于权利主体的版权保护意识不足，难以有效地捍卫自身的合法权益。同样，动漫企业也存在版权管理体制不完善、利用版权法律武器的能力较弱等问题。动漫企业必须深刻领悟到动漫产品实质上是版权产品，动漫产业是依托于版权才能健康且长足发展的特殊产业。在此基础上，动漫企业要加强对版权法律法规及相关政策的深入研究和学习，根据企业实际情况来制定和完善企业内部对于动漫版权的全面保护机制，从而有效提升运用版权法律工具维护动漫产品版权的技能水准，初步培育出诸如著作权、商标权、外观设计专利权等全方位的版权保护意识。动漫企业应保护好自身的版权权益，积极主动地与各种侵权盗版现象进行抗争，努力抵制且坚决打击各种侵犯动漫版权的行为。有论者指出，动漫企业在进行原创设计时就应考虑到如何科学、有效地实施知识产权保护，并邀请专业的知识产权团队或机构提供咨询服务，而不能仅寄希望于侵权后通过法律途径解决问题。

（二）建立健全法律体系，加大执法力度，增加侵权风险和成本

在经济全球化背景下，动漫产业的市场定位日益多元化、细分化。这就要求不仅要建立完整的法律体系，而且还要保证其能切实发挥作用。比如，版权、形象权等知识产权正是构成动漫产业最核心理念及最重要竞争优势的保障。唯有建立起严密的法律保护体系，才能确保动漫产业产权回报机制得以有序运转，从而维护整个产业的持续健康发展。我国应积极探讨并完善互联网及信息网络出版领域的立法，通过妥善的管理模式来实现作品的版权交易及许可授权，同时大力推广作品著作权的自愿登记制度。版权行政部门及相应的职能部门，亦应进一步加强对动漫版权市场的日常监测和规范管理，加大对动漫产品特别是动漫衍生品的版权保护力度，包括在动漫侵权盗版的生产、流通及销售等关键环节采取具有针对性的打压措施。

（三）构建优质动漫版权平台，进一步优化版权社会服务机制

现阶段，我国动漫产业尚无法充分受益于社会化的版权公共管理和服务支撑平台。以动漫作品版权服务为主旨的平台需要协助原创动漫作品进行准确的版权注册、进行全面的版权许可、采用高效的版权保护方式、开展多元化的版权交易行为，从而显著增强动漫企业实现版权价值、稳固自身权益的能力，成功为动漫

企业构建起全方位的知识产权防护体系。各地可以积极探索并设立这样的动漫作品版权服务平台，从动漫作品的版权注册、版权许可或者转让、打击侵权盗版行为、大力推介动漫形象、深度挖掘动漫衍生产品等多个方面，全方位提供专业化支持，为动漫企业集中精力投身于动漫原创事业营造优良的外部环境。此外，这样的版权服务平台也应为动漫创作者提供关于知识产权的法律规章制度、申请授权的具体流程、解决纠纷的技巧及法院诉讼等方面的专业咨询服务，尤其是对涉及较大影响的涉外知识产权纠纷及无力承担纠纷处理和诉讼成本的当事人，可以给予适当的资金援助和律师业界的专业服务。

六、总结与启示

本文基于品牌—IP 联名二模网络、行业—IP 联名二模网络，利用社会网络分析法对网络密度、网络中心性进行分析。首先，动漫领域内容 IP 的商业化已非常成熟，像迪士尼、三丽鸥等具有超高影响力的 IP，能与各种品牌和活动适配与兼容，并且能成为不同品牌进行跨界联名合作的核心，其自带的流量能为联名的成功打下基础。其次，国外成熟的动漫 IP 和国内动漫 IP 存在一定差距。国内动漫 IP 开发的商业领域很少，不过这也表示国内动漫 IP 有很大的发展潜力。最后，具有传统文化底蕴的 IP 更加受欢迎。对此，可以重构传统经典的文化 IP 的链式运作，使网文、动漫、直播等通过互联网而成为 IP 创造、孵化的源头和放大的渠道。创造的主体已经不再是过去的由 PGC 主导，而是逐渐向 PGC+UGC 双重驱动的模式转变。同时，要关注文化 IP 的融合化发展，即"文化 IP+"模式。与旅游、玩具、服装、游戏、食品、在线体验等行业的融合，能使"文化 IP+"的边界持续扩大。需要注意的是，IP 的开发生产不能呈流水线模式，要尽量避免内容同质化。

LINE FRIENDS 与大英博物馆的联名也能给我们带来启示，即动漫 IP 不用与低龄化和娱乐化强行绑定，也可以与文化 IP 进行合作。文博文旅 IP 依托丰富的文化资源，内容素材充足，并且受众广泛。故宫博物院、大英博物馆、敦煌博物馆等都是典型代表。参考故宫博物院 IP 所取得的巨大成功，可知魅力人设纵然是强大 IP 的起点，但在塑造品牌人设、开发衍生产品时不应当"忘本"，品牌的基因与文化永远都是品牌的核心竞争力。

本文以动漫 IP 为研究对象，后续可以扩展到各种类型的 IP，而不限于"动漫"的范畴；数据方面则是规模越大，效果越好。例如，可以把元宇宙和 IP 综合起来进行思考。IP 融合元宇宙就是一种场景化的应用，值得研究和探讨。

参考资料

［1］张妍妍，张鹏．"国潮"视域下 IP 跨界营销现状研究——基于社会网络分析［J］．上海管理科学，2022（6）：31-38．

［2］刘娟．浅析国潮品牌如何通过 IP 营销获得成功［J］．老字号品牌营销，2022（4）：6-8．

［3］曾惠莹，陶孟笛，詹云．基于品牌符号的品牌 IP 联名策略研究［J］．湖南包装，2021（6）：67-69，147．

［4］赵小波，马雯婕．互动与情感：新时代文化 IP 的营销传播［J］．南京邮电大学学报（社会科学版），2021（4）：31-40．

［5］张明明．网红品牌 IP 营销、消费心理及消费意愿的动态关系［J］．商业经济研究，2021（5）：83-85．

［6］黎玉杰．基于 IP 价值的品牌传播策略研究［J］．现代营销（下旬刊），2020（7）：88-90．

［7］程梦圆．浅析国潮现象下国产品牌的 IP 营销［J］．价值工程，2020（2）：15-16．

［8］郭宝宇，赵丽文，郭鑫，等．基于社会网络分析的世界一流大学品牌影响力研究［J］．情报杂志，2020（6）：113-118，112．

［9］黄健．新媒体时代背景下的版权保护［J］．出版广角，2010（7）：54-55．

［10］王胜利，魏争．我国动漫产业的知识产权保护研究［J］．陕西科技大学学报（自然科学版），2012（4）：132-135．

［11］Lu Wang, Yujia Zhai. Research on Brand IP Shaping in the Era of Brand Personification—Taking Disney's Cultural Industry as an Example［C］∥Proceedings of Second International Conference on management, law., 2021：327-333. DOI：10.26914/c. cnkihy. 2021. 040530.

［12］Research and Markets：Intellectual Property Operations and Implementation for the 21st Century Corporation Contains a Practical Approach to Corporate IP Operations and Implementation［J］. M2 Presswire, 2012.

下编

案例合集

殷某某等涉嫌诈骗罪、合同诈骗罪等刑事犯罪案例及办案回顾

金　荣

韩　阳

江苏省镇江市中级人民法院
刑事判决书

（2021）苏 11 刑终××号

原公诉机关：江苏省丹阳市人民检察院。

上诉人（原审被告人）：殷某某，男，出生于江苏省丹阳市，经营丹阳市某某生态园有限公司（以下简称某某生态园）、丹阳市某某镇某菜馆（以下简称某某菜馆）。因涉嫌寻衅滋事罪，于 2019 年 6 月 6 日被指定居所监视居住，2019 年 9 月 26 日被逮捕，现羁押于镇江市看守所。

辩护人：金荣、韩阳，江苏辰顺律师事务所律师。

上诉人（原审被告人）：张某，男，出生于江苏省宜兴市，务工。因涉嫌寻衅滋事罪，于 2019 年 6 月 6 日被指定居所监视居住，2019 年 9 月 26 日被逮捕，2021 年 4 月 30 日被监视居住。

辩护人：宋某某，江苏某某律师事务所律师。

原审被告人：殷某兵，男，住江苏省镇江市，个体。曾因寻衅滋事，于 2006 年 9 月 25 日被镇江市劳动教养委员会决定劳动教养一年。因涉嫌寻衅滋事罪，于 2019 年 6 月 6 日被指定居所监视居住，2019 年 9 月 26 日被逮捕，2021 年 7 月 31 日被监视居住。

原审被告人：朱某某，男，住江苏省丹阳市，务工。曾因犯聚众斗殴罪，于 2005 年 9 月 2 日被江苏省丹阳市人民法院判处有期徒刑二年六个月，2007 年 8 月 21 日刑满释放。因涉嫌寻衅滋事罪，于 2019 年 6 月 6 日被指定居所监视居住，2019 年 9 月 26 日被逮捕，2021 年 4 月 30 日被监视居住。

原审被告人：殷某，男，出生于江苏省镇江市，无业。曾因寻衅滋事，于 2008 年 3 月 25 日被丹阳市公安局行政拘留十日；因吸毒，于 2012 年 3 月 15 日被泰州市公安局高港分局罚款五百元；因赌博，于 2016 年 5 月 26 日被镇江市公安局直属分局罚款五百元；曾因犯盗窃罪，于 2011 年 12 月 29 日被江苏省丹阳

市人民法院判处有期徒刑二年四个月，缓刑二年六个月，并处罚金四千元。因涉嫌寻衅滋事罪，于2019年6月6日被指定居所监视居住，2019年9月26日被逮捕，2021年7月31日被监视居住。

原审被告人：吴某某，男，住江苏省丹阳市。曾因寻衅滋事，于2005年1月19日被镇江市劳动教养管理委员会劳动教养一年；因寻衅滋事，于2013年3月7日被丹阳市公安局行政拘留十日；因赌博，于2013年12月31日被丹阳市公安局罚款五百元。因涉嫌寻衅滋事罪，于2019年8月24日被刑事拘留，2019年9月26日被逮捕，2020年10月23日被取保候审。

江苏省丹阳市人民法院审理江苏省丹阳市人民检察院指控原审被告人殷某某犯合同诈骗罪、寻衅滋事罪、敲诈勒索罪、强迫交易罪、诈骗罪、盗窃罪，上诉人张某、原审被告人朱某某犯合同诈骗罪、寻衅滋事罪，原审被告人殷某兵、殷某、吴某某犯寻衅滋事罪一案，于2021年11月2日作出（2020）苏1181刑初××号刑事判决。原审被告人殷某某、张某不服，提出上诉。本院依法组成合议庭，公开开庭审理了本案。上诉人殷某某及其辩护人金荣、韩阳，上诉人张某及其辩护人宋某某到庭参加诉讼，江苏省镇江市人民检察院检察官丁某出庭履行职务。现已审理终结。

原判认定：

一、合同诈骗

2010年至2014年期间，被告人殷某某在经营某某生态园、某某菜馆期间，以非法占有为目的，与朱某某、殷某兵、张某等人共谋，采用不签订合同，单据上不签实名，支付部分款项、拖欠其他款项，拒不支付工程款、货款等方式，实施诈骗。

二、合同诈骗、寻衅滋事

2010年至2012年期间，被告人殷某某在经营某某生态园、某某菜馆期间，以非法占有为目的，与朱某某、殷某兵、张某等人共谋，采用不签订合同，单据上不签实名，支付部分款项、拖欠其他款项，拒不支付工程款、货款等方式，实施诈骗。在被害人索要工程款、货款时，采取殴打、恐吓等暴力威胁手段，致使被害人不敢索要工程款、货款。

三、寻衅滋事

1. 2010年下半年，被告人殷某某通过朱某某与张某某达成挖池塘造型、固定池塘堤坝的工程协议，部分工程款未付。后张某某向殷某某索要工程款时，殷某某指使邵某某（另案处理）殴打张某某。

2. 2012年10月左右，被告人殷某某指使被告人殷某兵与被害人束某某达成供应水泥的协议。束某某去某某生态园索要货款时，殷某某、殷某兵采用恐吓威胁手段，致使束某某不敢再索要货款。

3. 2012年下半年，被告人殷某某指使其妻子柴某某从被害人金某某处购买螃蟹未付款，后金某某至某某生态园索要货款时，殷某某指使殷某等人对其进行殴打。

4. 2013年10月左右，被告人殷某某让被害人孙某某在某某生态园做建筑工程制模，双方因支付工程款发生纠纷。殷某某指使被告人殷某兵，威胁恐吓并打伤孙某某。

5. 2013年7月，被告人殷某某为垄断经营周边地区的水果销售，指使殷某、吴某某等人，对某某生态园附近通港路上摆摊卖水果的陈某某夫妇，采用言语恐吓、威胁、打砸等手段进行驱赶，并不允许其租地种草莓，陈某某夫妇被迫放弃摆水果摊和种草莓。

6. 2013年7月，被告人殷某某为垄断经营周边地区的水果销售，指使殷某兵、吴某某等人，对某某生态园附近通港路上摆摊卖水果的何某某，采用言语恐吓等手段进行驱赶，何某某被迫放弃摆水果摊。

7. 2014年夏天，被告人殷某某为垄断经营周边地区的水果销售，指使殷某等人，对某某生态园附近通港路上摆摊卖水果的陆某某，采用言语恐吓、抢水果篮等手段进行驱赶，陆某某被迫放弃摆水果摊。

8. 2014年夏天，被告人殷某某为垄断经营周边地区的水果销售，指使殷某、吴某某等人，对某某生态园附近通港路上摆摊卖水果的孙某某，采用言语恐吓等手段进行驱赶，孙某某被迫放弃摆水果摊。

9. 2017年12月，被告人殷某某指使刘某、何某、杨某、邵某等人，在丹阳市某某镇某某村宋右武大夫殷秉常墓施工现场阻碍施工，任意损毁施工财物，经鉴定造成损失1039元。

四、诈骗

2015年，被告人殷某某为骗取政府补偿款，谎称某某路及某某桥系其出资修建，并以某某高速施工队损坏道路和桥梁、某某高速影响某某生态园的规划，需要重新规划修编的名义，向政府提出补偿要求，骗取某某镇人民政府对其作出补偿，补偿款总计62.5万元。

五、强迫交易

1. 2015 年至 2017 年在某某高速修建期间，被告人殷某某为获取非法利益，指使倪某某组织村民薛某某等人阻拦施工车辆通行，致使被害人虞某某的路基施工队无法正常进出施工现场。虞某某为保证施工正常进行，被迫与殷某某达成采购土方的协议，花费 20 万元购买殷某某指定地点的土方。

2. 2016 年，在某某高速修建期间，被告人殷某某为获取非法利益，指使倪某某派张某某等人，以施工地域属于某某生态园规划范围为由，阻碍被害人高某的施工队正常施工。高某为保证施工正常进行，被迫与殷某某达成采购土方的协议，花费 1 万元购买殷某某指定地点的土方。

六、敲诈勒索

2015 年至 2016 年，在某某高速修建期间，被告人殷某某为获取非法利益，指使倪某某组织村民薛某某等人阻拦施工车辆通行，致使被害人王某某的桩基施工队无法正常进场施工。王某某为保证施工正常进行，被迫送给殷某某 3 万元，其后续施工队车辆得以正常通行。

七、盗窃

2012 年左右，殷某某指使殷某兵召集工人蒋某、吴某等人至某某菜馆北侧的小山上，通过铁锹挖掘的手段，窃得 35 棵朴树，并移栽至某某菜馆西侧。经鉴定，朴树的价值为 2900 元。

原审法院认为：被告人殷某某以非法占有为目的，在签订、履行合同过程中，骗取对方当事人财物，数额巨大，其行为已构成合同诈骗罪。被告人殷某某、张某、朱某某、殷某兵、殷某、吴某某多次随意殴打、恐吓他人，造成了恶劣的社会影响，情节严重，均构成寻衅滋事罪。被告人殷某某以非法占有为目的，采用虚构事实、隐瞒真相的方式诈骗公私财物，数额特别巨大，其行为已构成诈骗罪。被告人殷某某以威胁手段，强买强卖商品，情节特别严重，其行为构成强迫交易罪。被告人殷某某以非法占有为目的，敲诈勒索他人财物，数额较大，其行为构成敲诈勒索罪。被告人殷某某以非法占有为目的，秘密窃取公私财物，数额较大，其行为构成盗窃罪。被告人殷某某一人犯数罪，应当数罪并罚。被告人朱某某、殷某、吴某某归案后如实供述自己的犯罪事实，依法可从轻处罚。被告人朱某某、殷某、吴某某自愿认罪认罚，依法可从宽处理。被告人殷某某的家属已赔偿被害人吴某某，被害人已谅解其行为，对寻衅滋事部分可酌情从轻处罚。据此，依照《中华人民共和国刑法》第二百二十四条、第二百九十三条第一款第（一）（二）项、第二百六十六条、第二百二十六条、第二百七十四条、第二百六十四条、第二十五条第一款、第六十七条第三款、第六十九条、第六十四条，最高人民法院、最高人民检察院《关于办理寻衅滋事刑事案件适用法律若干问题的解释》第二条、第三条、第四条、第五条、第六条，以及《中华人民共和国刑事诉讼法》第二百零一条第一款的规定，判决如下。一、被告人殷某某犯合同诈骗罪，判处有期徒刑四年，并处罚金人民币五万元；犯寻衅滋事罪，判处有期徒刑三年；犯诈骗罪，判处有期徒刑十一年，并处罚金人民币十万元；犯强迫交易罪，判处有期徒刑四年，并处罚金人民币五万元；犯敲诈勒索罪，判处有期徒刑一年八个月，并处罚金一万元；犯盗窃罪，判处有期徒刑六个月，并处罚金人民币二千元。数罪并罚，决定执行有期徒刑十四年，并处罚金人民币二十一万二千元。二、被告人殷某兵犯寻衅滋事罪，判处有期徒刑二年。三、被告人朱某某犯寻衅滋事罪，判处有期徒刑一年九个月。四、被告人殷某犯寻衅滋事罪，判处有期徒刑二年。五、被告人张某犯寻衅滋事罪，判处有期徒刑一年九个月。六、被告人吴某某犯寻衅滋事罪，判处有期徒刑一年二个月。七、被告人殷某某尚未退出的非法所得继续予以追缴后发还各被害人。

上诉人殷某某提出上诉理由称：1. 侦查人员对其取证行为违法。2. 一审判决认定其构成合同诈骗罪事实不清、证据不足，是将经济纠纷认定为诈骗。3. 一审认定其构成诈骗罪事实不清、证据不足。有充分的证据证明其出资修建了路桥，高速公路指挥部决定赔偿重修费后，殷某某才配合形式审查要求伪造了票据，故不构成诈骗罪。4. 一审认定殷某某构成强迫交易罪事实不清、证据不足。殷某某没有指使倪某某堵被害人的车队，迫使被害人向其购买土方。5. 一审认定殷某某构成敲诈勒索罪事实不清、证据不足，相关证据建立在非法获得的供述基础上。6. 一审认定殷某某构成盗窃罪错误。

上诉人殷某某的辩护人提出辩护意见称：1. 本案涉及的合同经营行为中，只有很小一部分涉及合同纠纷，经营活动中不签合同、不签实名等不规范行为不能认定为合同诈骗。2. 一审认定的敲诈勒索、强迫交易、盗窃均不能构成。3. 关于诈骗部分。（1）关于修编费用，殷某某是在政府明确了修编补偿费用30万元后才伪造凭证的。政府并不是受到伪造票据的欺骗才同意对殷某某进行补偿的。（2）关于路桥补偿部分，根据补偿协议，政府是因高速公路施工后对某某生态园范围内的路桥造成了损害，影响了生态园的正常使用，故决定补偿，由生态园负责后续维护，与路桥是谁出资建设的并无关系。综上，殷某某不构成诈骗罪。4. 殷某某成立某某生态园的目的并非实施犯罪，本案应认定为单位犯罪。上诉人殷某某的辩护人提交了江苏文博建设设计有限公司丹阳启明分公司出具的情况说明，证明以 2017 年《城市规划设计费指导意见》标准，某某生态园重新规划方案费用为 71.6 万元。

上诉人张某提出上诉理由称：1. 其在被指定居所监视居住期间，被冻、饿、诱骗、恐吓、殴打等多种手段折磨，被迫作出的供述应当予以排除。2. 关于一审判决认定张某构成寻衅滋事罪的四起事实中，上诉人的供述及柏某某的陈述所涉的威胁用语不是事实，包某某及其丈夫均未陈述提及上诉人有威胁恐吓行为，被害人刘某某在某某生态园发生冲突时上诉人已离职，与上诉人无关，被害人李某某到某某生态园要钱时未与上诉人接触，也未发生冲突。综上，上诉人不构成寻衅滋事罪。

上诉人张某的辩护人提出辩护意见称：1. 对侦查机关证据收集的合法性存疑，张某的供述不应作为证据使用。2. 张某不构成寻衅滋事罪。原判认定张某构成寻衅滋事的四起事实证据不充分，其中三起事实中张某没有采取威胁恐吓行为。张某是执行领导意志对上门讨要债务的人进行恐吓的，不符合寻衅滋事罪的特征。

出庭检察官的出庭意见为：原判认定事实清楚、证据确实充分，建议二审法院驳回上诉，维持原判。

法庭向控辩双方出示了依职权调取的下列证据：

1. 证人郑某的证言，证实其是镇江市丹徒区某某村村委会委员、兼职护林员，每天与另一名护林员对某某村范围内林地、山地进行巡查。涉案的朴树位于某某村林场范围内，被殷某某承包经营。朴树长在村里种植的杉木中间，是自然生长的不成材的杂树，殷某某作为承包经营者有权清理。殷某某等人挖掘朴树时其知情并在场，允许他们挖掘。

2. 调取自丹阳市自然资源规划局的殷某某询问笔录、答复意见，证实 2012 年 5 月 3 日至 2012 年 5 月 11 日期间，殷某某在丹阳市某某镇某某村占用农田建村路、挖界沟。至被某某镇国土所查获时，已建了 230 米长的土路。

经二审理查明：

2010 年 3 月以来，上诉人殷某某、张某，以及原审被告人朱某某、殷某兵、殷某、吴某某等人，为谋取非法利益，以经营某某生态园为依托，实施合同诈骗、寻衅滋事、强迫交易、敲诈勒索、诈骗等犯罪行为。具体事实分述如下：

一、合同诈骗的事实

2010 年至 2014 年期间，上诉人殷某某在经营某某生态园、某某菜馆期间，以非法占有为目的，与朱某某、殷某兵、张某等人共谋，采用不签订合同、单据上不签实名、支付部分款项、拖欠其他款项、拒不支付工程款、货款等方式，实施诈骗。具体犯罪事实分述如下：

1. 2010 年 3 月至 4 月，上诉人殷某某指使原审被告人殷某兵向被害人陈某某购买茶叶包装盒，共计价值 9280 元，殷某兵支付了 1500 元。后殷某某、殷某兵为了达到赖账的目的，采取拒不支付、避而不见等手段，致使陈某某无法索要货款，损失 7780 元。

2. 2010 年 10 月左右，上诉人殷某某指使原审被告人朱某某与被害人陈某某达成供应装潢材料的口头协议，共计价值 60000 余元。其间，朱某某支付了 15000 元。陈某某供货完毕后，多次向朱某某等人索要货款，朱某某等人采取避而不见、拒绝支付等手段，致使陈某某无法索要剩余货款，损失 45000 元。

3. 2012 年 10 月左右，上诉人殷某某指使上诉人张某与被害人彭某某达成提供酒店餐具台布等用品的口头协议，总价 50000 元，支付 5000 元定金。殷某某、张某为达到赖账的目的，采取相互推诿等方式拒不支付剩余货款，被害人损失 45000 元。

4. 2014 年 11 月，上诉人殷某某与被害人陈某某达成供货协议，共计价值 484384 元，期间支付货款 18 万元。货物交付完毕后，上诉人殷某某为达到其赖账目的，采用找质量瑕疵、拒不支付等手段，致使陈某某无法索要剩余货款，损失 304384 元。

上述事实有经一审庭审举证、质证的书证收条、材料销售单、送货单、接处警详细记录、票据、银行明细，证人谭某、牛某、贾某的证言，被害人陈某、陈某、彭某、彭某、陈某的陈述、辨认笔录，原审被告人殷某兵、朱某某、上诉人殷某某、张某的供述予以证实，本院予以确认。

二、合同诈骗、寻衅滋事的事实

2010 年至 2012 年期间，上诉人殷某某在经营某某生态园、某某菜馆期间，以非法占有为目的，与朱某某、殷某兵、张某等人共谋，采用不签订合同，单据上不签实名、支付部分款项、拖欠其他款项、拒不支付工程款、货款等方式，实施诈骗。在被害人索要工程款、货款时，采取殴打、恐吓等暴力威胁手段，致使被害人不敢索要工程款、货款。具体犯罪事实分述如下：

1. 2010 年 3 月至 4 月，上诉人殷某某指使原审被告人朱某某与贾某某达成供应钢材的协议，总计价值 40000 余元。贾某某交付钢材后，多次向朱某某索要货款，殷某某、朱某某采取避而不见、拒不支付的手段不支付货款。后贾某某经朱某某同意后欲将这批钢材拉走，殷某某等人采取威胁恐吓手段予以阻止。贾某某至今未要到货款，损失 40000 元。

2. 2010 年 5 月左右，上诉人殷某某指使朱某某与被害人许某某谈妥供应装潢材料事宜，总价值 24031 元，其间支付了 14000 元货款。交付货物后，殷某某为了达到其赖账目的，指使殷某兵、朱某某采用相互推诿等方式拒不支付剩余货款。许某某多次向朱某某、殷某兵索要货款，殷某某、殷某兵等人采用威胁恐吓手段，致使被害人许某某不敢索要货款，损失 10031 元。

3. 2010 年 9 月至 10 月，上诉人殷某某让柏某某装修某某菜馆包厢和客房，指使上诉人张某与柏某某对接该工程项目。该项目工程款为 52000 元，其间支付了 13000 元。完工后，殷某某、张某为了达到其赖账目的，采用相互推诿、拒不支付等手段，使得柏某某无法索要工程款。后柏某某在索要货款过程中受到张某等人的威胁恐吓，遂不敢索要债务，损失 39000 元。

4. 2010 年 11 月，上诉人殷某某指使上诉人张某、原审被告人朱某某与被害人包某某谈妥采购木雕事宜，总价值 99748 余元，其间支付了 30000 元。交付货物后，殷某某为达到其赖账目的，采用找货物质量瑕疵等方式拒不支付剩余货款。包某某多次向朱某某、张某等人索要货款，殷某某、张某等人采用威胁恐吓手段，致使包某某不敢索要货款，损失 69748 元。

5. 2011 年 7 月、8 月，上诉人殷某某指使原审被告人朱某某与被害人朱某某达成供应大理石的口头协议，共计 7000 余元，朱某某支付了 4000 元。殷某某、朱某某为达到其赖账目的，采用相互推诿等方式拒不支付剩余货款。朱某某至某某生态园索要货款，殷某某等人采用殴打的手段，致使朱某某不敢索要剩余货款，损失 3000 元。

6. 2012 年 8 月左右，上诉人殷某某指使上诉人张某与被害人刘某某达成购买、安装凉亭、木屋工程口头协议，费用总计 65000 元。殷某某为达到其赖账的目的，采用不签合同、相互推诿的方式拒不支付工程款。刘某某多次去某某生态园索要工程款，殷某某、殷某等人采取威胁恐吓等手段，致使刘某某不敢再索要工程款，损失 65000 元。

7. 2012 年 10 月左右，上诉人殷某某指使上诉人张某与被害人李某某达成装潢工程口头协议，总价值 11000 元，其间付了 1500 元定金。殷某某、张某等人为达到其赖账目的，采用躲避、推脱等方式拒不支付工程款。李某某至某某生态园索要工程款，殷某某、张某、殷某兵、殷某等人采用殴打等方式，致使李某某不敢再索要工程款，损失 9500 元。

上述事实有经一审庭审举证、质证的书证接处警单、接处警详细信息、收据、销货清单、领款凭证、送货单、收条、销售单、记账记录，证人张某某、束某某、毛某某、王某某、谢某某、刘某某的证言，被害人贾某某、许某某、柏某某、包某某、朱某某、刘某某、李某某的陈述、辨认笔录，原审被告人朱某某、殷某兵、殷某、吴某某、上诉人殷某某、张某的供述予以证实，本院予以确认。

三、寻衅滋事的事实

1. 2010年下半年，上诉人殷某某通过朱某某与张某某达成挖池塘造型、固定池塘堤坝的工程协议，部分工程款未付。后张某某向殷某某索要工程款时，殷某某指使邵某某（另案处理）殴打张某某。

2. 2010年下半年，上诉人殷某某指使原审被告人朱某某与吴某某口头达成了承建某某生态园道路的工程协议。完工后，吴某某向殷某某索要剩余工程款，殷某某指使殷某兵、殷某威胁恐吓并打伤吴某某。后吴某某通过诉讼方式索要工程款，其诉讼请求未得到法院支持。在一审审理过程中，上诉人殷某某亲属赔偿了吴某某，吴某某对殷某某的行为表示谅解。

3. 2012年下半年，上诉人殷某某的妻子柴某某从被害人金某某处购买螃蟹未付款，后金某某至某某生态园索要货款时，殷某某指使殷某等人对其进行殴打。

4. 2013年10月左右，上诉人殷某某让被害人孙某某在某某生态园做建筑工程制模，双方因支付工程款发生纠纷，殷某某指使原审被告人殷某兵，威胁恐吓并打伤孙某某。

5. 2013年7月，上诉人殷某某为垄断经营周边地区的水果销售，指使殷某、吴某某等人，对某某生态园附近通港路上摆摊卖水果的陈某某夫妇，采用言语恐吓、威胁、打砸等手段进行驱赶，并不允许其租地种草莓，陈某某夫妇被迫放弃摆水果摊和种草莓。

6. 2013年7月，上诉人殷某某为垄断经营周边地区的水果销售，指使殷某兵、吴某某等人，对某某生态园附近通港路上摆摊卖水果的何某某，采用言语恐吓等手段进行驱赶，何某某被迫放弃摆水果摊。

7. 2014年夏天，上诉人殷某某为垄断经营周边地区的水果销售，指使殷某等人，对某某生态园附近通港路上摆摊卖水果的陆某某，采用言语恐吓、抢水果篮等手段进行驱赶，陆某某被迫放弃摆水果摊。

8. 2014年夏天，上诉人殷某某为垄断经营周边地区的水果销售，指使殷某、吴某某等人，对某某生态园附近通港路上摆摊卖水果的孙某某，采用言语恐吓等手段进行驱赶，孙某某被迫放弃摆水果摊。

上述事实有经一审庭审举证、质证的丹阳市公安局刑事科学技术室提供的关于张某某损伤检验的情况说明、丹阳市公安局物证鉴定室法医学人体损伤程度鉴定书及情况说明、出院记录、入院记录、CT检查单、民事诉状、民事判决书、检测报告、赔偿协议、谅解书、接处警详细信息、病历证明、入院记录、检查报告、接处警详细记录、警情处置信息，证人张某某、顾某某、谈某某、朱某某、邵某某、陈某某、吴某某、赵某某、严某、柴某某、周某某的证言，被害人张某某、吴某某、金某某、陈某某、何某某、陆某某、孙某某的陈述、辨认笔录，原审被告人朱某某、殷某兵、殷某、吴某某、上诉人殷某某的供述予以证实，本院予以确认。

四、诈骗的事实

2015年，上诉人殷某某为骗取政府补偿款，以某某高速影响某某生态园的规划，需要重新规划修编的名义，向政府提出补偿要求，骗取某某镇人民政府对其作出补偿总计19.5万元。

上述事实有经一审庭审举证、质证的《关于丹阳市某某生态园调整规划有关问题专题研究会议纪要》、补偿协议书、收据、银行转账回执、生态园的账目、南京林业大学林产工业设计院提供的营业执照、工程设计合同及记账明细、南京林业大学林产工业设计院提供的情况说明、收据、关于某某高速对某某生态园所致影响及损害情况的报告、殷某某伪造的常州市某某有限公司承接的某某生态园修编规划设计合同及收据，证人刘某某、殷某某等的证言，上诉人殷某某的供述予以证实，本院予以确认。

五、强迫交易的事实

1. 2015年至2017年在某某高速修建期间，上诉人殷某某为获取非法利益，指使倪某某组织村民薛某某等人阻拦施工车辆通行，致使被害人虞某某的路基施工队无法正常进出施工现场。虞某某为保证施工正常进行，被迫与殷某某达成采购土方协议，花费20万元购买殷某某指定地点的土方。

2. 2016年，在某某高速修建期间，上诉人殷某某为获取非法利益，指使倪某某派张某某等人，以施工地域属于某某生态园规划范围为由，阻碍被害人高某的施工队正常施工。高某为保证施工正常进行，被迫与殷某某达成采购土方的协议，花费1万元购买殷某某指定地点的土方。

上述事实有经一审庭审举证、质证的某某高速公路丹阳段取土场协议、某某高速公路丹阳开发区取土协议、某某高速公路丹阳某某镇取土协议、土方费用收条、杜某某农业银行卡交易明细单、报警记录，证人钱某、杜某、刘某某的证言、被害人虞某某、高某的陈述及辨认笔录，原审被告人殷某兵、上诉人殷某某的供述予以证实，本院予以确认。

六、敲诈勒索的事实

2015 年至 2016 年某某高速修建期间，上诉人殷某某为获取非法利益，指使倪某某组织村民薛某某等人阻拦施工车辆通行，致使被害人王某某的桩基施工队无法正常进场施工。王某某为保证施工正常进行，被迫送给殷某某 3 万元，其后续施工队车辆得以正常通行。

上述事实有经一审庭审举证、质证的证人钱某某、倪某某的证言，被害人王某某的陈述、辨认笔录，上诉人殷某某的供述予以证实。

另查明：原审被告人朱某某、殷某、吴某某归案后如实供述自己的犯罪事实。

案发后，公安机关冻结了上诉人殷某某的银行账户。

上述事实，有经一审庭审举证、质证的原审被告人朱某某、殷某、吴某某等人的供述、案件侦破经过、户籍资料、刑事判决书、协助冻结财产通知书等证据予以证实，本院予以确认。

关于上诉人殷某某、张某及二上诉人的辩护人提出侦查机关对二上诉人取证非法的相关上诉理由及辩护意见，经查，一审法院已对本案证据收集的合法性进行了调查，公诉机关提供了相应的证据并通知侦查人员出庭做证，经调查一审法院认为取证合法，作出依法驳回排除非法证据申请的决定。本院经审查后认为，上诉人、辩护人提出的线索或材料没有证据予以证实，一审法院作出的调查结论正确，应予维持。故对二上诉人及其辩护人提出的相关上诉理由及辩护意见不予采纳。

关于上诉人殷某某及其辩护人提出上诉人殷某某不构成合同诈骗罪、寻衅滋事罪的相关上诉理由及辩护意见，经查，上诉人殷某某、张某和原审被告人殷某兵、朱某某等人的供述证实，殷某某、张某、殷某兵、朱某某已事先共谋，让张某、殷某兵、朱某某等人在采购商品或发包工程时，采用欺骗手段让被害人误以为交付商品或承接工程后可以获得货款或工程款，实际殷某某已事先指使张某、殷某兵、朱某某等人，采取不签协议、不签真名、采购和收货两条线等方式，在被害人来要账时采取找质量瑕疵、相互推诿、威胁恐吓等手段，使被害人最终不敢、不愿来要账，达到其欠账、赖账，非法占有应付的货款或工程款的目的，其行为应当认定为合同诈骗罪；上诉人殷某某等人在被害人上门要账时使用了威胁、恐吓、殴打等手段，在两年内实施寻衅滋事行为三次以上，依法应认定为寻衅滋事罪。故上诉人的上诉理由及辩护人的辩护意见不能成立，本院不予采纳。

关于上诉人张某及其辩护人提出的上诉人张某不构成寻衅滋事罪的相关上诉理由及辩护意见，经查：（1）上诉人张某在柏某某一节事实中对柏某某的妻子采取了口头威胁的方式，该事实有上诉人张某的供述及被害人柏某某的陈述予以证实。2. 在包某某、李某某、刘某某几起事实中，殷某某、张某、殷某兵、朱某某已事先共谋商定如被害人来要债，即会采取威胁、恐吓、殴打等手段吓住被害人使得被害人不敢来要账，故在张某采购了包某某、李某某、刘某某等被害人的商品后，应能预料到上述被害人来要账时，他人会对被害人实施事前商议好的威胁、恐吓、殴打等行为。张某虽未具体实施寻衅滋事手段，但应对共同犯罪中他人的犯罪行为承担共同责任，亦构成寻衅滋事罪。故上诉人的上诉理由及辩护人的辩护意见不能成立，本院不予采纳。

关于上诉人殷某某及其辩护人提出上诉人殷某某不构成强迫交易罪的相关上诉理由及辩护意见，经查，上诉人殷某某的供述，被害人虞某某、高某的陈述，证人倪某某、钱某某、杜某某等人的证言及相关书证可以证实，上诉人殷某某指使倪某某等人堵路阻挠被害人虞某某、高某的施工队通行，使得被害人虞某某、高某为了能正常通行施工，在可以免费取土的情况下被迫从殷某某处购买土方，殷某某的行为构成强迫交易罪。故上诉人的上诉理由及辩护人的辩护意见不能成立，本院不予采纳。

关于上诉人殷某某及其辩护人提出上诉人殷某某不构成敲诈勒索罪的相关上诉理由及辩护意见，经查，上诉人殷某某的供述，被害人王某某的陈述，证人倪某某、钱某某、薛某某、周某某、徐某某等人的证言证实，上诉人殷某某指使倪某某等人堵路阻挠被害人王某某的施工队通行，被害人王某某为了能正常通行施工，被迫给付殷某某3万元，殷某某的行为构成敲诈勒索罪。故上诉人的上诉理由及辩护人的辩护意见不能成立，本院不予采纳。

关于上诉人殷某某及其辩护人提出上诉人殷某某不构成盗窃罪的相关上诉理由及辩护意见，经查，上诉人殷某某的供述、证人郑某的证言证实，殷某某虽指使殷某兵等人将某某村所有的朴树移栽至其某某生态园内，但某某村护林员郑某等人在场并默许殷某兵等人将朴树挖走，其行为不符合盗窃罪秘密窃取的特征，不应认定殷某某构成盗窃罪。故上诉人的上诉理由及辩护人的辩护意见成立，本院予以采纳。

关于上诉人殷某某及其辩护人提出上诉人殷某某不构成诈骗罪的相关上诉理由及辩护意见，经查：1. 关于某某路、某某桥补偿43万元。证人殷某某的证言、补偿协议等书证证实，与殷某某达成路、桥方面的补偿协议有多方面因素。一是高速公路施工队重型车辆碾压导致某某路、某某桥不同程度受损，补偿殷某某后要求其承担日后维修、养护工作；二是某某高速横穿某某生态园造成影响，故作出的补偿。政府作出补偿并非纯粹因殷某某谎称某某路、某某桥系其出资修建而受到欺骗，不宜以诈骗罪进行刑事评价。（2）关于修编费用19.5万元。殷某某先伪造了南京林业大学118万元的票据，使政府误以为其原有设计花费了118万元，后又称因某某高速影响需要对原有设计进行修编，欺骗政府与其达成了修编费用30万元的协议，并提交了伪造的设计合同及票据48.5万元，使政府误以为修编工作已经完成，而导致其错误地处分了30万元的补偿费用，其行为构成诈骗罪，且数额应当认定为30万元。因一审公诉机关起诉时将原有设计费用10.5万元扣减，一审法院尊重公诉机关的指控意见，在审理查明的事实中也只认定诈骗数额为19.5万元，故二审阶段不予增加诈骗数额。

综上，上诉人及辩护人提出的关于某某路、某某桥维护费43万元不应认定为诈骗的相关上诉理由及辩护意见成立，本院予以采纳；关于修编费用19.5万元不应认定为诈骗的相关上诉理由及辩护意见不能成立，本院不予采纳。

关于上诉人殷某某及其辩护人提出的本案不是殷某某个人行为，应认定为单位犯罪的相关上诉理由及辩护意见，经查，殷某某作为某某生态园的实际控制者，生态园的建设资金及日常开支费用均由殷某某个人承担，经营收益也由其个人获得，无法认定单位系犯罪行为的受益者，认定单位犯罪没有事实和法律依据。故上诉人及辩护人提出的相关上诉理由及辩护意见不能成立，本院不予采纳。

本院认为，上诉人殷某某以非法占有为目的，在签订、履行合同过程中，骗取对方当事人财物，数额巨大，其行为已构成合同诈骗罪。上诉人殷某某、张某、原审被告人朱某某、殷某兵、殷某、吴某某多次随意殴打、恐吓他人，造成恶劣社会影响，情节恶劣，均构成寻衅滋事罪，且系共同犯罪。上诉人殷某某以非法占有为目的，采用虚构事实、隐瞒真相的方式诈骗公私财物，数额巨大，其行为已构成诈骗罪。上诉人殷某某以威胁手段，强买强卖商品，情节特别严重，其行为构成强迫交易罪。上诉人殷某某以非法占有为目的，敲诈勒索他人财物，数额较大，其行为构成敲诈勒索罪。上诉人殷某某一人犯数罪，应当数罪并罚。原审被告人朱某某、殷某、吴某某归案后如实供述自己的犯罪事实，依法可从轻处罚。原审被告人朱某某、殷某、吴某某自愿认罪认罚，依法可从宽处理。上诉人殷某某的家属已赔偿被害人吴某某，被害人已谅解其行为，对寻衅滋事部分可酌情从轻处罚。原判认定上诉人殷某某构成合同诈骗罪、寻衅滋事罪、强迫交易罪、敲诈勒索罪，上诉人张某、原审被告人朱某某、殷某兵、殷某、吴某某构成寻衅滋事罪的事实清楚，证据确实充分，但认定上诉人殷某某构成盗窃罪及诈骗罪中的路桥补偿费43万元事实不清，依据不足，不应认定，本院对一审判决改判。据此，依照《中华人民共和国刑事诉讼法》第二百三十六条第一款第（三）项、第十五条，《中华人民共和国刑法》第二百二十四条、第二百九十三条第一款第（一）（二）项、第二百六十六条、第二百二十六条、第二百七十四条、第二十五条第一款、第六十七条第三款、第六十九条、第六十四条，最高人民法院、最高人民检察院《关于办理寻衅滋事刑事案件适用法律若干问题的解释》第二条、第三条、第四条、第五条、第六条之规定，判决如下：

一、维持江苏省丹阳市人民法院（2020）苏1181刑初××号刑事判决第二、三、四、五、六、七项。

二、撤销江苏省丹阳市人民法院（2020）苏1181刑初××号刑事判决第一项。

三、上诉人殷某某犯合同诈骗罪，判处有期徒刑四年，并处罚金人民币五万元；犯寻衅滋事罪，判处有期徒刑三年；犯诈骗罪，判处有期徒刑五年，并处罚金人民币六万元；犯强迫交易罪，判处有期徒刑四年，并处罚金人民币五万元；犯敲诈勒索罪，判处有期徒刑一年八个月，并处罚金人民币一万元。数罪并罚，决定执行有期徒刑十二年，并处罚金人民币十七万元。

本判决为终审判决。

审判长　俞某某

审判员　张　某

审判员　丁某某

二〇二二年三月八日

书记员　曹　某

办案回顾

我所刑辩团队积极参与"扫黑除恶"专项行动，曾代理镇江市唯一全国扫黑办挂牌督办案件的管建军涉黑集团部分主要被告人的辩护工作，取得了良好的社会效果。而本案，也是当时"扫黑除恶"大背景下，镇江市丹阳地区典型案例之一。被告人殷某某在本案的一审中，委托了全国范围内首屈一指的"蚂蚁刑辩团队"为其提供法律帮助。一审判决量刑较重：殷某某涉嫌的诈骗罪、合同诈骗罪、盗窃罪、寻衅滋事罪、强迫交易罪、敲诈勒索罪六个罪名均被判定成立，其中仅诈骗罪就被判处有期徒刑十一年。二审时，我所刑辩团队的金荣、韩阳律师在一审判决不利的情况下，从证据链的完整性出发，从每个分案的细节入手，稳扎稳打，定点破局，最终促使二审判决依法排除了一审认定的盗窃罪。对一审判决有期徒刑十一年的诈骗罪，二审法院采纳了我方的辩护意见，依法改判为有期徒刑四年。六个罪名，直击其二，我所刑辩律师在本案二审的辩护代理中取得了显著成效，也再次获得了委托人的认同。

江苏辰顺律师事务所　金荣　韩阳
二〇二三年十二月

最高人民法院证券返还纠纷案例及办案回顾

韩 阳

最高人民法院
民事判决书

（2018）最高法民再××号

再审申请人（一审被告、二审上诉人）：孙某林，男，1962年10月20日出生，住江苏省南京市。

再审申请人（一审被告、二审被上诉人）：江苏某某旅游有限公司。住所地：江苏省某某市某某风景区。

法定代表人：孙某杰，该公司董事长。

委托诉讼代理人：孙某林，男，1962年10月20日出生，住江苏省南京市。

被申请人（一审原告、二审被上诉人）：某某市某某风景区管理委员会。住所地：江苏省某某市某某镇。

法定代表人：王某，该风景区管理委员会主任。

委托诉讼代理人：韩阳，江苏辰顺律师事务所律师。

再审申请人孙某林、江苏某某旅游有限公司（以下简称某某旅游公司）因与被申请人某某市某某风景区管理委员会（以下简称某某管委会）证券返还纠纷一案，不服江苏省高级人民法院（2015）苏商外终字第×××××号民事判决，向本院申请再审。本院以（2017）最高法民申××号民事裁定提审本案后，依法组成合议庭，公开开庭对本案及本院（2018）最高法民再××号再审申请人孙某林、某某旅游公司与被申请人林某证券返还纠纷，（2018）最高法民再××号再审申请人孙某林、某某旅游公司与被申请人张某某证券返还纠纷，（2018）最高法民再××号再审申请人孙某林与被申请人张某某、一审被告杜某某证券返还纠纷等四案进行了合并审理。本案及上述其他三起案件的再审申请人孙某林、再审申请人某某旅游公司法定代表人孙某杰及委托诉讼代理人孙某林，本案被申请人某某管委会的委托诉讼代理人韩阳，（2018）最高法民再××号案被申请人林某的委托诉讼代理人韩阳，（2018）最高法民再××、××号案被申请人张某某及委托诉讼代理人徐某某到庭参加诉讼。（2018）最高法民再××号案的一审被告杜某某经本院合法传唤未到庭参加诉讼。本案现已审理终结。

孙某林、某某旅游公司申请再审请求：撤销江苏省高级人民法院（2015）苏商外终字第×××××号民事判决和江苏省镇江市中级人民法院（2014）镇商外初字第×号民事判决，改判驳回某某管委会的诉讼请求，诉讼费用由某某管委会承担。主要事实和理由：（一）某某管委会的起诉超过诉讼时效；（二）某某管委会与某某旅游公司及孙某林之间不存在委托合同关系，某某管委会交付的资金不是委托某某旅游公司代买股票的资金，而是对某某旅游公司的投资；（三）孙某林履行的是职务行为，作为一审被告不适格；（四）案涉《江苏某某旅游有限公司实际股票组成情况》（以下简称《股票组成情况》）是伪造的，也是无效的；（五）案涉实际用于购买股票的款项是某某管委会投入某某旅游公司的资本金，所购股票归某某旅游公司所有；（六）原审判决孙某林承担股票返还及赔偿责任错误。

某某管委会答辩称：（一）某某管委会的起诉未超过诉讼时效；（二）孙某林受委托操作某某旅游公司"借壳上市"，实际控制某某旅游公司在香港股市的资金和股票账户密码，孙某林的行为不是职务行为，其客观上越权并造成了某某管委会的重大损失；（三）《股票组成情况》合法合理；（四）孙某林恶意掌控买卖在某某旅游公司名下应为某某管委会所有的某某集团有限公司（以下简称某某集团）股票，其多次越权买卖股票的行为已经造成某某管委会资金的重大损失；（五）某某旅游公司曾在本案诉讼庭审中通过书面答辩形式认可了某某管委会诉请的全部案件事实。某某管委会请求驳回孙某林、某某旅游公司的再审请求。

孙某林、某某旅游公司为支持其再审请求，向本院提交如下证据。第一组：1. 2001年8月7日江苏省某某市人民政府（以下简称某某市政府）《市长办公会议纪要》；2. 2002年1月3日《关于合资成立某某旅游公司有关问题的备忘录》（以下简称《合资备忘录》）；3. 2002年5月6日《合资成立某某旅游公司协议书》（以下简称《合资协议》）、《某某旅游公司（筹）发起人（第一届股东大会）决议》、《某某旅游公司（筹）第一届董事会决议》；4. 2002年6月4日《关于合资成立某某旅游公司协议的补充协议》（以下简称《补充协议》）、《某某旅游公司第二届股东大会决议》、《某某旅游公司董事会决议（第2号）》；5. 2002年5月6日《关于"某某旅游公司"经营管理协议》（以下简称《经营管理协议》）；6. 2002年7月25日某某市政府办公室《函》；7. 2002年7月25

日某某旅游公司"函件"；8. 某某旅游公司《公司备案通知书》《2014 年股东大会决议》《2014 年第 1 次董事会决议》及董事、监事、经理信息等工商登记材料；9. 2014 年 7 月 28 日某某旅游公司《证明》。用以证明孙某林购买股票是职务行为，与其个人无关。第二组：1. 2014 年 3 月 20 日镇江市中级人民法院《调查笔录》2 份；2. 2002 年 11 月 15 日《股票组成情况》；3. 镇江市中级人民法院（2015）镇商外初字第×号案《案件受理通知书》、诉讼费收据、选择鉴定机构通知书、某某旅游公司答辩状、民事判决书；4. 2002 年 7 月 5 日某某旅游公司董事会《会议纪要》；5. 2002 年 12 月 1 日《关于某某旅游公司在香港股市"借壳上市"有关问题的备忘录》（以下简称《借壳上市备忘录》）；6. 银行汇款凭证；7. 某某旅游公司国家企业信用信息公示系统信息。用以证明《股票组成情况》不是事实，无效，270 万元是某某管委会对某某旅游公司的股本金投资。第三组：1. 镇江市工商行政管理局镇工商复决字〔2016〕×号、〔2017〕×号《行政复议决定书》；2.《撤销公司法定代表人变更为谢某某的申请书》、收件单、某某市市场监督管理局《公司撤销登记受理通知书》和《延期核准通知书》；3. 2015 年 8 月 30 日某某旅游公司《证明书》；4. 某某市委××组〔2003〕××号《关于谢某某同志兼职的通知》；5. 2014 年 5 月 16 日某某旅游公司股东会决议；6. 2014 年 7 月 3 日某某市公安局《询问笔录》；7. 谢某某谈话录音文字记录。用以证明××司法所王某提供的某某旅游公司答辩状无效，谢某某的法定代表人身份无效。第四组：2008 年 5 月 2 日香港联交所《有关某某集团有限公司（股份代号：××）证券长期停牌的声明》。用以证明某某管委会的起诉超过诉讼时效。第五组：1. 2014 年 7 月 28 日某某管委会《介绍信》；2. 2014 年 9 月 24 日某某管委会《查询函》；3. 江苏省某某市人民法院（2014）××初字第××号民事裁定书；4. 2015 年 8 月 18 日杜某某《移交清单》。用以证明某某管委会一直在行使股东权利。第六组：1. 2016 年 1 月 19 日江苏省高级人民法院《开庭笔录》；2. 江苏省某某市人民法院（2017）苏××民终××号民事裁定书。用以证明孙某林曾申请中止本案诉讼。第七组：某某旅游公司香港新鸿基证券账户的交割单。用以证明某某集团股票交割情况。第八组：1. 江苏立信会计师事务所有限公司苏立信专字（2017）×号审计报告；2. 江苏立信会计师事务所有限公司苏立信专字（2017）××号审计报告。用以证明案涉款项是某某管委会投入某某旅游公司的资本金，所购股票归某某旅游公司所有。

某某管委会质证认为，上述八组证据均不是再审新证据；除第二组证据中的民事判决书外，对第一组至第七组证据的真实性不予认可。对第八组证据中审计报告的合法性与客观性不予认可；上述八组证据均无法达到其证明目的。

本院认证意见为，孙某林、某某旅游公司举示的第一组证据中的《合资备忘录》《合资协议》《某某旅游公司（筹）第一届董事会决议》《经营管理协议》《函》已在原审中作为证据提交并经过当事人质证，本院对原审认证意见予以确认；某某旅游公司2002年7月25日"函件"所载内容与其2002年6月25日董事会决议关于同意孙某林辞去总经理职务的内容不符，仅能表明孙某林系受托从事相关行为；某某旅游公司2014年7月28日向法院出具的《证明》仅系当事人书面陈述，并无其他有关账号、密码交接的证据相佐证，且某某旅游公司法定代表人孙某杰系孙某林之子，该证据尚不足以证明由孙某林控制的某某旅游公司香港证券账户、密码已经脱离其控制；该组证据虽然多是复印件，但在涉及某某旅游公司设立、运行等情况方面能够相互印证，本院对某某旅游公司设立、运行的自然事实及孙某林受托买卖股票的事实予以确认，至于孙某林应否就其行为承担责任，本院将结合其他案件事实综合予以认定。第二组证据中的《股票组成情况》《借壳上市备忘录》已在原审中作为证据提交并经过当事人质证，本院对原审认证意见予以确认；2014年3月20日一审法院制作的《调查笔录》中，被调查人杜某某并未对《股票组成情况》的形成时间作出陈述，不能证明《股票组成情况》系伪造或倒签日期形成；（2015）镇商外初字第×号民事案件并未对《股票组成情况》的真实性及效力作出认定，不能否定《股票组成情况》的效力；银行汇款凭证仅能体现资金汇付情况，无法证明资金性质，不足以证明某某管委会汇付至某某旅游公司香港证券账户的钱款系其出资款；国家企业信用信息公示系统中某某旅游公司注册资本情况及2002年7月5日《会议纪要》关于案涉270万元作为某某管委会"入股"的内容，与某某旅游公司工商登记记载的股东出资信息不符，不足以证明该270万元系某某管委会作为股东出资的款项，对其款项性质应结合其他证据综合予以认定。第三组、第五组、第六组证据与认定本案基本事实、解决当事人争议、确定当事人责任无关，本院不予采纳。第四组、第七组证据形成于中国香港特别行政区内，在中国内地作为证据使用时未履行相应的证明手续，且第四组证据载明的股票停牌的事实不足以证明当事人主张权利超过诉讼时效、第七组证据未能完整体现某某旅游公司证券账户情况，故本院对该两组证据均不予采纳。第八组证据系某某旅游公司单方委托会计师事务所制作，审计报告审计意见与当事人约定及某某旅游公司工商登记、公司章程、验资报告等不符，本院不予采信。

孙某林、某某旅游公司在再审庭审后向本院提交的江苏省某某市人民法院

（2017）苏××民初××号民事判决书不影响本案基本事实的认定，本院不将该民事判决作为本案证据使用。

本院经对前述四案合并审理，查明与本案有关的事实如下：

（一）2002年1月3日，某某管委会、张某某、孙某林签订《合资备忘录》，约定由某某管委会、孙某林或所持的南京某某投资顾问有限公司（以下简称南京某某公司）、张某某或所持的上海某某工贸有限公司（以下简称上海某某公司）合资成立某某旅游公司，公司注册资金833万元，其中孙某林或所持的南京某某公司以300万元现金出资，张某某或所持的上海某某公司以200万元现金出资，两者的注册资金在设立某某旅游公司验资账户后的二十日内到位。新成立的某某旅游公司主要负责完成联合收购壳公司目标，壳公司改名为某某旅游股份有限公司，以实现"借壳上市"，面向资本市场，发展某某旅游。

（二）2002年3月12日，张某某与孙某林在英属维京群岛（BVI）注册成立国际证券有限责任公司（以下简称国际证券公司），注册资本为5万美元，张某某占40%股份，孙某林占60%股份。但两人均未提供证据证实已注入相应资本金（张某某陈述仅花费7000元）。国际证券公司成立后，孙某林遂以国际证券公司的名义与某某管委会商谈合资成立某某旅游公司事宜。

（三）2002年5月6日，某某管委会与国际证券公司签订《合资协议》，约定双方投资300万美元，设立某某旅游公司，某某管委会占40%股份，国际证券公司占60%股份；该协议第六条约定，新成立的某某旅游公司主要完成联合收购壳公司目标，以面向资本市场融资，发展某地旅游。第八条约定，"借壳上市"成功后，某某管委会可按当时某某旅游公司按市价计的资产净值（股东权益）1:1折股以现金进行增资扩股，并可成为大股东。同日，双方还签订《关于"某某旅游公司"经营管理协议》一份，约定某某旅游公司实行董事会领导下的总经理负责制，总经理对董事会负责，董事长代表董事会对股东负责。副总经理协助总经理工作；总经理负责全面工作，重点负责"借壳上市"，争取半年完成；"借壳上市"事宜委托国际证券公司投资管理，除不可抗拒因素外，"借壳上市"过程中产生的亏损由国际证券公司负责，与某某管委会无涉；"借壳上市"过程中产生的盈利，参照基金管理惯例，由公司董事会研究决定。

（四）为解决投资某某旅游公司资金事宜，张某某和孙某林在2002年5月24日签订了《关于某某旅游公司注册协议》（以下简称《注册协议》），该协议载明：基于某地实际情况，孙某林和张某某协商同意，暂以南京某某公司名义代替国际证券公司投资，此后南京某某公司转让给国际证券公司，变更为中外合资企业。协议主要内容如下：1. 张某某暂垫 180 万元给孙某林增资南京某某公司。2. 南京某某公司向某某旅游公司投资 120 万元（孙某林 72 万元，张某某 48 万元，张某某为孙某林垫 52 万元）。3. 南京某某公司所持的某某旅游公司股份转让给国际证券公司。4. 孙某林将香港证券（股票）划给某某旅游公司作为投资，同时，还张某某代为孙某林垫的 52 万元。同日，孙某林从张某某处借得 180 万元并出具借条一张，载明："借张某某一百八十万元人民币用于南京某某公司增资。"张某某与孙某林为设立某某旅游公司而发生的资金往来情况为，张某某向孙某林出借 180 万元，孙某林自筹 20 万元，构成某某旅游公司全部注册资金。

（五）2002 年 6 月 4 日，某某管委会与国际证券公司签订了《补充协议》，同意国际证券公司全权委托南京某某公司代表其全面履行出资义务并享受相应权利，继承《合资协议》中的一切权利和义务，注册资本按实际注册。当日，某某旅游公司经某某市工商行政管理局批准设立，注册资本 200 万元，南京某某公司出资 120 万元，占 60% 股份，某某管委会出资 80 万元，占 40% 股份。孙某林为董事兼总经理，杜某某为财务总监，张某某为董事、副总经理；经营范围为旅游接待、服务、工艺美术品（金银除外）零售、旅游资源开发、投资；经营期限自 2002 年 6 月 4 日至 2102 年 6 月 3 日。《验资事项说明》载明，截至 2002 年 6 月 3 日，某某旅游公司收到全体股东缴纳的注册资本合计人民币 200 万元；某某管委会缴纳的注册资本 80 万元，由南京某某公司代为缴付。

（六）2002 年 6 月 4 日，某某旅游公司作出董事会决议（第 2 号），授权孙某林全权代表该公司在香港开设投资账户。

（七）2002 年 6 月 25 日，张某某和孙某林分别向某某旅游公司董事会和股东会提出辞职。翌日，某某旅游公司作出董事会决议（第四号），同意两人的辞职申请，并决定由某某兼任公司总经理职务。

（八）2002 年 7 月 4 日，林某与南京某某公司签订《资产委托管理协议书》（以下简称《资产管理协议》），约定"甲方（林某）决定投资 500 万元港币对注册资本 300 万美元的某某旅游公司增资，为实现某某旅游公司的'借壳上市'，甲方将投资款 500 万元港币的此项资产委托乙方（南京某某公司）进行管理，分两步进行，甲方先承诺投资，通过代为某某旅游公司买股，再按成本转入某某旅游公司实现投资到位"。林某在该协议上签字，南京某某公司在该协议上签章，孙某林作为南京某某公司法定代表人在该协议上签字。

（九）2002 年 7 月 6 日，孙某林出具《关于为张某某代买股票的说明（某某账户由孙某林代买）》（以下简称《代买股票说明》），载明以下内容：1. 第一次汇入南京某银行180万元人民币，后又返还张某某80万元人民币，其中100万元人民币汇入某某账户（孙代办），换成港币（从6月13日开始）并在港买入股票；2. 从某银行汇到香港某机构共计10万美元（折港币77.7048万元），于6月16日买入股票。以上为孙某林代表某某旅游公司收到张某某投资款，均已划入香港某某旅游公司账户。该说明还记载了其他两笔汇入某某旅游公司账户的资金。杜某某作为见证人在《代买股票说明》上签字，孙某林亦在《代买股票说明》上签字并注明"与备份件相同"字样。

（十）张某某自书材料显示，在香港购买股票的资金均转移到孙某林名下，由孙某林完全控制，并详细记载了四笔汇至香港用于购买股票的资金的流向、数额、汇款日期等。上述内容下方注明，以上为孙某林代表某某旅游公司收到张某某投资款，均已划入香港某某旅游公司账户，孙某林账户也为某某旅游公司代买股票，以上款项均作为某某旅游公司的出资款；并注明"此为备份件"。孙某林在该材料上签字，落款日期为2002年7月6日。

（十一）某某旅游公司成立后，孙某林即开始以某某旅游公司的名义在香港的新鸿基科网（证券）有限公司（以下简称新鸿基公司）设立账户，使用张某某、某某旅游公司、林某等单位或个人汇入的款项买入相关股票，以期实现"借壳上市"计划。其中，孙某林使用某某管委会2521048元港币共购得某某集团股票3899万股（已扣除相关税金、费用和佣金）。某某旅游公司在成立后除对案涉股票进行买卖外，一直未进行其经营范围内的任何业务。2012年4月5日，某某旅游公司因长期未年检等原因被吊销营业执照。2014年8月6日，某某市工商行政管理局经申请为某某旅游公司核发新营业执照，除法定代表人变更为孙某杰（系孙某林之子）外，其他内容均无变化。

（十二）2002年8月左右，由于某某集团股票存在违规买卖等原因被香港证券主管部门强制停牌，"借壳上市"计划受阻。

（十三）2002年11月15日，某某旅游公司根据杜某某对案涉股票的测算情况，出具了《股票组成情况》一份，载明："某某旅游公司成立后，由于当时的特殊情况将几方面的资金汇入同一账户，其目的是让某某旅游加强获得上市能力。其资金和股票组成如下：1. 张某某从2002年6月28日至2002年7月9日三次共存入香港新鸿基（某某旅游公司）账户金额为2055603.70元港币，从6月28日至7月10日共购入股票4116万股，此股为张某某个人所有。2. 某某管委会从2002年7月10日，汇存2521048元港币在香港新鸿基（某某旅游公司）账户上，从7月10日至7月12日共购入股票3899万股，此股数为某某管委会所有。……3. 林某在 2002 年 7 月 11 日将 30 万元港币存入香港新鸿基（某某旅游公司）账户，7 月 12 日共购入股票 424 万股，此股为林某个人所有。……以上详细情况请查附表①及香港新鸿基的详细账单。"时任某某旅游公司董事长某某在该《股票组成情况》上签字，某某旅游公司加盖公章，杜某某作为见证人及解释人签字。

（十四）由于案涉股票被停牌，"借壳上市"计划受阻。2002 年 12 月 1 日下午，某某市委、市政府及某某管委会的相关成员在某宾馆召开会议，会议形成了《借壳上市备忘录》。会议肯定了"借壳上市"的工作思路，要继续加以推进，提出某某管委会购买案涉股票的资金是从某银行取得的贷款，应在下步运作中尽快抽回 200 万元，剩余 70 万元由某某管委会承担，以当地旅游的名义，委托南京某某公司继续参与上市运作。

（十五）2011 年 12 月 15 日，某某集团股票复牌。复牌后，某某管委会多次要求孙某林返还股票或者相应资金未成。2013 年 5 月 16 日，某某管委会提起诉讼，请求孙某林、某某旅游公司返还某某集团股票 3899 万股。某某管委会于 2013 年 5 月 27 日申请撤回起诉，一审法院于当日裁定予以准许。后某某管委会又于 2014 年 3 月 5 日向一审法院提起本案诉讼。

（十六）某某管委会提起本案诉讼时，某某集团股票收盘价为 0.15 元港币。在一审庭审中，孙某林陈述案涉股票买卖的成本为交易额的千分之八左右。

（十七）一审法院曾在审理过程中责令孙某林限期提供案涉股票明细，包括具体开户名称、股票名称及数量、价格、市值等，但孙某林未提供。

（十八）再审庭审时，本院责令孙某林、某某旅游公司于庭后十个工作日内提交某某旅游公司香港证券账户交易明细。孙某林、某某旅游公司庭后提交了某某旅游公司、杜某某香港证券账户部分交易记录。鉴于孙某林、某某旅游公司未按本院要求全面提交某某旅游公司香港证券账户交易明细，即使采信其已提交的部分交易记录亦不足以证明案涉股票现状，且其提交上述形成于中国香港特别行政区的交易记录亦未履行相应的证明手续。故本院未组织当事人质证，亦不将上述交易记录作为证据使用。

某某管委会向一审法院起诉请求：1. 判令孙某林、某某旅游公司返还某某管委会所有的某某集团（00211.HK）股票 3899 万股（原账户金额 2521048 元港币），如不能返还，则按判决时全部股票市值赔偿某某管委会；2. 孙某林、某某旅游公司负担本案诉讼费用。

一审法院判决：（一）孙某林于判决生效后十日内一次性返还某某管委会某

某集团股票（股票代码××.HK）3899 万股；（二）孙某林如不能履行判决第一项，则按某某集团股票（股票代码××.HK）2014 年 3 月 5 日的收盘价计算的市值扣除交易成本后赔偿某某管委会经济损失5801712 元港币（按照当日某某集团股票收盘价 0.15 元港币计算，扣除千分之八的交易佣金税费 46788 元港币）；（三）驳回某某管委会对某某旅游公司的诉讼请求。一审案件受理费 22754 元，由孙某林负担。

孙某林不服一审判决，上诉请求：1. 撤销江苏省镇江市中级人民法院（2014）镇商外初字第×号民事判决；2. 改判驳回某某管委会的诉讼请求；3. 一、二审诉讼费用由某某管委会负担并支付孙某林律师费。

二审法院认为：（一）某某管委会与某某旅游公司间存在委托合同关系。根据《中华人民共和国合同法》第三百九十六条规定，"委托合同是委托人和受托人约定，由受托人处理委托人事务的合同"。在本案中，某某管委会与某某旅游公司之间存在委托合同关系，某某管委会委托某某旅游公司通过某某旅游公司香港股票账户购买股票，协助某某旅游公司实现"借壳上市"。对此，某某管委会、某某旅游公司、孙某林均是明知的。

1. 某某管委会委托某某旅游公司管理其资产。根据《合资协议》《经营管理协议》及《补充协议》的约定，新成立的某某旅游公司的主要任务就是联合收购壳公司，由某某旅游公司总经理负责全面工作，重点负责"借壳上市"，并委托南京某某公司管理。"借壳上市"过程中产生的盈利，参照基金管理惯例由某某旅游公司董事会决定分配。孙某林在某某旅游公司成立时担任其董事、总经理。孙某林同时担任南京某某公司法定代表人和某某旅游公司总经理职务，并实际控制某某旅游公司香港股票账户。由上述事实可知，某某管委会为实现某某旅游公司"借壳上市"目的，向某某旅游公司香港股票账户汇入资金，由某某旅游公司、南京某某公司进行投资管理，某某管委会与某某旅游公司存在委托合同关系，孙某林对此亦是明知的。

2. 某某管委会实际向某某旅游公司香港股票账户汇入了 2521048 元港币用于购买股票。某某管委会向某某旅游公司在新鸿基公司的股票账户汇入了 2521048 元港币，孙某林利用该资金购买了某某集团的股票。孙某林亦认可某某管委会向上述股票账户汇入了资金，但认为该款项是某某管委会缴纳的出资。二审法院认为，孙某林的该主张没有事实和法律依据。首先，某某管委会并没有向某某旅游公司缴纳 2521048 元港币出资的义务。根据某某旅游公司工商登记资料记载，某某旅游公司注册资本额为 200 万元人民币，某某管委会认缴出资 80 万元人民币。

根据验资报告，某某管委会以货币形式已经实际缴纳了出资。虽然某某管委会与国际证券公司签订的《合资协议》约定，双方投资 300 万美元成立某某旅游公司，某某管委会占 40% 股份。但某某管委会与国际证券公司之后又签订了《补充协议》，约定由南京某某公司承继国际证券公司在上述协议书中的权利义务，"注册资本按实际注册"。由此可知，某某管委会与国际证券公司签订的《合资协议》并未实际履行，某某旅游公司实际由某某管委会与南京某某公司出资成立，注册资本为 200 万元人民币。因此，孙某林上述主张与《补充协议》及某某旅游公司的工商登记资料明显不符。其次，《股票组成情况》明确载明，某某管委会将 2521048 元港币汇入了某某旅游公司在新鸿基公司的股票账户，共购入股票 3899 万股，此股为某某管委会所有。孙某林主张，《股票组成情况》系伪造的，且未经董事会和股东大会批准，不应被采信。二审法院认为，《股票组成情况》由某某旅游公司董事长某某和财务负责人杜某某签名确认，且盖有某某旅游公司的公章。杜某某接受一审法院询问时亦认可《股票组成情况》的真实性。孙某林主张《股票组成情况》系伪造的没有事实依据。《股票组成情况》只是对客观事实的说明，孙某林关于应经董事会或股东会批准的主张没有法律依据。

（二）某某管委会有权要求返还案涉股票。《中华人民共和国合同法》第四百一十条规定："委托人或者受托人可以随时解除委托合同。"第四百零四条规定："受托人处理委托事务取得的财产，应当转交给委托人。"由上述规定可知，某某管委会作为委托人可以随时解除案涉委托合同关系，并要求某某旅游公司返还案涉股票。

孙某林主张，本案的诉讼时效期间已经届满。二审法院认为，由于某某集团的股票于 2002 年被香港证券监管部门调查和强制停牌，当事人之间关于"借壳上市"的合同目的难以实现。2002 年 12 月 1 日，在某某市政府的主持下，某某管委会、某某旅游公司的有关负责人形成《借壳上市备忘录》，要求继续推进"借壳上市"工作，委托南京某某公司继续参与上市运作。南京某某公司未提出反对，孙某林在本案诉讼中亦称其在香港委托律师进行诉讼，争取复牌。而某某管委会亦未要求解除委托合同关系。各方当事人仍然在继续履行委托合同，一直到某某管委会提起本案诉讼。因此，某某管委会要求返还有关股票的诉讼时效期间应自委托合同被解除之日起计算。本案中，某某管委会主张返还有关股票请求的诉讼时效期间并未届满。

（三）孙某林应当承担向某某管委会返还案涉股票的责任。某某管委会起诉请求返还有关股票有法律依据，某某旅游公司应予返还。《中华人民共和国物权法》第三十四条规定："无权占有不动产或者动产的，权利人可以请求返还原物。"在本案中，孙某林没有法律依据控制某某旅游公司香港股票账户，实际占有案涉股票，应当对某某管委会承担返还案涉股票的责任。孙某林主张，其控制某某旅游公司香港股票账户是职务行为。二审法院认为，孙某林的主张不能成立。孙某林于2002年开设某某旅游公司香港股票账户是履行该公司总经理的职务，但在2002年6月25日孙某林辞去某某旅游公司总经理之后，其继续控制某某旅游公司香港股票账户没有法律上的依据。在解除委托合同关系后，某某旅游公司应当将案涉股票转交给某某管委会。孙某林继续占有案涉股票没有法律依据，应当将案涉股票返还给某某管委会。如孙某林不能返还案涉股票，应当赔偿某某管委会的损失。

虽然孙某林在江苏省高级人民法院（2015）苏商外终字第×××××号案件二审庭审中称，其已于2014年7月将某某旅游公司香港股票账户的户名、密码交给了某某旅游公司现任法定代表人孙某杰，但其并未提供证据予以证明。故对孙某林的上述主张，二审法院不予支持。

综上，二审法院认为，孙某林的上诉请求不能成立，应予驳回。一审判决认定事实清楚，适用法律正确，应予维持。二审法院判决：驳回上诉，维持原判；二审案件受理费22754元，由孙某林负担。

本院再审认为，本案讼争的解决，涉及某某旅游公司的设立及其事业目的，某某管委会、张某某、林某的投资目的与投资方式，某某管委会、张某某、林某与某某旅游公司、孙某林之间的法律关系，某某旅游公司、孙某林的责任承担，以及本案诉讼时效是否届满等方面的问题。需要根据本案及合并审理的其他案件查明的事实，按照相关法律规定予以综合认定并作出判断。

（一）关于某某旅游公司的设立及其事业目的。2002年1月3日，时任某某管委会主任文某某与孙某林、张某某签订的《合资备忘录》约定，某某管委会、孙某林或其所持的南京某某公司、张某某或其所持的某某公司拟合资成立某某旅游公司。某某旅游公司主要负责完成联合收购壳公司目标，实现"借壳上市"，面向资本市场，发展某地旅游。随后，孙某林与张某某共同设立国际证券公司，注册资本5万美元，孙某林占60%股份，张某某占40%股份。2002年5月6日，某某管委会与国际证券公司签订《合资协议》，约定某某管委会与国际证券公司合资设立某某旅游公司，注册资本300万美元，某某管委会占40%股份、国际证券公司占60%股份。该协议第六条载明，某某旅游公司主要完成联合收购壳公司目标，以实现面向资本市场，融资发展某地旅游。2002年6月4日，某某管委会与国际证券公司签订《补充协议》，约定双方同意全权委托南京某某公司代表国际证券公司全面履行出资义务并享有相应权利，某某旅游公司注册资本按实际注册。南京某某公司及其法定代表人孙某林在该《补充协议》上签章。

据此，某某管委会、孙某林、张某某为实现"借壳上市"的投资目的共同筹建某某旅游公司。在某某旅游公司设立过程中，张某某与孙某林共同组建国际证券公司且孙某林另持有南京某某公司，后张某某与孙某林实际以南京某某公司为发起人与某某管委会合资成立某某旅游公司，某某旅游公司的事业目的为收购上市公司股权并以某某旅游公司的名义对上市公司控股。

（二）关于某某管委会、张某某、林某的投资目的与投资方式。结合张某某和孙某林为设立某某旅游公司而发生的资金往来情况和某某管委会在某某旅游公司成立后向其香港账户汇付 2521048 元港币的事实，以及《经营管理协议》中总经理负责全面工作、重点负责"借壳上市"的约定，某某管委会、张某某在收购中负责提供资金，孙某林主要负责经营资本实现"借壳上市"。

《合资协议》约定，某某旅游公司主要完成联合收购壳公司目标，"借壳上市"成功后，某某管委会可按当时某某旅游公司按市价计的资产净值 1∶1 折股以现金进行增资扩股，并可成为大股东。由此，某某管委会的投资目的是实现某某旅游公司"借壳上市"并成为该公司股东。《验资事项说明》载明，截至 2002 年 6 月 3 日，某某旅游公司（筹）已收到全体股东缴纳的注册资本合计人民币 200 万元，某某管委会缴纳注册资本 80 万元。在"借壳上市"的过程中，某某管委会除已依约履行股东出资义务外，另向某某旅游公司香港证券账户汇款用于购买香港上市公司股票。可见，其投资方式是先为"借壳上市"提供资金并独立购买股票，在"借壳上市"目的实现后，将股票作为其增资转归某某旅游公司所有并相应提高其股权比例。

2002 年 5 月 24 日，孙某林与张某某签订《注册协议》，约定暂以南京某某公司名义代替国际证券公司进行投资，此后南京某某公司将其所持的某某旅游公司股权转让给国际证券公司。张某某垫资给孙某林用以增资南京某某公司，孙某林将香港证券（股票）划给某某旅游公司作投资，同时还张某某代垫款项。2002 年 7 月 6 日，孙某林向张某某出具《代买股票说明》，载明孙某林代办张某某向香港某某账户及某某旅游公司账户分批汇款购买股票事宜，同时注明孙某林是代表某某旅游公司收到张某某投资款的，上述款项均已划入某某旅游公司账户。该说明与备份件相同。而备份件上张某某手书部分载明，分批款用以投资某某旅游公司在香港购得股票，孙某林手书部分载明张某某汇付款项均作为某某旅游公司出资款。某某旅游公司工商登记资料载明，张某某并非某某旅游公司股东。由此，张某某为实现"借壳上市"的投资目的，原计划通过与孙某林共同成为某某旅游公司发起人国际证券公司股东的方式间接获取投资收益，但在实际运作中某某旅游公司的发起人由国际证券公司变更为南京某某公司，且南京某某公司未将其持有的某某旅游公司股权转让给国际证券公司。在此情形下，张某某遂将某某旅游公司作为直接投资对象，并通过孙某林操作该公司香港股票账户代其个人购买香港上市公司股票，其最终目的是将通过某某旅游公司香港证券账户购买的上市公司股票转归某某旅游公司所有，以此作为出资并成为某某旅游公司股东。

在某某旅游公司成立后，林某与孙某林持有的南京某某公司签订《资产管理协议》，约定林某向某某旅游公司投资500万元港币，通过代某某旅游公司买股再按成本转入某某旅游公司的方式实现投资到位，南京某某公司对林某的此项资产予以管理。可见，为实现某某旅游公司"借壳上市"的投资目的，孙某林亦与林某协商，由后者为收购提供资金。林某系在某某旅游公司成立后参与"借壳上市"有关事宜，为收购香港上市公司提供资金，林某出资的最终目的是成为某某旅游公司的股东，在此之前，其先以个人名义为某某旅游公司在香港购买上市公司股票，并在"借壳上市"过程后期将相关股票转入某某旅游公司名下。

据此，某某管委会、张某某、林某参与"借壳上市"出资购买某某集团股票的最终目的均是成为某某旅游公司股东并间接控制香港上市公司，在"借壳上市"过程中，其采取分散购买某某集团股票并伺机转移股票所有权至某某旅游公司以换取某某旅游公司股权的方式，而非投资入股某某旅游公司并以某某旅游公司为主体直接收购某某集团股票的方式进行运作。某某管委会、张某某、林某基于共同的投资目的分别提供资金，以收购某某集团股票的方式为某某旅游公司争取"借壳上市"机会。某某管委会、张某某、林某作为资金提供方，其最终的投资目的均是成为某某旅游公司股东并间接控制香港上市公司，但在"借壳上市"完成前，某某管委会、张某某、林某等投资主体间的法律关系尚未转化为公司股东间的法律关系，而是为实现共同投资目的基于共同的营业事务而形成的契约型合伙关系。孙某林、某某旅游公司主张用于购买股票的2521048元港币是某某管委会投入某某旅游公司的资本金，与某某旅游公司工商登记载明的股东出资数额不符，且与某某会计师事务所验资报告载明的某某旅游公司注册资本200万元人民币，某某管委会实缴出资80万元人民币的内容相悖，其主张上述款项所购股票归某某旅游公司所有，亦与某某管委会等投资人的投资目的及投资方式相悖，故其提出的上述两项主张均无事实和法律依据，本院不予支持。原审判决未查明某某管委会、张某某、林某的共同投资目的，进而未对该三方当事人法律关系的性质作出认定，适用法律错误，本院依法予以纠正。

（三）关于某某管委会、张某某、林某与某某旅游公司、孙某林之间的法律关系。某某旅游公司并非以股权融资或债权融资的方式从某某管委会、林某、张某某处获取资金并购买某某集团股票，而仅是受委托代理某某管委会、张某某、林某分别购买并持有某某集团股票且在某某管委会、张某某、林某所持某某集团股票足以实现"借壳上市"目的后，依约以某某旅游公司股权与某某管委会、林某、张某某所持某某集团股票互易。某某旅游公司系为某某管委会、张某某、林某共同的投资利益，亦间接为其"借壳上市"的经营利益，提供交易账户并处理某某集团股票买卖事务。由此，某某管委会、张某某、林某与某某旅游公司间分别形成委托合同关系。

孙某林经某某旅游公司授权实际经办"借壳上市"事宜，其虽于2002年6月25日向某某旅游公司提出辞职并在次日得到批准，但仍控制某某旅游公司香港证券账户并于2002年6月底至7月间使用某某管委会、张某某、林某汇付至某某旅游公司的资金以某某旅游公司名义购买某某集团股票，某某旅游公司对此未提出异议，故某某旅游公司在孙某林辞职后，事实上仍授权孙某林以公司名义从事某某旅游公司事业目的范围内的经营活动，孙某林亦依照某某旅游公司的授权实际操作某某旅游公司香港证券账户完成相关股票交易。由此，孙某林系基于某某旅游公司授权买入某某集团股票，其为某某旅游公司的利益控制相关证券账户并占有案涉股票。某某管委会、张某某、林某均明知孙某林在辞职后仍基于某某旅游公司的授权经办"借壳上市"事宜，但均未表示反对，应视为其同意某某旅游公司转委托孙某林具体负责"借壳上市"事宜。

据此，某某管委会、张某某、林某系基于其与某某旅游公司间的委托合同关系，将其资金最终汇入某某旅游公司香港证券账户，并基于转委托合同关系同意孙某林操作某某旅游公司香港证券账户完成相关股票交易。孙某林在辞职前基于职务上的委托，在辞职后基于某某旅游公司事实上的委托，实际经办"借壳上市"事宜，故孙某林关于其履行的是职务行为的主张成立，本院予以支持，但孙某林、某某旅游公司关于某某管委会与某某旅游公司间不存在委托合同关系的主张，无事实和法律依据，本院不予支持。二审判决认定某某管委会与某某旅游公司系委托合同关系正确，但认定孙某林于2002年6月25日辞职后继续控制某某旅游公司香港股票账户没有法律上的依据错误，本院依法予以纠正。

（四）关于某某旅游公司、孙某林的责任承担。本案中，某某管委会提出返还某某集团股票，如不能返还则折价赔偿的诉讼请求表明其终止与某某旅游公司的委托关系。《中华人民共和国合同法》第四百一十条规定，委托人可以随时解除委托合同。第四百零四条规定，受托人处理委托事务取得的财产，应当转交给委托人。据此，某某管委会有权解除委托合同，终止与某某旅游公司的委托关系。某某旅游公司在处理受托事务时应忠实履行受托职责，并在委托关系终止后将买卖股票过程中使用某某管委会投入资金而取得的财产予以返还。由于《股票组成情况》系某某旅游公司出具的凭据，某某管委会、张某某、林某对《股票组成情况》记载的各方资金数额与股票数额均未提出异议，故某某管委会有权依照《股票组成情况》记载的资金数额与股票数额请求某某旅游公司返还由其投入2521048元港币而形成的3899万股某某集团股票。如某某旅游公司不能向某某管委会返还上述股票，则应折价赔偿某某管委会的损失。一、二审判决驳回某某管委会对某某旅游公司诉讼请求不当，本院予以纠正。

顺予指出，某某旅游公司在某某集团股票停牌后出具的《股票组成情况》，分别记载某某管委会、张某某、林某为"借壳上市"提供资金的数额及以其资金所购股票数额，系在某某管委会、张某某、林某等合伙人投资目的受阻的背景下依其具体投资方式出具的凭据，以便于各合伙人日后清理其投资权益。该行为与处分某某旅游公司财产无涉，且与某某管委会、张某某、林某等人的投资目的与投资方式相互印证。孙某林、某某旅游公司主张《股票组成情况》不是事实、无效，无事实和法律依据，本院不予支持。

本案中，孙某林提交的证据不足以证明其已将某某旅游公司香港证券账户的控制权交还给某某旅游公司，且孙某林在某某集团股票复牌后亦未继续经办"借壳上市"事宜。由此，孙某林长期占有案涉股票，并在某某管委会与某某旅游公司间的委托合同关系已经解除，其继续占有案涉股票已无合同依据的情形下，拒不返还某某集团股票，违反勤勉义务与忠实义务，损害了某某旅游公司与某某管委会的利益，显属不当。孙某林应对以某某旅游公司名义购买但仍处于其控制之下的某某集团股票承担共同返还的责任；在案涉股票返还不能时，亦应与某某旅游公司共同承担折价赔偿的责任。孙某林主张其作为被告不适格、二审判决判令其承担股票返还及赔偿责任错误，理据不足，本院不予支持。二审判决判令孙某林承担股票返还及返还不能时的赔偿责任，适用法律虽有瑕疵，但处理结果正确，本院予以维持。由于孙某林、某某旅游公司再审时未全面提交某某旅游公司香港证券账户交易明细，且考虑到一审判决以某某集团股票2014年3月5日收盘价0.15元港币计算的市值扣除交易成本46788元港币后酌定折价赔偿数额为

5801712 元港币（0.15 元港币×3899 万股－0.15 元港币×3899 万股×0.008）亦无不当，本院对一、二审判决确认的折价赔偿数额亦予以维持。

但应指出的是，某某旅游公司系受某某管委会委托，孙某林受某某旅游公司的转委托实际经办"借壳上市"事宜。某某旅游公司、孙某林在执行委托事务过程中为委托人利益垫付的必要费用依法应由委托人承担，且在委托事项涉及证券投资、案涉委托、转委托系商事委托的情形下，某某旅游公司、孙某林亦可向委托人主张执行委托事务相应的报酬。由此，孙某林在与某某旅游公司于本案共同向某某管委会承担责任之外，其可向某某旅游公司主张相应权利；某某旅游公司亦可向其委托人某某管委会主张相应的权利。

（五）关于本案诉讼时效是否届满。《中华人民共和国民法通则》第一百三十七条规定，诉讼时效期间从知道或者应当知道权利被侵害时起计算。2002 年12 月 1 日在某某市政府主持下形成的《借壳上市备忘录》肯定了某某旅游公司"借壳上市"的工作思路，并要求继续加以推进。某某管委会在某某集团股票复牌前亦未向某某旅游公司主张返还案涉股票，进而以此终止委托关系。在某某集团股票复牌，"借壳上市"目的不能实现后，某某管委会开始对某某旅游公司名下的某某集团股票主张权利，但某某旅游公司并未向某某管委会返还其名下的某某集团股票，故某某管委会的权利最早应于某某集团股票于 2011 年 12 月 15 日复牌后，其因合伙事务不能实现而向某某旅游公司请求返还股票遇阻时受到侵害，故本案诉讼时效最早应于 2011 年 12 月 15 日开始计算。某某管委会于 2013年 5 月 16 日以某某旅游公司、孙某林为被告提起诉讼主张权利，导致诉讼时效中断，其于 2014 年 3 月 5 日向一审法院提起本案诉讼时，并未超过诉讼时效。孙某林、某某旅游公司主张某某管委会的起诉已超过诉讼时效，无事实和法律依据，本院不予支持。

综上所述，一、二审法院认定部分事实不清，适用法律错误，本院依法予以改判。依照《中华人民共和国民法通则》第一百三十七条，《中华人民共和国合同法》第四百零四条、第四百一十条，《中华人民共和国民事诉讼法》第一百七十条第一款第二项、第二百零七条第一款，判决如下：

一、撤销江苏省高级人民法院（2015）苏商外终字第××××号民事判决和江苏省镇江市中级人民法院（2014）镇商外初字第×号民事判决；

二、江苏某某旅游有限公司、孙某林于本判决生效之日起十日内共同返还某某市某某风景区管理委员会某某集团股票（股票代码××.HK）3899 万股。如江苏某某旅游有限公司、孙某林不能返还，则于本判决生效后十日内共同赔偿某某市某某风景区管理委员会经济损失 5801712 元港币。

一审案件受理费人民币 22754 元，由江苏某某旅游有限公司、孙某林负担。二审案件受理费人民币 22754 元，由江苏某某旅游有限公司、孙某林负担。

如果未按本判决指定的期间履行给付金钱义务，应当依照《中华人民共和国民事诉讼法》第二百五十三条之规定，加倍支付迟延履行期间的债务利息。

本判决为终审判决。

审判长　王某某

审判员　周某某

审判员　马某某

二〇一八年十一月十二日

法官助理　张　某

书记员　李　某

办案回顾

2001 年左右，中国内地资本市场尚不成熟。为了从资本市场筹集资金，加快开发旅游资源，相关职能机构积极和民间资本合作，希望在香港等较为成熟的资本市场上以"借壳上市"的方式尽快实现融资。但在后续实际操作中，实际操盘人对港股市场规则认识不够，且法律意识淡薄，直接导致合作失败。其后操盘人希望通过牺牲集体利益的方式挽回其个人损失，东窗事发后引发了本次诉讼。韩阳律师代理某某管委会从 2014 年镇江市中级人民法院一审取得胜诉；到 2016 年获得江苏省高级人民法院认可，维持一审胜诉；再到 2018 年最高人民法院提审，前后历时近六年，最终由最高人民法院判决某某管委会取得本次诉讼的胜利，依法打击了意欲侵吞国有资产的无良商人，维护了某某管委会的合法权益，也避免了国有资产的流失，为这一场马拉松式的诉讼画上了完美的句号。

江苏辰顺律师事务所　韩阳

二〇二三年十二月

江苏省高级人民法院
民事判决书

（2014）苏商终字第×××××号

上诉人（原审被告）：B 开发公司。

法定代表人：张某。

委托代理人：李律师。

上诉人（原审被告）：C 科技公司。

法定代表人：高某。

委托代理人：王律师、方律师。

被上诉人（原审原告）：A 银行。

负责人：常某。

委托代理人：辛学慧，江苏辰顺律师事务所律师。

原审被告：D 能源公司。

法定代表人：王某。

委托代理人：范律师。

原审被告：张某 E。

原审被告：田某 F。

　　上诉人 B 开发公司、C 科技公司因与被上诉人 A 银行，原审被告 D 能源公司、张某 E、田某 F 金融借款合同纠纷一案，不服江苏省镇江市中级人民法院 (2013) 镇商初字第××号民事判决，向本院提起上诉。本院受理后，依法组成合议庭，于 2015 年 3 月 31 日公开开庭审理了本案。上诉人 B 开发公司委托代理人李律师、C 科技公司委托代理人王律师，被上诉人 A 银行委托代理人辛学慧，原审被告 D 能源公司委托代理人范律师到庭参加诉讼，原审被告张某 E、田某 F 经本院合法传唤，无正当理由未到庭，本院依法缺席审理。本案现已审理终结。

A 银行原审诉称：2012 年 10 月 8 日，B 开发公司与 A 银行签订《最高额抵押合同》一份，约定由 B 开发公司为 D 能源公司与 A 银行之间自 2012 年 10 月 8 日至 2015 年 10 月 8 日期间签订的《综合授信合同》所发生的主债权本金人民币 4300 万元等提供抵押担保，抵押物为 B 开发公司所有的位于淮安市某某县某某区的面积为 54201 平方米的国有土地使用权。2013 年 4 月 28 日，A 银行与 D 能源公司签订《综合授信合同》，约定于 2013 年 4 月 28 日至 2014 年 4 月 28 日有效期间，D 能源公司可向 A 银行请求使用的最高授信额度为 3.3 亿元人民币。同日，张某 E、田某 F 与 A 银行签订《最高额担保合同》一份，约定张某 E、田某 F 为 D 能源公司与 A 银行签订《综合授信合同》项下产生的最高额 3.3 亿元债权提供连带责任保证。根据前述《综合授信合同》，2013 年 9 月 24 日，A 银行与 D 能源公司签订《银行承兑协议》，并于签约当日承兑了四张以 D 能源公司为出票人的银行承兑汇票，金额共计人民币 4000 万元，汇票到期日为 2014 年 3 月 24 日，D 能源公司在 A 银行开立的保证金账户内存入保证金 2000 万元。2013 年 11 月 5 日，A 银行为 D 能源公司提供 3 笔借款计人民币 5000 万元，根据当日签订的流动资金借款合同约定，贷款年利率为 7%，贷款计、结息周期为按日计息、按月结息。另外，根据 A 银行与 D 能源公司签订的保理服务合同等文件，D 能源公司同意以其对 C 科技公司享有的应收账款作为前述银行汇票项下债务及 5000 万元借款债务的还款保障，并且办理了相应的应收账款转让手续。至 2013 年 11 月下旬，D 能源公司未依照有关借款合同约定按月给付利息。鉴于 D 能源公司出现的此种违约情况，A 银行根据相关合同约定及法律规定，请求判令：D 能源公司提前清偿前述 5000 万元贷款债务及承担利息等相应损失（自 2013 年 11 月 5 日始直至给付之日的利息，按照年利率 7% 和上浮 50% 罚息标准计算）；此外，由于前述 4000 万元银行承兑汇票到期后，A 银行对外支付了汇票金额，D 能源公司的保证金不足以支付到期汇票，以致 A 银行垫付票款 19691786.11 元。依照《银行承兑协议》约定，A 银行将垫付票款转为 D 能源公司的逾期贷款按每日万分之五的利率收取罚息，故 A 银行要求 D 能源公司清偿此 19691786.11 元债务并承担相应罚息（自 2014 年 3 月 24 日始直至给付之日，按每日万分之五利率计）；A 银行的律师费等合理维权费用应由 D 能源公司承担；对于 A 银行受让的应收账款债权，C 科技公司至今亦未能向 A 银行履行债务，A 银行有权要求 C 科技公司在 D 能源公司转让给 A 银行的应收账款债权金额内对 D 能源公司所欠 A 银行的前述借款本息和银行汇票业务项下债务承担连带清偿责任；B 开发公司、张某 E、田某 F 应对 D 能源公司基于《综合授信合同》项下发生的前述债务各自承担相应的担保责任；诉讼费由 D 能源公司、B 开发公司、张某 E、田某 F、C 科技公司承担。

D 能源公司、张某 E、田某 F 原审辩称：1. D 能源公司贷款未到期，该公司在 A 银行的保证金账户共产生利息 100 多万元，足够支付 A 银行在诉状中主张的应付利息。A 银行以未支付到期利息为由提前终止合同，要求 D 能源公司提前偿还本息及以违约为由加收违约金与事实不符，于法无据，请求驳回其诉求。2. A 银行违反其负责人对 D 能源公司的承诺，致使 D 能源公司无时间空间回旋余地，未能通过现金方式支付案涉利息，主要责任在 A 银行。3. 案涉债务均为保理融资款，D 能源公司在申请融资时已经将 C 科技公司的应收款转让给 A 银行，A 银行应当单独向 C 科技公司追索债务，因 A 银行怠于行使追索权所产生的风险应当由 A 银行自行承担。张某 E、田某 F 担保的主债务未到期，担保人不应承担担保责任。

B 开发公司原审辩称：1. B 开发公司抵押担保的主债务已清偿完毕，其抵押责任应当清除。只是由于 A 银行拒不配合，致抵押登记至今未注销。2. B 开发公司未对案涉债务进行抵押担保，案涉合同对应的合同也明确排除了抵押担保方式。A 银行将案涉债务与 B 开发公司抵押担保责任相关联，没有合同依据。《综合授信合同》第 12 条约定："D 能源公司与 A 银行第一项具体授信业务所签订的具体业务合同与本合同不一致的，以该具体合同为准。"3. 根据《最高额抵押合同》约定，B 开发公司抵押担保的债权仅以人民币 4300 万元为限，因此，即使 A 银行主张的抵押责任成立（B 开发公司并不认可），A 银行亦无权要求 B 开发公司对 A 银行主张的超过人民币 4300 万元的债务承担抵押担保责任。4. A 银行所谓 D 能源公司欠付利息的理由不成立。案涉借款利息到期之时，D 能源公司在 A 银行处存有足额款项，A 银行有权直接抵扣，A 银行无权以 D 能源公司逾期支付利息为由加速案涉借款到期，进而要求 B 开发公司承担担保责任。5. 案涉5000 万元借款为 A 银行承诺清偿 D 能源公司另一笔 8000 万元融资款的借款，A 银行违反承诺，导致 D 能源公司不得不承担 3000 万元的还款金额，客观上造成 D 能源公司难以以现金方式支付案涉贷款利息。故 B 开发公司在 A 银行违反该承诺情形下，保证人有权以此抗辩，不承担保证责任。6. 案涉债务均属于 A 银行向 D 能源公司申请的保理融资款，D 能源公司已将应收账款转让给 A 银行，A 银行在未确定无法从 C 科技公司收回债务的情况下，无权要求 D 能源公司予以偿还，更无权要求 B 开发公司承担抵押担保责任。

C 科技公司原审未答辩。

原审法院经审理查明：2012 年 10 月 8 日，B 开发公司与 A 银行签订《最高额抵押合同》一份，约定由 B 开发公司为 D 能源公司与 A 银行之间自 2012 年 10 月 8 日至 2015 年 10 月 8 日期间签订的《综合授信合同》所发生的主债权提供抵押担保；担保最高债权额本金为 4300 万元及相应利息、罚息、复利、违约金、损害赔偿金、实现债权、担保权的费用等应付款项与其他合理费用；抵押物为 B 开发公司所有的位于淮安市某某县某某区的面积为 54201 平方米的国有土地使用权，权证号为×国用（2011）第××××号。《最高额抵押合同》第 15 条还约定若主合同项下还存在其他担保的，则 B 开发公司对 A 银行承担的担保责任不受任何影响，也不因之而免除或减少。A 银行有权选择优先行使本合同项下的担保权利，B 开发公司放弃任何其他担保的优先抗辩权。

2013 年 4 月 28 日，A 银行与 D 能源公司签订《综合授信合同》一份，合同号：公授信字第 ZH1300000089×××号，约定于 2013 年 4 月 28 日至 2014 年 4 月 28 日有效期间，D 能源公司可向 A 银行请求使用的最高授信额度为 3.3 亿元人民币，授信种类为包含保理在内的多项业务品种。同日，张某 E、田某 F 与 A 银行签订《最高额担保合同》一份，约定张某 E、田某 F 为 D 能源公司与 A 银行签订的前述《综合授信合同》项下产生的最高额 3.3 亿元债权提供连带责任保证。

2013 年 5 月 3 日，A 银行与 D 能源公司签订《保理服务合同（一般保理）》（第 250ZJNYO1EF1×××号）及《保理合同附属合同一（一般保理——般融资）》，约定以 D 能源公司对 C 科技公司的应收账款转让给 A 银行为先决条件而由 A 银行为 D 能源公司提供保理融资服务，该保理业务系有追索权的国内明保理业务。

依据上述保理业务合同，2013 年 9 月 24 日，A 银行与 D 能源公司签署了相关的《贸易融资主协议》、《保理服务合同—融资附件》和《银行承兑协议》（编号：公承兑字第 ZH1300000191×××号）等文件，约定：由 A 银行为 D 能源公司办理银行承兑汇票的具体业务形式向 D 能源公司提供保理融资，并且 A 银行于签约当日承兑了四张以 D 能源公司为出票人的银行承兑汇票，金额共计人民币 4000 万元，汇票到期日为 2014 年 3 月 24 日；D 能源公司在 A 银行开立的保证金账户内存入保证金 2000 万元。2013 年 11 月 4 日、11 月 5 日，A 银行与 D 能源公司签署相关的《贸易融资主协议》《保理服务合同—融资附件》《流动资金贷款借款合同》等具体保理业务合同文件，约定以由 A 银行为 D 能源公司办理流动资金贷款的具体业务形式向 D 能源公司提供共计 5000 万元的保理融资。2013

年 11 月 5 日，A 银行为 D 能源公司提供三笔借款计人民币 5000 万元，根据当日签订的三份《流动资金贷款借款合同》约定，贷款年利率为 7%，贷款计、结息周期为按日计息、按月结息；其中二笔各为 2000 万元贷款的借款期限为四个月（自 2013 年 11 月 5 日至 2014 年 3 月 5 日），1000 万元贷款的借款期限为六个月（自 2013 年 11 月 5 日至 2014 年 5 月 5 日），如发生 D 能源公司不按照合同约定的还款期限偿还应付款项，即视为违约，A 银行除有权按照本合同约定行使相应的权利外，有权宣布本合同项下全部或部分贷款立即到期，提前收回已发放的贷款，并停止继续发放贷款。在上述融资合同中，均注明由张某 E、田某 F 提供保证担保。《保理服务合同—融资附件》第 2 条还约定 D 能源公司以应收账款及回笼款项作为本具体业务项下债务的还款保障，主合同项下丁方（C 科技公司）所有回款均须付至 A 银行指定账户，D 能源公司在主合同及附属合同项下的债务未全部清偿完毕之前放弃因上述应收账款转让而产生的对 A 银行的一切权利，A 银行有权在任何时点扣收上述应收账款项下款项用于偿还 D 能源公司在本合同项下的债务。

根据 A 银行与 D 能源公司签订的保理服务合同文件要求，在办理前述具体保理融资业务时，D 能源公司将其对 C 科技公司享有的应收账款债权（应收账款到期日为 2014 年 3 月 1 日、3 月 4 日、3 月 10 日、5 月 4 日）共计 88244760 元转让给 A 银行。2013 年 9 月 24 日、11 月 4 日、11 月 5 日，D 能源公司向 C 科技公司发出《介绍信》《应收账款通知书》，C 科技公司在《介绍信》及《应收账款转让通知书》上盖章确认并承诺将应收账款的付款均付至 D 能源公司在 A 银行处设立的保理账号。且根据保理文件约定，D 能源公司同意以其对 C 科技公司享有的应收账款作为前述银行汇票项下债务及 5000 万元借款债务的还款保障，A 银行有权在任何时点扣收上述应收账款项下款项用于偿还 D 能源公司所欠 A 银行的债务。

至 2013 年 11 月下旬，D 能源公司未依照有关借款合同约定按月给付利息，A 银行起诉要求 D 能源公司提前清偿前述 5000 万元贷款债务，以及承担利息、罚息等相应损失；前述 4000 万元银行承兑汇票到期后，A 银行对外支付了汇票金额，D 能源公司的保证金不足以支付到期汇票，以致 A 银行垫付票款 19691786.11 元；对于 A 银行受让之 88244760 元应收账款债权，C 科技公司至今亦未能向 A 银行清偿给付。

2013 年 4 月 28 日，D 能源公司在《综合授信合同》额度项下，以国内信用证的方式向 A 银行融资 3000 万元，付款到期日为 2013 年 10 月 28 日。2013

10 月 25 日，D 能源公司向 A 银行归还上述欠款及利息。2013 年 10 月 28 日，A 银行向江苏省某某县国土资源局出具了《还款证明》及《土地使用权抵押注销申请》，申请注销案涉土地的抵押登记，但 A 银行其后并未向 B 开发公司递交案涉土地的他项权证，致土地抵押登记没有注销。据 A 银行庭审中陈述，因 D 能源公司的债务未全部结清，且其后 D 能源公司继续办理了《综合授信合同》额度项下的授信业务，故未与 B 开发公司办理案涉土地抵押登记的注销。

原审法院另查明：A 银行向原审法院提交委托合同和发票，证明为实现债权，支付律师代理费 346800 元。

本案原审争议焦点：1. D 能源公司未按约支付借款利息是否构成违约；2. B 开发公司是否应当依照《最高额抵押合同》对 D 能源公司的欠款以其抵押物承担 4321.1 万元的抵押担保责任；3. 基于本案债务涉及的保理合同关系，C 科技公司应否在 D 能源公司转让给 A 银行的应收账款债权金额内对 D 能源公司所欠 A 银行的债务与 D 能源公司承担连带清偿责任。

原审法院认为，A 银行所提交的其与 D 能源公司及各保证人、抵押人签订的《综合授信合同》及其项下保理业务合同文件、《最高额抵押合同》、《最高额担保合同》等所有合同的约定，意思表示真实，不违反法律，合法有效，各当事人应遵照履行。

本案所涉银行承兑汇票业务及流动资金贷款借款业务实为《综合授信合同》项下保理业务，A 银行与 D 能源公司在签订了一系列的保理业务合同文件［《保理服务合同（一般保理）》（第 250ZJNYO1EF1×××号）、《保理合同附属合同一（一般保理——一般融资）》、《贸易融资主协议》、《保理服务合同—融资附件》］，并由 D 能源公司将其对 C 科技公司的应收账款 88244760 元（到期日分别为 2014 年 3 月 4 日、2014 年 5 月 4 日），转让给 A 银行（且 C 科技公司向 A 银行承诺保证将账款付至 D 能源公司在 A 银行的保理专户）作为融资前提的情况下，签订了最终的具体业务协议（《银行承兑协议》《流动资金贷款借款协议》），以办理 4000 万元银行承兑汇票及提供 5000 万元贷款的具体业务形式提供了保理融资，目前形成 69691787.11 元保理融资债款。

A 银行为 D 能源公司办理流动资金贷款业务时，约定了专门的借款资金回笼账户为借款合同项下的还款账户。D 能源公司未能按约定时间给付借款利息至该账户，出现了未能按月给付借款利息的违约行为。依据《综合授信合同》（第 23 条）及相关具体业务协议如《流动资金贷款借款协议》（第 15.2 条、第 16 条）的约定，A 银行有权宣告其 5000 万元人民币借款提前到期，有权要求 D 能源公司立即清偿本案所诉三笔共计5000万元借款并承担相应的利息、罚息（自2013年11月5日始直至给付之日的利息，按照年利率7%和上浮50%罚息标准计算）。D能源公司辩称，D能源公司因其银行承兑汇票业务在A银行开设的其他保证金账户中形成较多利息金额，当D能源公司还款账户资金不足以清偿借款本息时，A银行有权扣收此类保证金的利息以偿还案涉借款利息。对此，原审法院认为，D能源公司就其他银行承兑汇票业务所汇入保证金账户之款项，以及在汇票到期日前所产生的利息应属于D能源公司之财产利益，不可能自动变成A银行的利益。故"当D能源公司还款账户资金不足以清偿借款本息"，即为D能源公司"不按本合同约定的还款期限偿还到期应付款项"而构成违约，且在原审审理期间，发生涉及D能源公司欠款的多起诉讼，故A银行据此主张权利并无不当。

此外，A银行所诉之4000万元银行承兑汇票到期后，A银行对外支付了汇票金额，D能源公司的保证金不足以支付到期汇票，以致A银行垫付票款19691786.11元。依照《银行承兑协议》约定，A银行有权将垫付票款转为D能源公司的逾期贷款、收取罚息（自2014年3月24日始直至给付之日，按每日万分之五利率计）。

据《最高额抵押合同》第1、第3条的约定，B开发公司应以案涉土地为2012年10月8日至2015年期间《综合授信合同》之主债权提供最高额4300万元的抵押担保。对于《综合授信合同》项下的具体业务合同，B开发公司不是当事人，这些具体业务合同中权利义务内容的约定，不能排除B开发公司在《综合授信合同》项下抵押担保责任的承担。

本案所涉借款在B开发公司与A银行签订的《最高额抵押合同》担保期限内，B开发公司依约应当承担抵押担保责任。A银行在2013年10月28日出具了《还款证明》《土地使用权抵押注销申请》，而这是基于其在与D能源公司结清3000万元信用证融资业务的情况下有过注销意向而出具的。在抵押担保范围的主合同债权尚未得到全部清偿，并且债权人与主债务人又将发生新的授信业务（即本案所诉之5000万元贷款）的情况下，A银行有理由不协助抵押人办理注销抵押登记，不予退还他项权证。B开发公司认为其与A银行签订的《最高额抵押合同》已经解除，不应对本案D能源公司的债务承担抵押担保责任的辩称理由不能成立，不予支持。

张某E、田某F与A银行签订《最高额担保合同》，约定张某E、田某F为D能源公司与A银行签订《综合授信合同》项下产生的3.3亿元最高额债权提供连带责任保证。本案所诉之D能源公司的债务均系《综合授信合同》项下之债务，故张某 E、田某 F 应对 D 能源公司所欠 A 银行的前述借款本息和银行汇票项下债务及应给付的律师费等实现债权的合理费用承担连带保证责任。

本案所涉银行承兑汇票业务及流动资金贷款借款业务实为《综合授信合同》项下保理业务，A 银行与 D 能源公司在签订了一系列的保理业务合同文件 [《保理服务合同（一般保理）》（第 250ZJNYO1EF1×××号）、《保理合同附属合同——（一般保理——一般融资）》、《贸易融资主协议》、《保理服务合同—融资附件》]，并由 D 能源公司将其对 C 科技公司的应收账款 88244760 元转让给 A 银行，C 科技公司亦承诺保证将账款付至 D 能源公司在 A 银行的保理专户。在本案审理期间，C 科技公司承诺的付款期限已经期满，但 C 科技公司并未履行付款义务。在《保理服务合同》相关文件中，A 银行保留对 D 能源公司未清偿保理融资款的追索权利，D 能源公司将对 C 科技公司应收账款转让予 A 银行，作为 D 能源公司对 A 银行债务的还款保障的情形下，A 银行均可向 D 能源公司或 C 科技公司主张权利，其目的是实现 A 银行对其债权的保障。故原审法院认为，C 科技公司应在被转让应付款范围内对 D 能源公司的债务承担清偿责任。C 科技公司经原审法院合法传唤，无正当理由拒不到庭参加诉讼，不影响原审法院在查明事实的基础上径行判决。据此，依照《中华人民共和国民法通则》第一百零八条、第一百一十一条，《中华人民共和国合同法》第六十条、第一百零七条、第二百零五条，《中华人民共和国物权法》第一百七十六条，《中华人民共和国担保法》第十八条、第二十一条，《中华人民共和国民事诉讼法》第一百四十四条之规定，判决：一、D 能源公司于判决生效后十日内偿还 A 银行贷款 5000 万元及利息、罚息损失（自 2013 年 11 月 5 日始直至给付之日的利息，按照年利率 7%、罚息上浮 50% 计算）；偿还 A 银行垫付票款 19691786.11 元及罚息（自 2014 年 3 月 24 日始直至给付之日，按每日万分之五利率计）。二、D 能源公司于判决生效后十日内给付 A 银行的律师费损失 346800 元。三、如 D 能源公司未履行上述债务，则 A 银行可在 B 开发公司提供的抵押物 [位于江苏省淮安市某某县某某区，证号为×国用（2011）第×××××号，面积为 54201 平方米的国有建设用地土地使用权] 折价或拍卖、变卖的价款中的 4300 万元债权额范围内享有优先受偿的权利。四、张某 E、田某 F 对 D 能源公司的上述债务承担连带保证责任。五、C 科技公司在 88244760 元范围内对 D 能源公司的上述债务不能履行部分向 A 银行承担清偿责任。如果未按判决指定的期间履行给付金钱义务，应当按照《中华人民共和国民事诉讼法》第二百五十三条之规定，加倍支付迟延履行期间的债务利息。案件受理费 393854 元、诉讼保全费 5000 元，合计 398854 元，由 D 能源公司、B 开发公司、张某 E、田某 F、C 科技公司负担。

B 开发公司不服原审判决，向本院提起上诉称：一、原审判决认定事实错误。1. D 能源公司与 A 银行签订的《综合授信合同》第 12 条约定：D 能源公司与 A 银行就每一项具体授信业务所签订的具体业务合同与本合同不一致的，以该具体业务合同为准。而 D 能源公司与 A 银行签订的具体业务合同《贸易融资主协议》《流动资金贷款借款合同》《银行承兑协议》均明确排除了抵押担保的担保形式，仅约定了由张某 E、田某 F 提供保证担保。因此，B 开发公司不可能为上述合同提供抵押担保。原审判决认定 B 开发公司承担抵押责任错误。2. 2013年 10 月 28 日，A 银行向江苏省某某县国土资源局出具了《还款证明》和《土地使用权抵押注销申请》，该两份材料结合前述第 1 点，各具体业务合同中明确排除抵押担保方式的事实，足以证明 B 开发公司抵押担保范围的借款已全部还清。3. D 能源公司将其对 C 科技公司的债权转让给 A 银行后，A 银行就享有该债权，A 银行应向 C 科技公司主张权利，而不应向 D 能源公司主张权利，更无权要求 B 开发公司承担抵押责任。4. 案涉《流动资金贷款借款合同》约定，D 能源公司还款账户资金不足以清偿借款本息时，A 银行有权直接从 D 能源公司在 A 银行所有营业机构开立的账户中扣收偿付本金、利息。而本案中，A 银行怠于行使该权利，蓄意让不能清偿本息的情形发生，以达到加速到期的目的。此外，原审时，D 能源公司虽存在一些其他诉讼，但均未审结，D 能源公司是否承担责任不确定。原审判决依据前述事实认定案涉借款加速到期错误。二、原审判决存在多处错字，影响判决公正性。综上，请求撤销原判，发回重审或依法改判驳回 A 银行对 B 开发公司的诉讼请求。

A 银行针对 B 开发公司的上诉答辩称：一、A 银行与 B 开发公司于 2012 年 10 月 8 日签订的《最高额抵押合同》合法有效。案涉主债务发生在抵押担保期间，B 开发公司应按最高限额 4300 万元承担抵押责任。B 开发公司所称《综合授信合同》第 12 条系《综合授信合同》第四章授信额度的使用项下的规定，并不涉及担保，该条款不能排除 B 开发公司的抵押担保责任。二、2013 年 10 月 28 日，因 A 银行与 D 能源公司结清了 3000 万元的信用证融资业务，A 银行向 B 开发公司出具了《还款证明》《土地使用权抵押注销申请》，但两份文件并未实际送达给某某县国土资源局。后 A 银行发现 D 能源公司与 A 银行之间主合同债权并未全部清偿，故要求 B 开发公司退还两份文件，并向江苏省某某县国土资源局寄发了《关于撤回"土地使用权抵押注销申请"的通知函》。A 银行的做法符合《贸易融资主协议》第 15 条的约定。三、本案所涉债务系 D 能源公司保理融资款债务。根据双方签订的《保理合同附属合同一（一般保理——一般融资）》第5条的约定，D能源公司有义务按时向A银行归还保理融资款，D能源公司转让的C科技公司的债权系其案涉债务的还款保障。在D能源公司未清偿债务前，D能源公司不得以债权已转让为由拒绝偿还。四、D能源公司未能按时给付借款利息，A银行有权宣告案涉债务提前到期。请求驳回B开发公司的上诉请求。

C科技公司对B开发公司的上诉拒绝发表意见。

D能源公司同意B开发公司上诉理由中关于D能源公司是否承担责任所涉相关问题的理由，对其他理由拒绝发表意见。

C科技公司亦不服原审判决，向本院提起上诉称：一、原审中，C科技公司在答辩期间提出管辖权异议，原审未作出裁定。C科技公司于2014年2月12日收到起诉状，于2014年2月13日向原审法院寄送了管辖异议申请书及送达回证。但原审法院至今未作出针对管辖异议的裁定。二、原审法院在未确定对A银行起诉C科技公司是否有管辖权前，无权要求C科技公司对本案答辩，无权对C科技公司进行实体审理并判决。三、2014年5月14日，原审法院第一次开庭时没有通知C科技公司到庭参加诉讼。综上，请求撤销原判，发回重审。

A银行针对C科技公司的上诉理由答辩称：原审法院对本案具有管辖权，请求驳回C科技公司的上诉请求。

B开发公司、D能源公司对C科技公司的上诉拒绝发表意见。

张某E、田某F未到庭，对B开发公司、C科技公司的上诉亦未提交书面意见。

二审中，C科技公司向本院提交以下证据：1. EMS国内特快专递邮件详情单寄件人留存联复印件，拟证明C科技公司于2014年2月12日收到A银行起诉状，并于2014年2月13日提出管辖权异议。2. 最高人民法院（2014）民一终字第187号民事裁定书复印件，拟证明A银行与C科技公司之间系债权转让纠纷，不应与借款合同纠纷在同一案件中处理。

A银行对上述证据的质证意见为：证据1系复印件，对其真实性不能确认。且其上记载的地址为北京市青年沟东路5号，原审法院已向该地址邮寄起诉状及应诉通知，C科技公司未在答辩期内提出管辖异议。对证据2真实性无异议，但该裁定与本案无关。

B开发公司、D能源公司对C科技公司提交的证据拒绝发表质证意见。

本院认为，C科技公司提供的证据1虽系复印件，但根据原审卷宗记载，原审法院于2014年2月14日收到C科技公司管辖权异议申请书，故该证据和原审卷宗在卷材料相互印证，本院予以采信。据此，可以认定 C 科技公司于 2014 年 2 月 13 日向原审法院提出管辖权异议的事实。证据 2 系最高人民法院生效裁判文书，A 银行对其真实性亦无异议，本院对其真实性予以确认，对该证据与本案的关联性在裁判理由中予以论述。

二审庭审中，除 C 科技公司认为原审判决查明事实是在 2014 年 5 月 14 日开庭举证、质证基础上进行的，其未到庭，故对该事实不予认可以外，其余各方当事人对原审判决查明的事实均无异议。

本院另查明：原审中，原审法院于 2014 年 1 月 26 日以 EMS 特快专递向 C 科技公司邮寄 A 银行的起诉状及应诉材料，邮寄地址为 C 科技公司工商登记住所地。该邮件于 2014 年 1 月 27 日被签收。后 C 科技公司于 2014 年 2 月 13 日向原审法院提出管辖权异议，原审法院书面回复 C 科技公司告知其所提管辖权异议已经超出法定期间。原审法院于 2014 年 5 月 14 日以 C 科技公司经合法传唤无正当理由未到庭为由进行了公开开庭缺席审理，并于当日闭庭。经查，2014 年 5 月 14 日的开庭传票未向 C 科技公司送达。后原审法院于 2014 年 6 月 20 日再次进行公开开庭审理。经查，该次开庭原审法院依法向各方当事人送达了开庭传票。C 科技公司签收传票后无正当理由未到庭，原审法院依法缺席审理后于 2014 年 7 月 21 日作出判决。2014 年 8 月 25 日，原审法院作出（2013）镇商初字第××-2 号民事裁定，对判决中存在的十余处笔误进行了补正。

本案二审争议焦点：一、原审判决是否存在未对 C 科技公司管辖权异议予以审理及违法缺席判决而应发回重审的情形；二、D 能源公司案涉债务是否属于 B 开发公司案涉土地使用权抵押担保的范围；三、A 银行是否有权宣布案涉借款提前到期；四、案涉债务是否应由 C 科技公司而非 D 能源公司清偿。

本院认为：

一、关于原审判决是否存在未对 C 科技公司管辖权异议予以审理及违法缺席判决而应发回重审情形的问题。

1. 原审判决不存在未对 C 科技公司管辖权异议进行审理的情形。原审法院于 2014 年 1 月 26 日向 C 科技公司工商登记住所地邮寄起诉状副本和应诉通知等材料，该邮件于 2014 年 1 月 27 日被签收。C 科技公司于 2014 年 2 月 13 日向原审法院提出管辖权异议，已超过法律规定的十五日有效期。因此，应认定 C 科技公司未在法定期间内向原审法院提出管辖权异议，原审法院对此未作出裁定符合法律规定，C 科技公司所称的其与 A 银行之间属于债权转让关系，不应与借款关系共同审理的理由亦无法律依据，本院对其该点上诉理由及就此提交的证据均不予采信。

2. 原审法院不存在违法缺席判决的情形。原审法院于 2014 年 5 月 14 日开庭审理时未向 C 科技公司送达传票虽然不当，但该次庭审闭庭后，原审法院又合法传唤了各方当事人，于 2014 年 6 月 20 日重新开庭审理。C 科技公司在接到传票后，无正当理由未到庭参加诉讼，原审法院依法缺席审理并作出判决符合法律规定，故原审判决不属于违法缺席判决的情形。C 科技公司就此提出的上诉理由，以及以其未到庭为由而对原审判决通过庭审查明事实所提出的异议均不成立。

二、关于 D 能源公司案涉债务是否属于 B 开发公司案涉土地使用权抵押担保范围的问题。

首先，根据 B 开发公司与 A 银行签订的《最高额抵押合同》，B 开发公司系为 D 能源公司与 A 银行签订的多个《综合授信合同》的履行提供最高额抵押担保，被担保的主债权发生期间为 2012 年 10 月 8 日至 2015 年 10 月 8 日。本案中，根据案涉《综合授信合同》，D 能源公司的授信期为 2013 年 4 月 28 日至 2014 年 4 月 28 日，《综合授信合同》第 5 条亦载明，B 开发公司与 A 银行签订的《最高额抵押合同》为该授信合同的担保合同。A 银行主张的债权系该《综合授信合同》项下具体业务所产生的债权。因此，该债权属于 B 开发公司抵押担保范围。其次，案涉《最高额抵押合同》第 15 条约定，如除本合同约定的担保方式外，主合同项下还存在其他担保的，则 B 开发公司对 A 银行承担的担保责任不受任何其他担保的影响，也不因之而免除或减少。A 银行有权选择优先使本合同项下的担保权利。而 B 开发公司上诉所称《综合授信合同》第 12 条的约定系《综合授信合同》第四章授信额度的使用中的条款，故该条款应理解为授信额度使用时，如《综合授信合同》与具体业务合同约定不一致时，以具体业务合同约定为准。该约定效力并不及于第三章担保的约定。因此，《贸易融资主协议》《流动资金贷款借款合同》《银行承兑协议》中虽未约定抵押担保方式，但该情形并不能排除《最高额抵押合同》第 15 条约定的效力，A 银行有权按《最高额抵押合同》约定行使抵押权。最后，对于 B 开发公司所称 A 银行已同意 B 开发公司注销抵押登记的问题，从查明的事实看，A 银行虽然在 2013 年 10 月 28 日出具了《还款证明》《土地使用权抵押注销申请》，但之后即发现其与 D 能源公司仍存在债权债务关系，而该债务属于 B 开发公司《最高额抵押合同》担保范围内，故 A 银行停止办理抵押登记的注销手续不违反法律规定。在抵押登记未注销情形下，B 开发公司对 D 能源公司案涉债务依法应承担抵押担保责任。

三、关于 A 银行是否有权宣布案涉借款提前到期的问题。

案涉《流动资金贷款借款合同》第九章违约责任部分第 15 条约定：D 能源公司不按合同约定的还款期限偿还到期应付款项，视为 D 能源公司违约。第 16 条约定：D 能源公司发生上述违约事件时，A 银行除有权按照合同约定行使相应的权利外，有权宣布本合同项下全部或部分贷款立即到期，提前收回已发放的贷款，并停止继续发放贷款。第五章借款的偿还部分第 11.5 条约定：D 能源公司还款账户中资金不足以清偿借款本息时，A 银行有权直接从 D 能源公司在 A 银行所有营业机构开立的账户中扣收依本合同约定 D 能源公司应偿付的借款本金、利息、罚息、复利、违约金及其他应付费用。本案中，D 能源公司、B 开发公司对于 D 能源公司未按期支付借款利息的事实并无异议。因此，根据上述条款约定，D 能源公司构成违约，A 银行有权宣布贷款提前到期。A 银行扣收 D 能源公司在 A 银行所有营业机构开立的账户中款项，属于 A 银行在 D 能源公司违约后，为保证出借款项能够及时收回而约定的有权采取的救济方式。但 A 银行是否行使该权利并不影响 D 能源公司是否构成违约的认定。故 B 开发公司所称 A 银行无权宣布案涉借款提前到期的上诉理由无事实依据，本院不予采信。

四、关于案涉债务是否应由 C 科技公司而非 D 能源公司清偿的问题。

根据案涉《保理服务合同—融资附件》第 2 条约定，D 能源公司以应收账款及回笼款项作为本具体业务项下债务的还款保障，主合同项下丁方（C 科技公司）所有回款均须付至 A 银行指定账户，D 能源公司在主合同及附属合同项下的债务未全部清偿完毕之前，D 能源公司放弃因上述应收账款转让而产生的对 A 银行的一切权利，A 银行有权在任何时点扣收上述应收账款项下款项用于偿还 D 能源公司在本合同项下的债务。因此，本案中，C 科技公司应按债权转让通知，将其对 D 能源公司的应付账款 88244760 元付至 A 银行指定的账户。但在案涉债务未清偿完毕前，A 银行仍有权依据《流动资金贷款借款合同》《银行承兑协议》的约定，要求 D 能源公司承担还款责任。

综上，C 科技公司及 D 能源公司的上诉请求及理由无事实和法律依据，本院不予采纳。原审判决查明本案基本事实正确，判决 C 科技公司承担补充清偿责任虽然与 D 能源公司和 A 银行约定的该种情形下两公司应承担共同还款责任不符，但该判决内容未超出 A 银行的合同权利范围，A 银行对此亦未提起上诉，故判决结果可以维持。依照《中华人民共和国民事诉讼法》第一百七十条第一款第（一）项、《最高人民法院关于适用〈中华人民共和国民事诉讼法〉的解释》第三百二十三条之规定，判决如下：

驳回上诉，维持原判决。

二审案件受理费 393854 元，公告费 1080 元，由 B 开发公司负担 257340 元，C 科技公司负担 137594 元。C 科技公司预缴二审案件受理费剩余部分 256800 元，由本院退还。

本判决为终审判决。

审判长　段　某

代理审判员　史　某

代理审判员　林　某

二〇一五年五月六日

书记员　李　某

办案回顾

本案涉及保理合同关系，诉讼时法律未作明确规定。律师代理银行方，即一审原告及二审被上诉人一方，主张应严格依照合同约定处理各方当事人的权利义务关系。主债务人所欠银行的 5000 万元借款及 1900 万余元汇票垫款实为保理融资款，银行对此债权的受偿来源既可为 D 能源公司（卖方），也可以是 C 科技公司（买方），法院判决支持。此外，主债务还设定多项担保，涉及保证金质押、最高额连带保证担保、最高额抵押担保等，法律关系较为复杂，其中关于主债务利息金额、银行方是否有权宣布债务提前到期、案涉抵押担保范围等问题亦有颇多争议。代理律师详加阐释，充分说理，观点得到判决全部支持，充分维护了当事人的权益。

本案所涉合同较多，在案件办理过程中，律师以图示方式阐释所有合同文件证据及合同间从属关系，合同中的重要条款另外作了专门摘录。律师简述事实，一目了然，充分提高了办案效率。

本案又经最高人民法院再审裁定，驳回了对方当事人的再审申请。

江苏辰顺律师事务所　辛学慧

二〇二三年十二月

江苏省镇江市京口区人民法院
民事判决书

（2015）京民初字第××××号

原告：A 商城公司。

法定代表人：李某权。

委托代理人：辛学慧、王泽俊，江苏辰顺律师事务所律师。

被告：B 企业管理公司。

法定代表人：李某寿。

被告：C 商业公司。

法定代表人：陈某。

原告 A 商城公司与被告 B 企业管理公司、C 商业公司排除妨害纠纷一案，本院于 2015 年 6 月 12 日受理后，依法组成合议庭，公开开庭进行了审理。原告的委托代理人辛学慧到庭参加诉讼，被告 B 企业管理公司、C 商业公司经本院传票传唤未到庭。原告在起诉之日同时向本院申请先予执行，本院经审查裁定准予先予执行，先予执行已执行完毕。本案现已审理终结。

原告诉称，原告系某超市商业建筑的所有权人，享有对该商业建筑房产面积及附属公共设施的管理使用权，然而两被告强行占据并控制部分供水供电、电梯等设备，妨碍原告对公共服务设施的管理。现诉讼要求：两被告将位于镇江市某号负一楼至四楼的泵房（负一楼地下车库西北角）、门厅及其大门、卷帘门等设施（一楼西侧）、升降载人电梯 2 台（大楼西部负一楼到三楼）、人工扶梯 4 台（大楼西部一楼到三楼）、载货电梯 2 台（大楼东北侧负一楼到三楼）、配电房 3 间（三楼电梯口及电梯斜对面）、9 扇防火卷帘门（三楼楼面）、载人电梯控制室（四楼西南部）、载货电梯控制室（四楼东北部）、临时办公室（三楼楼顶停车场）等设施交付给原告，并申请先予执行，案件诉讼费由两被告承担。

被告 B 企业管理公司在答辩期内未作答辩，亦未在举证期内提供证据。被告 C 商业公司在答辩期内未作答辩，亦未在举证期内提供证据。

经审理查明：2015 年 1 月 28 日，本院（2014）京民初字第××××号民事判决书判决解除原告与被告 B 企业管理公司之间就位于某处房屋订立的租赁合同。后被告 B 企业管理公司提起上诉。2015 年 5 月 13 日，镇江市中级人民法院（2015）镇民终字第×××号民事判决书维持原判。本院（2014）京民初字第××××号民事判决书生效后，原告要求被告 B 企业管理公司、C 商业公司将占有的公共设施交付给原告未果，遂提起诉讼。

另查明：1. 被告 B 企业管理公司不服镇江市中级人民法院（2015）镇民终字第×××号民事判决，向江苏省高级人民法院申请再审。2015 年 12 月 7 日，江苏省高级人民法院（2015）苏审三民申字第×××××号民事裁定书驳回被告 B 企业管理公司的再审申请。2. 在本院执行（2014）京民初字第××××号民事判决书时，被告 C 商业公司于 2015 年 6 月 5 日向本院提交了一份两被告签订的商铺租赁协议书。该协议书签订时间为 2014 年 1 月 10 日，而被告 C 商业公司工商登记的成立时间为 2014 年 3 月 11 日。3. 在先予执行过程中，本院已将泵房（负一楼地下车库西北角）、门厅及其大门、卷帘门等设施（一楼西侧）、升降载人电梯 2 台（大楼西部负一楼到三楼）、人工扶梯 4 台（大楼西部一楼到三楼）、载货电梯 2 台（大楼东北侧负一楼到三楼）、配电房 3 间（三楼电梯口及电梯斜对面）、9 扇防火卷帘门（三楼楼面）、载人电梯控制室（四楼西南部）、载货电梯控制室（四楼东北部）等设备交由原告控制。2015 年 9 月 22 日，原告与被告 B 企业管理公司、C 商业公司就临时办公室（三楼楼顶停车场）办理了交接手续。

上述事实，有民事判决书、民事裁定书、设备设施清单、交接单、借条、三楼设施设备交接清单、结算业务申请书、公司工程款项结算审批表、发票、产品交接验收表、合同书、房屋租赁合同、交接清单、收条、商铺租赁协议书、营业执照及当事人陈述等证据予以证实。

本院认为，原告与被告 B 企业管理公司已解除了双方就某处房屋签订的租赁合同。两被告占有、控制泵房（负一楼地下车库西北角）、门厅及其大门、卷帘门等设施（一楼西侧）、升降载人电梯 2 台（大楼西部负一楼到三楼）、人工扶梯 4 台（大楼西部一楼到三楼）、载货电梯 2 台（大楼东北侧负一楼到三楼）、配电房 3 间（三楼电梯口及电梯斜对面）、9 扇防火卷帘门（三楼楼面）、载人电梯控制室（四楼西南部）、载货电梯控制室（四楼东北部）、临时办公室（三楼楼顶停车场）无法律依据。原告诉讼要求两被告将上述设备交还给原告符合法律规定，本院予以支持。综上，根据《中华人民共和国合同法》第二百三十五条，《中华人民共和国民事诉讼法》第一百四十四条之规定，判决如下：

被告 B 企业管理公司、C 商业公司返还原告 A 商城公司位于镇江市某号负一楼至四楼的泵房（负一楼地下车库西北角）、门厅及其大门、卷帘门等设施（一楼西侧）、升降载人电梯 2 台（大楼西部负一楼到三楼）、人工扶梯 4 台（大楼西部一楼到三楼）、载货电梯 2 台（大楼东北侧负一楼到三楼）、配电房 3 间（三楼电梯口及电梯斜对面）、9 扇防火卷帘门（三楼楼面）、载人电梯控制室（四楼西南部）、载货电梯控制室（四楼东北部）、临时办公室（三楼楼顶停车场）等设施，上述设施已先予执行完毕。

案件受理费 80 元，先予执行费 100 元，公告费 606 元，合计 786 元，由被告 B 企业管理公司、C 商业公司承担。

如不服本判决，可在判决书送达之日起十五日内，向本院递交上诉状，并按对方当事人的人数提出副本，上诉于江苏省镇江市中级人民法院。

审判长　吴　某

人民陪审员　李　某

人民陪审员　刘　某

二〇一六年一月十九日

书记员　李　某

办案回顾

本案系排除妨害纠纷。我所律师代理原告 A 商城公司。A 商城公司所有的某超市商业建筑第三层原整体出租给 B 企业管理公司，由 B 企业管理公司转租给众商户经营。因 B 企业管理公司长期拖欠租金，A 商城公司通过诉讼追索拖欠租金并解除了与 B 企业管理公司的租赁合同。而后，A 商城公司与众商户另行缔结租约，由 A 商城公司直接向商户收取租金。在原租赁关系经法院判决解除的情况下，被告 B 企业管理公司与 C 商业公司人员仍强行占据并控制商业建筑的部分供水供电、电梯等设备，拒不办理交接退还手续，动辄切断水、电供应，妨碍原告对公共服务设施的管理，干扰影响商户的经营。为维护超市商场商户的正常经营运转，A 商城公司以 B 企业管理公司、C 商业公司为被告起诉至法院要求排除妨害，并同时依法申请先予执行。法院经审查裁定准予先予执行，并及时执行完毕，使 A 商城公司在起诉后不久便收回了商业建筑的公共设施的现场管控，后法院判决被告向原告返还案涉房屋内的公共设施设备。本案之诉讼标的为商业建筑内多处公共设施的管理控制，涉及商场大面积的日常经营运转，情况紧急，需要立即排除妨碍，且当事人权利义务关系明确，不先予执行将严重影响申请人的生产经营，符合《民事诉讼法》先予执行的规定条件，诉讼请求及先予执行申请得到法院裁判支持并完成执行，原告的权益得到了及时的维护。

江苏辰顺律师事务所　辛学慧

二〇二三年十二月

江苏省镇江市中级人民法院
民事判决书

（2018）苏 11 民终××××号

上诉人（原审被告）：C 物业公司。

法定代表人：叶某，该公司董事长。

委托诉讼代理人：李瑜，江苏辰顺律师事务所律师。

委托诉讼代理人：辛学慧，江苏辰顺律师事务所律师。

上诉人（原审被告）：D 物业公司。

负责人：李某，该公司总经理。

委托诉讼代理人：周律师。

被上诉人（原审原告）：刘某 A。

委托诉讼代理人：杨律师。

被上诉人（原审原告）：刘某 B。

委托诉讼代理人：杨律师。

被上诉人（原审原告）：尹某 E。

委托诉讼代理人：杨律师。

上诉人 C 物业公司、D 物业公司因与被上诉人刘某 A、刘某 B、尹某 E 违反安全保障义务责任纠纷一案，不服江苏省镇江市京口区人民法院（2016）苏 1102 民初××××号民事判决，向本院提起上诉。本院于 2018 年 5 月 21 日受理后，依法组成合议庭，进行了审理。本案现已审理终结。

C 物业公司上诉请求：撤销一审判决第一项，驳回被上诉人对 C 物业公司的诉讼请求。事实和理由：刘某 F 的死亡与健身器材损坏缺失无因果关系。刘某 F 因未能按器材的正确用途进行与其身体状况相适应的运动死亡，是意外事件。现场警示牌明显，被上诉人称该健身器材部件缺失易致他人误将该器材作单杠使用，不成立。被上诉人提交的捐赠合同未成立。被上诉人提交的捐赠协议书上印刷的落款时间是 2006 年，但该协议书上加盖的 C 物业公司方的印章刻制于 2012 年之后，镇江某单位也是在本案一审第二次开庭前在该协议书上加盖印章的。健身器材的捐赠具有公益性，受赠对象实际为小区居民。该器材应为小区公共设施，C 物业公司退出小区物业服务活动后，不应也不可能继续管理该器材。

D 物业公司上诉请求：撤销一审判决，改判驳回被上诉人对该公司的起诉，一、二审诉讼费由被上诉人负担。事实和理由：案涉健身器材不属于该公司物业管理的范围；该公司和小区业主均不是案涉健身器材的所有权人，不应承担安全保障义务，该安全保障义务应由镇江某单位承担。

刘某 A、刘某 B、尹某 E 二审辩称：小区业主委员会确认未明确排除健身器材另行管理，D 物业公司是小区的物业管理公司，对小区共用设施有维护、管理义务。C 物业公司接受了捐赠，应负维护管理义务。该器材早已超过安全使用期限，C 物业公司未履行修复、报废义务，未在移交时履行告知义务。一审判决认定事实清楚，适用法律正确，请求驳回上诉，维持原判。

刘某 A、刘某 B、尹某 E 向一审法院起诉请求：C 物业公司、D 物业公司赔偿医疗费 17468.01 元，死亡赔偿金 772788 元，丧葬费 33098 元，被扶养人生活费 166440 元，精神损害抚慰金 5 万元，办理丧事杂费（误工费、交通费、食宿费）8000 元，共计 1047794.01 元。

一审法院经审理查明：2006 年，C 物业公司作为受赠单位（乙方）与捐赠单位镇江某单位（甲方）签订了《镇江市全民健身工程（点）建设、管理捐赠协议书》一份。该合同载明："为了认真贯彻《中华人民共和国体育法》，积极推进全民健身计划，充分体现中国体育彩票取之于民、用之于民的公益作用，为广大人民群众参加健身活动创造条件，镇江某单位按照《江苏省体育彩票工程（点）管理办法》的精神，根据乙方提出的申请，并经甲乙双方共同商定，确定在乙方处捐赠中国体育彩票全民健身工程（点），为明确甲乙双方的权利和职责，签订本协议。""一、甲方向乙方捐赠全民健身点（按省以上体育行政招标确定）价值四万元的体育器材。二、甲方和乙方所委托的辖市（区）体育行政部门均有权对乙方全民健身工程（点）的建设管理、使用等相关工作进行检查、指导和监督，并督促乙方履行本协议。三、全民健身工程（点）均属中国体育彩票投资设施，由甲方捐赠给乙方，从工程（点）建成并验收合格之日起，其产权均属乙方所有，并由乙方负责直接管理、维护和使用，乙方应对受赠财产登记造册，并列入本单位固定资产管理。四、乙方单位的负责人是全民健身工

（点）管理及使用的直接责任人。五、乙方应保证工程（点）向社会开放，体现公益性。对确需少数服务性收费管理的项目，应向物价部门申报批准后实施，所收取的费用必须用在全民健身工程（点）管理、维修和更新等方面。六、乙方应负责与器材生产厂家的衔接，配合做好器材安装和周边环境地面防危处理工作。七、乙方应确保器材的完好，在健身工程（点）的场地上，应设置醒目的活动须知功能牌、告示牌及相关的制度标志。八、乙方在建设中，必须按甲乙双方约定的标准方案和时间完成配套建设，未经批准，均不得擅自移址。对已经建好的健身工程（点），乙方不得改变财产用途，如确需改变用途，应征得捐赠部门的同意并择地新建。九、乙方应严格按照器材生产厂家规定的器材使用年限，到期后，无条件地实施报废。十、乙方应至少配有一名专职或兼职管理人员对健身器材、场地进行日常管理及为群众服务。对有条件的单位应配备一名以上社会体育指导员，提供科学健身服务与指导。十一、乙方应对健身工程（点）管理建立定期检查、维修、保养制度，对于临时出现的器材损坏，应及时与器材厂家联系维修，出现由于自然灾害或人为因素造成健身器材损坏并不能修复的情况，应及时向上一级体育行政部门报告，并经甲方批准后实施报废。本协议一式四份，甲乙双方各执一份，辖市区一份，报省一份。"落款处盖有双方章印。此后，案涉小区安装了包括本案所涉的相关健身器材。

2016 年 9 月 21 日晚，刘某 F（1955 年 1 月 30 日生）至该处健身。因见他人在健身器材上腾空翻转，其依样用手攀住高处吊环腾空翻转，不幸头部坠地。经他人报警后，刘某 F 于 21 时许被送至某医院住院就诊，其入院记录载明："现病史：患者一小时余前从单杠上跌下致头部跌伤，左枕顶部着地，当时昏迷，无伤口出血，有小便失禁。""入院诊断：1. 左侧额颞顶部硬膜下血肿、脑挫裂伤；2. 蛛网膜下腔出血，脑疝；3. 左枕顶部硬膜外血肿；4. 右顶部颅骨骨折，右顶头皮挫裂伤；5. 右髂骨骨折，全身多处软组织损伤，肺挫伤。" 22 日，刘某 F 经手术治疗后，因病情危重，家属放弃治疗，自动出院。出院记录载明："出院情况：患者神志昏迷，GCS3 分，双侧瞳孔 5 毫米，光反射消失，呼吸机辅助呼吸，自主呼吸不明显。"后相关部门出具了居民死亡医学证明（推断）书，记录的死亡原因为意外摔伤。对账单及医疗票据显示刘某 A、刘某 B、尹某 E 发生医疗费 17000 余元。

刘某 A、刘某 B 系刘某 F 之子；尹某 E 系刘某 F 之妻。刘某 F 出事前系 D 物业公司聘用的安保工作人员。

C 物业公司于案涉小区建成后设立 C 物业公司管理处，由该处负责管理小区物业，此后于 2010 年 12 月 20 日向小区业主委员会办理移交手续后就不再负责该小区物业管理。其移交的物件清单中未提及镇江某单位捐赠的健身器材。D 物业公司与小区业主委员会签订物业管理合同一份，约定对除别墅区外的区域进行物业管理，期限自 2016 年 5 月 1 日至 2021 年 4 月 30 日。

事故发生后，D 物业公司在小区业主委员会通知下拆除并更换案涉器材在内的全部健身器材。

刘某 F 使用的健身器材产品名称"转体训练器"，由转盘与类似的单杠门柱组合而成，主要功能是提高腰腹肌肉的柔韧性及协调性，锻炼方法是手握上把手或侧反手，反复地转体运动。该器材安全使用期限为四年，由于安装时间较久，转盘已经缺失，后在缺失的地方平整并铺设了缓震垫。器材本身附警示提示："请您依据目前自己的身体状况选择适合使用的器材进行锻炼，使用中暂感觉不适，请立即停止练习，并找医生咨询，待身体恢复后再进行练习。"在健身器材场地上，竖有警示牌一块，载有"您开始训练前，请务必先仔细阅读以下使用说明和注意事项"等内容。镇江某单位也曾派专人予以维护。

《健身器材室外健身器材的安全通用要求》（GB 19272-2003）载明"具有活动性零部件器材的设计制造寿命应不小于四年，正常安全使用期限应不超过其设计制造寿命"，同时标明该条款系强制性条款。此后《健身器材室外健身器材的安全通用要求》（GB 19272-2011）将安全寿命调整为不小于八年，并明确超过安全使用寿命的器材应报废。

一审法院认为，公共场所管理人负有在合理限度范围内使他人免受人身及财产损害的安全保障义务。一方面，安全保障义务是一种侵权责任法层面的法定义务，懈怠与否不是建立在他人受到伤害这样一个事实基础上的，而是取决于行为是否有悖于我们社会和法律所期望其在实施时所遵守某种尺度的注意义务。如果低于这一标准，那么就可以认为未达注意义务要求，应予归责。另一方面，人的行为千差万别，加之受时间、地点、人、环境等变量影响，安全保障义务内容本身无法制定出具体、统一的行为标准，往往需要借助法律规定、行业习惯或惯例、善良管理人等诸多标准进行考量，再结合个案情况加以综合判定。

就本案而言，首先，从主体资格分析。《物业管理条例》第二条明确规定物业管理是指"业主通过选聘物业服务企业，由业主和物业服务企业按照物业服务合同约定，对房屋及配套设施设备和相关场地进行维修、养护、管理，维护物业管理区域内的环境卫生和相关秩序的活动"。《江苏省物业管理条例》第二条"对物业管理区域内的建筑物、构筑物及配套的设施设备和相关场地进行维修、养护、管理"、第九十三条"本条例所称共用设施设备，是指……一般包括……公益性文体设施和共用设施设备使用的房屋等"，则对物业管理作了进一步厘清。C物业公司、D物业公司作为物业管理有偿服务企业，依法负有相应维护、管理责任，应当认定为公共场所管理人。其据此所提无维护和管理义务的辩论意见无法律和事实依据，不予采纳。

其次，从客观原因分析。第一，案涉健身器材已经超过四年安全寿命使用期限，且关键部件缺失，不能实现转体运动主要功能，理应予以期限内更换或到期报废。但该器材未能被更换或报废，而仅是对缺失部分进行平整并铺设缓冲垫，此举容易招致他人误当作"单杠"使用（此点从入院记录上载明的"从单杠上跌落"也可以得到印证），而该"单杠"的构造又与真正的单杠不尽相同。因此，案涉健身器材的客观现状是本案得以发生的原因之一。第二，如果刘某F未在该健身器材上翻转，做出高风险动作，则本案中的坠落也不会发生。因此，其自身行为亦是本案发生的原因之一。

最后，从主观过错分析。第一，C物业公司作为小区首任物业管理服务企业，应当对小区内的共用设施设备负有维护和管理的义务。虽然之后其不再负责小区物业管理，但是该批健身器材系其内设机构向镇江某单位申请并实际接受的，所签捐赠合同也就健身器材的修复、报废等事项予以明确，该公司应当对健身器材使用状况负有较高的注意义务。其既未能履行报废手续，也未能在办理移交手续时进行告知，负有过错。第二，D物业公司作为小区现任物业管理服务企业，在物业合同未明确排除健身器材另行管理前提下，应当对小区内的共用设施设备负有维护和管理的义务。鉴于转体训练器客观状况，其除一般警示、说明外还应予以特别警示。其未能举证证明已尽警示和说明义务，负有过错。第三，健身是增强体魄的重要途径和手段，为国家提倡和鼓励，但是应当讲究科学和方法，量力而为。刘某F作为完全民事行为能力人，未能正确评估自身身体状况而采用高风险的方式健身，负有重大过错，可以减轻侵权人的责任。

斟酌本案各方过错程度及原因力大小等因素，决定由C物业公司承担14%的赔偿责任，D物业公司承担6%的赔偿责任。

关于C物业公司围绕捐赠合同所提辩论意见。该合同不违反法律法规，合法、有效，虽然签字方是其内设机构，但应视为有权代理，相应的法律后果由C物业公司承担；至于器材的验收和交付，如未验收、交付即使用，该公司当然存在过错，应当担责。

关于D物业公司辩称案涉器材关键部件不缺少、刘某F系外来人员不得使用，该意见没有事实和法律依据，不予采纳；至于是否有其他物业公司共同管理、镇江某单位已对该器材维护，均不能免除其在本案中责任承担，不能对抗刘某A、刘某B、尹某E的主张。

关于刘某A、刘某B、尹某E的损失，依据相关法律确定如下：1. 医疗费，根据医疗票据认定自付3405.9元；2. 死亡赔偿金，认定19年计762888元；3. 精神损害抚慰金，认定5万元；4. 丧葬费，刘某A、刘某B、尹某E主张33098元并无不当，可予认定；5. 办理丧事的误工费、交通费、食宿费等酌定3000元。至于被扶养人生活费，某某村村委会并不具备劳动能力鉴定资格，故其出具的证据不具有证明力，刘某A、刘某B、尹某E主张依据不足，不予支持。上述费用合计852391.9元，由C物业公司赔偿14%计119334.87元；D物业公司赔偿6%计51143.51元。

一审法院判决如下：一、C物业公司于判决发生法律效力之日起十日内向刘某A、刘某B、尹某E支付119334.87元；二、D物业公司于判决发生法律效力之日起十日内向刘某A、刘某B、尹某E支付51143.51元；三、驳回刘某A、刘某B、尹某E的其他诉讼请求。案件受理费5639元，由刘某A、刘某B、尹某E负担4707元，C物业公司负担652元，D物业公司负担280元。除案涉《镇江市全民健身工程（点）建设、管理捐赠协议书》的签署经过事实外，本院对一审法院认定的事实予以确认。

本院认为，案涉"转体训练器"除转盘缺失外，并无其他部位存在功能性损坏。转盘缺失后，在缺失的地方已经铺设了缓震垫，该缺失不会增加该器材使用时的危险。该"转体训练器"的上部横杆明显比同类单杠器材的横杆粗，横杆上设置有吊环状把手，与单杠有显著区别。在现场提示牌明确告知了该器材的使用方法的情况下，将该器材视作单杠，在该器材上做翻转动作，是明显不当使用该器材。

无偿提供、供敞开使用的公益性健身器材，一般均安置于敞开的公共活动空间，不实施封闭管理；在未出现增加了使用危险的损坏时，该类健身器材的存在有利于大众，并未增加安全保障义务责任意义上的环境危险和活动风险；仅仅该器材的存在，不应增加相应场所管理人的安全保障义务。

案涉健身器材是公益设施，器材所在场所的管理人并无招徕人员使用器材谋取利益的意图，也无召集人员使用该健身器材，增加使用者损害风险的行为；器材使用者根据自身身体状况、经验、提示牌上的提示，自行决定是否使用或者使用何种器材，应自行承担可能出现的意外；具有完全民事行为能力的自然人，或者具有相当阅历的自然人，在提示牌提示下，应当能够正确使用案涉器材；不具有完全民事行为能力的自然人，或者有监护需求者，应由法定监护责任方承担监护责任。要求案涉健身器材所在的公共场所的管理人对案涉器材使用者在使用器材时因自身原因造成的损害承担安全保障义务，明显超出社会和法律所期望的尺度。

综上，一审法院以 C 物业公司、D 物业公司有安全保障义务为由，判令两公司承担民事赔偿责任，系适用法律不当，应予纠正。

刘某 F 使用案涉健身器材从事健身活动，未受他人干预，损害后果与健身器材底部转盘的损坏无法律上的因果关系，应认定为意外。刘某 A、刘某 B、尹某 E 要求 C 物业公司、D 物业公司承担赔偿责任，没有事实和法律依据，不应支持。

据此，依照《中华人民共和国民事诉讼法》第一百七十条第一款第二项的规定，判决如下：

一、撤销江苏省镇江市京口区人民法院（2016）苏 1102 民初××××号民事判决；

二、驳回刘某 A、刘某 B、尹某 E 的诉讼请求。

一审案件受理费 5639 元，C 物业公司上诉的二审案件受理费 996 元，D 物业公司上诉的二审案件受理费 511 元，合计 7146 元，均由刘某 A、刘某 B、尹某 E 承担。

本判决为终审判决。

审判长　李　某

审判员　陈　某

审判员　冷　某

二〇一八年八月八日

书记员　韩　某

办案回顾

本案系违反安全保障义务责任纠纷。我所律师代理 C 物业公司，即一审被告及上诉人之一。2016 年 9 月 21 日，死者刘某 F 在某小区使用健身器材坠亡。原告为死者刘某 F 的家属，认为刘某 F 在某小区使用健身器材坠亡，物业公司未尽到安全保障义务，应承担相应的赔偿责任。一审法院判决 C 物业公司承担 14% 的赔偿责任。C 物业公司不服一审判决，提出上诉。代理人主张：1. 有证据表明捐赠协议（2006 年）上甲方印章为 2017 年庭审前镇江某单位加盖。2016 年本案事发时，C 物业公司与镇江某单位无合同关系。C 物业公司无约定的安保义务，无须承担责任。2. 镇江某单位系相关行政管理部门，对室外公共健身器材有法定的安保义务。3. 死者未能按器材的正确用途进行与其身体状况相适应的运动，做出高危动作，坠亡是意外事件。物业公司对此既无法定亦无约定的安保责任。一审判决系适用法律不当，应予改判，驳回诉请。二审法院经审理，基本采纳上诉意见。关于事实部分，我所律师发现捐赠协议上印章的加盖时间存疑，捐赠协议的签署事实未予认可。关于法律适用方面，我所律师认为一审判决适用法律不当。刘某 F 使用案涉健身器材从事健身活动，未受他人干预，损害后果应认定为意外。刘某 A、刘某 B、尹某 E 要求 C 物业公司、D 物业公司承担赔偿责任，没有事实和法律依据，不应支持。二审最终判决撤销一审判决，改判驳回原告诉讼请求。关于安全保障义务责任尺度问题，应根据案件实际情况具体分析适用。本案中，我所律师为物业公司进行了专业代理，避免了不必要的赔偿责任。同时，本案的审理和判决进一步明确了安全保障义务的责任尺度具体适用问题，为类似案件的处理提供了参考和借鉴。

江苏辰顺律师事务所　辛学慧

二○二三年十二月

建设工程施工合同纠纷案例及办案回顾

曹建国

江苏省镇江市京口区人民法院
民事判决书

(2019) 苏 1102 民初××××号

原告：××建设集团有限公司。

法定代表人：钱某，该公司董事长。

委托诉讼代理人：罗律师。

被告：××房产投资有限公司。

法定代表人：刘某，该公司总经理兼执行董事。

委托诉讼代理人：曹建国，江苏辰顺律师事务所律师。

原告××建设集团有限公司（以下简称×建公司）与被告××房产投资有限公司（以下简称××公司）建设工程施工合同纠纷一案，本院于2019年3月4日立案受理后，依法组成合议庭，公开开庭进行了审理。原告×建公司的委托诉讼代理人罗律师，被告××公司的委托诉讼代理人曹建国到庭参加诉讼。本案现已审理终结。

原告×建公司向本院提出诉讼请求：被告赔偿原告定金损失400万元。事实与理由：2016年1月20日，被告与江苏××置业发展有限公司（以下简称××置业公司）、镇江××房地产开发有限公司（以下简称××房产公司）、镇江××新鸿房地产开发有限公司（以下简称新鸿公司）签订合作协议，约定将××置业公司名下××山庄剩余地块和新鸿公司名下的××厂地块、××翠谷北地块出让给被告。被告对外仍以××房产公司等名义开发、销售。被告取得上述三地块后，与原告几经磋商，于2016年5月6日签订协议一份，约定将被告取得的上述三地块所有配电工程（含设备、材料、施工和实验、电房工艺及土建管道）、消防、道路、雨污水井及管道、路灯、小区围墙及上述项目的配套工程交由原告施工。付款方式为配电工程按照供电部门的付款要求送电前结清工程款；其他工程项目根据当月申报的工作量次月支付，支付比例不低于60%。原告向被告支付项目定金400万元，此款打入被告指定的××房产公司账户。原告支付定金后，被告在六个月内必须与原告签订正式合同并退还定金，否则视同被告违约，被告没有兑现全部承诺，将承担违约责任，双倍返还定金，赔偿原告损失。上述三地块的项目中，××山庄剩余地块及××厂地块管网工程造价为10702406.82元，××山庄剩余地块及××厂地块道路工程造价为10019696.97元，××翠谷北地块管网及道路工程造价约1000万元。上述工程的利润约1000万元。后原告按照被告要求将项目定金打入被告指定的账户（2016年4月26日汇入××房产公司银行账户200万元；5月12日汇入××房产公司银行账户200万元）。但此后六个月内被告并未按约与原告签订正式协议。经原告多次催促，被告于2018年7月13日主动将定金400万元退还原告，并表明原约定的工程中道路、雨污水井及管道、路灯、小区围墙及上述项目的配套工程不再交付原告施工，此后被告将上述工程发包给他人施工。依照双方于2016年5月6日签订的协议，被告已构成违约，应当双倍返还原告工程定金，赔偿原告损失。原告为维护自身合法利益，特提起诉讼。

被告××公司辩称：法院应驳回原告的诉讼请求。涉案工程项目均以××房产公司、新鸿公司的名义开发，被告无权就所涉工程项目与原告签订任何协议，原、被告之间的协议应为无效协议，且被告亦未收到原告交付的400万元定金。

本案当事人围绕诉讼请求依法提交了证据，本院组织当事人进行了证据交换和质证。

原告为证明其主张，提交以下证据：

1. 合作协议书一份，证明被告收购××房产公司名下××山庄剩余地块，新鸿公司名下××厂地块和××翠谷北地块，即被告有权与原告签订协议。

2. 协议一份，证明原、被告约定将被告所取得地块的部分工程交由原告施工。

3. 电汇凭证两张，证明原告先后将两笔200万元的定金交付给被告。

4. 施工合同三份，证明被告未履行义务，构成违约。

5. 中国建设银行客户专用回单一份，证明被告因违约退还原告400万元定金。

对原告提交的证据，被告质证认为：证据1真实，但协议约定的地块未实际转让，协议双方通过增资扩股的方式进行了合作；证据2真实，但被告不能以其名义与原告签订相关建设施工合同，该协议自始无法履行，即便该协议有效，被告也未违约；证据3真实，但这两笔款项为投标保证金，并非定金，被告亦未收到原告交付的定金；证据 4 真实，但该证据反映了被告无权就涉案工程与原告签订施工合同；证据 5 有异议，原告未提供原件。

被告为证明其抗辩，提交以下证据：

1. 授权委托书复印件一份，证明原告委托徐××洽谈三个地块的项目及项目保证金事宜。

2. 申请书一份，证明原告诉称的定金实为保证金。

3. 江苏银行业务回单两份，证明原告给付××房产公司的 400 万元系投标保证金，并非定金。

对被告提交的证据，原告质证认为：证据 1 不真实；证据 2、3 真实，但其中的措辞并不影响双方协议约定的定金。

对原、被告提交的证据，本院认证认为：原、被告彼此无异议的证据，本院予以确认。原告提交的证据 2 能否证明定金的实际交付，应当结合款项交付时间及原、被告往来函件进行综合认定。被告虽对原告提交的证据 5 持有异议，但结合当事人陈述，可以认定所涉款项的交付事实，但该款的性质亦应结合相应证据进行认定。对被告提交的证据 1，原告予以否认，但结合被告提交的证据 2 及原告提交的证据 2 的签订时间，可以反映原告的证明目的。

根据当事人陈述和经审查确认的证据，本院认定事实如下：

经审理查明，原告系建筑企业，被告系房地产投资企业。2016 年 5 月 6 日，原告（乙方）与被告（甲方）签订协议一份，协议主文如下："经双方协商，就甲方与江苏××置业发展有限公司合作开发的镇江××山庄剩余地块、××厂地块、××翠谷北地块等，甲方承诺将该项目中的部分工程交由乙方施工。达成以下协议：一、内容具体：所有配电工程（含设备、材料、施工和试验、电房工艺及土建管道）、消防、道路、雨污水井及管道、路灯、小区围墙及上述项目的配套等。二、招标方式：由甲方负责乙方中标或在总包中指定乙方分包，乙方具备相关的资质，有机电安装工程施工总承包一级（主项资质）、市政公用工程施工总承包二级、房屋建筑工程施工总承包二级、城市及道路照明工程专业承包一级和城市园林绿化三级资质（增项资质）等。三、结算方式：执行《建设工程工程量清单计价规范》（GB 50500-2008）、2013 年江苏省安装工程计价表、2013 年江苏省市政工程计价表、2013 年江苏省建筑与装饰工程计价表、2013 年江苏省仿古建筑与园林工程计价表、最新江苏省建设工程费用定额等相关定额。四、付款方式：配电工程按照供电部门的付款要求送电前结清工程款；其他工程项目根据当月申报的工作量次月付款，支付比例不低于 60%，具体正式协议中再明确。

五、项目定金：乙方支付甲方项目定金人民币肆佰万元，此款打入甲方指定的镇江××房地产开发有限公司账户。乙方支付定金后，甲方在6个月内必须与乙方签订正式合同并退还定金，否则视同甲方违约。六、违约责任：甲方没有兑现全部承诺将承担违约责任，双倍返还定金，赔偿乙方损失。七、其他：未尽事宜，双方协商解决。本协议一式二份。"

另查明，原告于2016年4月26日、2016年5月12日向××房产公司电汇了两笔金额为200万元的资金，相应电汇凭证中"附加信息及用途"一栏中注明了"投标保证金"。

2018年5月9日，原告向被告提交申请称："根据双方协议，我公司汇入镇江××房地产开发有限公司的项目保证金肆佰万元整。由于我公司经营需要，请予以退回保证金。请贵公司将保证金退至××安装集团有限公司账户。有关项目未尽事宜，双方协商解决。特此申请。"2018年7月13日，被告电汇原告400万元。

本案审理中，原告提交了落款时间为2016年1月20日，由被告作为甲方与××置业公司、××房产公司、新鸿公司作为乙方签订的《合作协议书》。该合作协议就甲方名下的镇江××山庄剩余地块、××厂地块、××翠谷北地块合作开发建设房地产项目达成一致协议。该协议的第二条约定："根据上级要求，甲方有意退出房地产开发市场，将上述三地块出让，乙方有意接受。鉴于土地管理、税收等政策的原因，出让土地或股权转让操作上都有困难，因此采取增资扩股方式进行合作。整个项目的开发、销售、纳税等仍以甲方现控股的镇江××房地产开发有限公司和镇江××新鸿房地产开发公司的名义进行。"原告称该合作协议系原、被告在签订协议时由被告提供。被告对该合作协议的真实性无异议，但并非被告提供。

本案审理中，原告明确主张的请求权基础为适用定金罚则，要求被告双倍返还定金。

本院认为，当事人对自己提出的主张有责任提供证据。本案中，原告的诉讼请求系基于定金罚则，而定金罚则的适用前提为定金的实际交付，为此，原告应当就定金的交付事实承担举证责任。原告所提交的两份电汇凭证，其金额与原、被告所签订协议中约定的项目定金金额一致，但两笔款项中仅有一笔系在原、被告协议签订之后交付，并且电汇凭证所备注的款项内容为"投标保证金"，并非"项目定金"，两者缺乏关联性。另结合原告于2018年5月9日向被告提交申请的内容来看，原告要求被告退还的款项系"项目保证金"，亦非"项目定金"，同时在该申请中原告亦未提出双倍返还定金的要求。综上，原告所提交的证据不足以证明其已向被告交付定金，因此原告的诉讼请求依据不足。

《中华人民共和国合同法》第五十二条规定："有下列情形之一的，合同无效：（一）一方以欺诈、胁迫的手段订立合同，损害国家利益；（二）恶意串通，损害国家、集体或者第三人利益；（三）以合法形式掩盖非法目的；（四）损害社会公共利益；（五）违反法律、行政法规的强制性规定。"本案中，被告对原告所提交的《合作协议书》并无异议，由此反映被告对涉案工程享有控制管理权。原、被告协议的第二条约定了由被告负责原告中标，同时结合原告在协议签订之前即已向××房产公司交付了"投标保证金"，可以看出原、被告在涉案协议签订时应当明知所涉工程涉及招标，双方存在串通招投标的主观故意，故涉案协议存在恶意串通损害第三人利益的情形，该协议应为无效协议，故原告的诉讼请求缺乏事实依据。

综上，原告的诉讼请求，于法无据，本案不予支持。

依据《中华人民共和国合同法》第五十二条第二项，《中华人民共和国民事诉讼法》第六十四条第一款、第一百四十二条之规定，判决如下：

驳回原告××建设集团有限公司的诉讼请求。

案件受理费 38800 元，保全费 5000 元，合计 43800 元，由原告××建设集团有限公司负担。

如不服本判决，可在判决书送达之日起十五日内，向本院递交上诉状，并按对方当事人的人数提出副本，上诉于江苏省镇江市中级人民法院。

审判长　周　某

人民陪审员　栾某某

人民陪审员　徐某某

二〇二〇年三月二日

书记员　神　某

办案回顾

本案系建设工程施工合同纠纷，我所律师代理本案被告××房产投资有限公司。

2016 年 5 月 6 日，原告（乙方）与被告（甲方）签订协议一份，就相关建设工程的施工达成协议，并约定了具体施工内容、招标方式、结算方式、付款方式、项目定金及协约责任等。后原告向法院提出诉讼，以上述协议向被告主张定金损失 400 万元。代理人主张上述协议系无效协议。原告的诉讼请求系基于定金罚则，而定金罚则的适用前提为定金的实际交付。被告并未收到原告主张的定金 400 万元，从双方提交的证据可以证明原告支付的 400 万元系"保证金"，且该"保证金"也已经退还原告，与协议约定的定金并无关联。由此，代理人请求法院依法驳回原告的诉讼请求。法院经过审理，基本采纳了代理人的意见，最终判决驳回了原告的诉讼请求。

江苏辰顺律师事务所　曹建国
二〇二三年十二月

买卖合同纠纷案例及办案回顾

杭州市西湖区人民法院

民事判决书

（2020）浙 0106 民初××××号

原告（反诉被告）：浙江亿×××供应链管理有限公司。

法定代表人：张某某，总经理。

委托诉讼代理人：周律师。

被告（反诉原告）：江苏××动力科技有限公司。

法定代表人：屠某某，总经理。

委托诉讼代理人：屠某，公司员工。

委托诉讼代理人：曹建国，江苏辰顺律师事务所律师。

原告浙江亿×××供应链管理有限公司（以下简称亿×公司）与被告江苏××动力科技有限公司（以下简称××公司）买卖合同纠纷一案，本院于 2020 年 6 月 11 日受理后，依法适用简易程序审理，后被告××公司提起反诉，本院受理后，依法合并审理。本案公开开庭进行了审理。后因案情需要，本案转为普通程序，并根据《全国人民代表大会常务委员会关于授权最高人民法院在部分地区开展民事诉讼程序繁简分流改革试点工作的决定》，由审判员曹某一人独任审理。原告亿×公司的委托诉讼代理人周律师，被告××公司委托诉讼代理人曹建国、屠某到庭参加诉讼。本案现已审理终结。

原告亿×公司向本院提出本诉请求：1. 解除双方于 2020 年 3 月 3 日签订的《产品销售合同》；2. 被告立即返还原告货款 2400000 元；3. 被告支付原告利息 48000 元（暂算至 2020 年 7 月 4 日，此后以货款 2400000 元为基数按全国银行间同业拆借中心公布的贷款市场报价利率 LPR 算至全部款项付清之日止）；4. 本案诉讼费及财产保全费由被告承担。事实和理由：2020 年 3 月 3 日，原、被告签订《产品销售合同》，约定原告向被告购买 250 台超声波点焊机用于生产医用口罩，单价为每台 12000 元，合同总金额为 3000000 元；付款方式为原告支付合同金额的 80% 作为预付款，被告于收到预付款之日起 16 日内将全部设备交付原告，交货地点为原告所在地。原告于 2020 年 3 月 4 日依约向被告支付 2400000 元，被告于 2020 年 3 月 6 日收到该笔预付款。按双方的约定，被告应于 3 月 22 日前将全部设备交付给原告，但被告直到 2020 年 3 月 24 日才将第一批 35 台设备交付给原告。截至 2020 年 4 月 1 日，被告共向原告交付了 62 台设备，此后便向原告提出涨价要求并停止发货。同时，被告提供的设备既没有产品质量检验合格证明及产品说明书，也没有注明设备采用的产品标准，特别是这些设备参数与原告的要求不符，根本不能用于生产医用口罩。为此，原告多次要求被告解决设备存在的质量问题，但被告至今无法解决。

被告××公司答辩称：一、被告并无任何违约行为，交付的货物也无质量问题，系原告未能按合同约定支付剩余货款，导致被告无法继续发货。被告要求继续履行合同，并要求原告按合同约定支付剩余货款。二、被告已向原告交付了 62 台设备，原告要求返还货款 2400000 元并要求被告承担利息没有法律依据。三、原告购买被告生产的超声波点焊机并非用于生产医用口罩，而是用于装配生产医用一次性平面口罩机，被告提供的货物完全符合双方的合同要求。原告是在新冠疫情背景下临时转型生产口罩机，因市场波动而产生损失的，但原告不能违反诚信原则及合同约定，将其损失转嫁给被告。四、被告停止发货的原因系原告未按合同约定支付货款。《产品销售合同》第七条约定"预付发货款 80%，发货前根据发货数量付清余下 20% 货款"，原告在第一批发货期 3 月 8 日时并未按约定支付货款，被告拒绝发货，后在原告的请求下，被告才陆续分批向原告交付了 62 台设备，后因原告一直未支付余款，被告便不再发货，并非被告要求涨价不发货。五、合同履行期间，因原告在其他厂家采购的口罩机配套模具和法兰有问题，遂与被告沟通增加采购模具和法兰，被告在原合同的基础上作了调整，调整后因增加了模具和法兰，单价由原合同的 12000 元调整至 15200 元。原告在收到该合同后制作了一份补充合同，主动将合同单价变更为 15500 元/套，但要求被告在扣除 62 台设备后，将预付款剩余款项返还给原告，被告未予同意。从原告制作的补充合同来看，并非被告违约，也并非被告要求涨价。综上，请求驳回原告的诉讼请求。

被告××公司向本院提出反诉请求：1. 原告继续履行双方于 2020 年 3 月 3 日签订的《产品销售合同》；2. 原告支付被告剩余货款 600000 元；3. 原告支付被告 62 套模具和法兰货款 198400 元；4. 原告支付被告迟延付款的利息（按全国银

行间同业拆借中心公布的贷款市场报价利率 LPR，自 2020 年 8 月 18 日起算至实际付清之日止）；5. 本案诉讼费及财产保全费由原告承担。事实与理由：2020 年 3 月 3 日，亿×公司、××公司签订《产品销售合同》，约定亿×公司向××公司购买 250 台超声波点焊机用于装配生产医用一次性平面口罩机，单价为 12000 元/台，合同总金额为 3000000 元，合同约定预付发货款 80%，发货前根据发货数量付清余下 20% 货款。××公司在收到预付款后积极备货，并在合同约定的交货日期前要求亿×公司按合同约定支付剩余货款，以便××公司按约定发货，亿×公司以各种理由推脱不支付剩余货款，并多次请求××公司先行发货。为保证合同顺利履行，××公司遂按亿×公司的要求陆续发送了 62 台合同约定的设备，亿×公司因自行购买的口罩机配套模具和法兰无法使用，又请求××公司提供相配套的模具和法兰。××公司总计向亿×公司发送了 62 台设备和 62 套模具及法兰。后因口罩市场暴利行情泡沫破裂，亿×公司投资失败，便拒绝继续履行双方之间的合同。亿×公司的违约行为严重违反了诚信原则，也给××公司造成了重大的经济损失。

原告亿×公司对被告××公司的反诉答辩称：一、××公司的反诉请求没有事实和法律依据。二、××公司的违约事实是显而易见的。首先，根据《产品销售合同》第八条"交货期为预付款支付后的 16 日内"的约定，即××公司自收到预付款之日起 16 日内将所有的货物交付给亿×公司，不存在××公司所谓交货日期前付清余款的约定。××公司于 2020 年 3 月 6 日收到亿×公司支付的预付款，应当在 2020 年 3 月 22 日前将所有的货物交付给亿×公司，但××公司直到 2020 年 3 月 24 日才将第一批 35 台设备交付给亿×公司，至今仅总共交付了 62 台。其次，自双方签订《产品销售合同》之日起至 2020 年 5 月 20 日前，××公司从未向亿×公司提出发货前将 20% 尾款付清的要求，只是说因订单太多，生产忙不过来，无法按时发货。再次，因××公司迟迟无法交付剩余的货物，且已交付的货物也存在严重质量问题，故亿×公司于 2020 年 4 月 26 日要求××公司将未交货的货款退回，已交付的货物由××公司整改、维修，××公司的员工吕某才于 2020 年 5 月 20 日提出根据合同发第一批货时尾款要打清。三、法兰、模具是在 2020 年 3 月 24 日收到××公司第一批货后要求增加的，当时一套法兰、模具的价格不超过 1000 元。四、本案合同应当解除。如亿×公司在本诉中所述，××公司的行为已构成根本违约，亿×公司有权解除合同。五、本案是××公司恶意违约造成的，××公司为追求高额利润，不顾自己的生产能力与生产水平，与亿×公司签约，签约收款后，却连第一批货物都无法按时交付，而且交付的货物也不符合双方的约定，××公司的违约具有明显的恶意。

本院经审理认定本案事实如下：

2020年3月3日，亿×公司作为需方与××公司作为供方签订《产品销售合同》一份，约定："产品名称超声波点焊机，规格型号20K 2000W（含电源、换能器、放大器，不含模具），数量250套，单价12000元/套，总金额3000000元；一、质量要求技术标准：需满足需方生产医用一次性平面口罩机的技术要求。供方对质量负责条件和期限：三包一年，终身维修。二、交提货地点方式：需方工厂……五、验收标准：按出厂标准及技术协议验收……七、结算方式：预付发货款80%，发货前根据发货数量付清余下的20%货款。八、交货期：预付款到16日内分批发货至结束。3月8日50套，3月10日100套，3月15日50套，3月18日50套……"2020年3月6日，××公司收到亿×公司预付发货款2400000元。

2020年3月23日，××公司出具的《产品销售合同》载明："产品名称超声波点焊机，规格型号20K 2000W（含电源、换能器、放大器，模具、法兰），数量250套，单价15200元/套，总金额3800000元……七、结算方式：预付发货款80%，发货前根据发货数量付清余下的20%货款。八、交货期：预付款到16日内分批发货至结束……十二、因发货款未到，从3月23日开始每天发货，陆续发清100套，余款付清，发剩余150套，开增值税发票。"××公司作为供方在该份合同上盖章，亿×公司作为需方未在该份合同上盖章。截至2020年4月1日，××公司共将62台设备（含模具、法兰等）交付给亿×公司。

2020年4月26日，亿×公司出具的《产品销售补充合同》载明："鉴于供需双方2020年3月3日签订的《产品销售合同》的实际履行情况，经自愿友好协商，供需双方一致同意签订补充合同如下：一、双方同意将原合同中采购的超声波点焊机的规格型号，变更为20K 2000W（含电源、换能器、放大器，模具、法兰、电源线）；超声波点焊机的数量，变更为62台；超声波点焊机的价格，单价变为15500元/套，金额变更为961000元；二、双方确认，供方须按照本补充合同约定内容交货，供方免费升级至符合原合同的质量要求技术标准，即满足需方生产医用一次性平面口罩的技术要求。供方升级完成时间为本补充合同签订之日起15个工作日内；三、双方确认，需方已支付给供方80%的预付发货货款，共计2400000元，本补充合同62台超声波点焊机，货值共计961000元，剩余部分货款共1439000元。在签订本补充合同后，三个工作日内供方返还到需方账户1439000元……"亿×公司作为需方在该份合同上盖章，××公司作为供方未在该份合同上盖章。

2020 年 4 月 29 日，亿×公司的张某某在微信中对××公司的屠某某说"屠总，4 月 23 日这个批次有两个问题，请帮忙解决"。2020 年 5 月 5 日，亿×公司的张某某在群聊中发送《技术支持邀请函 V2.0》，称因超声波设备无操作说明书、无铭牌标识、无设备出厂检验合格证书等，导致亿×公司技术人员在客户处安装调试时，出现无法使用或不稳定情况，要求××公司安排专业技术人员到现场进行相关的技术支持。随后，亿×公司的张某某在群聊中说"我现在的诉求，详见补充合同，希望贵公司屠总、吕总支持"，并将 2020 年 4 月 26 日的《产品销售补充合同》发送到群聊中。××公司的屠某某在该群聊中。

2020 年 5 月 20 日，××公司向亿×公司发送《履行合同通知函》一份，载明"我司与贵司于 2020 年 3 月 3 日签订的合同，贵司已经预付 80% 款项，根据合同约定，贵司需再付 20% 货款发货，我司收到预付款后积极组织生产，产品一直等待贵司支付 20% 发货款发货，请贵司收到此函后尽快履行合同，支付 20% 发货款"。庭审中，亿×公司确认收到该通知函。

以上事实有两份《产品销售合同》、客户收付款入账通知、微信聊天记录、技术支持邀请函、公证书、《产品销售补充合同》、《履行合同通知函》等证据及当事人陈述在卷佐证。

本院认为，亿×公司、××公司于 2020 年 3 月 3 日签订的《产品销售合同》系双方当事人真实意思表示，内容不违反法律、行政法规的强制性规定，应认定合法有效，双方当事人均应依约履行。本案双方争议焦点在于：2020 年 3 月 3 日签订的《产品销售合同》是否应当解除抑或继续履行。亿×公司主张解除该合同，其理由是××公司迟延交付货物，且交付的货物存在质量问题，使亿×公司不能实现合同目的。××公司主张继续履行该合同，其理由是××公司不存在任何违约行为，交付的货物也无质量问题。对此本院认为，首先，关于××公司是否构成迟延交付货物。2020 年 3 月 3 日签订的《产品销售合同》明确约定："七、结算方式：预付发货款 80%，发货前根据发货数量付清余下的 20% 货款。八、交货期：预付款到 16 日内分批发货至结束。3 月 8 日 50 套，3 月 10 日 100 套，3 月 15 日 50 套，3 月 18 日 50 套。"从上述合同内容的文义本身，并结合第七、八条上下文综合分析可知，在××公司发货前，亿×公司不仅应当预付发货款 2400000 元，还应当根据第八条中的发货数量付清余下的 20% 货款。然而亿×公司在支付预付款 2400000 元后，未依照合同约定在发货前支付剩余货款，在此情况下，××公司享有先履行抗辩权，其有权拒绝发货，此时××公司不构成违约。因此，亿×公司关于××公司构成迟延交付货物的主张不能成立。其次，关于××公司交付的

设备是否存在质量问题。2020 年 3 月 3 日签订的《产品销售合同》明确约定
"一、质量要求技术标准：需满足需方生产医用一次性平面口罩机的技术要求"，
即××公司交付的设备是用于亿×公司生产医用一次性平面口罩机的，而非用于直
接生产医用口罩。现亿×公司主张××公司交付的设备的质量问题在于焊接耳带不
牢或焊穿，但一方面，其未能提供有效的证据证明上述情况普遍且长期存在，毕
竟在调试机器过程中，也可能偶尔出现上述情况，另一方面，即使上述情况出
现，也与口罩机的组装、布料的材质及重量等各种因素有关，并不足以证明××
公司交付的设备存在质量问题。亿×公司还主张××公司交付的设备的主要参数
（功率和频率）与合同约定不符，但一般来说，参数均有一定的合理浮动范围，
且依据现有的证据也不能证明××公司交付的设备存在该方面的质量问题。此外，
亿×公司在 2020 年 4 月 1 日收到 62 台设备后，在 2020 年 4 月 26 日的《产品销售
补充合同》中虽要求××公司将未发货部分的款项退回，但对已收到的 62 台设备
同意支付货款，且仅是要求××公司"免费升级"。而且未有证据显示在此之前亿
×公司曾向××公司提出过任何关于产品质量的异议。如若××公司交付的设备存在
质量问题，致使不能实现合同目的，亿×公司的上述行为显然与常理不符。更何
况，并非存在质量问题就可以要求解除合同。因此，亿×公司的该项主张亦不能
成立。至于亿×公司认为××公司违反《产品质量法》关于质量三包的规定，故其
有权解除合同的主张，双方在《产品销售合同》中已经明确约定了产品的规格
型号，并无证据显示××公司售出的产品不合格，亿×公司的该项主张缺乏依据，
本院不予支持。综上，亿×公司要求解除 2020 年 3 月 3 日签订的《产品销售合
同》的依据不足，本院不予支持。对亿×公司基于合同解除要求被告返还货款
2400000 元并支付利息损失的诉请，本院亦不予支持。亿×公司应当继续履行
2020 年 3 月 3 日签订的《产品销售合同》，向××公司支付剩余货款 600000 元，
对××公司的该部分反诉请求，本院予以支持。当然，在亿×公司付清剩余货款
后，××公司应当依照合同约定向亿×公司交付合同约定的全部剩余货物。

至于××公司主张的 62 套模具和法兰的货款。亿×公司认可收到上述模具和
法兰，因该部分货物的款项未包含在 2020 年 3 月 3 日签订的《产品销售合同》
中，故亿×公司还应当支付该 62 套模具和法兰的货款。在××公司于 2020 年 3 月
23 日出具的《产品销售合同》中，因增加了模具和法兰，设备单价从原 12000
元/套变为 15200 元/套，即增加的每套模具和法兰的价格为 3200 元/套。亿×公
司虽未在该份《产品销售合同》上盖章，但在 2020 年 4 月 26 日其出具的《产品
销售补充合同》中，因增加了模具、法兰，亿×公司自愿将单价变更为 15500 元/

套，其认可的模具、法兰的价格还高于××公司相关报价。现××公司按照 3200 元/套的价格计算 62 套模具和法兰的货款为 198400 元，理据充分，亿×公司应当予以支付，故××公司的该项反诉请求，本院予以支持。亿×公司至今未支付合同约定的剩余货款，以及模具和法兰的货款，已构成违约，现××公司要求亿×公司支付上述应付货款自其提起反诉之日即 2020 年 8 月 18 日起至实际清偿之日止按照 LPR 计算的利息损失，于法有据，本院予以支持。

综上，依照《中华人民共和国合同法》第六十条第一款、第六十七条、第一百零七条、第一百三十条、第一百六十一条及《中华人民共和国民事诉讼法》第六十四条第一款之规定，判决如下：

一、浙江亿×××供应链管理有限公司与江苏××动力科技有限公司继续履行 2020 年 3 月 3 日签订的《产品销售合同》；

二、浙江亿×××供应链管理有限公司于本判决生效之日起十日内支付江苏××动力科技有限公司剩余货款 600000 元；

三、浙江亿×××供应链管理有限公司于本判决生效之日起十日内支付江苏××动力科技有限公司模具和法兰货款 198400 元；

四、浙江亿×××供应链管理有限公司于本判决生效之日起十日内支付江苏××动力科技有限公司利息（自 2020 年 8 月 18 日起以上述第二、三项中未付货款为基础，按全国银行间同业拆借中心公布的贷款市场报价利率 LPR 算至全部款项付清之日止）；

五、驳回浙江亿×××供应链管理有限公司的诉讼请求。

如未按本判决指定的期间履行金钱给付义务，应当依照《中华人民共和国民事诉讼法》第二百五十三条之规定，加倍支付迟延履行期间的债务利息。

本诉案件受理费 26384 元，反诉案件受理费 5892 元，财产保全申请费 5000 元，合计 37276 元，由浙江亿×××供应链管理有限公司负担。

江苏××动力科技有限公司于本判决生效之日起十五日内向本院申请退费；浙江亿×××供应链管理有限公司于本判决生效之日起七日内向本院缴纳应负担的诉讼费。

如不服本判决，可在判决书送达之日起十五日内向本院递交上诉状，并按照对方当事人的人数提出副本，上诉于浙江省杭州市中级人民法院，并向浙江省杭州市中级人民法院指定账号预交上诉案件受理费。对财产案件提起上诉的，案件受理费按照不服一审判决部分的上诉请求预交。在收到《上诉费用交纳通知书》次日起七日内仍未交纳的，按自动撤回上诉处理。浙江省杭州市中级人民法院户名、开户行、指定账号详见《上诉费用交纳通知书》。

审判员　曹　某

二〇二一年六月七日

书记员　王　某

办案回顾

本案系买卖合同纠纷，我所律师代理被告。案件背景系新冠疫情刚暴发时，各种防疫物资紧缺。原告临时转型生产口罩机，被告生产的设备可以作为口罩机配套零部件。在这种情况下，原告向被告采购了大量的零部件。后因市场波动及其自身原因，再加上受防疫相关政策的影响，其生产的口罩机无法满足下游客户的需求，造成亏损。因尚有大部分货物没有交付，原告为将其损失转嫁给被告而提起本诉。代理人认为被告并无违约情形，被告未交付货物的直接原因为原告没有按合同约定付清货款，遂提起反诉，要求原告继续履行合同，并支付剩余货款。一审法院经过审理判决驳回原告的诉讼请求，并全部支持了被告的反诉请求。原告不服，上诉至杭州市中级人民法院。二审判决维持原判，依法保障了被告的合法权益。

江苏辰顺律师事务所　曹建国

二〇二三年十二月

江苏省镇江市京口区人民法院
民事裁定书

（2020）苏 1102 民初××××号

原告：镇江市××园林绿化有限公司。

法定代表人：尤某某，执行董事兼总经理。

委托诉讼代理人：吕律师。

委托诉讼代理人：万律师。

被告：××房产投资（镇江）有限公司。

法定代表人：严某，执行董事兼总经理。

委托诉讼代理人：曹建国，江苏辰顺律师事务所律师。

原告镇江市××园林绿化有限公司（以下简称××园林公司）与被告××房产投资（镇江）有限公司（以下简称××房产公司）民间借贷纠纷一案，本院于 2020 年 10 月 14 日立案后，依法进行了审理。

原告××园林公司向本院提出诉讼请求：被告××房产公司偿还原告借款本金 130 万元，并支付利息（自起诉之日起按一年期贷款市场报价利率，即年利率 3.85%，计算至款项还清之日止）。事实和理由：被告因经营发展需要于 2019 年 11 月 28 日向原告借款 130 万元，并出具借条。原告分两次将款项付至被告单位会计个人账户。此后，被告未能按原告要求返还借款。现为此诉讼，期判如所请。

被告××房产辩称：收到原告方 130 万元属实，但双方并非借贷关系。此款实为原、被告协商以原告名义自案外人镇江××房地产开发有限公司套取的资金。该款被告无须偿还，届时在原告与案外人结算时，通过增加工程量的方式予以消化。原告所持借条乃为后补，并非借款的意思表示，原告关于返还借款及支付利息的主张没有事实及法律依据。

经查：被告××房产公司与案外人江苏××置业发展有限公司、镇江××房地产开发有限公司、镇江××新鸿房地产开发有限公司曾就××山庄剩余地块、××厂地块及××翠谷北地块合作开发建设事项达成协议，并于 2016 年 1 月签订《合作协议书》。此后，××房产公司代表刘某某以镇江××房地产开发有限公司代表身份与原告××园林公司签订两份《景观绿化工程施工合同》，分别将××山庄剩余地块及××厂地块小区景观绿化工程发包给××园林公司。

2019 年 11 月 28 日，案外人陈某（××园林公司法定代表人尤某某的配偶，同时也为××园林公司股东之一）通过银行转存 60 万元至××房产公司会计王某某账户，次日又转存 70 万元。

2020 年 1 月，××房产公司向××园林公司补具借条一份，写明因公司发展需要，向××园林公司借款 130 万元，款项由××园林公司汇入××房产公司会计王某某个人银行账户，日期落款为 2019 年 11 月 28 日。××房产公司代表刘某某于借条下方备注"情况属实，所发生税费也应由××房产公司承担"。××房产公司股东莫某亦再备注"××园林公司汇入王某某账户的 130 万元属于××房产公司的借款，情况属实，该资金××房产公司如何使用内部另行审核"。

在案件审理过程中，就为何由个人银行账户进出款项问题，××房产公司解释称，其时公司涉及其他经济纠纷，公司银行账户被司法冻结，即借用公司会计个人账户进行资金运转；××园林公司则解释为其时公司账户资金不足，即由个人赎回理财产品向被告支付款项，且公司向个人付款会计无法做账。经查证，××房产公司述称银行账户被司法冻结为实；××园林公司则在 2019 年 11 月 27 日至 29 日付给陈某某（陈某姐姐）130 万元。

本院认为，人民法院立案受理后，发现有经济犯罪嫌疑的，应当裁定驳回起诉，并将有关材料移送公安或检察机关。本案××园林公司在 2019 年 11 月 27 日至 29 日支付给陈某某 130 万元，后辗转由陈某再付给××房产公司会计王某某，不仅否定了公司账户资金不足的解释，也否定了公司向个人付款无法做账的解释。××园林公司以体外循环方式支付资金，非正常民事法律行为。考虑到××园林公司与××房产公司在××山庄剩余地块及××厂地块小区景观绿化工程项目上的关联，以及借条关于税费负担约定等非常规约定事项的存在，被告××房产公司在答辩时提出的合谋套取工程发包方资金存在一定的可信度。而该事实的成立势必触及商业贿赂、合同诈骗。当事人是否构成犯罪有待侦查解决。××园林公司本次起诉依法先予裁定驳回。公安机关不予立案或立案侦查后撤销案件或认为不存在犯罪行为的，或者检察机关作出不起诉决定的，或者经人民法院生效判决认定不构成犯罪的，××园林公司可就同一事实向人民法院进行诉讼。

依照《最高人民法院关于在审理经济纠纷案件中涉及经济犯罪嫌疑若干问题的规定》第十一条，《中华人民共和国民事诉讼法》第一百五十四条第一款第（三）项之规定，裁定如下：

驳回镇江市××园林绿化有限公司的起诉。

如不服本裁定，可以在裁定书送达之日起十日内向本院递交上诉状，并按照对方当事人的人数提出副本，上诉于江苏省镇江市中级人民法院。

审判长　姚　某

人民陪审员　尚　某

人民陪审员　陶某某

二〇二〇年十二月三日

书记员　杨　某

办案回顾

本案案由虽为民间借贷纠纷，形式上也有款项的往来及借条，但律师在接受××房产投资（镇江）有限公司委托并了解案情后，发现双方之间的关系并不符合民间借贷的构成要件。双方之间没有借款的合意，该往来实际上是双方就工程款的支取进行协商的结果。原告起诉时隐瞒了该事实，并在审理过程中就代理人关于民间借贷关系事实部分提问的回答与法院查明的内容自相矛盾，无法自圆其说，更加证实了双方之间非民间借贷关系。虽然一审法院以本案可能涉嫌经济犯罪为由裁定驳回原告起诉，并保留了原告的诉权，但至今原告也未再以其他事由向委托人主张过权利。本案有效避免了委托人重复支付工程款的巨大损失。

江苏辰顺律师事务所　曹建国

二〇二三年十二月

建设工程施工合同纠纷二审案例及办案回顾

李永燕

最高人民法院
民事判决书

（2020）最高法民终××××号

上诉人（原审原告、反诉被告）：镇江某公司，住所地×××。

法定代表人：李某某，该公司总经理。

委托诉讼代理人：李永燕，江苏辰顺律师事务所律师。

委托诉讼代理人：王新磊，江苏辰顺律师事务所律师。

上诉人（原审被告、反诉原告）：大同某公司，住所地×××。

法定代表人：封某某，该公司经理。

委托诉讼代理人：韩某，山西某律师事务所律师。

委托诉讼代理人：杨某，山西某律师事务所律师。

上诉人镇江某公司因与上诉人大同某公司建设工程施工合同纠纷一案，不服山西省高级人民法院（2018）晋民初×××号民事判决，向本院提起上诉。本院于2020年11月5日立案后，依法组成合议庭，开庭进行了审理。上诉人镇江某公司的委托诉讼代理人李永燕、王新磊，上诉人大同某公司的委托诉讼代理人韩某、杨某到庭参加诉讼。本案现已审理终结。

镇江某公司上诉请求：（一）请求判令大同某公司增加支付钢结构部分少算、漏算工程款1600万元；（二）请求依法改判镇江某公司对涉案工程在欠付工程款范围内享有建设工程价款优先受偿权；（三）请求判令大同某公司承担欠付工程款利息24278884.27元（暂按中国人民银行贷款基准利率计算至2019年8月20日，此后应按贷款市场报价利率计算至实际给付之日止）；（四）依法改判镇江某公司不承担工程造价鉴定费用；（五）依法判决大同某公司承担一审、二审诉讼费用和保全费用。事实和理由：（一）山西圣某某工程造价咨询有限公司（以下简称圣某某造价公司）出具的鉴定报告少算和漏算钢结构部分工程款共计

1600 万元，一审法院再次认可鉴定机构"以鉴代审"的结论，实属不当。1. B 标段钢结构喷砂除锈工程量明显少算。在一审庭审质证过程中，鉴定人对该部分少算工程量的原因无法作出合理解释。根据施工程序，在钢结构施工过程中所有的钢构件在交付安装之前，都要先进行喷砂除锈。但鉴定报告显示：B 标段喷砂除锈部分的钢材用量明显少于 B 标段钢结构部分的钢材总用量，其结论既不符合钢结构施工规范要求，也与施工实际不符，明显是错误的。2. 全部钢结构工程所用钢材价差明显少算。在施工过程中，案涉钢结构工程的钢材采取部分甲供和部分施工单位自购两种方式。其中甲供钢材部分，鉴定报告应当按照建设单位扣款单价计入工程决算；镇江某公司自购钢材部分，鉴定报告应当按照建设单位签证价格计入工程决算。但鉴定机构按照其自行认定的工程钢材采购价格计算工程造价没有依据，且在庭审质证过程中，鉴定人员对该部分少算钢材价差的原因无法作出合理解释。3. 鉴定机构对部分钢结构子项少计算一遍油漆工程量。4. 鉴定机构对部分钢结构子项少计算焊缝加热工程量。根据规定，在零下五度的天气状态下进行钢构件焊接，建设单位应当另行支付焊缝加热费用，该费用已由双方签证单予以确认，但鉴定机构未予确认是错误的。5. 鉴定机构对部分钢结构子项超高吊装费未予计算。该部分费用有签证单可以确认，定额中也有该费用的规定，鉴定机构未予计算是错误的。6. 鉴定机构对砂岩破碎、铁粉卸车坑钢结构项目中焊接钢梁（漏算钢材 321.98 吨）未予计算。该部分工程图纸已经交付给鉴定机构，但鉴定机构仍然声称该部分图纸未予交付，并据此不予计算该部分工程量是严重不负责任的行为。7. 鉴定机构对石灰石预均化库钢结构项目中库顶无缝钢管钢屋架未予计算。在庭审质证过程中，鉴定机构认为该部分工程量没有图纸无法计算。但鉴定机构在接受全部鉴定资料及整个鉴定过程中从未向镇江某公司提出补充该部分工程图纸的要求，更未提出以现场勘查实物作为工程造价鉴定依据。8. 鉴定机构对辅助原料与原煤堆棚钢结构项目中的材料单价确认错误。上述工程施工中使用的焊接钢柱及焊接钢梁均为锰钢板，而非普通钢板，鉴定机构对此仅按普通钢板计算造价明显错误。（二）一审法院认为镇江某公司于 2015 年 4 月起诉时没有主张按照实际交付时间计算工程款，重审时增加该诉讼请求已经超过六个月的除斥期间，并据此否定镇江某公司对涉案工程享有建设工程价款优先受偿权是错误的。一审判决对《最高人民法院关于审理建设工程施工合同纠纷案件适用法律问题的解释（二）》第二十二条关于"承包人行使建设工程价款优先受偿权的期限为六个月，自发包人应当给付建设工程价款之日起算"理解错误。该条款中优先受偿权起算点包含两层意思：一是发包人应当给付工程款的数额是确定的，二是发包人应当给付工程款期限已经届满。本案中，镇江某公司根据合同约定将工程竣工结算资料交予大同某公司审核后，大同某公司迟迟不予审核结算，镇江某公司无奈诉至法院，要求确定大同某公司给付工程款的数额和应当给付时间。因大同某公司欠付镇江某公司工程款数额及支付时间待生效判决加以确认。镇江某公司在一审重审中，即在欠款数额和支付时间确定后，增加工程款优先受偿权的诉讼请求，并没有超过六个月的期限。一审法院对此认定错误，理应纠正。（三）一审法院以镇江某公司对新增加的支付工程款利息的诉讼请求未在法院规定的期限内交纳相应诉讼费为由，对该项诉讼请求不予审理，程序违法。1. 一审法院没有明确需要补交诉讼费用的金额，也没有确定补交诉讼费的期限。关于补交诉讼费问题，一审法院既没有充分向镇江某公司释明，也没有向镇江某公司送达缴费通知单，镇江某公司不知道需要交纳的诉讼费金额和期限，也不知道诉讼费应当交到哪个银行账户中。2. 利息损失部分的诉讼费没有交纳责任不在镇江某公司。一审法院未告知镇江某公司未补交诉讼费用的后果，也没有按民事诉讼法的规定作出相应的裁定书，而是直接在判决书中对该问题作出处理，剥夺了镇江某公司在案件审理过程中的救济权利。请求二审法院在查明事实的基础上，对镇江某公司主张的利息损失作出审理和判决。（四）一审法院关于工程造价鉴定费的承担判决不合理。1. 根据合同约定和法律规定工程造价审核的责任在大同某公司，因大同某公司拒绝履行工程造价审核义务而支付的鉴定费用，理应由其承担。案涉合同第33条约定："发包人应当在收到承包人递交的竣工结算报告及结算资料后的两个月内审核完毕，并按审核价扣除工程应扣款项后予以支付。"镇江某公司于工程结束后在2012年12月2日即向大同某公司递交了《施工资料汇总表》，2012年11月2日和2012年11月8日向大同某公司递交了工程决算资料和工程资料，但大同某公司违背合同约定，长期恶意拖延工程决算审核，并以此为由拒付所欠工程款项。镇江某公司通过法院委托进行工程造价审核的原因是大同某公司拒绝履行工程造价审核义务，故由此产生的工程造价审核费用应当由大同某公司承担。2. 第一次鉴定和第二次鉴定的鉴定结论均存在严重的少算、漏算问题，且在镇江某公司对鉴定结果提出异议后，鉴定机构完全无视镇江某公司的异议，直接作出部分结果虚假的鉴定报告，造成本案产生了巨额的重复鉴定费用。鉴定机构如此做法已经严重损害了镇江某公司的合法权益，拖延了案件的审理进度，致使一审法院两次作出了"以鉴代审"的错误判决，浪费了大量的司法资源。据此，对于鉴定机构收取的两次鉴定费用，一审法院应当责令鉴定机构予以退还，由其对自己的错误做法承担相应的后果和责任。对于鉴定机构不能退还部分，一审法院应当判令大同某公司全额承担。

大同某公司答辩称：（一）镇江某公司主张钢结构部分少算、漏算1600万元没有事实和法律依据。大同某公司不仅不欠镇江某公司的工程款，还超付了8892649.28元。（二）镇江某公司主张的建设工程价款优先受偿权已超过六个月的除斥期间，一审法院不支持镇江某公司的该项诉请，认定事实清楚，适用法律正确。（三）镇江某公司直接在二审中主张应给付其工程款利息24278884.27元无事实和法律依据。一审法院明确告知镇江某公司应在规定时间内，对其增加的给付工程款利息的诉讼请求补交诉讼费，但镇江某公司未予交纳，一审法院对镇江某公司的该诉讼请求不予审理符合法律规定。（四）本案工程造价鉴定费用应全部由镇江某公司承担。镇江某公司刻意回避案涉工程经过招投标的事实，主张《建设工程施工合同》《补充协议》无效，目的是通过主张合同无效，免除其责任，通过司法鉴定实现其低价揽活高价结算的不良企图，背离了《中华人民共和国合同法》确定的诚实信用原则。

大同某公司上诉请求：（一）撤销山西省高级人民法院（2018）晋民初×××号民事判决第一项，驳回镇江某公司的全部诉讼请求；（二）一审诉讼费、第一次鉴定费、第二次鉴定费、上诉费由镇江某公司承担。事实和理由：（一）双方签订的《建设工程施工合同》《补充协议》均合法有效。1.《最高人民法院关于审理建设工程施工合同纠纷案件适用法律问题的解释》第一条规定："建设工程施工合同具有下列情形之一的，应当根据合同法第五十二条第五项的规定，认定无效：（一）承包人未取得建筑施工企业资质或者超越资质等级的；（二）没有资质的实际施工人借用有资质的建筑施工企业名义的；（三）建设工程必须进行招标而未招标或者中标无效的。"只有符合上述情形之一的，或违反法律、行政法规的强制性规定的，才能认定建设工程施工合同无效。本案中，招标合法、中标有效，承包人具有建筑施工企业资质，故案涉工程的招投标文件、中标通知书、《建设工程施工合同》、《补充协议》均不存在法律规定的无效情形。2. 案涉工程项目为2009年在原800t/d水泥生产线基础上技改扩建为4500t/d熟料新型干法水泥生产线的工业生产线建设项目，项目的选址在塔山工业园区，并不属于城乡规划法规定的区划范围，不属于城乡规划法规定的在城市、镇规划区内的建设项目。且案涉工程已提交了工程开工建设所需的行政核准批复文件，足以证实案涉工程开工建设合法。3. 最高人民法院《全国法院民商事审判工作会议纪要》（法〔2019〕254号）第30条就"强制性规定的识别"予以明确，人民法院在审理合同纠纷案件时，要依据《中华人民共和国民法总则》第一百五十五条第一款和《最高人民法院关于适用〈中华人民共和国合同法〉若干问题的解释（二）》第十四条的规定慎重判断"强制性规定"的性质，特别是要在考量强制性规定所保护的法益类型、违法行为的法律后果及交易安全保护等因素的基础上认定其性质，并在裁判文书中充分说明理由。镇江某公司要求确认合同无效的目的是按工程鉴定造价来获取远超于其投标价格的巨额利益。（二）关于建设工程合同价格的问题。1.镇江某公司要求大同某公司给付工程款没有法律依据。《最高人民法院关于审理建设工程施工合同纠纷案件适用法律问题的解释（二）》第十条明确规定，当事人签订的建设工程施工合同与招标文件、投标文件、中标通知书载明的工程范围、建设工期、工程质量、工程价款不一致，一方当事人请求将招标文件、投标文件、中标通知书作为结算工程价款依据的，人民法院应予支持。本案中，案涉工程是工业生产线技术改造项目中的基础部分，分为A、B两个标段。镇江某公司在堪查现场和研究招标文件后，以综合单价（A标段报价54551187.07元、B标段报价41535611.97元）承包案涉工程的施工、竣工和保修，并保证在合同履行期内不因施工条件（包括参考工程量）及市场价格等因素的变化而改变综合单价。镇江某公司在《建设工程施工合同》中将价格变更为"可调价格"，在专用条款中又变更为"可调总价"，明显违背诚实信用原则，违反司法解释的规定，因此应当按照镇江某公司投标时所报综合单价作为结算工程价款的依据。大同某公司多支付的8892649.28元，镇江某公司应予返还。镇江某公司已经确认收到104817748.38元（已付工程款有双方对账单确定），相差161699.94元系大同某公司为镇江某公司垫付的水电费。2.本案不存在调价的因素。关于可调价格，《建设工程施工合同》通用条款第23.1条明确约定：招标工程的合同价款由发包人承包人依据中标通知书中的中标价格在协议书内约定。第23.3条约定：可调价格合同中合同价款的调整因素包括：（1）法律、行政法规和国家政策变化影响合同价款；（2）工程造价管理部门公布的价格调整；（3）一周内非因承包人原因停水、停电、停气造成停工累计超过8小时；（4）双方约定的其他因素。第23.4条约定：承包人应当在23.3款情况发生后14天内，将调整原因、金额以书面形式通知工程师，工程师确认调整金额后作为追加合同价款，与工程款同期支付。本案中，镇江某公司的投标报价合计为96086799.04元，即使按照《建设工程施工合同》的约定，只有在上述情形发生后，镇江某公司才能主张可调价款。可是本案并不存在合同约定的价款调整因素，也没有工程师对调整原因、金额的确认。因此，镇江某公司无权主张按照"可调价格"方式计算工程价款。3.镇江某公司要求大同某公司给付工程款没有事实依据，其向法庭提交的证据系修改、变造的虚假证据。在原一审中，镇江某公司出示的"2012 年 12 月 2 日《施工资料汇总表》"复印件存在变造行为，明显是出于诉讼目的变造了证据。在原一审审理、司法鉴定期间及重审期间从未提交竣工图、设计变更资料、技术资料等竣工资料。(三) 关于工程鉴定的问题。1. 最高人民法院 (2017) 最高法民终×××号民事裁定已明确，仅针对关于基础超深毛石混凝土回填工程量是否应计入工程造价的事实进行审查，对钢结构造价部分并未纳入二审审理范围。《最高人民法院关于审理建设工程施工合同纠纷案件适用法律问题的解释》第二十三条规定："当事人对部分案件事实有争议的，仅对有争议的事实进行鉴定，但争议事实范围不能确定，或者双方当事人请求对全部事实鉴定的除外。"因此，一审法院委托圣某某造价公司在鉴定时，将钢结构再次鉴定显然属于重复鉴定。大同某公司对本次鉴定钢结构的合法性不予认可，而且钢结构鉴定费用的再次分担明显不合理。2. 最高人民法院 (2017) 最高法民终×××号民事裁定认定对于镇江某公司一审所提交的工程洽商单、联系单，是否均是真实的？如果是真实的，所涉工程量是多少？一审法院均未进行审查，导致基本事实不清。但是，在大同某公司对工程洽商单、联系单的真实性不认可，要求对其真实性及形成时间进行鉴定的情况下，一审法院将存在争议的工程洽商单、联系单交给鉴定机构并据此进行鉴定，程序不合法。3. 案涉工程没有五方 (建设、设计、地勘、监理、施工) 共同参与的地基处理单项验收证明。洽商单、联系单是施工单位与建设单位的一种沟通过程记录，并不代表此方案落实在工程实体中。然而，一审中鉴定机构主要采信的鉴定资料是洽商单、联系单。在一审庭审中，大同某公司就洽商单、联系单能否作为建设工程鉴定依据向鉴定机构出庭人员发问，鉴定人员表示他们行业正常应当是依据竣工图纸、设计变更等资料来作出鉴定结论的。他们之所以采信洽商单、联系单仅是基于一审法院的委托函，故案涉洽商单、联系单不应当作为鉴定的依据。4. 关于钢结构部分，除鉴定内容不符合法律规定外，鉴定钢结构涂刷防腐漆项目不应套用安装定额，对熟料储存库煤制粉中的踏步式钢辅助原料与原煤堆棚等十八项工程的钢材都多计了吨数。(四) 镇江某公司的起诉已超过法定的诉讼时效。2017 年 10 月 1 日《中华人民共和国民法总则》实施之前，向人民法院请求保护民事权利的诉讼时效期间为二年，诉讼时效期间从知道或应当知道权利被侵害之日起计算。本案中对于工程价款的约定是在"确认计量结果 14 天内，发包人应向承包人支付工程款"。而关于工程量的确认，《建设工程施工合同》通用条款第 25 条约定为"工程师收到承包人报告后 7 天内"。因此，在镇江某公司施工完成、退场将工程交付给大同某公司时，即开始计算诉讼时效。镇江某公司在其起诉之前，长达 5 年的时间内从未向大同某公司主张过工程款，显然已超过诉讼时效。（五）大同某公司的反诉请求有事实和法律依据，应依法予以支持。镇江某公司没有按照其投标时承诺的 A 标 245 个日历天、B 标 210 个日历天，更没有按照《建设工程施工合同》中约定的 130 个日历天完成施工义务。镇江某公司于 2009 年 7 月 18 日开工，在 2010 年 10 月才完工，大同某公司提交的监理报告足以证实镇江某公司施工技术措施不科学、不合理，施工机械设备老化、欠缺，施工组织工序混乱，施工人员严重不足，工程质量出现问题多次返工，造成工期延误，使技改扩建的水泥生产线未能按期投产，给大同某公司造成巨大经济损失。在项目完工后，镇江某公司未按约移交施工资料。根据投标文件中镇江某公司的承诺及《建设工程施工合同》《补充协议》关于延误工期赔偿的约定，镇江某公司应当承担迟延交付工程的赔偿金。因合同约定的赔偿金额及限额无法弥补大同某公司的损失，故大同某公司主张 1200 万元的赔偿费用依法应予支持。

镇江某公司辩称：（一）双方签订的《建设工程施工合同》《补充协议》无效。1.《最高人民法院关于审理建设工程施工合同纠纷案件适用法律问题的解释（二）》第二条规定："当事人以发包人未取得建设工程规划许可证等规划审批手续为由，请求确认建设工程施工合同无效的，人民法院应予支持。"截止到现在，大同某公司未取得建设工程规划许可证，一审法院认定案涉合同无效正确。2. 本案是大同某公司在办理了选址许可文件后，没有及时办理规划许可等行政审批手续，导致案涉合同无效的。合同无效是大同某公司的原因导致的。（二）关于建设工程价款问题。1. 案涉工程并不涉及工程招投标，大同某公司也未通过招投标平台发布招投标，没有履行招投标的评标程序。其所谓的招投标不是真正意义上的招投标，不符合招投标法规定的招投标行为，也不适用《最高人民法院关于审理建设工程施工合同纠纷案件适用法律问题的解释（二）》第十条"当事人签订的建设工程施工合同与招标文件、投标文件、中标通知书载明的工程范围、建设工期、工程质量、工程价款不一致，一方当事人请求将投标文件、投标文件、中标通知书作为结算工程价款的依据的，人民法院应予支持"的规定。2. 案涉工程并不具备招投标的前提条件。大同某公司并未取得建设工程规划许可证、土地使用证等行政审批手续，不符合《中华人民共和国招标投标法》第九条和《中华人民共和国招标投标法实施条例》第七条的规定，不能进行招投标。3.《建设工程施工合同》是双方协商一致签订的，合同约定的价格是"可调价格"，双方关于工程款的确定应当以合同约定为准。另，大同某公司上诉称为镇江某公司垫付约 16 万元的水电费不是事实，其也未提交证据证明上述约 16 万元的水电费是镇江某公司使用产生的，该约 16 万元的水电费不应由镇江某公司承担。（三）最高人民法院的发回重审裁定中虽载明了争议焦点。但发回重审后，一审法院在查明案件事实的基础上，重新归纳争议焦点，并无不当。（四）关于工程洽商单、联系单真实性问题。大同某公司在一审中反复强调，只要有其签字，对签字的原件都予以认可，镇江某公司提交的材料已由双方质证完毕。在鉴定过程中，一审法院多次组织现场勘查，大同某公司也派人前往，对镇江某公司提交材料所涉及内容进行现场确认，故大同某公司主张的有其签字的洽商单、联系单不真实的观点不成立。（五）大同某公司并未提交证据证明其存在 1200 万元损失的事实。经一审法院多次催促，其拒绝提供相关材料，应视为其放弃该权利。大同某公司在二审中再次提及，不应得到支持。案涉工程未按期竣工的责任在于大同某公司，镇江某公司不存在任何过错。

镇江某公司向一审法院起诉请求：（一）判令大同某公司向镇江某公司支付拖欠的建设工程款 8000 万元（工程造价确定后再做调整）；（二）判令大同某公司承担本案诉讼费用；（三）判令大同某公司承担本案鉴定费用。本案发回重审后，镇江某公司增加诉讼请求：（一）要求确认对 4500t/d 熟料新型干法水泥生产线一期工程享有建设工程价款优先受偿权；（二）判令大同某公司支付所欠工程款的利息（按照中国人民银行同期同类贷款利率从 2011 年 8 月 2 日起计算至实际支付之日止）。

大同某公司反诉请求：（一）判令镇江某公司赔偿损失 1200 万元；（二）诉讼费由镇江某公司承担。

一审法院认定事实：2009 年 7 月 2 日，镇江某公司（承包方、乙方）与大同某公司（发包方、甲方）签订《建设工程施工合同》，该合同第一部分协议书中约定：工程名称为大同某公司 4500t/d 熟料新型干法水泥生产线一期工程。工程地点：大同市某某乡某某村。工程内容：大同某公司 4500t/d 熟料新型干法水泥生产线一期工程及其他配套工程、零星工程等全部内容。承包范围：包括但不限于前述大同某公司 4500t/d 熟料新型干法水泥生产线一期工程及其他配套工程、零星工程等全部内容的土建、电、给排水、供电，竣工和保修。开工日期：2009 年 6 月 29 日（以发包方开工令为准）。竣工日期：2009 年 11 月 5 日。合同总工期：130 个日历天，乙方必须按进度施工，所完成的土建工程必须按施工进度达到设备安装条件。工程质量标准：按照《建筑工程施工质量验收统一标准》（GB 50300-2001）的要求，达到合格标准。质量目标：一次性验收合格。合同价款：本合同为可调价格。金额为：96000000元（暂定价）。合同第二部分的通用条款约定：14.2因承包人原因不能按照协议书约定的竣工日期或工程师同意顺延的工期竣工的，承包人承担违约责任。26.4发包人不按合同约定支付工程款（进度款），双方又未达成延期付款协议，导致施工无法进行，承包人可停止施工，由发包人承担违约责任。合同第三部分的专用条款约定：23.合同价款及调整。23.2本合同价款方式确定。（1）采用可调总价合同，合同价款包括的风险范围：施工设备、劳务、管理、材料等各项应有费用。（2）合同价款的确定。以当月完成的全部工程量（含变更）按照《山西省建筑装饰工程消耗量定额（2005）》和山西省造价管理部门颁布的有效文件并结合施工期间的造价部门发布的大同材料信息价编制预算，执行（直接费+材差）×（1+11.5%）形成工程总价。除向发包方购买的材料按施工期间当月《大同市工程造价管理信息》下限据实调整，其他材料以大同市场6月造价信息下限为基准，材料价格增减在3%以内不考虑价差。26.工程款（进度款）支付。双方约定的工程款（进度款）支付的方式和时间：合同期内根据资金情况，每月按完成工程量造价（发包人提供的设备、材料不计入合同额）的85%支付。全部完成时，按结算审定计算工程合同金额的95%支付；留工程合同总价的5%作为保修金，其余部分一次付清。33.竣工结算。33.1工程竣工验收后，承包人在约定的时间内向发包人递交竣工结算报告及完整的资料，双方按照协议书约定的合同价款及专用条款约定的合同价款调整内容，进行工程竣工结算。发包人收到承包人递交的竣工结算报告及结算资料后的两个月内审核完毕，并按审核价扣除工程应扣款项后予以支付。35.违约。35.1本合同通用条款第26.4条约定发包人违约应承担的责任：工期顺延。本合同通用条款第33.3条约定发包人违约应承担的责任：按同期贷款利率向承包人支付利息。35.2本合同中关于承包人违约的具体责任如下：本合同通用条款第14.2款约定承包人违约承担的违约责任：每推迟一天罚50000元；本合同通用条款第15.1款约定承包人违约应当承担的违约责任：承包人无偿返工，延误工期，每推迟一天罚50000元。2010年1月5日，双方又签订了《补充协议》，约定工程分为A段和B段，双方成立两个项目部，李某负责A段，周某男负责B段；同时对部分子项工程施工工期及工程进度款的支付进行了约定。在施工期间，双方就延迟支付2009年8、9、12月及2010年1、3月工程进度款达成谅解协议。2009年至2010年，各分项工程经竣工验收，2010年年底工程竣工。双方未对工程进行竣工结算。截止到2011年11月17日，镇江某公司共收到大同某公司工程款104817748.38元。镇江某公司在一审法院第一次审理期间申请对涉案工程总造价进行鉴定，经一审法院委托，山西万某工程造价咨询有限责任公司（以下简称万某造价公司）进行了鉴定，并作出晋万鉴字〔2017〕001号鉴定意见书，鉴定意见为：大同某公司4500t/d熟料新型干法水泥生产线一期工程总造价为116526304.94元。

发回重审后的一审审理中，镇江某公司申请对基础超深毛石混凝土回填工程量、钢结构部分子项工程造价进行鉴定，一审法院委托圣某某造价公司对本次审理争议部分工程进行鉴定。2019年10月22日，圣某某造价公司出具鉴定报告，指出基础超深毛石混凝土回填工程量及全部钢结构工程造价为64952724.05元。其中，基础超深毛石混凝土回填工程造价为8545784.4元，全部钢结构工程造价为56406939.65元。经质证，圣某某造价公司鉴定人员对钢结构部分解释为，本次争议的钢结构部分子项工程量及造价无法单独计算，必须将全部钢结构工程造价进行鉴定，56406939.65元为涉案全部钢结构工程总造价。

一审法院认为，双方签订的《建设工程施工合同》约定工程总造价为96000000元（暂定价），大同某公司已经支付镇江某公司工程款104817748.38元，对此双方无异议。镇江某公司起诉要求大同某公司支付尚欠工程款8000万元（工程造价确定后再做调整）。根据已付工程款及镇江某公司起诉主张数额，已经远远超过《建设工程施工合同》约定的工程总造价，对此，镇江某公司主张在施工过程中增加了工程项目及工程量，但未提供增加工程的补充协议。镇江某公司提供了其全部施工资料，主张工程总造价为200923373.74元。经质证，大同某公司不认可在《建设工程施工合同》之外存在增加的工程，并且认为镇江某公司有伪造洽商单、联系单的嫌疑，诉讼请求巨额超标，于庭审时口头提出应对洽商单、联系单的真实性予以鉴定，但因大同某公司不能明确指出哪一部分系伪造，也未提供相关证据证明镇江某公司伪造证据，该请求无法支持。经原一审法院委托，万某造价公司鉴定本案工程总造价为116526304.94元。原一审判决作出后，双方当事人向最高人民法院提出上诉，最高人民法院审理后裁定发回重审。本次审理重点是：（一）镇江某公司主张的基础超深毛石混凝土回填工程量、钢结构部分子项工程是否应计入工程造价；（二）镇江某公司是否对涉案工程享有建设工程价款优先受偿权；（三）大同某公司主张镇江某公司应赔偿其损失1200万元的请求能否支持。

关于镇江某公司主张的基础超深毛石混凝土回填工程量、钢结构部分子项工程是否应计入工程造价的问题。经查，原一审委托作出的鉴定意见中，不包括上述两项内容。本次审理中，镇江某公司申请对上述工程造价进行鉴定，并提供了争议工程的全部施工材料，其中与争议工程相关的洽商单、联系单数量较多，形式上有的有甲、乙方签字盖章，有的有甲、乙方及监理单位签字盖章；少部分有设计单位签字盖章，大部分没有设计单位签字盖章。结合最高人民法院裁定内容，经一审法院委托，圣某某造价公司对本次审理争议部分工程进行鉴定。2019年10月22日，圣某某造价公司出具鉴定报告，结论是：基础超深毛石混凝土回填工程量及全部钢结构工程造价为64952724.05元。其中，基础超深毛石混凝土回填工程造价为8545784.4元，全部钢结构工程造价为56406939.65元。经质证，圣某某造价公司鉴定人员对钢结构部分解释为，钢结构部分子项工程量及造价无法单独计算，必须将全部钢结构工程造价进行鉴定，56406939.65元为涉案全部钢结构工程总造价，采信的是施工图纸及有甲方、乙方和监理单位三方签字盖章的洽商单、联系单等资料。圣某某造价公司对争议部分工程出具的鉴定意见，程序合法，所依据的工程资料、施工合同及施工期间大同地区的建设工程材料指导价格等客观真实，结论应予采信。

原一审期间，万某造价公司作出的晋万鉴字〔2017〕001号鉴定意见书中，钢结构工程造价为41853090.14元，已经计入工程总造价。本次审理委托鉴定的是镇江某公司提出的原一审漏算的、未计入工程造价的钢结构部分子项工程，圣某某造价公司出具的鉴定报告包含了钢结构部分子项工程，故应将本次鉴定的全部钢结构工程造价56406939.65元核减第一次鉴定的钢结构工程造价41853090.14元，即为漏算的钢结构部分子项工程14553849.51元。原一审审理认定大同某公司尚欠镇江某公司工程款11708556.56元，加上本次鉴定的基础超深毛石混凝土回填工程造价8545784.4元及钢结构部分子项工程造价14553849.51元，大同某公司还应支付镇江某公司工程款34808190.32元。

关于镇江某公司请求确认对涉案工程享有建设工程价款优先受偿权的问题。《最高人民法院关于审理建设工程施工合同纠纷案件适用法律问题的解释（二）》第二十二条规定：承包人行使建设工程价款优先受偿权的期限为六个月，自发包人应当给付建设工程价款之日起算。经查明，涉案工程于2010年年底实际交付，但双方一直未进行竣工结算。镇江某公司2015年4月向一审法院提起诉讼时，没有主张建设工程价款优先受偿权，重审时增加该项诉讼请求已超过六个月的除斥期间，故对镇江某公司该项诉讼请求不予支持。

关于大同某公司提出《建设工程施工合同》及《补充协议》为有效协议，镇江某公司应赔偿其损失1200万元的问题。经查明，大同某公司就涉案工程向规划、国土、环保等部门递交过审批手续，但未取得行政主管部门最终核发的建设用地规划许可证、建设工程规划许可证、土地使用证。《中华人民共和国城乡规划法》第三十七条、第三十八条规定，在城市、镇规划区的建设项目，建设单位应当向城市、县人民政府城乡规划主管部门申请领取建设用地规划许可证；第四十条规定，在城市、镇规划区内进行工程建设的，建设单位或者个人应当向城市、县人民政府城乡规划主管部门或者省、自治区、直辖市人民政府确定的镇人民政府申请办理建设工程规划许可证。《最高人民法院关于审理建设工程施工合同纠纷案件适用法律问题的解释（二）》第二条规定，当事人以发包人未取得建设工程规划许可证等规划审批手续为由，请求确认建设工程合同无效的，人民法院应予支持。至本次一审审理期间，大同某公司仍未取得上述建设用地规划许可证、建设工程规划许可证及土地使用证，故案涉合同应认定为无效。大同某公司要求镇江某公司赔偿损失 1200 万元，但大同某公司未提供相关证据证明实际损失存在，其请求由一审法院委托司法鉴定确定损失，因大同某公司不能提供实际损失的相关鉴定资料，故对其反诉请求不予支持。

一审法院判决：（一）大同某公司于本判决生效后三十日内支付镇江某公司工程欠款 34808190.32 元；（二）驳回镇江某公司的其他诉讼请求；（三）驳回大同某公司的反诉请求。

本院二审期间，大同某公司提交以下二组共计六份新证据。第一组：1. 原大同市规划管理局 1994 年 1 月 29 日颁发的《建设用地规划许可证》，证明：案涉工程系在大同市矿用水泥厂的基础上扩改建而来，而大同市矿用水泥厂本身就有建设用地规划许可证，故大同某公司开工建设是合法的。2. 原大同市南郊区住房保障和城乡建设管理局 2016 年 10 月 24 日作出的《建设项目规划设计条件及附图》，证明：案涉土地的相关手续是合法的。3. 原大同市国土资源局南郊分局 2017 年 7 月 18 日作出的《同意用地计划函及附图》，证明：案涉工程所用土地不涉及基本农田，该局原则同意该项目用地。4. 大同市经济和信息化委员会 2018 年 3 月 26 日的《关于大同某公司新型干法水泥项目变更主机设备规格和生产规模及备案的通知》。5. 2018 年 3 月 21 日原大同市国土资源局南郊分局出具的《情况说明》。上述第 4 和第 5 份证据证明：案涉工程用地合法，案涉工程施工合同及补充协议合法有效。第二组：河北省第四建筑工程公司的投标文件，证明：案涉工程 2009 年 6 月经过合法招标，大同某公司进行了正规的招投标，镇江某公司出具的投标文件是合法的；当《建设工程施工合同》与招投标文件不一致时，应当按照镇江某公司的投标文件确定的价格认定本案的工程价款。

镇江某公司质证意见为：第一组证据中，证据 1 没有原件，对该证据的真实性、合法性、关联性不予认可。即使该证据是真实的，也无法证明大同某公司与大同市矿用水泥厂之间存在关联性。另，该证据的形成时间为 1994 年，一审开庭之前已存在，不能作为新证据使用，不应被采纳。且从该证据的内容看，其有效期为六个月，即使该建设用地规划许可证与案涉工程有关，也超过了有效期，根据规定不能取得后面的国有土地使用证及建设工程规划许可证。对证据 2 的真实性予以认可，但该证据与本案不具有关联性。该证据未标明该地块涉及大同某公司，不能证明与案涉土地是同一个地块。另，该证据形成于 2016 年 10 月 24 日，即一审开庭之前已经存在，不能作为新证据使用。对证据 3 的真实性予以认可，但关联性不予认可，且该证据形成时间为 2017 年 7 月 18 日，一审开庭之前已经存在，不能作为新证据使用。该证据虽显示同意用地计划，但大同某公司至今没有取得国有土地使用证，足以证明大同某公司的用地不符合行政审批手续。对证据 4 的真实性予以认可，但该证据亦不能证明大同某公司取得了建设工程规划许可证。证据 5《情况说明》仅为复印件，对该证据的真实性、合法性、关联性均不予认可。对第二组证据投标文件的真实性予以认可，但该投标文件并不能证明案涉工程进行了合法的招投标程序。

镇江某公司庭后提交以下新证据：1. 2011 年 10 月 12 日镇江至太原 K372 次车票一张（复印件）；2. 2011 年 10 月 21 日太原至大同 K892 次车票一张（复印件）；3. 2012 年 10 月 27 日淮安至太原 K564 次车票一张（复印件）；4. 2012 年 10 月 28 日太原至大同 K7802 次车票一张（复印件）；5. 2013 年 6 月 12 日镇江至太原 K372 次车票一张（复印件）；6. 2013 年 6 月 13 日太原至大同 K7808 次车票一张（复印件）；7. 镇江某公司 2014 年 9 月 22 日差旅费报销单一份，出差事由为山西大同决算办理（共 4 人，含法院 2 人、律师 1 人）。以上证据证明案涉工程于 2010 年年底竣工后，为催促大同某公司办理结算和给付工程款，镇江某公司派人于 2011 年 11 月 12 日、2012 年 10 月 27 日、2013 年 6 月 12 日赶赴大同；以及镇江某公司于 2014 年曾起诉至江苏省镇江市润州区人民法院，2014 年 9 月镇江某公司工作人员及律师同镇江市润州区人民法院工作人员赶赴大同，与大同某公司交涉工程款结算及付款事宜，后该案撤诉。2015 年镇江某公司起诉至山西省高级人民法院。另，负责案涉工程的李某和周某男多次电话联系大同某公司。

大同某公司质证意见为：首先，镇江某公司提交的证据不属于新证据，对证据的真实性、合法性、关联性均不予认可，且证据已超过二审法院要求的庭后五天内提交的期限。其次，票据全部为复印件，系镇江某公司单方制作，内容有涂改，即使镇江某公司提交的差旅费报销单（标明附件壹拾玖张）为真实，但其所附票据数量、时间、人员都与报销单不符，且不能证明其出行目的。再次，大同某公司从未接到镇江市润州区人民法院的任何材料，也没有见过该院任何工作人员和镇江某公司的工作人员及律师。自 2011 年 11 月 17 日最后一笔付款起至 2015 年 4 月 9 日起诉前，双方完全没有见过面，也没有任何联系和沟通。另，根据人民法院受理民事案件的规定，因合同纠纷提起的诉讼，应由被告住所地或者合同履行地人民法院管辖，镇江市润州区人民法院对本案没有管辖权。

对当事人二审争议的事实本院认定如下：（一）对于大同某公司提交的新证据。第一组证据 1 原大同市规划管理局 1994 年 1 月 29 日颁发给大同市矿用水泥厂的《建设用地规划许可证》为复印件，镇江某公司对该证据的真实性不予认可。因无法与原件核对，故本院对该证据的真实性不予认可，且该许可证并非颁发给大同某公司，不能以此证明大同某公司取得了《建设用地规划许可证》。对第一组证据 2、3、4 的真实性予以认可，但上述证据系相关部门文件或函件，大同某公司并未按照相关规定办理国有土地使用证、建设用地规划许可证等，故本院对大同某公司的证明目的不予采信。第一组证据 5《情况说明》为复印件，无法与原件进行核对，故本院对该证据的真实性不予认可。对第二组证据河北省第四建筑工程公司的投标文件的真实性予以认可，但该证据不能证明案涉工程经过合法招投标程序。（二）对于镇江某公司提交的新证据。镇江某公司提交的上述车票和差旅费报销单均为复印件，未能核对原件，故本院对该证据的真实性不予认可。

另查明，一审法院认定的大同某公司还应支付镇江某公司工程款 34808190.32 元计算有误，应纠正为 34808190.47 元；对一审法院查明的其他事实本院予以确认。

本院认为，结合双方的诉辩意见，本案的焦点问题是：（一）《建设工程施工合同》《补充协议》的效力问题；（二）案涉工程价款是按照"综合单价"计算还是按照"可调价格"计算的问题。如果按照"可调价格"计算工程价款，万某造价公司、圣某某造价公司出具的鉴定意见能否作为计算案涉工程价款依据的问题；（三）镇江某公司主张给付尚欠工程款利息的诉讼请求应否得到支持的问题；（四）镇江某公司主张的工程价款优先受偿权能否成立的问题；（五）镇江某公司的起诉是否超过法定诉讼时效期间的问题。

（一）《建设工程施工合同》《补充协议》的效力问题

镇江某公司主张《建设工程施工合同》《补充协议》无效。主要理由是：

1. 大同某公司就案涉项目并未取得建设用地规划许可证、国有土地使用证和建设工程规划许可证等。根据《最高人民法院关于审理建设工程施工合同纠纷案件适用法律问题的解释（二）》第二条"当事人以发包人未取得建设工程规划许可证等规划审批手续为由，请求确认建设工程施工合同无效的，人民法院应予支持，但发包人在起诉前取得建设工程规划许可证等规划审批手续的除外"的规定，《建设工程施工合同》《补充协议》应为无效。2. 案涉项目的投资总额已超过 3000 万元，依法应进行招投标程序，但至今为止，大同某公司并未提交证据证明案涉工程进行了合法的招投标程序。大同某公司所称的投标只是一个议标的行为和过程，不是正规合法的招投标程序。

大同某公司主张《建设工程施工合同》《补充协议》合法有效。主要理由是：1. 案涉工程经过招投标程序，镇江某公司中标后签订了《建设工程施工合同》和《补充协议》，本案不存在建设工程施工合同无效的情形。2. 案涉工程在 1994 年 1 月 29 日已经取得建设用地规划许可证，开工的行政审批文件是在原有生产线上取得的。2016 年 10 月 24 日，原大同市南郊区住房保障和城乡建设管理局印发文件。2017 年 7 月 18 日，原大同市国土资源局南郊分局给大同某公司发函认为案涉项目用地符合土地利用总体规划，原则上同意该项目用地。因此案涉工程手续合法。

《最高人民法院关于审理建设工程施工合同纠纷案件适用法律问题的解释（二）》第二条规定："当事人以发包人未取得建设工程规划许可证等规划审批手续为由，请求确认建设工程施工合同无效的，人民法院应予支持，但发包人在起诉前取得建设工程规划许可证等规划审批手续的除外。"本院认为，本案中，大同某公司所称 1994 年 1 月 29 日取得的《建设用地规划许可证》并不是颁发给大同某公司的；2016 年 10 月 24 日原大同市南郊区住房保障和城乡建设管理局印发的文件、2017 年 7 月 18 日原大同市国土资源局南郊分局给大同某公司的函，均不能证明大同某公司取得前述司法解释规定的建设工程规划审批手续。且截至目前，大同某公司亦不能举证证明其已取得案涉工程的建设工程规划许可证等规划审批手续，故一审法院认定案涉《建设工程施工合同》《补充协议》无效并无不当。

（二）案涉工程价款是按照"综合单价"计算还是按照"可调价格"计算的问题。如果按照"可调价格"计算工程价款，万某造价公司、圣某某造价公司出具的鉴定意见能否作为计算案涉工程价款依据的问题

经查明，2009 年 6 月 12 日，镇江某公司制作的《大同某公司 4500t/d 熟料

新型干法水泥生产线一期工程投标文件》（A标段）（B标段）均显示：根据已收到的招标编号为DTYZ-JZ2009-001的大同某公司4500t/d熟料新型干法水泥生产线一期（A标）（B标）工程的招标文件，遵照《工程建设施工招标投标管理办法》的规定，经考察现场和研究上述工程招标文件，镇江某公司愿以下综合单价承包案涉工程，其中A标土建报价为54551187.07元；B标段土建报价为41535611.97元。并保证在合同履行期内，不因施工条件（包括参考工程量）及市场价格等因素的变化而改变综合单价。另，该投标文件第4条显示：镇江某公司同意所递交的投标文件在投标须知第10条规定的投标有效期内有效，在此期间镇江某公司的投标有可能中标，镇江某公司将受此约束。该投标文件第5条显示：除非另外达成协议并生效，大同某公司的中标通知书和本投标文件将构成约束双方的合同。

2009年7月2日镇江某公司与大同某公司签订《建设工程施工合同》，该合同第5条约定：本合同为"可调价格"，合同金额为96000000元（暂定价）。该合同专用条款第8条第33.1项约定："双方按照协议书约定的合同价款及专用条款约定的合同价款调整内容，进行工程竣工结算。"在二审中，双方均认可实际履行的是《建设工程施工合同》《补充协议》。

从上述事实看，虽然镇江某公司曾在其投标文件中表示愿以"综合单价"承包案涉工程，但该内容与此后双方签订的《建设工程施工合同》约定的"可调价格"不一致，且案涉合同均为无效。根据《最高人民法院关于审理建设工程施工合同纠纷案件适用法律问题的解释（二）》第十一条"当事人就同一建设工程订立的数份建设工程施工合同均无效，但建设工程质量合格，一方当事人请求参照实际履行的合同结算建设工程价款的，人民法院应予支持"的规定，一审法院认定案涉工程价款应按照"可调价格"计算适当。大同某公司上诉称应按照镇江某公司制作的投标文件中承诺的"综合单价"计算工程价款的理由不能成立。

关于增加的工程量。因双方未就增加的工程签订补充协议，且（2017）最高法民终×××号发回重审的民事裁定中载明："大同某公司二审庭审中称'如果是我们公司及监理单位签章签字就认可，在一审中发现镇江某公司有变造证据的行为'可以认定案涉基础超深毛石混凝土回填工程量的签证单确实存在。"经过一审法院重审确认：有建设单位、承包单位、监理单位三方签章的工程洽商单、联系单中存在"基础超深毛石混凝土回填工程量"和"钢结构部分子项"两部分。经镇江某公司申请，一审法院对于万某造价公司鉴定意见书中未涉及的上述部分工程，委托圣某某造价公司进行鉴定。虽然大同某公司抗辩称不存在增加工程量，并认为镇江某公司有伪造工程洽商单、联系单的嫌疑，在一审庭审时口头申请对工程洽商单、联系单的真实性进行鉴定，但因大同某公司不能明确具体指出哪些单据属伪造，也未提交证据予以佐证，故一审法院对其抗辩未予采纳并无不当。圣某某造价公司出具的鉴定意见书显示：基础超深毛石混凝土回填工程量及全部钢结构工程造价共计为64952724.05元。其中，基础超深毛石混凝土回填工程造价为8545784.4元，全部钢结构工程造价为56406939.65元。另，因为万某造价公司作出的晋万鉴字〔2017〕001号鉴定意见书中钢结构工程造价为41853090.14元，已经计入工程总造价。故第二次鉴定的全部钢结构工程造价56406939.65元核减第一次鉴定的钢结构工程造价41853090.14元，即为漏算的钢结构部分子项工程14553849.51元。

综上，结合万某造价公司鉴定意见中确认的案涉工程总造价116526304.94元；加上第二次鉴定的基础超深毛石混凝土回填工程造价8545784.4元，及漏算的钢结构部分子项工程14553849.51元，案涉工程最终总造价为139625938.85元（116526304.94元+14553849.51元+8545784.4元）。镇江某公司认可已收到大同某公司工程款104817748.38元，即大同某公司尚欠镇江某公司工程款为34808190.47元。大同某公司上诉称案涉工程应按"综合单价"计算工程价款，无须对工程价款进行鉴定的理由不能成立。

至于镇江某公司上诉称钢结构部分仍存在少算、漏算1600万元的问题。对此本院认为，镇江某公司在圣某某造价公司出具鉴定意见后对该部分提出异议，一审法院组织各方对鉴定意见进行了质证，鉴定机构已派员出庭对镇江某公司提出的少算、漏算1600万元的问题进行了答复说明。该鉴定意见依据客观，程序合法，原审法院对该鉴定意见予以采纳并无不当。镇江某公司上诉称案涉工程中钢结构子项部分少计算1600万元的理由不能成立，本院不予支持。

（三）镇江某公司主张给付尚欠工程款利息的诉讼请求应否得到支持的问题

《诉讼费用交纳办法》第二十二条规定，原告自接到人民法院交纳诉讼费用通知次日起七日内交纳案件受理费。一审法院重审本案期间，镇江某公司增加诉讼请求，即请求判令大同某公司支付其尚欠工程款所产生的利息（按照中国人民银行同期同类贷款利率从2011年8月2日起计算至付清之日止）。一审法院于2018年11月7日制作《通知》载明："因镇江某公司于2018年10月30日开庭审理时向本院提出增加诉讼请求的申请，但未明确利息的具体数额。限镇江某公司于收到本通知书次日起七日内提交增加诉讼请求的数额并预交诉讼费。期满仍未交纳的，按撤回增加诉讼请求处理。"从上述《通知》的内容看，其主要内容是要求镇江某公司明确利息的具体数额，并依据利息数额预交诉讼费。但是，因该通知未载明须交纳的诉讼费具体数额、收取诉讼费用的专户名称等，不属于规范的人民法院催交诉讼费通知书，故不宜据此认定该项诉请因未交费而自动撤回。

《最高人民法院关于审理建设工程施工合同纠纷案件适用法律问题的解释》第十七条规定：当事人对欠付工程价款利息计付标准有约定的，按照约定处理；没有约定的，按照中国人民银行发布的同期同类贷款利率计息。因此，镇江某公司主张大同某公司应给付其尚欠工程款的利息有事实及法律依据。

《最高人民法院关于审理建设工程施工合同纠纷案件适用法律问题的解释》第十八条规定：利息从应付工程价款之日计付。当事人对付款时间没有约定或者约定不明的，下列时间视为应付款时间：（一）建设工程已实际交付的，为交付之日；（二）建设工程没有交付的，为提交竣工结算文件之日；（三）建设工程未交付，工程价款也未结算的，为当事人起诉之日。据原审查明，案涉工程于2010年年底工程竣工，双方未进行工程竣工结算。二审中大同某公司自认案涉工程的交付时间大概为2011年3月。一审中镇江某公司主张应自2011年8月2日起给付尚欠工程款的利息；二审中镇江某公司主张尚欠工程款的利息自2011年11月18日起计付，因镇江某公司主张给付尚欠工程款的利息的起算时间晚于大同某公司自认的案涉工程交付时间，故对镇江某公司要求从2011年11月18日起计付尚欠工程款的利息的诉讼请求予以支持。

（四）镇江某公司主张的工程价款优先受偿权能否成立的问题

《最高人民法院关于审理建设工程施工合同纠纷案件适用法律问题的解释（二）》第二十二条规定："承包人行使建设工程价款优先受偿权的期限为六个月，自发包人应当给付建设工程价款之日起算。"本案中，镇江某公司2015年4月向原一审法院起诉时并未主张就工程折价或者拍卖的价款优先受偿。2018年6月26日本院将本案发回重审时，镇江某公司才向一审法院增加该项诉讼请求，要求尚欠工程款就工程折价或者拍卖的价款优先受偿。因此，镇江某公司关于就建设工程价款享有优先受偿权的主张已超过法定六个月期限，一审法院未予支持并无不当。镇江某公司的该上诉请求及理由不能成立。

（五）镇江某公司的起诉是否超过法定诉讼时效期间的问题

大同某公司称，其支付最后一笔工程款的时间为2011年11月17日，镇江某公司2015年4月9日提起诉讼，在长达三年半的时间内，镇江某公司并未向其主张过尚欠工程款，双方也没有任何联系，故本案已超过诉讼时效。

对此本院认为，双方签订的《建设工程施工合同》专用条款第 6 条第 26 项约定，工程款（进度款）支付的方式和时间为：合同期内根据资金情况，每月按完成工程量造价（发包人提供的设备、材料不计入合同额）的 85% 计算。即进度款＝当月完成工程量经审定后价款×85%，并在下月 10 日前支付给承包方。全部完成时，按结算审定计算工程合同金额的 95% 支付，留工程合同总价的 5% 作为保修金，其余部分一次付清。该合同第 8 条第 33.1 条约定：工程竣工验收后，承包人在约定的时间内向发包人递交竣工结算报告及完整的结算资料，双方按照协议书约定的合同价款及专用条款约定的合同价款调整内容，进行工程竣工结算。发包人收到承包人递交的竣工结算报告及结算资料后的二个月内审核完毕，并按审核价扣除工程应扣款项后予以支付。从以上约定看，承包人实际竣工后的结算期间，应为发包人收到结算报告及结算资料后的两个月内。

但案涉工程竣工后，双方并未按照上述合同的约定进行竣工结算，即起诉之前，案涉工程欠款数额尚未最终确定，剩余工程款的给付期限并不明确。而债务履行的诉讼时效期间是自履行期限届满之日起算。故镇江某公司向一审法院起诉要求大同某公司给付尚欠工程款及利息，并没有超过法定诉讼时效期间。大同某公司称镇江某公司的起诉已超过诉讼时效的理由不能成立。

综上所述，镇江某公司的上诉请求部分成立，予以支持。大同某公司的上诉请求不能成立，应予驳回。依照《中华人民共和国民事诉讼法》第一百七十条第一款第二项规定，判决如下：

一、维持山西省高级人民法院（2018）晋民初×××号民事判决第三项；

二、撤销山西省高级人民法院（2018）晋民初×××号民事判决第二项；

三、变更山西省高级人民法院（2018）晋民初×××号民事判决第一项为：大同某公司于本判决生效之日起三十日内支付镇江某公司工程欠款 34808190.47 元及利息（以 34808190.47 元为本金，自 2011 年 11 月 18 日至 2019 年 8 月 19 日按照中国人民银行同期同类贷款基准利率计算利息，自 2019 年 8 月 20 日至实际给付之日按照同期全国银行间同业拆借中心公布的贷款市场报价利率计算利息）。

四、驳回镇江某公司的其他诉讼请求。

如果未按照本判决指定的期间履行给付金钱义务，应当依照《中华人民共和国民事诉讼法》第二百五十三条之规定，加倍支付迟延履行期间的债务利息。

一审案件受理费 441800 元，由镇江某公司负担 265080 元，大同某公司负担 176720 元；反诉受理费 46900 元，由大同某公司负担。第一次鉴定费 1200000

元、第二次鉴定费 1052491 元，共计 2252491 元，由镇江某公司负担 1351494.6 元，大同某公司负担 900996.4 元。二审案件受理费 459035.37 元（243194.42 元+215840.95 元），由镇江某公司负担 117800 元，大同某公司负担 341235.37 元（125394.42 元+215840.95 元）。

本判决为终审判决。

审判长　×××

审判员　×××

审判员　× ×

二〇二一年一月十五日

书记员　×××

办案回顾

镇江某公司是江苏辰顺律师事务所的长期法律顾问单位，该公司的业务主要是商业厂房，尤其是水泥筒仓的建设。2015 年 4 月，公司决定对长期拖欠工程款的山西某公司提起诉讼。该案由于管辖地在山西高院，起初由所里其他两名律师代理，后其中一名律师无法代理，另一名律师又在实习期，于是变更李永燕为代理人。时间短、材料多，代理人紧急了解项目情况，熟悉案件材料，最终确定：镇江某公司承建了山西某公司 A 和 B 两个标段的项目施工，工程施工结束后经过竣工验收已经交付给山西某公司，但工程造价未竣工结算，案涉工程项目双方采取的是议价方式，没有经过招投标程序，并且关于工程造价招标文件和建设工程施工合同中确定的计价方式不同，采取何种方式确定工程造价，结果会有天壤之别。案涉工程能不能行使工程价款优先受偿权？梳理好思路后，代理人将案涉的造价鉴定需要的三大箱工程资料邮寄给法院，随身携带部分诉讼材料赶往山西高院。最终代理人以案涉工程未取得建设工程规划许可证为由，认为双方签订的合同无效，案涉工程又没有采取正规的招投标程序，应当以双方实际履行的合同作为合同价款结算的依据。一审法院采纳了代理人的观点，以建设工程施工合同中约定的"可调价款"作为合同价款确定的依据委托工程造价机构进行司法鉴定。一审法院于 2016 年作出一审判决，镇江某公司以工程造价漏项为由上诉至最高人民法院，最高人民法院于 2017 年发回重审，重审后一审法院对漏项部分进行重新鉴定，作出一审判决，但没有支持利息损失，理由是镇江某公司未按通知指定期限补交诉讼费用。镇江某公司于 2020 年再次向最高人民法院提起上诉，针对利息损失问题，从通知内容不完善及程序问题进行辩论。最高人民法院采纳了代理人的意见，支持了利息损失的主张。该案虽然审理时间较长，但是经过代理人的努力，为镇江某公司确定了有利的工程价款计价方式，也争取到了相应的利息损失。至于工程价款优先受偿权，由于起诉的时间确实已经超过了当时法律规定的六个月时间，在起诉之初也已经预料到结果，镇江某公司领导对此也是理解的，并且对最终结果非常满意。

江苏辰顺律师事务所　李永燕

二〇二三年十二月

债权转让纠纷案例及办案回顾

李永燕

江苏省丹阳市人民法院
民事判决书

（2022）苏 1181 民初×××号

原告：丹阳某贸易公司，住所地×××。

法定代表人：唐某，总经理。

委托诉讼代理人：姬某，江苏某律师事务所律师。

被告：眭某某，男，住×××。

委托诉讼代理人：陈某某，江苏某律师事务所律师。

被告：镇江某公司，住所地镇江市×××。

法定代表人：朱某某，执行董事。

委托诉讼代理人：李永燕，江苏辰顺律师事务所律师。

委托诉讼代理人：赵家军，江苏辰顺律师事务所实习律师。

被告：江苏某建设公司，住所地丹阳市×××。

法定代表人：眭某某。

委托诉讼代理人：陈某某，江苏某律师事务所律师。

第三人：岳某某，男，住丹阳市×××。

委托诉讼代理人：卢某，江苏某律师事务所律师。

原告丹阳某贸易公司（以下简称丹阳某公司）与被告眭某某、镇江某公司、江苏某建设公司、第三人岳某某债权转让合同纠纷一案，本院于 2022 年 2 月 14 日立案受理后，因发现有不宜适用简易程序的情形，依法裁定转为普通程序，公开开庭进行了审理。原告丹阳某公司委托诉讼代理人姬某、被告眭某某及委托诉讼代理人陈某某、被告江苏某建设公司的委托诉讼代理人陈某某、被告镇江某公司委托诉讼代理人李永燕及赵家军、第三人岳某某及委托诉讼代理人卢某到庭参加诉讼。本案现已审理终结。

原告丹阳某公司向本院提出诉讼请求：1. 判令三被告共同偿还原告借款4978万元并支付借款利息（以4978万元为基数，自2017年7月2日起至2019年8月20日止按照年利率24%计算；自2019年8月20日起至实际还款之日止按全国银行间同业拆借中心公布的一年期贷款市场报价利率四倍计算）；2. 判令三被告承担本案诉讼费用。事实和理由：被告眭某某作为被告镇江某公司全权代表承建某某新城安置小区期间，因施工缺乏资金多次向原告借款，后眭某某与岳某某结算。2017年7月2日，原告与岳某某签订《债权转让协议》，约定岳某某将其对三被告享有的本金4978万元及利息转让给原告。

被告眭某某及江苏某建设公司辩称：眭某某向原告借款系职务行为，应当由江苏某建设公司承担还款责任。案涉借条中，原告并未实际交付916万元借条、2292万元借条所载明的款项，上述借条的产生系受原告胁迫所写，均是高额利息。本案应依据（2021）苏1181民初××××号案件及（2017）苏1181民初×号案件的庭审情况，查明事实并确认债权的真实性及转让是否合法有效。

被告镇江某公司辩称：1. 2010年岳某某与眭某某之间的借款与镇江某公司无关。2. 岳某某已将原告诉请中的500万元转让给徐某某，原告不应就该500万元起诉。3. 岳某某出借给眭某某的1160万元所谓投标保证金与镇江某公司无关，且眭某某已还清该款。4. 所有借条中加盖的镇江某公司的公章均为眭某某私刻的假章，镇江某公司对案涉借款事宜均不知情，镇江某公司亦未取得、使用案涉借款，不应承担责任。5. 2013年8月1日借条载明的916万元未交付。6. 2013年6月20日700万元借条中虽加盖了假的镇江某公司公章，但亦不构成表见代理，更不是眭某某履行职务行为。眭某某不是镇江某公司员工，岳某某及原告提交的用以证明构成表见代理的证据基本为借款后至起诉后才搜集、调取的，且部分为复印件，镇江某公司亦不认可其真实性。其提交的授权委托书亦有明确的给付对象及授权范围，岳某某出借款项给眭某某时并未履行审查义务。7. 2292万元借条与镇江某公司无关。经公安机关查实，岳某某并未实际交付2000万元承兑汇票给眭某某。原告后虽陈述为借新还旧或对前期借款本息的结算，亦应是为自圆其说拼凑计算而成。8. 因本被告并未收到债权转让通知，其转让对本被告无约束力，即使转让协议有效，原告债权已超过诉讼时效。综上，镇江某公司不应承担责任，应驳回原告对镇江某公司的全部诉讼请求。

第三人岳某某辩称：在（2021）苏1181民初××××号一案中的答辩意见适用于本案，在责任认定上，本案三被告均应对案涉借款承担还款责任。1. 某某新城项目为BT工程，眭某某向本人借款系用于某某新城项目，眭某某作为该项目经理进行投融资有其必然性，镇江某公司对此显然明知。2. 睢某某为取得岳某某信任，借款之初就向岳某某出示了镇江某公司出具的授权委托书、某某工地的公示牌、某某新城项目通讯录、工地协调会议纪要等材料，用以证明其为镇江某公司的项目负责人。在借款时，睢某某按岳某某要求加盖镇江某公司公章。借款后，睢某某于2014年7月1日签订的还款协议中注明，其可委托岳某某直接向镇江某公司或丹阳市开发区高新技术产业发展有限公司（以下简称高新公司）收取工程款作为还款。如果没有事先看到镇江某公司给高新公司的授权委托书，岳某某没有理由相信睢某某在承诺书中的声明，也没有理由相信睢某某可以个人名义委托其直接向镇江某公司或高新公司收取工程款。因此，在借款时睢某某各种行为的权利外观足以使其相信，岳某某也已尽到合理注意义务，并无过错。3. 查阅睢某某与镇江某公司相关的生效法律文书可知，对睢某某与镇江某公司在某某新城项目中的关系认定有挂靠、整体转包、执行经理等，这些三级法院生效法律文书均确认一个事实并产生同一法律后果，即睢某某在某某新城项目中实际负责、实际施工，镇江某公司应对睢某某施工期间产生的债务承担责任。4. 睢某某在公安机关曾陈述"从岳某某处借款，均用于某某新城工人工资，岳某某出借款项给我时就知道我是挂靠镇江某公司，所以他借给我的每笔款项都要求我在借款人或担保人处加盖镇江某公司印章"。睢某某虽不是镇江某公司员工，但睢某某以挂靠的方式代表镇江某公司实际负责某某新城项目，其对外有权代表镇江某公司，即使睢某某无权代表亦构成表见代理。5. 案涉借款确实用于某某新城项目，这点睢某某在公安机关的供述及部分银行交易明细可证实。6. 即使借条上加盖的均为假章，本人亦无能力和义务辨认、审查印章的真伪，且某某新城项目在行政部门的存档资料中亦有加盖该假章的情况，显然是镇江某公司概括授权睢某某用假章备案，是其内部管理不善所致。镇江某公司对假章的使用行为存在过错，理应承担相应的民事责任。对加盖在担保人处的借条所涉借款，鉴于睢某某与镇江某公司之间为"直接或间接控制"及"商业合作"的挂靠关系，属于无须机关决议的情形，其担保仍然有效。在借款金额认定上，案涉916万元的借条，有睢某某签收的承兑汇票证实交付情况，承兑汇票金额与借条金额相差的部分是贴息。案涉2292万元借条系由戴某某和岳某燕等人转入睢某某的款项所生本息及案涉借款的利息、预收利息共同组成。两张1000万元承兑汇票系为做账所附，并非真正交付。

原、被告围绕诉讼请求依法提交了证据，本院依法组织当事人对证据质证、交换意见。对原、被告双方提交的无争议的证据，本院依法予以确认并在卷佐证。

经本院审理查明：2013年1月22日，眭某某挂靠镇江某公司（承包人）与高新公司（发包人）签订建筑工程施工合同，镇江某公司作为承包人承建某某新城安置小区（一标段）工程，眭某某为实际施工人。2013年1月26日，镇江某公司向高新公司出具授权委托书，该授权委托书载明："我朱某某系镇江某公司的法定代表人，现授权委托镇江某公司：眭某某为我公司承接某某新城安置小区工程等事宜的委托代理人，我承认代理人全权代表其所签署的本事项文件的内容。"朱某某在该授权委托书法定代表人处签名，镇江某公司在该委托书上加盖公章。2013年5月5日，江苏某建设公司与镇江某公司签订《某某新城安置小区分包施工协议》，镇江某公司将其承包的某某新城安置小区部分工程分包给江苏某建设公司施工。江苏某建设公司于2014年6月10日登记成立，法定代表人为眭某某，其持股比例为80%。

因某某新城安置小区（一标段）工程为BT工程，施工方需进行垫资建设，眭某某遂与岳某某商量借款用于工程施工，并于2013年6月20日向岳某某出具一份承诺书，表明其代表镇江某公司承建某某新城项目需向岳某某借款，承诺岳某某的借款综合收益不低于月息6分，收到工程款后首先归还借款等。

2013年6月20日，被告眭某某向岳某某借款700万元并出具借条，该借条上盖有"镇江某公司321121000013645-3"印章，当日岳某某向被告眭某某账户汇款700万元；2013年7月1日，被告眭某某向岳某某借款300万元并出具借条，该借条担保人处加盖了"镇江某公司321121000013645-3"印章，后岳某某交付眭某某华东三省一市300万元银行汇票一张；2013年8月21日，眭某某向岳某某出具金额为916万元的借条，该借条担保人处加盖了"镇江某公司321121000013645-3"印章，眭某某在一张20万元银行承兑汇票存根联复印件上签名并注明"承兑原件20万×50张，共计1000万元"；2013年9月6日，眭某某向岳某某出具金额为200万元的借条，该借条担保人处加盖了"镇江某公司321121000013645-3"印章；2014年2月20日，眭某某向岳某某出具金额为570万元的借条；2014年3月6日，眭某某向岳某某出具金额为2292万元的借条，该借条上盖有"江苏某建设公司"印章。上述借条均未约定利息。

眭某某向岳某某出具金额为570万元的借条的交付情况为：2013年10月17日案外人岳某燕汇款100万元至眭某某账户、2013年10月30日岳某某转账100万元至眭某某账户、2013年11月14日岳某某转账50万元至眭某某账户、2013年11月14日岳某燕转账30万元至眭某某账户、2013年11月15日岳某某转账

20万元至眭某某账户、2013年11月21日岳某某转账200万元至眭某某账户、2013年12月4日岳某燕转账30万元至眭某某账户、2013年12月6日岳某燕转账10万元至眭某某账户、2013年12月7日岳某燕转账10万元至眭某某账户、2014年1月27日岳某燕转账20万元至眭某某账户。此外，岳某燕于2013年1月16日汇款至眭某某账户160万元，案外人戴某某于2013年1月16日汇款至眭某某账户400万元、450万元、150万元，2013年8月21日岳某某汇款至眭某某账户100万元。后岳某燕、戴某某出具证明证实其所有转账均受岳某某指示，对应款项由岳某某与眭某某进行结算。

此外，2010年9月案外人张某向被告眭某某账户分四次共计转入174.5万元，2012年12月19日张某向眭某某发出催收函，向眭某某催收529.6万元，眭某某在该催收函收件人处签名。后张某出具情况说明，确认上述174.5万元款项系受岳某某指示转入眭某某账户的，该款产生的权利义务由岳某某与眭某某承担。

眭某某于2013年1月22日向案外人戴某某账户转入100万元，于2013年6月20日向岳某燕账户转入1085000元。岳某某认可上述转入岳某燕、戴某某的款项可结算进眭某某与岳某某二人的借贷中。

另查明，2014年7月1日，岳某某（甲方）与眭某某（乙方）签订协议书一份。该协议书载明：因建设镇江某公司承建的某某新城一期工程，截至2014年6月30日，乙方向甲方累计借款4978万元，双方协商达成如下协议：一、借款利率为银行借款利率的四倍，每月支付一次；二、乙方应于某某新城一期工程结束时收到工程款归还此款，但最迟2014年12月30日前必须归还给甲方，并以此工程款作为保证；三、如乙方未按本协议第一条约定如期如数向甲方履行义务，乙方则委托甲方直接向镇江某公司或高新公司收取工程款作为还款。该协议尾部乙方处有眭某某签名并加盖了江苏某建设公司公章。

2015年1月12日，岳某某与案外人徐某某签订债权转让协议，将2013年7月1日眭某某出具给岳某某的300万元借条及2013年9月6日眭某某出具给岳某某的200万元借条所涉权利转让给徐某某，并于当日将载有该债权转让情况的书面材料邮寄告知各被告。

2017年7月2日，第三人岳某某与原告丹阳某公司签订债权转让协议，将案涉权利全部转让给原告。2019年1月29日，本院在审理（2017）苏1181民初×号一案时，已将该转让协议作为证据送达各被告并组织该案当事人岳某某、眭某某、江苏某建设公司、镇江某公司进行举证、质证。

再查明，2017年9月27日，睢某某因伪造"镇江某公司321121000013645-3""镇江某公司某某新城项目部"2枚印章，构成伪造公司印章罪，被本院判处有期徒刑。2019年6月14日，南京金陵司法鉴定所鉴定睢某某伪造的"镇江某公司321121000013645-3"印章与案涉借条上出现的"镇江某公司321121000013645-3"印章为同一枚。

双方主要争议焦点：1. 案涉六张总金额为4978万元借条中，岳某某实际交付给睢某某的借款本金数额是多少？原告享有的债权数额是多少？2. 镇江某公司是否应对加盖了"镇江某公司321121000013645-3"印章的借条所涉借款承担相应责任？3. 对确认的借款本金，如何计收借款利息？

针对第一个争议焦点：首先，岳某某于2015年将300万元借条及200万元借条所涉的权利转让给案外人徐某某，并通知了各债务人。2017年岳某某无权再将上述两张借条所涉权利转让给原告，原告不享有上述两张借条所涉权利，故对上述两张借条中岳某某实际交付的借款金额本案不予审查。其次，睢某某与岳某某对2013年6月20日700万元借条及2014年2月20日570万元借条交付款项的事实无争议，且岳某某提交了相应的交付凭证，故对该两份借条载明的借款本院予以确认。最后，关于睢某某出具给岳某某的2013年8月21日916万元借条及2014年6月15日2292万元借条，被告睢某某陈述，岳某某为收取高额利息，采取威逼、胁迫等手段让其出具借条，制造虚假流水，事实上岳某某并未交付借条载明的916万元和2292万元借款。岳某某为证实已实际交付916万元借条载明的借款，向本院提交了一张金额为20万元由睢某某签收的银行承兑汇票存根联复印件。在该复印件上，睢某某还备注"收到承兑原件票号31400051/20278425-31400051/20278474（20万×50张），共计1000万元"。睢某某对该借条及承兑汇票存根联上其签字的真实性不持异议，该备注与借条落款时间间隔数天，可相互印证。对在此借条前后的数笔借款双方均无争议，关于在此借条之前的借款本金也算不出如此金额的利息。另外，2018年3月8日睢某某在公安机关讯问时陈述，某某新城动工时岳某某向其出借2000万元。在公安机关的讯问笔录中，睢某某从未陈述过其并未收到案涉916万元借条的借款。故本院认为，就该笔916万元的借贷合意及交付义务，岳某某已完成其举证责任。被告睢某某应就其系受岳某某威逼、胁迫后出具916万元借条的主张负举证责任；举证不能，则应承担不利后果。故对该笔借款，本院予以确认。

岳某某为证实已实际交付2292万元借条载明的借款，向本院提交了两张金额为1000万元的由睢某某签收的银行承兑汇票存根联复印件及两张金额为100万元的由眭某某签收的银行承兑汇票复印件。其中，两张 1000 万元银行承兑汇票经公安机关查实，并未实际交付给眭某某。关于两张 100 万元承兑汇票，因眭某某在流通联上签字并注明"原件已收"，故应认定岳某某已履行该 200 万元交付义务。岳某某还陈述该 2292 万元借条包含曾交付给眭某某的 8 万元现金，及承兑汇票的贴现款。眭某某否认收到岳某某交付的现金及将贴现款计入 2292 万元借条，岳某某亦无证据证实其主张，故对岳某某的该陈述本院不予采信。

后岳某某又对 2292 万元借条组成作出解释，并制作了《2014.3.6 借新还旧结构表》，陈述 2292 万元借条由以下三部分组成。第一部分：2013 年 1 月 16 日岳某燕汇款 160 万元、戴某某汇款 400 万元至眭某某账户，2013 年 8 月 21 日岳某某汇款 100 万元至眭某某账户，2013 年 6 月 20 日的借款 700 万元，2013 年 7 月 1 日的借款 300 万元，2013 年 8 月 21 日的借款 916 万元，2013 年 9 月 6 日的借款 200 万元，2013 年 9 月 7 日岳某某交付给眭某某两张 100 万元承兑汇票，2014 年 2 月 20 日的借款 570 万元。上述九笔款项共计本金 3546 万元产生的利息 9698000 元（自出借之日起至 2014 年 3 月 6 日止按年利率 36% 计算）。第二部分：上述九笔本金 3546 万元及利息 9698000 元，合计 45158000 元产生的利息 390 万元（以 45158000 元为基数，按年利率 36% 计算自 2014 年 3 月 6 日至 2014 年 6 月 30 日）。第三部分：2013 年 1 月 16 日岳某燕汇款 160 万元、戴某某汇款 400 万元至眭某某账户，2013 年 8 月 21 日岳某某汇款 100 万元至眭某某账户，2013 年 9 月 7 日岳某某交付给眭某某两张 100 万元承兑汇票，上述共计本金 860 万元。上述三部分合计 2219.8 万元，因两张 1000 万元承兑汇票贴现需 73 万元，眭某某即向岳某某出具 2292 万元借条。

对此，眭某某提交了其 2013 年 1 月 22 日、2 月 4 日、6 月 20 日的三笔还款共计 12085000 元，用以证实岳某某的上述计算过程有误。为证明眭某某上述还款不影响其计算结果，岳某某制作了《已结清部分借款及利息计算清单》，称眭某某的上述还款系针对案外人张某于 2010 年分四次汇给眭某某的共计 174.5 万元款项计算至 2013 年 1 月产生本息合计 5956000 元，以及针对戴某某于 2013 年 1 月 16 日汇给眭某某的 450 万元、150 万元借款本息。经审查，2018 年 2 月 24 日，岳某某曾在公安机关陈述眭某某以镇江某公司的名义向其借款 1160 万元用以缴纳工程保证金。在镇江某公司招标成功后，眭某某很快将该 1160 万元全部偿还给岳某某。该陈述与眭某某关于其还款情况的陈述一致，综合岳某某出借 1160 万元及眭某某上述还款的时间、金额来看，眭某某的还款应认定为偿还 2013 年 1 月 16 日向岳某某的 1160 万元借款，而不是用于偿还与张某相关的

174.5 万元本息及其他。

综上，岳某某制作的《2014.3.6 借新还旧结构表》对本金计算基数有误、利率计收已超民间借贷法定最高标准且计收了复利，故岳某某陈述的 2292 万元借条构成，本院不予采信。该份借条应以岳某某实际交付的金额为准，故本院确认该份 2292 万元借条，岳某某实际交付情况为：2013 年 8 月 21 日岳某某汇款 100 万元至睢某某账户、2013 年 9 月 7 日岳某某交付睢某某两张 100 万元承兑汇票，共计交付 300 万元。

综上所述，本院确认除去岳某某债权转让给徐某某的 200 万元、300 万元外，其余案涉四张借条中，岳某某实际交付给睢某某的借款本金数为 2013 年 6 月 20 日借条载明的 700 万元、2013 年 8 月 21 日借条载明的 916 万元、2014 年 2 月 20 日借条载明的 570 万元、2014 年 3 月 6 日 2292 万元借条中的 300 万元，以上共计 2486 万元。

针对第二个争议焦点，即镇江某公司是否应对加盖了"镇江某公司 321121000013645-3"印章的借条所涉借款承担相应责任，本院认为，案涉借条中加盖的"镇江某公司 321121000013645-3"印章均是睢某某私刻的印章。镇江某公司向高新公司出具授权委托书，授权睢某某为某某新城安置小区工程等事宜的委托代理人，但该授权委托书系镇江某公司出具给高新公司的，有明确的给付对象，且授权范围系小区工程事宜。对外借款不同于购买建筑材料、租赁机械设备等，与建设项目并无必然联系。睢某某以镇江某公司的名义向岳某某借款的行为显然未获得镇江某公司明确授权，借款行为亦超越了其职务代理权限。该借款行为是否构成表见代理？根据法律规定，认定行为人与相对人订立合同的行为构成表见代理，除了行为人没有代理权外，还需要符合以下条件：一是签订合同之时具有使相对人相信行为人具有代理权的事实或理由；二是相对人主观上须为善意且无过失；三是行为人与相对人签订的合同应具备合同有效的一般条件，即不具有无效和可撤销的内容。按照上述标准，本案中睢某某的行为亦不构成表见代理，主要理由如下。1. 睢某某与岳某某在签订案涉借款合同前就认识，根据公安机关的讯问笔录，岳某某在某某新城工程之前就曾出借大额款项给睢某某，对于睢某某的身份、职业及其与镇江某公司之间的关系，岳某某应当是清楚的。虽睢某某将镇江某公司出具给高新公司的授权委托书出示给岳某某，但该授权委托书有明确的给付对象及授权范围，对岳某某而言，睢某某在案涉借款发生时仍应当不具有代理权权利外观。2. 所有借款事宜均由岳某某与睢某某沟通，交付借款时由睢某某个人收款，所有款项均未汇入镇江某公司账户。岳某某经常从事商事活动，对一些明显有瑕疵的行为，应当具有较高的判断力，但岳某某并未尽到合理的注意义务，其行为不符合善意且无过失的前提。3. 建设工程领域中，时常在施工过程中存在大量宣示性外观，如工地的标语、公示牌、名牌等，即使如岳某某所述，上述证据均是在其出借款项之前就已经搜集掌握的，但借款合同与建设工程施工合同是不同的合同关系，睦某某对外借款并不是履行镇江某公司授权的小区工程事宜。据此，本院认为在上述情况下，岳某某知道或者应当知道睦某某无权代理镇江某公司对外借款，故睦某某的行为不构成表见代理。

第三个争议焦点即借款是否存在利息、如何计算利息。根据岳某某与睦某某在公安机关所作陈述和供述，双方均认可借款约定了利息，但对利率的陈述不尽相同。虽睦某某在后期庭审中对借款利息的陈述与其在公安机关的陈述有出入，但睦某某应对自己的言辞承担相应的责任，不得为己利而作出否定先前言辞的言论。在睦某某未提交证据证实其变更后陈述的情况下，本院采信被告睦某某在公安机关所作供述。鉴于岳某某与睦某某二人对利率的陈述均高于法定许可的民间借贷利率，故本院将其调整为每笔借款自合同成立之日起至 2019 年 8 月 19 日按年利率 24% 计算利息，自 2019 年 8 月 20 日起至实际还款之日止按全国银行间同业拆借中心公布的一年期贷款市场报价利率四倍计算利息。

本院认为，合法的借贷关系受法律保护。被告睦某某向岳某某借款的事实，双方并无争议。睦某某应当按约偿还岳某某实际交付的共计 2486 万元借款及利息。庭审中，睦某某还提交了其于 2013 年 4 月 28 日转账 120 万元至朱某账户、于 2014 年 9 月 12 日转账 40 万元至夏某某账户的银行流水，欲证明上述 160 万元亦用于偿还向岳某某的借款，对此岳某某予以否认。在睦某某再无其他证据相互印证的情况下，对睦某某的该意见，本院不予采信。

被告镇江某公司还提出案涉借款已过诉讼时效。经审查，岳某某就案涉款项于 2017 年 1 月 3 日向本院提起诉讼，2019 年 1 月 29 日庭审中，岳某某将案涉债权转让的事宜告知各被告，2019 年 12 月 26 日本院以该案涉嫌套路贷虚假诉讼为由，裁定驳回岳某某起诉，并将犯罪线索移送公安机关。直至 2021 年 7 月 21 日，公安机关出具不予立案意见函，将案卷退回我院。我院于 2021 年 7 月 29 日之后数日才将该意见函告知岳某某。在诉讼时效期间的最后六个月内，因案涉纠纷的基础法律关系是否合法存在不确定性，导致原告不能行使其请求权，诉讼时效中止。故原告在得知上述障碍消除之日六个月内向本院起诉符合法律规定。现原告丹阳某公司依法获得案涉权利，故被告睦某某、江苏某建设公司应给付原告本金 2486 万元并按约支付利息。

综上所述，依照《中华人民共和国合同法》第二百零五条、第二百零六条、第二百零七条，《最高人民法院关于审理民间借贷案件适用法律若干问题的规定》第二十五条、第三十一条第一款和第二款，《最高人民法院关于适用〈中华人民共和国民法典〉时间效力的若干规定》第一条第二款，《中华人民共和国民事诉讼法》第一百四十七条的规定，并经本院审判委员会讨论决定，判决如下：

一、被告眭某某、江苏某建设公司应于本判决生效之日起十日内给付原告丹阳某公司本金 2486 万元并支付利息（以 700 万元为基数，自 2013 年 6 月 20 日起至 2019 年 8 月 19 日止按年利率 24%计算；以 570 万元为基数，自 2014 年 2 月 20 日起至 2019 年 8 月 19 日止按年利率 24%计算；以 916 万元为基数，自 2013 年 8 月 21 日起至 2019 年 8 月 19 日止按年利率 24%计算；以 300 万元为基数，自 2014 年 6 月 15 日起至 2019 年 8 月 19 日止按年利率 24%计算；以 2486 万元为基数，自 2019 年 8 月 20 日起至实际还款之日止按全国银行间同业拆借中心公布的贷款市场报价利率四倍计算）。

二、驳回原告丹阳某公司的其他诉讼请求。

如果未按本判决指定的期间履行给付金钱义务，应当依照《中华人民共和国民事诉讼法》第二百六十条之规定，加倍支付迟延履行期间的债务利息。

案件受理费 290700 元，保全费 5000 元，两项合计 295700 元，由原告丹阳某公司负担 147850 元，被告眭某某、江苏某建设公司负担 147850 元。（由被告负担的受理费用应于本判决生效之日起七日内向本院交纳。）

如不服本判决，可在判决书送达之日起十五日内向本院递交上诉状，并按对方当事人的人数提出副本，上诉于江苏省镇江市中级人民法院，同时向该院预交上诉案件受理费。

审　判　员　　　×××

二〇二二年十一月十七日

书　记　员　　　×××

办案回顾

镇江某公司是江苏辰顺律师事务所的长期法律服务单位。2017 年，镇江某公司外包的丹阳一安置房施工项目由于外包单位私刻公章，并利用私刻的公章对外借款，导致产生高达 8000 万元的债务纠纷。此案的成败关系到公司的发展，该公司领导非常重视。代理人顶住巨大压力，一方面从刑事方面要求公安机关以套路贷、虚假诉讼之名追究原告的刑事责任，同时在法庭中要求法院移送公安机关侦查；另一方面针对民事责任分析案情，寻求突破口。作为民事案件，该案涉及私刻、伪造公章的行为对外是否构成表见代理、项目经理的借款行为性质认定、借贷款项采取商业承兑汇票方式借款金额的认定及公司对外担保的有效要件、民间借贷借新还旧的效力和金额认定等。代理人采取表格的方式对每笔借款进行分析，并利用表见代理的有效要件比对眭某某的借款行为等。该案 2019 年以涉嫌刑事犯罪移送公安机关侦查，一审法院驳回原告岳某某的诉讼请求。2020 年，原告岳某某重新起诉，起诉过程中岳某某撤诉，并把债权转让给丹阳某公司，同时丹阳某公司提起诉讼。一审法院判决后，丹阳某公司上诉，二审维持原判。经过代理人的努力，历经五年时间，本案大获全胜。镇江某公司对案涉借款不承担责任，其领导对最终结果非常满意。

江苏辰顺律师事务所　李永燕

二〇二三年十二月

典型民间借贷纠纷案例及办案回顾

刘晶晶

江苏省镇江市中级人民法院
民事判决书

（2022）苏 11 民终×××号

上诉人（原审被告）：陈某，男，19××年×月××日出生。

委托诉讼代理人：陈某某，江苏某律师事务所律师。

被上诉人（原审原告）：杨某某，女，19××年×月×日出生。

委托诉讼代理人：刘晶晶，江苏辰顺律师事务所律师。

原审被告：陈某红，女，19××年×月×日出生。

上诉人陈某因与被上诉人杨某某及原审被告陈某红民间借贷纠纷一案，不服镇江市京口区人民法院（2021）苏 1102 民初×××号民事判决，向本院提起上诉。本院于 2022 年 4 月 24 日立案后，依法组成合议庭，开庭审理了本案。本案现已审理终结。

陈某上诉请求：撤销一审判决，依法改判驳回杨某某对陈某的一审全部诉讼请求。事实和理由：1. 一审未认定案涉保证期间的起算点，属认定事实不清。本案的保证期间应当自杨某某要求陈某红履行义务的宽限期届满之日起计算，杨某某自认早于 2019 年 9 月 12 日前就多次向陈某红要求履行还款义务，宽限期已于 2019 年 9 月 12 日就届满，陈某所作的保证应当认定为主债务履行期限届满后的保证，因此案涉保证期间的起算点应当认定为 2019 年 9 月 12 日。而杨某某未能在 2019 年 9 月 12 日起六个月内通过法定的方式向陈某主张保证责任，陈某无须承担保证责任。2. 案涉借款并非用于陈某红生意资金周转，一审认定事实错误。案涉借款名为借款，实际是杨某某以陈某红名义放贷给案外人刘某某、周某某的，收取的利息大部分归杨某某所有，陈某红出具的借条实际只是对案外人借款提供的担保。3. 杨某某在陈某结婚前，多次采取违法方式上门要债，对陈某造成很大的精神压力。陈某被逼无奈出具承诺书，该承诺书没有法律效力。

被上诉人杨某某辩称：首先，杨某某是服从一审判决的，但由于陈某提起上诉，杨某某坚持认为陈某和陈某红应当共同承担还款责任。具体理由为：陈某签署的承诺书合法有效；承诺书的法律性质应当定性为债务加入；即使认定承诺书为担保，也应是连带责任保证，且陈某的保证责任并未过期。

原审被告陈某红述称，案涉借款与其儿子陈某没有关系，陈某不知道其与杨某某共同放贷的事，陈某是在 2019 年杨某某带人到家里闹后才知道的。

杨某某向一审法院起诉请求：判决陈某红、陈某立即归还借款本金 74.8 万元及利息（以 74.8 万元为基数，自起诉之日起按照同期全国银行间同业拆借中心公布的贷款市场报价利率计算至实际付清之日止）。一审法院认定事实：杨某某与陈某红系朋友关系，陈某红与陈某系母子关系。2015 年 1 月陈某红因生意资金周转之需向杨某某借款，双方口头约定月利率 2.5%。杨某某分别于 2015 年 1 月 5 日、1 月 6 日、1 月 7 日通过银行转账向陈某红给付 19.5 万元、60 万元、19.5 万元，1 月 6 日陈某红收到 60 万元后当即向杨某某转账 1.5 万元。陈某红向杨某某出具了三张借条，累计金额 100 万元，杨某某实际出借的金额为 97.5 万元。

借款后，陈某红自 2015 年 2 月至 2016 年 2 月按照月利率 2.5% 逐月向杨某某支付利息 2.5 万元，2016 年 3 月付息 2 万、4 月付息 1 万、5 月付息 2 万、6 月付息 1 万、8 月付息 2 万。后来，陈某红分别于 2016 年 9 月 7 日、11 月 30 日和 2018 年 7 月 5 日归还借款本金 10 万元、3 万元、5 万元，尚欠 82 万元借款本金未还。经杨某某多次催要，陈某红于 2018 年 11 月 27 日重新向杨某某出具两张借条，金额分别为 72 万元、10 万元，其中 10 万元借条备注"月底前后归还"，陈某红未按约履行。2019 年 9 月 9 日、9 月 10 日杨某某前往陈某红、陈某共同居所要求陈某红还款，双方因此发生争执，公安机关调处无果。杨某某将提前准备的一份还款协议交由陈某红签字并让陈某在下方作为担保人签字。陈某未签字但手写"会监督我母亲还款，如果我母亲不还就由我来还"的内容。后杨某某认为陈某书写内容潦草不清，故于 2019 年 9 月 12 日重新要求陈某签订由杨某某提前准备文本并打印的承诺书一份，载明："本人承诺我母亲陈某红所欠杨某某的所有借款，如果我母亲到期未还由本人承诺还清此款。"签订后，杨某某将还款协议交还陈某，被告当即撕毁。此后，陈某红陆续向杨某某归还 7.2 万元后未再还款。

一审法院认为本案主要争议焦点有二：一、案涉借贷关系是否涉嫌"套路贷"？杨某某与陈某红是否约定利息？如有约定，标准是多少？二、陈某 2019 年 9 月 12 日签订的承诺书的法律性质是什么？陈某是否应当承担还款责任？

关于争议焦点一。合法的借贷关系受法律保护。杨某某与陈某红存在出借款项和借入款项的真实意思表示，杨某某实际向陈某红给付了出借款项，双方之间民间借贷的法律关系成立。陈某红辩称案涉借款涉嫌"套路贷"但未提供证据，且经"套路贷"虚假诉讼智能预警查询系统查明，杨某某在该系统中的风险等级为 1，自 2013 年以来杨某某起诉的民间借贷案件仅 1 件。没有证据表明杨某某与陈某红之间的借贷关系存在无效的情形，陈某红上述抗辩证据不足，一审法院不予采信。借款本金应为实际出借的金额，虽然陈某红向杨某某出具了累计金额为 100 万元的借条，但杨某某在出借的本金中预先扣取或收取了当月利息，故出借的本金依法应认定为 97.5 万元。陈某红已归还借款本金 25.2 万元，杨某某诉讼请求中 72.3 万元的本金部分予以支持。借条中虽未明确约定利息，但结合杨某某出借本金时扣取金额及陈某红逐月还款金额，且陈某红在庭审中认可双方约定借款月利率为 2.5%，确定双方约定按月利率 2.5% 支付利息。陈某红支付的利息，未超出当时法律规定利率的上限，符合法律规定，陈某红抗辩称所还款项全部应冲抵本金，不予支持。杨某某与陈某红约定了借期内利率但未约定逾期利率，杨某某主张自起诉之日（起诉之日为 2020 年 11 月 17 日）至实际付清之日按照同期全国银行间同业拆借中心发布的贷款市场报价利率计算逾期利息，符合法律规定。

关于争议焦点二。陈某于 2019 年 9 月 12 日向杨某某出具承诺书为不争的事实。陈某称签署承诺书系基于杨某某胁迫，但未在一年内请求人民法院或者仲裁机构予以撤销，故仍具法律效力。陈某向杨某某出具承诺书，应为一般保证。首先区分债务加入与保证的区别。债务加入，是第三人与债权人、债务人达成三方协议或第三人履行债务人的债务，但同时不免除债务人履行义务的债权承担方式，是并存的债务承担。保证，是保证人与债权人约定，当债务人不履行债务时，保证人按照约定履行债务或者承担责任的行为。二者最大的区别在于保证债务为从债务，具有从属性，而债务加入的债务承担与原债务人的债务具有同一性。本案中陈某签订的承诺书明确提出"如果我母亲到期未还由本人承诺还清此款"，该承诺具有明显的先后顺序及主从之分，更符合保证的构成要件，应构成保证关系。保证责任分为一般保证责任与连带保证责任。《中华人民共和国担保法》第十七条第一款规定："当事人在保证合同中约定，债务人不能履行债务时，由保证人承担保证责任的，为一般保证。"从承诺书的内容看，符合一般保证的构成要件，陈某应承担一般保证责任。《中华人民共和国担保法》第二十五条第一款规定："一般保证的保证人与债权人未约定保证期间的，保证期间为主债务履行期限届满之日起六个月。"陈某红最后一次还款日期为 2020 年 8 月 17 日，后杨某某于 2020 年 10 月 19 日申请诉前财产保全，陈某认为其保证责任因超过期限得以免除的抗辩理由不成立，一审法院不予采信。杨某某主张陈某与陈某红共同承担偿还责任，不符合法律规定，不予支持。

一审法院判决：一、陈某红于判决发生法律效力之日起十日内向杨某某归还借款本金 72.3 万元及逾期利息（以 72.3 万元为基数，自 2020 年 11 月 17 日起至实际归还之日止按照同期全国银行间同业拆借中心发布的贷款市场报价利率计算）；二、陈某对陈某红的上述给付义务在经依法强制执行后仍不能履行的部分承担清偿责任。

二审审理中，原审被告陈某红提交其尾号为 7132 的工商银行账户明细表打印件及其尾号为 9511 的农业银行账户明细表打印件各一份，拟证明陈某红分别于 2015 年 6 月 8 日、2015 年 7 月 8 日、2015 年 8 月 8 日、2016 年 9 月 7 日向杨某某丈夫林某某转账 0.4 万元、0.4 万元、0.4 万元、10 万元，该 11.2 万元系偿还的案涉借款本金；另陈某红提交署名为"刘某某""周某某"的书面证词各一份，拟证明陈某红与杨某某系共同放贷。上诉人陈某对两组证据的真实性均无异议。被上诉人杨某某质证认为两组证据并非"新证据"，不能作为认定本案事实的依据，其中 2016 年 9 月 7 日转给林某某的 10 万元系偿还案涉借款本金，但该情况杨某某已经于一审时进行了举证；三次转给林某某的 0.4 万元均系偿还 2015 年 5 月 5 日杨某某出借给陈某红 10 万元借款的利息，与案涉借款无关；书面证词并未提到向陈某红和杨某某共同借款，不能达到证明目的。针对上述证据的证明效力，本院将在说理部分进行综合认定。本院对一审查明的事实予以确认。

本院认为，杨某某与陈某红之间的借贷关系有借贷合意和款项交付事实，合法有效。现陈某、陈某红对案涉借贷关系不予认可，辩称"陈某红出具借条实际是对案外人借款提供的担保""杨某某与陈某红系共同放贷"。该辩称意见与陈某红出借借条、还本付息的行为不符，且陈某、陈某红在一审诉讼过程中并未否认陈某红向杨某某借款的事实，其并无充分证据证明杨某某与陈某红就案涉借款存在共同放贷的意思表示，故该辩称意见缺乏事实依据，本院不予采信。

关于应还本金金额的问题，陈某红在 2018 年 11 月 27 日重新出具的两张借条中对尚欠借款金额进行了确认，该金额与已查明的还本付息情况相符。陈某红二审中称其另偿还本金 11.2 万元，但其提交的转账明细均发生在重新出具借条之前，且经本院核实，其中 10 万元转账与一审已经查明的 10 万元还款在时间、收款账户上是一致的，另外三笔 0.4 万元转账无法证实系偿还本案借款本金，故一审法院认定应还本金金额为 72.3 万元，并无不当。

关于陈某是否应承担一般保证责任的问题，存有两方面争议：一是陈某出具的承诺书是否具有法律效力；二是如认定承诺书构成一般保证，陈某的保证期间是否已超过。就第一项争议，陈某辩称承诺书系受胁迫而出具的，但承诺书由陈某本人签署，其并未在一年内行使撤销权，故该承诺书具有法律效力。就第二项争议，从承诺书内容看，符合一般保证的构成要件，因陈某出具承诺书时双方未约定保证期间、案涉借款亦未明确还款期限，依据法律规定，陈某的保证期间应自杨某某要求陈某红履行义务的宽限期届满之日起计算六个月。结合双方签订还款协议、陈某红在陈某出具承诺书后陆续还款等事实，一审法院将陈某红最后一次还款的时间即 2020 年 8 月 17 日认定为杨某某要求陈某红履行义务的宽限期最迟日，并无不当。后杨某某于 2020 年 10 月 19 日申请诉前财产保全、2020 年 11 月 12 日提起诉讼，向陈某主张权利，并未超过六个月期间。陈某主张其保证期间应自 2019 年 9 月 12 日起算，杨某某向其主张权利已超过保证期间，无事实和法律依据，本院不予采纳。

综上，陈某的上诉请求不能成立，应予驳回；一审判决认定事实清楚，适用法律正确，应予维持。依照《中华人民共和国民事诉讼法》第一百七十七条第一款第一项的规定，判决如下：

驳回上诉，维持原判。

二审案件受理费 11280 元，由上诉人陈某负担。

本判决为终审判决。

审判长　张　某

审判员　甘　某

审判员　田　某

二〇二二年五月二十四日

书记员　朱某某

办案回顾

2015 年，陈某红分多次向杨某某借款共计 100 万元。截至 2019 年 9 月，陈某红仍结欠杨某某 74.2 万元未还。杨某某索要借款时，陈某红之子陈某向杨某某出具承诺书一份，写明"本人承诺我母亲陈某红所欠杨某某的所有借款，如果我母亲到期未还由本人承诺还清此款"。2020 年，刘晶晶律师代理杨某某起诉陈某红、陈某至法院，主张陈某的承诺系债务加入行为，应与陈某红共同承担还款义务。镇江市京口区人民法院作出一审判决，驳回了杨某某对陈某的诉讼请求，理由为：陈某出具的承诺系"连带保证"，且已过保证期间限制。杨某某不服，上诉至镇江市中级人民法院，镇江市中级人民法院判决发回重审。2022年，镇江市京口区人民法院重新作出判决，判决认定陈某的承诺系"一般保证"，且未超过保证期间的限制，陈某应对陈某红的给付义务在经依法强制执行后仍不能履行的部分承担清偿责任。后陈某不服，又诉至镇江市中级人民法院，镇江市中级人民法院维持了一审判决。

刘晶晶律师代理的这起民间借贷案件，历时两年，历经一审、二审、发回重审、再次二审，最终收获了令当事人满意的判决结果。该案的处理结果引发了我们对此类型案件的深度思考，即在"债务加入"和"保证担保"表意不明时应如何定性。因案涉纠纷发生在《民法典》实施之前，本案中陈某出具的承诺书从行文措辞上看意思表示并不明确，究竟是债务加入之意还是保证担保之意是本案的争议焦点之一。法官在处理该案时很难对承诺书进行定性。在《民法典》实施以后，《最高人民法院关于适用〈中华人民共和国民法典〉有关担保制度的解释》第三十六条第三款规定："第三人提供的承诺文件难以确定是保证还是债务加入的，人民法院应当将其认定为保证。"这一规定明确了"存疑推定为保证"的识别规则，为今后该类案件的裁判提供了明确的思路。

江苏辰顺律师事务所　刘晶晶

二〇二三年十二月

财产损害赔偿纠纷再审案例及办案回顾

王俊杰

江苏省高级人民法院
民事裁定书

（2021）苏民申××号

再审申请人（一审被告、二审上诉人）：镇江某汽车检测公司，住所地在江苏省镇江市京口区×××。

法定代表人：许某某，该公司总经理。

委托诉讼代理人：王俊杰，江苏辰顺律师事务所律师。

被申请人（一审原告、二审被上诉人）：夏某甲，男，19××年×月×日出生，住江苏省泗阳县×××。

委托诉讼代理人：王某某，江苏某律师事务所律师。

委托诉讼代理人：刘某，江苏某律师事务所律师。

被申请人（一审原告、二审被上诉人）：夏某乙，男，19××年×月×日出生，住江苏省泗阳县×××。

委托诉讼代理人：王某某，江苏某律师事务所律师。

委托诉讼代理人：刘某，江苏某律师事务所律师。

二审上诉人（一审被告）：镇江某某汽车销售公司，住所地在江苏省镇江市润州区×××。

法定代表人：张某，该公司总经理。

委托诉讼代理人：林某，江苏某律师事务所律师。

再审申请人镇江某汽车检测公司因与被申请人夏某甲、夏某乙、二审上诉人（一审被告）镇江某某汽车销售公司财产损害赔偿纠纷一案，不服江苏省镇江市中级人民法院（2020）苏11民终××号民事判决，向本院申请再审。本院依法组成合议庭，进行了审查，现已审查终结。

本院经审查认为，镇江某汽车检测公司的再审申请符合《中华人民共和国民事诉讼法》第二百条规定的情形。

依照《中华人民共和国民事诉讼法》第二百零四条第一款、《最高人民法院关于适用〈中华人民共和国民事诉讼法〉的解释》第三百九十五条第一款之规定，裁定如下：

一、本案由本院提审；

二、再审期间，中止原判决书的执行。

审判长　邹某某

审判员　潘　某

法官助理　许　某

二○二一年十一月十一日

书记员　肖某某

江苏省高级人民法院
民事裁定书

（2022）苏民再××号

再审申请人（一审被告、二审上诉人）：镇江某汽车检测公司，住所地在江苏省镇江市京口区×××。

法定代表人：吴某某，该公司执行董事。

委托诉讼代理人：金某，该公司总经理。

委托诉讼代理人：王俊杰，江苏辰顺律师事务所律师。

被申请人（一审原告、二审被上诉人）：夏某甲，男，19××年×月×日出生，住江苏省泗阳县×××。

委托诉讼代理人：王某某，江苏某律师事务所律师。

委托诉讼代理人：刘某，江苏某律师事务所律师。

被申请人（一审原告、二审被上诉人）：夏某乙，男，19××年×月×日出生，住江苏省泗阳县×××。

委托诉讼代理人：王某某，江苏某律师事务所律师。

委托诉讼代理人：刘某，江苏某律师事务所律师。

二审上诉人（一审被告）：镇江某某汽车销售公司，住所地在江苏省镇江市润州区×××。

法定代表人：张某，该公司总经理。

委托诉讼代理人：林某，江苏某律师事务所律师。

再审申请人镇江某汽车检测公司（以下简称检测公司）、镇江某某汽车销售公司（以下简称汽车销售公司）因与被申请人夏某甲、夏某乙财产损害赔偿纠纷一案，不服江苏省镇江市中级人民法院（2020）苏 11 民终××号民事判决，向本院申请再审。本院于 2021 年 11 月 11 日作出（2021）苏民申××号民事裁定，提审本案。本院依法组成合议庭，开庭审理了本案。再审申请人检测公司的委托诉讼代理人金某、王俊杰，汽车销售公司的法定代表人张某、委托诉讼代理人林某，被申请人夏某甲及夏某甲、夏某乙的委托诉讼代理人王某某、刘某到庭参加诉讼。本案现已审理终结。

检测公司申请再审称：请求撤销江苏省镇江市润州区人民法院（2019）苏 1111 民初××号民事判决和江苏省镇江市中级人民法院（2020）苏 11 民终××号民事判决，改判驳回被申请人的诉讼请求，本案诉讼费均由被申请人承担。事实和理由：一、二审判决检测公司和汽车销售公司构成共同侵权错误。1. 检测公司的检测行为与汽车销售公司的销售行为之间没有因果关系。本案中，夏某乙 2018 年 6 月 22 日开始向汽车销售公司申请办理购车抵押贷款，2018 年 9 月 16 日之前购车款支付完毕且车辆也已注册登记，据此购车合同已经履行完毕。夏某乙将车辆转让给夏某甲，再到检测公司办理检测时已至 2018 年 10 月 17 日。从时间上看，汽车销售行为与检测公司的检测行为之间没有因果关系，一、二审法院认为汽车销售公司敢于销售不具备运营条件的车辆是因为能够获取检测公司的报告，没有事实依据。检测公司与汽车销售公司不存在任何合意，在没有合法有效证据证实检测公司对案涉汽车的销售行为起到作用的情况下，不应认定检测公司与该销售行为具有关联性。2. 被申请人购买案涉车辆没有损失，即使有损失亦与检测公司无关。其一，案涉车辆是夏某乙按自己的要求选购的，车辆质量符合国家规定，符合买卖双方的合同约定，可以上路行驶，也可以流转过户交易。其二，本案是被申请人有预谋的"碰瓷"诉讼。被申请人在向检测公司申请车辆检测前，已反复向宿迁市检测站及厂家确认所购车辆不符合营运车辆标准，其事先已经知道即便在镇江领取到道路运输经营许可证（以下简称营运证），肯定也是违法的，但仍旧委托他人在检测公司进行检测办证，并在成功领证后立即举报。这充分说明被申请人就是想利用这一结果进行"碰瓷"式的恶意索赔。其三，案涉车辆至今仍然登记在夏某甲名下，仍属于其个人资产，被申请人购买案涉车辆实际上没有损失，没有造成其资产减少。判决结果反而造成夏某乙、夏某甲在不用支付分文的情况下，通过"碰瓷"诉讼获取一辆车。判决结果与司法公平正义的原则相悖。即使案涉汽车销售合同违反法律规定，即使汽车销售公司存在违约过错，也应当是汽车销售公司与被申请人之间相互退车退款，与检测公司无关。

汽车销售公司申请再审称：请求撤销江苏省镇江市润州区人民法院（2019）苏 1111 民初××号民事判决和江苏省镇江市中级人民法院（2020）苏 11 民终××号民事判决，改判驳回被申请人的诉讼请求并由其承担本案全部诉讼费。事实和理由：1. 案涉车辆系被申请人指定购买车型且符合上路条件。案涉车辆系正规汽车厂家生产的合格产品，符合上路行驶条件，汽车销售公司未违反国家法律强制性规定，无侵权事实。2. 本案被申请人诉讼时选择侵权之诉，而不作为侵权应当有合同约定或法律规定，本案中的"侵权"既无合同约定，也无法律明文规定。3. 一、二审法院将车价款作为损失判决汽车销售公司予以赔偿于法无据。被申请人虽支付了对价，但同时获得了案涉车辆所有权。一、二审法院在未明确退货的前提下，将车价款作为损失判决，使得汽车销售公司车、款两失，不仅于法无据，且显失公平。

夏某乙、夏某甲辩称：夏某乙于 2018 年 7 月 4 日与汽车销售公司签订汽车销售合同，购买中国重汽集团济南卡车股份有限公司生产的豪瀚牌 J5G 大型货物运输车一辆，价款 25.29 万元。该车在交付时因颜色与合同约定不同，汽车销售公司让了点利，价款调整至 24.95 万元。汽车销售公司于车辆交付十天后才交付合格证。汽车销售公司的贷款付款明细表记载扣除夏某乙燃油费 2450 元，并注明以发票为准。夏某乙于 2018 年 9 月 10 日到宿迁市进行车辆登记上牌，牌照上好后被告知该车不能领取营运证。夏某乙即与购车介绍人周某电话联系，周某陪同夏某乙找到汽车销售公司法定代表人张某交涉，但张某以泗阳县网络有问题为由让夏某乙回去等待。后因仍无法领取营运证，夏某乙和周某又找到张某。经协商，张某叫夏某乙将车辆过户到镇江，由张某来办理营运证，故夏某乙将车辆过户至夏某甲名下，过户后将车辆及相关档案交给张某，由张某将车辆及档案带去办理营运证。2018 年 10 月 17 日，张某将营运证等材料交给夏某甲。夏某乙、夏某甲在拿到营运证后因存在疑惑，便向相关交通管理部门咨询了解。交通管理部门及公安机关随后进行了调查，发现检测公司出具案涉车辆燃料消耗达标车辆核查表时，车辆行驶证、登记证书原件与复印件不一致。根据上述事实，检测公司对案涉车辆检测报告的形成负有全部责任。检测公司应当对车辆燃油消耗量达标车型进行检测，实际上却未对实物进行检测，而是把不符合领取营运证的车辆型号的数据改成了可以领取营运证的数据。综上，夏某乙指定购买的车型符合上路运营条件，且系中国重汽集团济南卡车股份有限公司生产的，而交付的车辆是中国重汽集团济宁商用车有限公司生产的，不在道路运输车辆燃料消耗量达标车型公告之中的，说明汽车销售公司在签合同时就没有济南公司的车辆交货，交付车辆的型号不符合约定车辆的型号。夏某乙、夏某甲因为看到交付车辆不符合约定，才会一直找汽车销售公司交涉。汽车销售公司与检测公司在车辆检测的问题上弄虚作假，用篡改数据的方法，将不符合领取营运证条件的车辆检测成符合要求的车辆，并且由汽车销售公司完成了办理营运证的手续，骗领到了营运证，实施了共同侵权行为。故一、二审判决认定事实清楚，定性准确，请求驳回再审申请人的再审请求，维持原判。

本院再审认为，本案是因夏某乙、夏某甲与汽车销售公司签订买卖合同购买货车引起的纠纷，本案的基础法律关系是买卖合同关系。案涉车辆因没有燃油公告不能办理营运证，夏某乙遂根据汽车销售公司的要求将案涉车辆过户到在镇江工作的夏某甲名下，后在汽车销售公司的参与下，通过篡改汽车底盘号的方式获取了检测公司出具的《道路运输车辆燃料消耗达标车辆核查表》，办理了营运证。夏某乙、夏某甲遂向法院起诉要求解除与汽车销售公司订立的《镇江重汽华利汽车销售合同》，判决汽车销售公司和检测公司承担连带赔偿责任，后又以侵权之诉主张权利。一、二审判决对侵权的事实认定不当，且未就案涉车辆的归属和损失问题进行审理，导致案件基本事实不清，适用法律不当。

依照《中华人民共和国民事诉讼法》第一百七十七条第一款第三项、第二百一十四条第一款之规定，裁定如下：

一、撤销江苏省镇江市中级人民法院（2020）苏 11 民终××号民事判决和江苏省镇江市润州区人民法院（2019）苏 1111 民初××号民事判决；

二、本案发回江苏省镇江市润州区人民法院重审。

审判长　邹某某

审判员　潘　某

法官助理　许　某

二〇二二年九月十九日

书记员　肖某某

办案回顾

2018 年，夏某乙向镇江某某汽车销售公司购买卡车一辆，回到老家宿迁上牌时发现无法办理营运证。随后他与镇江某某汽车销售公司联系，镇江某某汽车销售公司表示在镇江有"黄牛"可以代办。夏某乙问及代办证件是否是真实的营运证，镇江某某汽车销售公司在电话里随口说"如果证是假的，可以赔100万元"。此后，夏某乙多次主动与汽车销售厂家联系，在确认该车辆无法办理营运证后，仍将车辆过户至户籍在镇江的夏某甲名下，并让镇江某某汽车销售公司介绍的"黄牛"代办营运证。而镇江某汽车检测公司的工作人员也未仔细核查车辆的型号。夏某甲和夏某乙在取得营运证三个工作日后自行向交通运输部门举报自己的营运证不合法，证件被撤销后，夏某甲和夏某乙向镇江某某汽车销售公司索赔100余万元，并多次到交通部门信访要求连带赔偿。该案自2019年诉至法院。王俊杰律师代理该案，提出：1. 夏某甲和夏某乙实际主张的是合同纠纷，但镇江某汽车检测公司不是购车合同的当事方，不是适格被告；2. 即便按照侵权纠纷审理，夏某甲或夏某乙在镇江进行检测前已经知道车辆无法通过检测仍自陷风险托"黄牛"办证，主观并非善意；3. 检测行为未对夏某甲或夏某乙造成损失，不存在侵权。一、二审均判决镇江某某汽车销售公司及镇江某汽车检测公司构成共同侵权，要求汽车某检测公司承担连带赔偿责任，执行阶段还从镇江某汽车检测公司账户划扣了近40万元的案款。王俊杰律师及时向江苏省高级人民法院申请再审，并就案涉购车及办证的整个过程制作了清晰明了的流程图向江苏省高级人民法院说明情况。江苏省高级人民法院发现其中明显存在的问题后及时受理了再审，停止了该案的执行程序。江苏省高级人民法院提审本案后，采纳了王俊杰律师的代理意见，撤销原判决，将案件发回重审。

这起侵权纠纷案件历时数载，在一、二审败诉后，王俊杰律师简明扼要地提炼出案件疑点，图文并茂地向上级法院展示观点，积极采取诉讼策略还原案件真实情况。在本案的办理思路上，王俊杰律师紧抓原告请求权基础不成立、原告提出的侵权诉求是其自陷风险造成、原告诉请的侵权损失实则不存在这三大核心要点。在江苏省高级人民法院庭审发问环节，当被问及检测行为侵犯其何种权利及相应损失时，夏某甲和夏某乙难以自圆其说。通过数轮庭审的据理力争和不言放弃，我所最终捍卫了当事人的合法权益。

江苏辰顺律师事务所　王俊杰

二〇二三年十二月